KB050663

Carrier 22:33 80 %

아동·청소년 대상

랜덤채팅

송봉규 지음

박영사

이 책은 우리 아이들에게 보다 안전한 사회를
물려주기 위한 작은 도전이다.

머리말

성매매는 범죄이고, 성매매알선은 범죄로 금전적 이득을 취하는 불법 사업이다. 구매자와 판매자, 성매매 알선업자와 업소 운영자를 중심으로 변화하는 성매매 구조를 살펴보면, 성매매라는 불법 사업은 인터넷, 스마트폰, 애플리케이션 등 "사이버공간(기술)"으로 "간판없는 공간(무점포)"으로 "이동"하는 형태로 진화하여 사업 비용과 단속의 위험성은 낮아지고 수익은 안정적으로 확대되고 있다. 즉, 사이버공간이라는 기술을 바탕으로 현실 공간에 성매매업소가 없거나 간판이 없는 공간으로 단시간에 이동하거나 오피스텔처럼 일시적으로 운영이 가능한 형태의 성매매인 조건만남, 다양한 마사지업, 오피, 보도방 등으로 진화하고 있다. 다른 합법적 사업과 동일하게 불법적 사업인 성매매알선도 사이버공간이 현실 공간을 지배하게 되었다.

이 불법적 사업영역은 10대 조직폭력배와 가출청소년뿐만 아니라 일반 청소년에게도 불법 기회가 되었다. 인터넷 채팅 웹사이트를 시작으로 랜덤채팅앱을 통한 아동·청소년 조건만남은 이미 사회적 문제가 되었다. 이에 여성가족부 2013년과 2016년 성매매실태조사는 인터넷 웹사이트와 애플리케이션에 대한 조사가 진행되었다.

2013년 네덜란드 스위티(sweetie) 채팅 실험과 유사하게 2019년 성매매 실태조사는 실제 채팅 내용을 분석하기 위해 13세, 16세, 19세, 23세 여성으로 가장하여 랜덤채팅앱에 참여하였다. 연령별로 랜덤채팅을 "처음", "가출"한 상태, 이미 사용해본 "경험" 유형으로 세분화하여 참여하였다. 소위 나쁜 랜덤채팅앱이 아닌, 많은 사람들이 이용하는 평판이 좋은 3개 랜덤채팅앱을 선정하여 12명의 여성으로 가장하여 참여한 대화를 분석하였다.

실제 랜덤채팅 세상은 충격적이었다. 랜덤채팅이라는 사회에서도 범죄는 일정 부분 발생할 것이라고 예상했지만, 실제 범죄의 수준과 건수는 충격적이었다. 랜덤채팅에서는 조건만남뿐만 아니라 심각한 아동·청소년의 성을 사는 행위, 아동·청소년이용음란물 제작과 유포, 아동·청소년대상 성범죄 및 성폭력, 아동 성적 학대행위 등이 발생하고 있었다. 특히, 13세와 16세 여학생을 대상으로 한 어른들의 대화는 상상을 초월하였다. 익명성, 접근가능성, 비용적정선 같은 온라인 환경의 특성으로 발생하는 온라인상승효과를 바탕으로 아동과 청소년들에게 섹스팅, 노예팅, 변팅 등 음란 채팅을 시도하고 음란한 영상과 사진 등을 지시하고, 받은 영상과 사진을 공유하고 있었다.

이는 랜덤채팅앱만의 문제가 아니다. 시스템이 불안한 랜덤채팅앱에서 네이버 라인과 다음 카카오톡으로 이동하자는 제안은 일반적이다. 이동하면 더욱 노골적인 음란행위나 조건만남을 요구한다. 이런 현상은 인스타그램, 트위터, 페이스북, 텔레그램, 디스코드 같은 SNS와 각종 게임처럼 다른 사람들과 소통이 가능한 채팅 기능이 있는 모든 플랫폼에서 발생하고 있었다.

2019년 조사를 계기로 디지털기기 사용이 산소와 물과 같은 우리 아이들을 다시 생각하게 되었다. 사이버공간에서 우리 아이들을 어떻게 보호할 수 있을까를 고민하게 되었다. 이 책은 우리 아이들의 환경에 대한 경고장이다. 참여한 조사원들의 후기와 실제 채팅 내용만으로도 부모들과 교육자들에게 위험성을 알리기에는 충분할 것이다.

13세, 16세, 19세, 23세 여성으로 가장하여 참여한 채팅 중에서 13세와 16세 대상 채팅만 일부 수록하였다. 13세 초등학교 6학년과 16세 중학교 3학년 여학생 대상 채팅만으로도 채팅의 위험성은 충격적이다. 오히려 19세와 23세 채팅 내용은 책 발간의 목적과 달리 너무 선정적이고 자극적인 내용이라 제외하였다.

강연이나 교육을 하면서 아직도 채팅에서 무슨 일들이 발생하는지 모르는 일선 실무자들을 많이 보았다. 이에 캡쳐한 채팅화면을 사용하여 위험성을 알려주었다. 이 책이 채팅의 위험성을 공유하고 알리는 자료가 되었으면 한다.

아동·청소년 부모와 교육자도 채팅의 위험성을 알아야 한다. 다른 어느 세대보다 소통(커뮤니케이션)이 중요한 아동·청소년에게 낯선 사람들과의 채팅은 위험하다. 생물사회학적 범죄학이론에는 "본성은 양육에 의해 작동한다"라는 공식이 있다. 아이들의 사이버 환경을 적절하게 관리해야 한다. 또한 범죄는 범죄성과 범죄기회에 의해 발생한다. 범죄성이 낮은 아이라도 범죄기회가 증가하면 범죄자가 될 수 있다. 범죄기회를 증가시키는 부적절한 스마트폰의 사용이나 과의존은 범죄로 연결된다. 이 책이 부모들과 교육자들에게도 양육의 참고자료가 되었으면 한다. 이 책을 통해 왜 많은 사람들이 채팅을 시도하는지 알 수 있다. 메시지를 보내는 사람들은 성적 만남, 음란한 영상과 사진, 변태적 행위를 원하고 있다.

채팅에서 발생하는 일들은 범죄로 연결된다. 범죄(crime)는 쉽게 형법(criminal law)을 위반한 행위로 정의할 수 있다. 이 책은 채팅에서 발생하는 조건만남, 음란한 영상이나 사진, 노예팅 및 성적 역할극 같은 행위를 성매매, 아동·청소년의 성을 사는 행위, 아동·청소년이용음란물, 아동·청소년대상 성범죄 및 성폭력, 아동 성적 학대행위 같이 법적으로 설명하였다. 사회적으로 논의가 되는 아동성착취, 온라인 그루밍, 디지털 성범죄 등이 법적으로 잘 정비되기를 바란다.

2020년 5월 5일 어린이날을 짚어보며

송 봉 규

채팅 개요

이 책에 수록된 채팅은 여성가족부 「2019년 성매매실태조사」 "모바일 웹사이트 및 애플리케이션을 통한 성매매실태조사"를 수행하는 과정에서 수집한 내용이다.

이 책에 수록된 채팅은 2019년 7월과 8월 사이 10일 동안 13시에서 21시까지 조사원들이 여성으로 가장하여 3개 랜덤채팅앱에서 실제 주고받은 내용이다. 조사원으로 경찰행정학과, 산업보안학과, 컴퓨터공학과 대학생과 대학원생, 범죄학 석사와 박사, 형법 교수 등이 참여하였다.

이 책에 수록된 채팅에 사용된 랜덤채팅앱은 구글 플레이스토어에서 무료로 다운로드가 되는 앱들을 개발자가 제시한 사용연령을 기준으로 3세와 12세를 아동용, 16세와 17세를 청소년용, 18세 이상을 성인용으로 분류하여, 앱 사용자들을 게시판 형태로 확인이 가능한 채팅앱에서 많은 다운로드수와 리뷰수, 높은 사용평점을 기준으로 아동용, 청소년용, 성인용에서 1개씩 선정하여 전체 3개 앱에서 채팅을 진행하였다.

이 책에 수록된 채팅은 조사원들이 12명의 여성으로 가장하여 채팅에 참여한 것이다. 구체적으로 조사원들은 앱에서 아이디(ID), 연령설정 등으로 13세 초등학생, 16세 중학생, 19세 고등학생, 23세 대학생 같이 4개 연령으로 분류하였다. 같은 연령에서도 앱의 상태메세지 설정으로 처음 채팅, 가출하여 채팅, 채팅 경험자 등 3개 유형으로 분류하여 전체 12명 사용자로 가장하였다.

이 책에 수록된 채팅은 "절대 유도하지 않는다", "상대방에게 먼저 채팅을 신청하지 않는다", "사용자 설정에 맞게 응답하고 질문한다", "상대방의 질문에 응답하는 형식으로 수동적 채팅을 이이긴다" 같은 조사원칙에서 수집된 내용이다.

이 책에 수록된 채팅은 13세(초등학교 6학년)와 16세(중학교 3학년) 여학생으로 가장한 설정 중에서 처음 채팅하는 유형과 가출하여 채팅하는 유형으로 참여하여 수집한 내용의 일부이다.

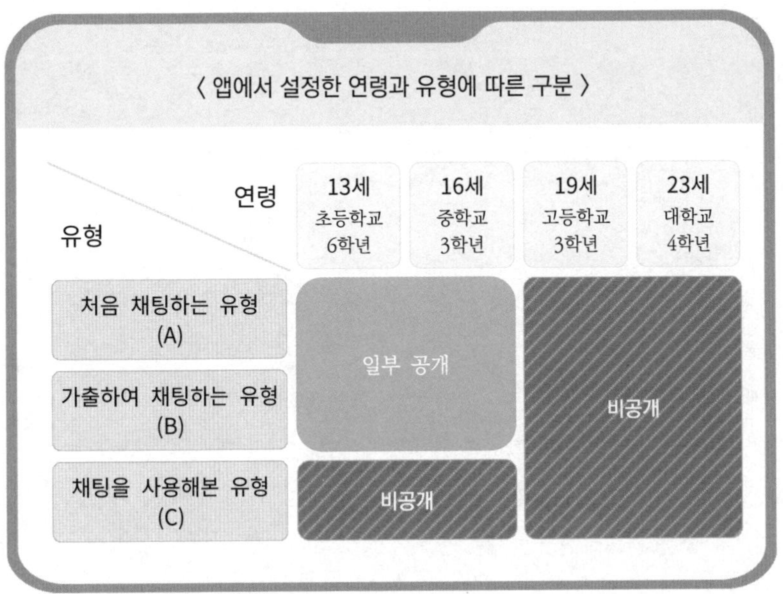

이 책의 목적은 채팅의 위험성을 알리는 것이므로, 목적과 다르게 판단될 수 있는 자극적 채팅은 최대한 제외하였다. 13세 및 16세 채팅을 사용해본 유형을 비롯하여 19세와 23세로 가장하여 참여한 채팅 내용은 책 발간의 목적과 달리 너무 선정적, 노골적, 자극적, 위험한 내용이라 책에서 제외하였다.

이 책에 수록된 조사원 후기와 채팅은 사실 그대로 전달하기 위해 교정작업은 최소화하였다.

목 차

PART

I

후기

채팅은 무엇인가?

1

조사원 후기

형법 교수의 후기

이 어플을 이용하는 목적이 분명하게 드러난다고 할 수 있다. 대부분 성적인 목적으로 추정된다. 청소년의 경우 성매매를 비롯한 영상채팅, 폰팅을 비롯한 각종 변태행위 등 성적 일탈의 도구가 되고 있다. 청소년기의 건전한 성의식 형성에 장애가 될 수 있다. 다수의 경우 원조교제 혹은 조건만남의 형식이지만, 일부의 경우 유흥업소종사자 구인을 시도하는 사례도 존재한다(여자청소년에 대한 성착취).

단순 만남을 시도하는 사례가 없다고 하기는 어렵겠지만, 목적을 숨기고 있더라도 성적 목적의 만남 접촉을 목적으로 하고 있는 듯하다. 대화를 시도하는 사용자들 중(헤비유저)에는 며칠 동안 집요하게 말을 걸어오는 사례도 다수 존재하였다. 다소 특이한 사례로 입던 속옷이나 분비물의 구매를 시도하기도 한다. 이는 물품의 구매일 수도 있으나 경우에 따라 일종의 성매매의 시도로 볼 여지가 있다. 이 중에서 속옷이나 분비물 자체를 구매하는 것은 법률상 규제할 근거가 마땅하지 않다.

성적소수자들의 접선창구로도 기능할 여지가 있다. 성적취향자체는 문제될 것이 없으나 미성년자의 성적 지향을 타의적으로 손상시킬 여지가 있다는 점이 문제이다. 특이한 사례로 25세 여성이 Gangbang 파트너들을 구하는 경우가 있었는데, 중·고등학생을 대상으로 지명하고 있어서 남자청소년에 대한 성착취가 이루어질 수 있는 가능성을 엿볼 수 있다.

또한 코인사기, 약물 등 각종 범죄에 노출될 가능성도 발견되었다.

전체적으로 랜덤채팅이라는 형식의 어플이 건전하게 이용되는 사례는 접하기 어려웠으며, 건전한 만남 혹은 대화의 경우 구태여 랜덤채팅 형태가 아니더라도 기존의 채팅서비스만으로도 목적달성이 충분히 가능할 것이라는 판단된다. 특히 청소년에 대한 성착취의 도구가 될 수 있다는 점과 경우에 따라서는 청소년 간의 성매매를 조장할 수 있다는 점에서 심각한 문제임을 부인하기 어려워 보인다. 다만, 그렇다고 하더라도 랜덤채팅 자체를 법률적으로 규제할 수 있는 근거는 찾기 어렵다는 점이 문제라 생각한다.

조사원 01

랜덤채팅을 하며 느낀 점은 한나 아렌트의 악의 평범성이 생각났다. 물론 한나 아렌트가 원초적으로 주장하고자 하는 바와는 그 결이 다를 수 있으나 랜덤채팅이라는 세계 안에서만큼은 청소년 성매매(혹은 청소년 간의 성매매)가 지극히 평범해 보였다. (일반화 할 수 없지만) 대다수가 '성적인' 무언가를 이루고자 하는 모든 것들은 이미 상식을 벗어났지만 그곳에서만큼은 일상세계에서 '범죄'라고 일컫는 것들이 그저 평범해 보였다. 상스러운 말을 내뱉었고 미성년자에 대한 호기심이 가득했다. 딸뻘이 될법한, 혹은 조카뻘이 될법한 16세 소녀에게 거침없이 다가왔다. 만일 가상이 아닌 현실의 16세 소녀라면 이 현실을 감당할 수 있을까? 요즘 언어로 말하는 충격과 공포의 공간이었지만 상대는 평범한 학생이고, 직장인이고, 성인이었다.

랜덤채팅을 하며 기억에 남는 사람이 있다. 조사에 필요한 사항을 모두 물어보고 호기심에 상대의 개인적인 정보에 대해서 물었다. 물론 상대가 진실을 이야기한다는 가정 하에 그는 흔히 말하는 SKY 대학교와 대기업을 다니고 있었다. 현실에서 남부럽지 않게 사는 그가 왜 이런 가상의 공간에서 그것도 중학생에게 채팅을 보내며 성적 만남을 제안하는 것일까. 상대는 말했다. 누구나 외로울 수 있고, 누구나 한 번쯤 일탈을 꿈꾼다고. 지극히 평범한 사람들이 한 번쯤은 느끼는 감정이고 너도 나도 다르지 않다고. 그의 말을 듣고 다시금 생각해보았다. 흉'악'범죄는 아니더라도 '악'(혹은 '일탈')이 평범해져 버린 것은 아닌지.

다른 한편으로는 수요와 공급이 떠올랐다. 랜덤채팅을 끊임없이 하는 이유, 혹은 할 수 밖에 없는 이유. 물론 여성가족부 과제라 그 성격은 맞지 않겠지만 오히려 '남성'으로 세팅을 한 후 얼마나 많은 여성들이 랜덤채팅을 통해 성적인 목적을 행하는지, 역으로 살펴보고 싶은 마음이 든다. 자발적 성매매를 과연 남성만 잘못했다고 할 수 있을까?

조사원 02

그동안 스마트폰을 다양하게 활용해보지 못한 스마트폰 유저로서 이번 랜덤채팅 조사활동은 매우 충격적이었다. 13세 미성년자로 가장하여 채팅 앱을 사용해본 결과, 대부분의 성인들이 13세 미성년자를 마땅히 보호해야 할 대상으로 보기보다는 채팅 대화창에서의 일시적 놀잇감 또는 성적 대상으로 인지하여 본인들의 성적 욕구를 충족시키고 있다는 사실에 매우 놀라웠다. 오히려 "초딩은 이런 곳에서 노는게 아니야", "어린게 벌써부터 발랑 까져가지고", "여기서 꺼져!"라고 곱지 않은 말투로 호통치는 몇몇의 정의(?)로운 성인들이 반가울 정도였다.

한편, 같은 인물로 보이는 상대 채팅유저가 13세인 핸드폰으로 지속적으로 말을 걸어와 야한 대화 혹은 조건만남을 제안할 때도 있었다. 흔히 말하는 소아성애자인지는 모르겠으나, 다른 나잇대 사용자들에게 확인해 본 결과 분명 상대 채팅유저는 미성년자들만을 골라 대화를 신청하는 듯 보였다. 상대 유저가 어디까지 제안하는지 궁금하여 코딩정보를 얻은 이후에도 13세를 가장하여 계속해서 대화를 나누어 보았는데, 분명 13세인 나는 '싫어요', '아니요', '안해요'라는 단어를 사용하여 반감을 강하게 표현했음에도 불구하고 상대 채팅유저들은 '너도 이제 알건 알아야지..', '한번 경험해 보는 것도 좋아..', '네 친구들은 거의 경험해 봤을 걸?'이라는 말로 어린 초등학생을 유혹하는가 하면, 상대의 부정성은 과감히 무시하고 본인이 하고 싶은 말을 대화창에 마구 써내려 가는 유저들도 있었다. 이러한 채팅 대화내용은 같은 성인인 내가 들어도 귀에 담아두고 싶지 않을 정도로 그 수위가 매우 높았는데, 실제 13세 미성년자들이 이들과 대화를 나눈다면 어떤 반응일지 매우 궁금했다.

이번 조사에서 사용한 3종류의 랜덤채팅앱에서는 공통적으로 성과 관련된 내용(음란채팅, 노출사진, 성적인 농담, 성관련 질문 등) 및 돈과 관련된 내용(돈빌림, 알바, 용돈, 조건만남 등) 등 부적절한 행위 시, 이용정지를 당할 수 있다는 주의문구를 채팅 상위에 고정시켜 놓았음에도 불구하고, 이는 제대로 지켜지지 않은 듯 보였고, 이러한 이용제한을 염려하는 채팅 유저들은 라인 또는 카카오톡 오픈채팅으로 상대방을 유도하기도 하였다. 결국 채팅앱은 낚시터이고, 본격적인 작업(?)은 상대가 호응할 시 개인적인 커뮤니티를 활용하여 본인들의 목적을 달성하는 것으로 보였다.

이번 랜덤채팅앱을 사용해본 결과, 환경 및 분위기 측면에서는 예전 컴퓨터상 채팅사이트의 대화환경과는 크게 달라 보이지 않았으나, 기능적 측면에서는 크게 차이를 보이는 것으로 파악되었다. 이는 즉, 스마트폰 안에서의 다양한 앱(채팅, 오픈채팅, 은행거래 등)을 통한 커뮤니티 기능이 채팅 상대방과의 만남 혹은 거래를 즉각적으로 연결시켜 줌으로써, 양측 채팅유저들의 욕구를 신속하게 충족시켜 주는 것이 그 특징이라 할 수 있다. 따라서 일반적인 채팅앱 뿐만 아니라, 라인, 카카오톡과 같은 오픈채팅앱에 대한 환경정비(성관련, 돈관련, 연령제한 등)가 매우 시급한 것으로 보인다.

조사원 03

예전부터 랜덤채팅을 하는 사람들은 불순한 의도가 있는 사람들이라고 생각했고 랜덤채팅 자체가 건전한 의미를 갖고 있다는 생각을 하지는 않았다. 하지만 직접 랜덤채팅을 하면서 내 눈으로 경험한 세상은 너무나도 충격적이었다. 초등학교 6학년인 13살이라는 세팅을 해놓고 기다린 결과 너무나도 다양한 연령대의 사람들이 조건만남을 요구하였고 시간, 장소, 날짜까지 모든 것이 쉽게 정해졌다. 또한 '생리는 시작했냐', '가슴은 나왔냐' 등의 질문을 하면서 질내사정이 가능하냐 이런 질문들이 난무하는 것을 보고 랜덤채팅의 심각성을 다시 한번 느끼게 되었다. 그래도 하루에 한 두명씩은 '이런 채팅을 하면 안된다.'라는 말을 해주는 사람들이 있었다. 그리고 군인과의 채팅도 있었는데 강원도에서 복무중이라는 것을 알았으며 몇 사단에서 복무중인지를 유도해봤으나 두리뭉실하게 이야기 해주었다. 다른 연령대인 16세를 해봤을 때는 정말 단순채팅이 많았으며, 23세 여대생 세팅에 맞춘 대화를 해봤을 때는 너무나도 당연하게 조건만남을 요구하여서 좀 당황스러웠다. 또 오늘 채팅해보니 45세에 중학생 자녀를 둔 기혼자가 애인할 생각이 없냐는 채팅을 보내면서 많이 당황스러웠다. 이전에 애인이 한 번 있었고 아내에게 안걸렸다는 것을 자랑스럽게 말하기도 하였고 전화번호를 요구하니 진지하게 만나볼 생각이 있다면서 전화번호도 손쉽게 공개하였다. 13세는 미성년자임에도 더 좋다는 말과 함께 조건만남을 요구하는 사람이 많아서 놀랐고 23세는 기혼자와의 불륜과 조건만남을 당연시 여기는 모습들이 많아서 많이 놀랐다. 채팅을 시작하기 전에는 과연 랜덤채팅을 많이 할까?라는 의문이 있었으나 막상해보니 너무나도 많은 사람들이 랜덤채팅을 하고 있었고 그 안에서 이루어지는 일들은 상상초월이었다. 그래도 아직까지 랜덤채팅으로 마약, 불법토토, 살인 등은 접하지 않아서 불행 중 다행이다.

조사원 04

제가 5일 동안 랜덤채팅을 하면서 많은 대화들을 하면서 느낀 최종 소감은 "순수한 의도의 랜덤채팅은 없고, 제대로 된 인증절차나 청소년들을 막기 위한 노력과 보안요소 도입이 시급하다" 입니다. 청소년들에게도 대화의 장을 열어준 것은 사실입니다. 그러나 못된 어른들의 접근이 굉장히 많았습니다. 13세의 설정임에도 불구하고 만남을 요구하거나 성적인 채팅을 요구합니다. 나이를 밝혔을 때 13세인데 괜찮냐고 다시한 번 물어보는데도 돌아오는 답은 90퍼센트가 "괜찮다" 였습니다. 적은 인원도 아니고 하루에 30명 이상은 성적인 것을 요구합니다. 청소년앱의 경우 돈의 요구, 혹은 부적절한 대화를 할 때 정지를 하는 시스템은 생각보다는 잘 되어 있었지만, 제가 진행해본 3개의 랜덤채팅중에서 가장 많은 대화가 오갔고, 그런 정지 시스템을 당하지 않기 위해 라인이나 카톡으로 넘어가는 현상이 많았습니다. 그런 시스템을 도입했다고 안전한 것은 아니었고 불순한 사람들은 계속해서 새로운 방법을 모색하고 있었습니다. 제 나이가 13세임을 밝혔을 때 저와의 불순한 만남이나 채팅을 위해 나이를 낮춰서 말하는 사람도 많았습니다. 그러나 이러한 불순한 사람들이 어른뿐만 아니라 같은 나이대인 10대들도 굉장히 많았습니다. 일명 문상노예라고 해서 성적인 것이나 원하는 요구를 들어주었을 때 대가로 문화상품권을 주는 사람이 10대들 사이에서 많았고, 문상노예가 아니더라도 그냥 성적인 채팅을 원하는 사람이 많았습니다. 어떨 때 보면 오히려 청소년들끼리의 채팅이 더 위험할 수도 있겠다는 생각이 들었습니다. 가령 어른들은 13세면 포기하는 사람도 있었지만 청소년들끼리는 나이의 차이가 많이 나지 않기 때문에 접근하기도 편하고 같은 나잇대이기 때문에 방심하기 쉬워보였기 때문입니다. 아무래도 아이들이기 때문에 단호하게 거절할 수 없을 것 같았고 조금의 호감을 보여서 자칫 잘못된 만남이 이뤄지게 되면 위험한 상황이 이뤄질 수 있을 것입니다.

조사원 05

5일 동안 조사원으로 활동하면서 이러한 낯선 사람과의 채팅이라는 애플리케이션이 애초에 목적이 성적으로 욕구가 있는 사람, 성 소수자들을 위한 성적 욕구의 해소를 위한 애플리케이션이 아닌가 생각이 들었다. 가장 놀랐던 것은 내가 조사원으로서 조사할 때 설정한 나이가 16세 여자 중학생이었다. 하지만 중학생이라는 것에도 조건만남을 한다는 그것에 대해서 놀라는 반응이나 걱정하는 반응을 보이는 사람보다는 오히려 어려서 좋다더니 어리기 때문에 성적으로 더 흥분된다는 불편한 말을 하는 사람이 많았고, 자신과 나이를 비교하였을 때에도 나이 차이가 크게 나는데도 관계를 하는 것에 있어서 크게 신경을 쓰지 않는 사람들이 많았다는 것이다. 이러한 사람들은 사회적으로도 굉장한 문제를 일으킬 수도 있는 사람들이라 생각하였고, 더욱 충격이었던 것은 이러한 사람 중에서는 번듯한 직장이 있고, 사회적으로 전혀 문제가 없을 것 같은 사람도 있었다는 것이다. 청소년 역시 이러한 관계에 있어서 크게 신경을 쓰지 않았는데 같은 미성년자라고 생각을 하여서 더욱이 신경을 쓰지 않는 것이라고 생각하였다.

가장 많은 카테고리는 라인이나 오픈 카톡을 통한 섹스팅 또는 사진 교환이었는데, 주로 청소년들이 많은 비중을 차지하였고, 청소년들은 대부분 이러한 앱을 통해서 자신의 성 욕구를 풀어줄 수 있는 사람을 찾고 라인이나 오픈 카톡을 통하여서 사진을 교환하거나 전화로 폰섹, 섹스팅을 하면서 자신들의 욕구를 푸는 사람들이 대부분이었고, 20대 경우 단순한 만남을 시작으로 하는 성적 만남과 처음부터 뚜렷한 조건만남이 많았다. 이러한 결과를 보았을 때 청소년들이 성장하는 과정에서 성적 욕구(페티쉬)가 사진을 통한 쾌락과 같은 새로운 욕망이 생길지도 모른다고 생각하였다. 청소년뿐만 아니라 성인들도 물론 적지 않은 사람이 성적으로 접근해왔지만, 청소년들이 올바르지 않은 성에 대한 인식이 생길지도 모른다는 것에 생각이 더 많이 들었다.

이 애플리케이션 안에 있는 사용자들은 익명성을 보장받고 또한 사이버 세상이기 때문에 자신이 얼마든지 설정을 바꾸면서 자신을 바꿔나갈 수 있는 가장 큰 이점이 있고, 이러한 이유 덕분에 말하는 것에 있어서 더욱 적극적이고 자극적으로 말하는 사람들을 보면 사이버세상에서의 잘못된 가치관들이 모여서 성적 인식에 대한 잘못된 틀이 박힌 것은 아닌가 생각이 든다. 소수적이고 특별한 성적 욕구&페티쉬를 가진 사람들이 물론 존재할 수 있는 것이지만, 이러한 성적 욕구가 사이버 세상을 통하여서 사진을 교환하면서 느끼는 쾌락 같은 새로운 페티쉬가 생기는 것은 아주 부정적인 결과라고 생각한다. 이러한 욕구는 특히 청소년들의 빈도가 매우 높았으므로 대응하기 위해서는 자신의 정보를 함부로 설정할 수 없고, 정확한 정보를 써넣어 가입하는 실질적인 목적이 새로운 사람과 대화하거나 만나는 애플리케이션을 개발하고 위험요소가 있는 애플리케이션 자체는 국가에서 검열을 통하여서 청소년들의 환경을 제한하며 올바른 성인식을 가질 수 있게 고취하여야 한다고 생각한다.

조사원 06

일주일 동안 랜덤채팅을 해보면서 여러 사람이 이 앱을 쓰고 있구나를 알았다. 군인, 직장인, 학생, 학원 선생님, 고려대생, 유부남 등 여러 사람을 봤다. 야자를 싫어하는 학생, 가출을 하고 찜방에서 살고 있는 학생, 이 앱을 사용한 적이 있는 지금 바로 가능이라는 인사말을 사용하는 세 개의 유형으로 채팅을 해본 바 세 개의 유형에 모두 비슷한 사람들에게 채팅이 왔지만 유형에 따라 '처음'은 가장 낮은 수위, '가출'은 성관계에 관한 채팅보다는 '스킨십을 하자'의 채팅, '경험'은 직접적인 '성관계를 하자'는 내용의 채팅이 많았다.

그리고 성적인 채팅을 할 때마다 내 나이를 밝히며 19살인데 괜찮아?, 나 미성년자인데 괜찮냐? 라고 꼭 물어보았는데 미성년자이면 하면 '안되지' 라는 답을 해온 사람이 손에 꼽을 정도로 거의 대부분이 '괜찮다, 19살이 어때?' 이런 무관심한 반응이 많아서 충격이었다.

조사원 07

오늘까지 계속 채팅을 해본 결과 일단 가장 큰 특징은 확실히 유형의 설정에 따라 똑같은 사람이 채팅을 다 다르게 하면서 수위도 다르고 상대방에게 대하는 태도도 달랐다는 것이다. 상태메세지가 성적인 내용과 관련이 없을수록 보다 평범한 정상적인 단순 채팅의 목적이 많았고 '경험' 유형과 같이 직접적인 유형에는 닉네임을 통해 고등학생이라는 것을 알 수 있음에도 불구하고 바로 성매매로 연결되는 경우들이 많았다.

또한 여기서 '처음' 유형에서 왔던 사람이 '가출' 유형에서도 오고 '경험' 유형에서도 온다는 점을 통해 랜덤채팅에 대한 중독성이 있다는 것을 알게 되었고, 결국 이런 중독에 걸린 사람들이 포르노 중독과 다를 바 없었다고 생각했다. 따라서 랜덤채팅에 대한 중독도 예방을 하거나 치료할 수 있는 프로그램들이 있다면 좋을 것이라고 생각했다. 랜덤채팅 어플에서는 사진을 보낼 수도 있고 가능하면 영상 통화나 동영상이 보내지거나 전화를 할 수 있는 어플로 넘어가서 자신의 성적 욕구를 바로바로 채울 수 있기 때문에, 상대방도 이를 수락하면 성적인 영상물을 보낼 수 있기 때문에 포르노 중독보다 심각하다고 생각하게 된 것이다.

그리고 랜덤채팅 어플 내 필터 기능에 관해서는 어차피 모든 변수를 다 규제하기는 불가능하므로 최소한 청소년이 채팅을 하는 경우 채팅을 하는 사람의 나이에 따라 제한을 두어 10대와 채팅을 할 때에는 성적 관련된 단어들을 제한하는 방식도 괜찮을 것 같다고 생각했다.

조사원 08

성적인 대가를 제공하고 성적 만남을 하는 사람들이 많다는 것을 알고는 있었지만 우리가 아는 것보다 훨씬 많았다. 고등학생부터 군인, 50대 기혼자까지 넓은 범위의 사람들이 성적인 대화를 하고, 성을 매매하는 것에 혐오감이 들었다. 특히나, 자녀가 있는 기혼자의 성매매를 몇 보고 매우 놀라웠다. 또한 중, 고등학생 아이들이 이 어플을 통해 올바르지 않은 성을 배우는 것에 대해 염려하게 된다. 이 부분은 어플관리자가 분명히 관리하여야 할 부분이라고 생각된다.

조사원 09

처음 채팅을 하면서 사람들이 생각보다 적극적으로 자극적인 단어들을 말해서 충격적이었다. 예를 들면, '너 따먹고 싶다', '섹스하고 싶다', '애무해줄게' 와 같은 말들로 대화를 시작하였기 때문이다. 또한 재미있는 것은 '처음', '가출', '경험' 유형을 대하는 사람들의 태도가 다 달랐다는 것이다. '처음'과 '가출' 유형에서 x라는 사람과의 대화는 일상적인 대화였다면, '경험' 유형과 x의 대화는 시작부터 조건만남에 대한 이야기였다. 또한 '처음'과 '가출' 유형과의 대화는 일상적인 대화이거나 아니면 성적인 대화를 돌려서 말하는 식이였다면 '경험' 유형과의 대화에서는 성적인 단어들을 말하는 빈도수가 굉장히 높았다고 느껴졌다. 겉으로는 젠틀하고 일상적인 이야기를 하고 싶은 사람인 척 했지만, 결론은 채팅 목적이 대부분 만남을 위함이였기 때문이다. 그래도 '처음'과 '가출' 유형에서 '싫어요', '안 해요' 등과 같이 거절의 대답을 했을 때 질척거리는 거 없이 쿨하게 '네'라고 대답하는 사람들도 있어서 좀 신기했다. 그리고 아직도 기억에 남는 대화가 있는데 '뭐 하냐'는 질문에 '누워서 뒹굴뒹굴'이라고 대답을 했는데 돌아온 답장이 '속옷 안 입었겠네'라는 답장이 와서 충격적이었다. 정말 일상적인 대화에서 갑자기 저런 생각을 한다는 자체가, 그런 발상이 이해가 되지 않았다. 그리고 닉네임이 '정상', '정상인입니다'라고 되어있는 사람들도 아이러니하게 조건만남에 대해 이야기하고, 몇몇 사람들은 이 채팅을 하지 말라고 말리기도 했지만, 그런 사람들조차 당신은 어떤 사람이냐고 물었을 때 나는 가끔 야한 농담을 하는 사람이라고 말해서 참 어이가 없었다. 조사 후반부에는 사람들이 '뭐해?', '전공이 뭐야?'와 같은 질문을 해도 이제는 정말 궁금해서 묻는 것이 아니라 형식적으로 물어보는 거구나라는 생각을 하게 되었다. 그 사람들은 내가 뭐 하는지 전공이 뭔지가 궁금한 것이 아니라 그저 대화를 이어가기 위해서 저런 질문을 한 것이고, 저 질문 다음에는 성적인 대화로 가는 게 거의 대부분이기 때문이다. 그리고 채팅을 하다가 라인이나 카톡으로 하자고 하는 사람들도 70-80%는 되는 것 같았다. 또한 닉네임을 여대생이라고 설정한 만큼 채팅이 끊이지 않고 지속적으로 왔다.

랜덤채팅을 해본 결과 대부분은 성적 대화를 하거나 성적 만남을 위해서 하는 사람들이 대부분이었다. 내가 '처음' 유형처럼 전혀 그런 대화를 할 의도가 없었다고 하더라도, 다짜고짜 성적인 단어를 언급하는 사람들이 참 많았다. 20대들은 그렇다 쳐도, 10대들이 이 채팅을 하면 좋을 게 없을 것 같다는 생각이 들었다. 때문에 성적인 단어 사용에 대한 규제가 채팅앱에서 좀 필요하다고 생각한다. 단어 규제를 해도 특수문자를 껴서 어떻게든 채팅을 계속할 것 같긴 하지만 그래도 조금은 덜 사용되지 않을까 하는 생각이 든다.

조사원 10

학생들이 방학을 하기 전에는 확실히 연령대가 좀 있는 남자들이 대화를 많이 걸었으나 학생들이 방학을 하고 난 뒤에는 우리가 설정한 나잇대와 비슷한 남자들이 대화를 많이 걸었다. 19세의 경우 친구여서 반갑다는 대화를 시작으로 자연스럽게 위치 등을 주고 받았고 그들이 받는 스트레스, 학업 또는 진로에 대한 고민을 술술 풀어놓았다. 또한 가출한 여고생이라는 컨셉을 가진 19세 '가출'은 찜질방에 같이 가자, 돈 없으면 조건만남해라 라는 등의 권유들이 많았다. 그리고 마지막으로 '경험'은 조건만남에 대한 대화가 줄을 이었고 나중에 화류계에서 일하는 것도 괜찮다는 조언까지 들었다. 이런 조언과 함께 특이한 점은 조건만남을 한다는 사실을 알고 2대1 40만원, 3대1 60만원이라는 거액과 함께 성관계를 요구하였다.

랜덤채팅을 하면서 미성년자도 많이 이용한다는 사실에 놀랐다. 본인의 성적, 진로 등 일상적인 대화를 하는 미성년자들이 있었지만 일상적인 대화로 시작해서 야한 이야기로 넘어가는 경우도 상당히 많았고 아예 처음부터 성관계를 요구하는 대화도 매우 많았다. 또 가출이라는 상황을 부여했더니 돈만 주면 성관계를 할 수 있는 상대로 인식하고 막대하는 경우가 많았다. 또 자신이 찜질방에서 겪은 일들을 겪으면서 그것과 같은 상황을 또 경험하고 싶다는 사람도 있었다. 그리고 결정적으로 조건만남을 대놓고 요구하는 '가출'의 경우 나이가 많은 남성일수록 적극적으로 메시지를 보냈고 금액 또한 부르는 게 값이었다. 처음에는 키스알바라고 보낸 사람은 키스는 3만원, 몸 조금 만지게 해주면 5만원, 유사성행위를 해주면 7만원, 이런식으로 직접적인 성관계가 아니더라도 스킨쉽으로 조건만남을 유도하는 경우도 종종 있었다.

생각보다 너무나도 많은 사람들이 돈으로 미성년자들을 유혹하고 있었고 다른 미성년자와 이런 관계를 유지한다는 것을 증명하기 위해 카톡캡쳐본을 보내주는 사람을 보면서 이런 일들이 실제로 이루어지고 있다는 것을 직접 두 눈으로 확인해서 충격을 받았다. 그리고 마지막으로 드는 의구심은 2차 조사때는 8개가 정지당했는데 정지를 시키는 기준이 상대방의 신고인건지 아니면 자체 필터링인건지 궁금했다. 자체 필터링이라면 모든 대화를 랜덤채팅 운영자 쪽에서 저장·보관하면서 지켜보고 있다는 뜻이고 상대방의 신고라면 상대방도 미성년자를 상대로 조건만남을 요구했는데 과연 본인이 받게 될 피해에 대한 걱정없이 신고했는지 의구심이 들었다.

조사원 11

“순수한 의도의 랜덤채팅은 없다”라는 생각에 확신을 심어준 조사였습니다. 청소년들도 성적인 대화나 만남을 하고 싶어하는 학생이 많았고, 대부분이 성적인 대화를 목적으로 가졌지만 몇 명은 직접 만나서 성적인 행위를 하고 싶어 하였고 2명 정도는 “돈을 줄테니 한번 하자”라는 조건만남도 하였습니다. 그래도 한 가지 다행인 사실은 둘 다 금전을 주면서 하자고 하는 것은 처음이라고 했습니다. 또 새로운 경험은 여성이 대화를 걸어온 것이였습니다. 한 명은 45살 그리고 한 명은 24살이었습니다. 둘 다 “카톡이나 라인으로 사진을 주고받자”라는 대화였습니다. 여자끼리 왜 하는지 궁금해서 물어보고 싶었으나 카톡이나 라인으로 안 옮기려고 하자 대화가 끊겨서 유도하지는 못했습니다.

이번에는 청소년들이 많아 나중에 자식이 생긴다면 절대 못하게 해야겠다는 생각이 들었습니다. 하지만 스마트폰을 사주게 된다면 이런 어플에 노출되어 있기 때문에 스마트폰을 사주지 말아야 하나 라는 생각도 하게 되었습니다. 물론 순수한 의도로 어플을 만들었겠지만 지금 현재 사용자들은 정지를 당하지 않는 선에서 성매매나 성적인 대화를 하고 있습니다. 절대 이 어플들을 만든 사람들은 우리 어플은 성매매나 금전요구 성적인 대화를 안하는 어플이라고 당당히 소개하면 안 된다고 생각했습니다. 규제를 강화하더라도 어떤 방식으로라도 이러한 만남들이 이뤄질 것 같아서 이러한 어플을 없애는 게 맞는 것 같다는 생각이 들었고, 이미 대기업인 카카오나 라인은 없앨 수는 없으니 규제를 강화하여야 할 것 같습니다.

조사원 12

랜덤채팅 조사에서 사용하는 3종류의 앱은 성적 욕구를 충족하기 위한 다양한 연령대의 사용자들로 가득했는데, 그 중에서도 2차 조사에는 10대 청소년들의 대화신청 건수가 가장 많았다. 이는 랜덤채팅 조사 시기가 청소년들의 방학 전후 시기와 관련된 것으로 보였다.

13세 채팅사용 결과, 10대 채팅 사용자들 또한 성인 사용자들과 마찬가지로 직접적이고, 노골적으로 본인의 목적을 상대에게 오픈하기보다는 일반적인 질문을 시작으로 서서히 본인의 속내를 드러내는 '유도형 채팅'이 가장 많았는데, 결국 이들의 목적은 대부분이 '성적 욕구 충족'이었다. 유도형 채팅의 부류도 다양했는데, '집이 빈다 혹은 너네 집 비냐?' 라며 가정 내 부모님의 부재를 알려주거나 묻는 부류가 있는가 하면, '나 오늘 술 마실건데.. 혹은 같이 술마실래?'라며 술자리를 마련하는 부류, '같이 만나서 놀자 혹은 내가 너네 동네로 갈게 같이 놀자'는 부류 등이 있었다.

이 외에도 직접적으로 본인의 목적을 드러내는 채팅 상대자들의 대화는 마치 13세라는 연령을 타깃으로 한 듯, '거기에 털은 났냐', '자위는 해봤냐', '너는 아무것도 모르니 내가 처음부터 잘 교육해 주겠다' 등으로 성적 채팅의 분위기를 형성하였다.

이번 조사를 통해 랜덤채팅앱을 사용해 본 결과, 랜덤채팅의 환경 및 분위기는 시급히 개선되어야 한다는 생각을 하였고, 특히 이러한 채팅 환경이 10대 청소년들의 일탈 및 일탈을 유도할 수 있는 영향력 있는 커뮤니티 환경으로 이미 자리매김하였기 때문에, 청소년 비행을 예방하는 차원에서도 채팅앱의 기능 및 환경이 개선되어야 한다고 생각한다.

조사원 13

사람들의 목적은 결국 자신들의 성적 욕구를 해결하기 위한 장난감을 가진다는 마인드처럼 보였다. 몇 가지 더욱더 놀라운 생각을 가지게 된 것이 있다면, 가출한 청소년이 어플의 사용 목적을 성 쪽으로 생각하는 사람들은 자신들이 그런 좋은 오빠의 기준이 숙식을 제공해주는 대신 자신과 관계를 맺어도 된다고 생각하는 것 자체를 당연하게 생각하는 것이 기가 찼다. 또한 대화를 하면서 자신과 대화가 이어지기만 하더라도 자신의 성적 패티쉬를 이 사람이 같이 공감해 줄 수 있을 거라고 망상에 빠져 자신의 성기 사진 또는 자신의 성적 판타지를 말하는 사람들을 보고 어이가 없기도 하였다. 조사에서 라인과 카톡아이디 역시 언급이 많이 되었고, 방학하여서 그런지 청소년들의 대화가 더욱더 비중이 컸으며 그러한 청소년들이 자신들의 성적 욕구를 해소하기 위해서 적극적으로 더욱더 행동하려고 하는 모습이 많이 보였다.

이 조사를 하면서 대화를 한 사람들이 나는 자신들이 가지고 있는 익명성을 악용하며, 자신들이 얼마나 몰상식하고 멍청한 행동을 하는 건지 느끼지 못하고 있다는 것이 너무나도 한심하게 보였다. 익명성이 보장되든 되지 않든 요즘은 채팅과 관련된 어플리케이션이 무수히 많이 나오고 있고, 많은 광고도 하고 있다. 특히 청소년들에게 이러한 채팅앱에 접근할 수 있는 기회는 점점 더 많아지고 쉬워진다고 생각한다. 실제로 평점이 좋다고 알려진 어플리케이션이지만 실제로 랜덤채팅을 하면서 그 안에서의 속내는 한심한 모습과 인간들의 더러운 모습만 보이는 것 같았고, 가장 크게 느낀 것은 청소년들의 너무나도 잘못된 가치관이라는 것이다.

랜덤채팅을 하면서 새로운 모습과 그러한 남성들이 속아 넘어간다는 것에, 미성년자라는 것은 전혀 신경쓰지 않고 그저 자신들의 욕구만 해결할 수 있다면 뭐든지 좋다고 말하는 대부분의 사람들이 사용하는 어플리케이션이 평점이 좋고 겉으로 보기에는 아무렇지 않기 때문에 이러한 사람들이 아닌 사람들이 모르고 있다는 것에 참 안타까운 생각이 든다. 나 역시도 모르는 사람 중 하나였고, 이번 경험을 통하여 모르고 있던 잠재적 범죄자들의 속내를 보게 되는, 그런 사람들의 사상을 알 수 있었던 뜻깊은 기회였다고 생각한다.

조사원 14

이번 조사를 통해 학생, 성인 어느 연령대에 상관없이 성범죄에 대한 의식과 인식이 부족하다는 것을 가장 크게 느꼈으며 나이뿐만 아니라 성별 상관없이 많은 연락이 왔다는 사실이 가장 충격적이었습니다.

수많은 연락 중 대부분이 조건만남, 키스알바, 폰섹 등이었고 미성년자를 밝혔음에도 불구하고 반응이 없거나 대부분 상관없다는 반응이 많아 충격적이었습니다.

그만큼 연령대에 상관없이 자신의 성적 욕구를 해소하기 위해 미성년자에게 자연스레 접근하는 사람이 많다는 사실에 충격을 받은 것도 사실이었지만, 가장 임팩트 있었던 것은 40대 여성에게서 왔던 연락이었습니다.

조사 도중 랜덤채팅을 통해 연락이 왔던 사람들은 대부분이 남성이었고, 극히 일부였던 여성에게서의 연락은 대부분 가출팸 가입, 용돈벌이를 같이 하자는 등의 연락이었습니다. 그러나 40대 여성에게서 왔던 연락은 앞서 내용과는 전혀 달랐고 '엄마'라는 단어를 사용하며 성관계나 애무를 요구하는 등의 매우 자극적인 것이 그 내용이었습니다.

지금까지 랜덤채팅 어플은 남성이 욕구를 해소하기 위해 그 대상을 연령대 상관없이 불법적으로 사용하는 것이라 생각했습니다. 그러나 이번 조사를 통해 여성도 불법적으로 어플 사용을 한다는 점을 처음으로 깨닫게 되었고 랜덤채팅 어플은 남성의 점유물이라고 생각했던 저의 일반적인 생각이 깨지게 되었습니다.

이번 조사를 통해 랜덤채팅 어플의 위험성은 물론 깨닫게 되었지만, 연령대 상관없이 올바른 성 가치관이 형성되지 않았음에 놀라웠습니다. 반드시 랜덤채팅 어플에 대한 제재가 필요하다는 것, 랜덤채팅 어플뿐만 아니라 라인이나 카톡을 통해서도 조건만남에 대한 제재가 필요하다는 것을 크게 느꼈습니다.

조사원 15

생각보다 많은 사람들이 랜덤채팅으로 사람을 만나고, 성을 사고, 판다는 것을 조사를 통해 알 수 있었다. 더욱 놀라운 것은 성을 사려고 하는 사람 대부분이 미성년자들과 조건만남과 같은 금전적 대가를 지불하고 성을 요구하는 만남 경험이 처음이 아닌 사람이 대부분이라는 것을 알 수 있었다.

조사를 하면서 다양한 연령과 직업군을 가진 사람들과 대화를 나누었는데 가장 기억에 남는 직업군은 교사이다. 몇 명의 고등학교 교사와 대화를 나누었는데 이들은 다 성적인 만남을 목적으로 대화를 걸어왔다. 돈을 주겠다며 만남을 요구하였다. 학생들을 교육하는 사람으로서 윤리적으로 문제가 된다고 생각된다.

미성년자가 먼저 성적인 요구를 하는 경우도 많았다. 가장 어린 나이는 중학생이었다. 처음이 아니며, 어플을 통해 폰섹스나, 직접 만남을 통해 관계를 가졌다고 이야기 했다. 성장기에 있는 미성년자들이 제대로 된 피임도 하지 않은 채 어플을 통해 모르는 사람과 관계를 가지게 되는 것은 매우 위험하다. 성병에 노출 될 수 있으며 이러한 만남은 한 번으로 끝내기가 쉽지 않을 것으로 생각된다. 어플에서 이런 만남을 막을 수 없다면 미성년자의 제한을 분명히 하여야 할 것으로 보인다.

대화할 사람이 필요해서 건전하게 채팅만을 원하는 사람도 몇 있었지만 대부분은 성적인 만남을 목적으로 하는 것이 대부분이다. 또한 자신의 욕구를 채우기 위해서는 상대의 나이 따위는 상관없는 것으로 보인다.

그래서 나는 미성년자의 성매매 문제가 가장 우려된다. 정신적으로 성숙하지 않은 미성년자 아이들에게 돈으로 유혹하여 성을 얻어내는 행위는 분명히 옳지 않다. 채팅 내에서 막지 못한다면 미성년자의 가입 제한을 하여야 한다고 생각된다.

조사원 16

10대 친구들도 채팅을 걸어왔는데, 진로에 대한 고민을 하는 애들도 있었지만, 폰팅이나 섹스팅을 하려고 하거나 성적 만남을 하려고 하는 아이들도 종종 있었다. 그 애들에게 성경험을 어디서 해봤냐고 물어보면 대부분이 룸카페나 노래방이었다고 말했고, 피임여부를 물었더니 생각보다 다들 피임을 잘 하고 한다고 해서 놀라웠다.

이번 조사를 통틀어서 역시나 랜덤채팅의 90프로는 대부분 성적 대화나 성적 만남을 전제로 하는 사람들이라는 것을 느꼈다. 그래서 사실 이것은 랜덤채팅이 아니라 성적 채팅이라는 단어가 더 어울릴 것 같다는 생각을 하기도 했다. 그만큼 청소년들이 접하거나 아니면 순수하게 궁금함을 목적으로 채팅에 접근하는 사람들에게는 해로운 점이 더 많을 것이라 생각되고 성적 채팅이나 단어, 줄임말(ㅅㅅ, ㅇㅁ, ㅈㄱ) 등에 대한 규제가 있으면 좋을 것 같다는 생각이 들었다.

2

연령별 조사 후기

13세 초등학생으로 가장한 조사

"대부분이 라인이나 카카오톡으로 아이디를 알려달라고 요구하였고, 아이디를 알려주지 않았을 경우 대화가 종료되었습니다. 또한 대뜸 사귀자라고 요구하는 사람도 있었습니다."

"순수한 의도로 이 어플을 접근한 사람은 정말 몇 명 없다는 것을 알게 되었습니다. 물론 그들이 친해지려고 라인과 카카오톡 아이디를 요구할 수도 있으나 아이디를 알려주지 않았을 경우 야한 사진 요구나 돈이 필요하면 무언가를 해 달라 라는 요구가 있었기에 순수하지 않은 것으로 판단됩니다."

"느낀 점은 아무것도 모르는 사람들이 단순히 채팅을 하려고 어플을 다운받다가 조건만남이나 문상 노예와 같은 것들을 접하게 되고 현혹될까 걱정되었습니다."

"초등학생 6학년에게 그나마 안전하지 않을까 생각했었는데 오늘은 너무 많이 와서 랜덤채팅에 있어서 조건만남이나 성적 채팅의 안전지대는 없다는 생각이 들었습니다. 오늘은 새롭게 이집트인이라고 주장하는 사람과 영어로 대화를 하였고, 한국인들은 라인과 카카오톡으로 유도하는 반면 외국인들은 왓츠 앱이라는 것으로 유도를 하는 것을 알게 되었습니다. 또한 오늘은 초반에 안전한 사람인 척하는 사람들이 많았습니다. 그러다 대화가 지속되게 되면 본색을 드러내는 사람들이 많은 하루였습니다."

"오늘은 자신의 성기사진을 보내는 사람들이 유독 많았습니다. 상대방은 사진을 보내면서 즐기는 것 같았습니다."

"핸드폰에 접속한 대화상대의 나이는 10대에서 40대까지 다양했고, 이들의 채팅 목적은 '성적 만남', '음란사진/동영상공유', '대가제공 성적 만남', '유도형 채팅'으로 나타났다. 이중에서 가출 미성년임을 알고 더 적극적으로 숙박 해결 및 만남을 유도하는 대화 내용을 통해 간접적으로나마 이들의 채팅 목적이 단순히 순수한 만남을 요구하는 것은 아니라는 것을 파악할 수 있었다."

"'순둥이○'이라는 아이디를 가진 45세 남성은 이런저런 확인 절차를 마치고 마지막으로 사진을 요구하였는데 보내주지 않자 대화를 끝냈고 후에 확인해보니 대화를 삭제하였다. '언제나 그렇게'라는 아이디를 가진 27살 남성은 조건만남을 요구하였고 직접 온다고까지 말하였다. 이 역시도 여러 가지 정보를 얻고 난 뒤 답장을 하지 않자 대화를 삭제하였다. 더 나아가 '뿌수러왔어요'라는 아이디를 가진 21살 남성은 미성년자임을 밝혔음에도 공원 화장실에서 조건만남을 요구하는 글을 바로 올리기도 하였다."

"특히 기억에 남는 상대 아이디는 '솔직담백한'이며, 이 아이디의 상대 남성은 자신을 '여자고등학교 남자교사'라는 인사말로 서로 비밀을 지켜주면서 둘만 아는 사이로 지내자고 제안하였다. 이러한 상황을 통해 상대의 남성이 특정 나잇대를 선호하는 사람 혹은 소아성애자일 수도 있겠다는 추측을 하게 되었다."

"랜덤채팅 경험이 있는 13세로 설정하고 용돈이 필요하다는 상태메시지로 작성해놨는데 이를 본 남성들의 채팅이 끝없이 왔다. 그냥 대화를 하거나 이 채팅은 이상한 어른들이 많아 채팅을 그만하라고 조언해주는 사람들이 10% 정도 있었고 나머지 90%는 조건만남을 요구하거나 중요 부위 사진을 요구하였다. 그 중 특이한 사람은 나이가 43세로 고등학교 수능을 가르치는 선생님이자 원장선생님이라고 본인을 소개한 사람이 있었다. 이 사람은 본인이 미성년자를 상대를 수업을 하는 선생임에도 불구하고 초등학생으로 설정한 학생에게 성적인 만남을 요구하였다. 또한 조건만남을 요구하는 사람들은 1회 만남에 25만원이라는 금액을 제안하였으며, 더 준다고 하는 사람들도 있었다. 랜덤채팅 경험이 있다고 답하자 사람들이 더 적극적으로 만나자고 요구하였고 점점 채팅을 거는 사람들의 수가 늘어갔다. 그러다보니 조사마감 시간까지 50개 넘게 답장하지 못하였다."

"특이한 점은 오늘은 10대, 20대의 야한 이야기 유도와 음경 사진이 많이 왔다. 야한 이야기를 하기 싫다고 하고 사진을 보기 싫다고 해도 일방적으로 보내는 사람들이 많았다. 그리고 마지막에 군인한테 채팅이 왔는데 13살이라고 물어봐서 맞다고 했더니 계속해서 대화를 이어갔다. 위치는 춘천 근처라고 답해줬고 현재 휴가가 아니라 부대에서 있다고 하였다."

"특별한 사람 한 명은 여성이 몸을 벗은 사진과 공중화장실에서 성관계를 하는 사진을 보낸 사람이었습니다. 14살과 성관계를 한 이력도 있었고 본인이 하는 성관계를 과시하는 느낌이 들었습니다."

16세 중학생으로 가장한 조사

"처음에는 가벼운 인사말로 다가오면서 친해지는 척을 하지만은 나중에 가면은 결과적으로는 모두 원하는 의도가 있어보였다. 나이가 좀 있는 사람들은 금전을 제시하면서 유도를 하고 같은 미성년자인 상대방은 금전을 먼저 제시하지는 않았고 금전적인 만남보다는 카톡이나 라인을 통한 섹스팅에 더 적극적인 태도를 보였다. 아직 손에 많이 익지 않아서 잘 모르는, 16살 미성년자의 느낌을 잘 살리지 못했을지도 모르지만, 연락을 하는 사람들이 다 불순한 의도를 가지고 있다는 것은 충분히 느낄 수 있었다."

"이들의 목적은 대부분 섹스팅이나 야한 사진 교환이었다. 이때에 이들이 사용하는 커뮤니케이션 어플이 주로 라인이라는 것을 유추할 수 있었다."

"기억에 남는 것은 뭐하고 놀고 싶냐고 물어보자마자 자신의 성기사진을 찍으면서 '이런거 보내고'라고 답장한 사람이 있다."

"오늘 채팅하는 도중 충격적이었던 것은 어플을 통해 40대 여성에게 연락이 왔는데, 엄마와 폰섹을 하자는 등 말과 함께 성적인 단어를 사용하며 채팅을 했습니다. 계속된 거절 끝에 채팅을 마무리했지만, 동성에게도 성적인 채팅이 와서 매우 당황스러웠습니다."

"자연스러운 연락으로 접근하는 사람들이 빈번하였고, 컨셉을 가출하였다고 하니 잘 곳 있냐고 물어보는 사람도 있었다. 오늘 종합적으로 연락해 보았을 때 같은 미성년자의 연락이 정말 많았어서 금전을 제시하며 단도직입적인 제시를 하지 않았고, 말하는 거에 있어서 조심스러워하는 것이 많이 느껴졌다. 또한 나이를 먼저 제시하면서 연령대를 속이고 친근하게 다가오려고 하는 느낌도 들었다."

"가출을 했다는 설정과 동시에 거주할 공간이 있냐고 물어보면서 자신의 집에서 재워주겠다는 회유를 하며 자신의 목적을 이루려는 사람들의 빈도가 굉장히 증가하였었고, 마지막 날 역시 대부분의 연락이 그러한 목적의 사람들이었다."

"가출을 했다는 설정 때문에 공감대 형성을 위해서 잘 곳을 제공해주겠다면서 대화를 시도하는 사람들이 어느 어플리케이션에서나 대부분이었다. 가출을 한 아이에게 잘 곳을 제공해준다 하면서 근본적으로는 자신들의 성욕구를 해소하기 위한 만남을 주목적으로 한다는 것을 조금만 더 대화하다 보면 충분히 그 면모가 늘어났고, 오늘 조사하면서 특이했던 점은 청소년들이 자신들이 자취를 한다면서 잘 공간을 제공해준다, 차가 있다, 집에 방이 하나 남는다하는 티가 나는 거짓말을 하는 것이 보였다. 결국 이러한 청소년들도 근본적인 목적은 성적 만남이었으며, 뻔한 거짓말을 당당하게 하면서 상대방이 속는다고 착각하는 모습을 보고 여간 멍청해보였다."

"연락이 온 사람 중에서 가출팸을 물어보는 사람도 있었고, 여자에게 연락이 왔는데 자신도 가출을 했다며 같이 다니자 아는 오빠가 자취를 하는데 거기서 여자랑 술 먹고 싶다고 하던데 2대2로 같이 술 먹자고 말하자고 하였다. 대부분 앱에서는 청소년들에게 보통 연락이 많이 왔는데 청소년들이 성적만남을 가지자 하는 것과 술을 마시자 등 청소년기에 하는 것에는 올바르지 않은 행동들을 하는 것에 있어서, 자신들도 같은 미성년자이기 때문에 미성년자라고 말하는 것에 있어서 이해하지 못한다는 표현을 하거나 반응을 하지 않고 자신이 하고 싶은 말을 계속하려하는 태도를 보았다. 또한 몇몇 30대의 남자 같은 경우에는 좋은 오빠를 찾는다는 말 자체에서 조건을 한다는 의미로 받아들이는 사람들도 있다는 것을 확인할 수 있었다."

"경험이 있는 설정으로 상대방과 연락하여서 단도직입적으로 물어보는 사람이 훨씬 많았고, 말하는 거에 있어서 조심스러워하는 상대방도 조금만 느낌을 주면 적극적으로 물어보았다. 또한, 그들이 이해할만한 소개글을 올리니 나이에 상관 없이 직접적으로 물어보는 사람이 많았다. 경험이 있는 사람의 설정이어서 소개글에 있는 말을 보고 사람들이 더 공격적으로 반응하는 사람들도 있었다. 이들은 금전을 요구하면서 만남을 추구하기 보다는 역시 섹스팅을 하려고 유도하는 채팅이 많았다."

"만남이 아니라면 대부분의 채팅은 섹스팅 또는 야한 사진을 교환하는 등을 목적으로 하는 것이 보였다. 또한 20대 같은 경우에는 조금만 유도를 하여도 금액이 얼마냐 물어보고 장소를 어디서 한다는 등 적극적인 태도를 보였다."

"가장 재미있던 것이 2가지였는데 미성년자이기 때문에 장소가 협소하다고 야외에서 하자는 사람도 있었고, 성적 해소를 위한 만남의 장소로 룸카페는 많이 들어봤지만, 계단에서 하자고 하는 사람도 있었다. 이 활동을 하면서 가장 많이 느꼈던 것은 청소년들의 성적 욕구를 해소하기 위한 공간으로 라인과 룸카페가 가장 많이 차지하고 있다고 느꼈다. 라인을 통하여서 사진교환을 하는 것 또한 문제지만 룸카페는 근본적으로 카페라는 목적이 있는 공간이기 때문에 룸카페에서 그러한 행동을 하지 못하도록 CCTV를 설치하는 등 또는 경고문구를 붙여놓는 등의 주의를 가할 필요가 있다고 느꼈다."

"파키스탄 사람이라는 사람이 있었는데 이 앱을 통해서 같이 살 사람, 사랑할 사람을 구한다는 말을 하는 것을 보고 이런 앱으로 실제로 연애를 하는 사람이 있나 의구심이 들었다. 더군다나 그 사람의 나이는 35살이었는데 단 1도 모르는 미성년자와 같이 살고 싶다는 말을 하는 것을 보고 불편감이 많이 느껴졌다."

"미성년자라 그런지 공중화장실이나 룸카페, 무인텔 순으로 가장 많았고 지하주차장, 자취방도 많았습니다."

"만남을 가지자고 하면은 보통 무인텔이나 호텔, 자취방이 많았고 청소년들의 같은 경우에는 룸카페가 가장 빈번하게 언급이 되었다."

“랜덤채팅앱을 통하여서 조사한 결과 주로 연령층은 고등학생 아니면 20대 중후반이었고, 고등학생 같은 경우에는 조건만남 보다는 섹스팅이나 음란 사진교환 등에 목적을 두고 있었으며, 20대는 단순한 만남인 척하는 만남을 유도하였다. 처음에 보여지는 정보를 통하여서 비슷한 관심을 가지고 있는 것으로 접근하거나 나이가 어리기 때문에 금전적으로 어필을 하는 경우가 많았으며, 경험이 많다는 식으로 접근하는 경우도 빈번하였다.”

“느낀 점은 설정을 조금 더 구체적으로 적을수록 상대방이 더 관심을 가진다는 느낌이었다. 특정한 몇몇은 집요하게 물어보면서 불쾌감을 주기까지 하였다. 한 가지 찝찝한 것은 청소년들이 라인과 오픈 카톡이라는 대중적인 커뮤니케이션 어플에서도 음란한 사진을 교환하는 등 청소년들에게 맞지 않는 행동들을 하고 있었으며, 그 중 라인이 우리나라에서 자주 사용하지 않기 때문에 청소년들이 굉장히 즐겨 사용하는 것으로 보였다. 이러한 어플리케이션의 악용을 우리가 조금 더 생각해볼 필요가 있다고 느껴졌다.”

19세 고등학생으로 가장한 조사

"저녁시간이 되고 나서 군인을 나타내는 별명을 가진 채팅이 눈에 띄게 늘었다. 단순 채팅이나 만남의 목적을 가진 경우가 많았지만 처음에는 단순 목적이었다가 성적으로 바뀌는 경우나 처음부터 대가제공 성적 만남도 꽤 있었다."

"군인 닉네임은 군인이에요, 군바리, 짜니 등이다."

"상태메세지를 '찜방 가자'라고 설정을 해놓아서 단순 만남의 목적을 가진 채팅이 많았고, 성적인 목적을 가진 채팅이 많았다. 그리고 찜질방에 가서 공공장소임에도 불구하고 성적인 목적을 해결하려는 경우가 많았다."

"성적인 목적을 가진 경우가 많았고 군인으로부터 온 채팅이 저녁 시간이 되자 많아졌다."

"자신의 스펙을 나타내는 사람이 많음, 예를 들면, 학원 선생님, 고려대, 유부남, 직장인 등"

"폰섹이나 조건만남, 키스알바와 같은 대가제공이 있는 성적 만남과 관련된 연락이 많은 편이었습니다. 가출과 관련된 유형이라서 그런지 지낼 수 있는 장소를 제공한다는 등의 연락, 찜질방 대신 모텔에서 함께 생활하자는 연락이 대부분이었고 미성년자임을 밝혀도 반응 없는 것이 일반적이었습니다."

"오늘 연락 중 가장 임팩트 있던 대화는 20대 후반 남성이 미성년자와 조건만남을 하기 위해, 또 다른 미성년자와 조건만남을 하고 있다는 대화 캡처 사진을 보내 자신이 이상한 사람이 아님을 증명하려고 노력하는 것이었습니다. 대화 캡처 사진을 통해 실제로 미성년자가 조건만남을 하고 있다는 것을 확인해 충격적이었습니다."

"이전에 경험이 있던 조건이라 확연히 다른 유형에 비해 직접적이고 수위가 높은 채팅이 많았다. 처음부터 성매매를 원해서 금액을 제시하고 용돈을 준다는 식의 채팅이 많았다. 또한 처음부터 조건만남을 원하는 중장년의 나이대의 경우가 많은 것이 이 앱의 특징이었다."

"일주일 중 금요일이 제일 성적인 채팅이 많았던 거 같고 인사말이 지금 바로 가능이라는 직접적인 말을 해서 처음 시작 채팅이 얼마?, 용돈?, 파트너 하실래요? 등 이런 말이 많았다."

"자신과 만나자는 채팅이 아닌 고액 알바를 모집할 목적으로 온 채팅이 있어서 자세하게 물어봤다. 방학이고 휴가철이라 그런지 미성년자들의 채팅도 많고 휴가를 같이 가자는 채팅도 꽤 있었다."

"오늘 왔던 연락 중 어플을 통해 40대에게서 1:2나 1:3으로 성관계를 하자는 등의 조건을 내세우는 연락이 있어 다소 충격적이었습니다."

"랜덤채팅 모두 건전한 대화를 시작으로 키와 몸무게 등 신체 사이즈를 물어보며 성적인 대화를 시작하려고 한다. 군인이 많이 나타났다. 한 명은 업무 때문에 낮에 핸드폰을 사용한다고 하였고, 또 한 명은 업무가 일찍 끝나서 핸드폰을 사용한다고 하였다."

기타

"62살의 남성이 대화를 걸어왔고 본인은 어린 친구들을 많이 만났으며 초등학생은 톡친구 그 이상의 친구들과 만남을 가졌다고 했다."

"학생들을 가르치는 선생님이 대학생에게 여행 친구를 하자고 대화를 걸었다. 또한 고등학생이 자신이 성관계를 한 것에 대해 이야기를 해주었다."

"중년들은 사진이나 말투, 닉네임이나 상태메세지를 보면 특징이 있다. 또한 중년들은 금전적인 도움을 주겠다며 성적 만남을 제안한다."

PART

II

실제 채팅방

채팅의 목적은 무엇인가?

1

13세 대상 채팅

처음 채팅하는 13세

가즈아~~

초육 여 (13세)

○○jon jin(46세)

안녕하세요

하이요

키 몇이셔요?

160이요

몇 살이에요?

많이 성숙하넹.. 성인이지...
나이야 숫자에 불과한거니까

서로 코드만 맞음 되는거니까

헷

요즘은 친구를 꼭 또래랑만 사귀지 않으니까

아빠나이랑도 남친도 하고 다하는시대니깐

대화가 통하고 코드가 맞음 친구가 되는 시대인데

😘도 배워보고

스킨쉽도 배우고 데이트도 하고

한다고 표시나는 것도 아닌데

근데 저 13살인데요..

❤

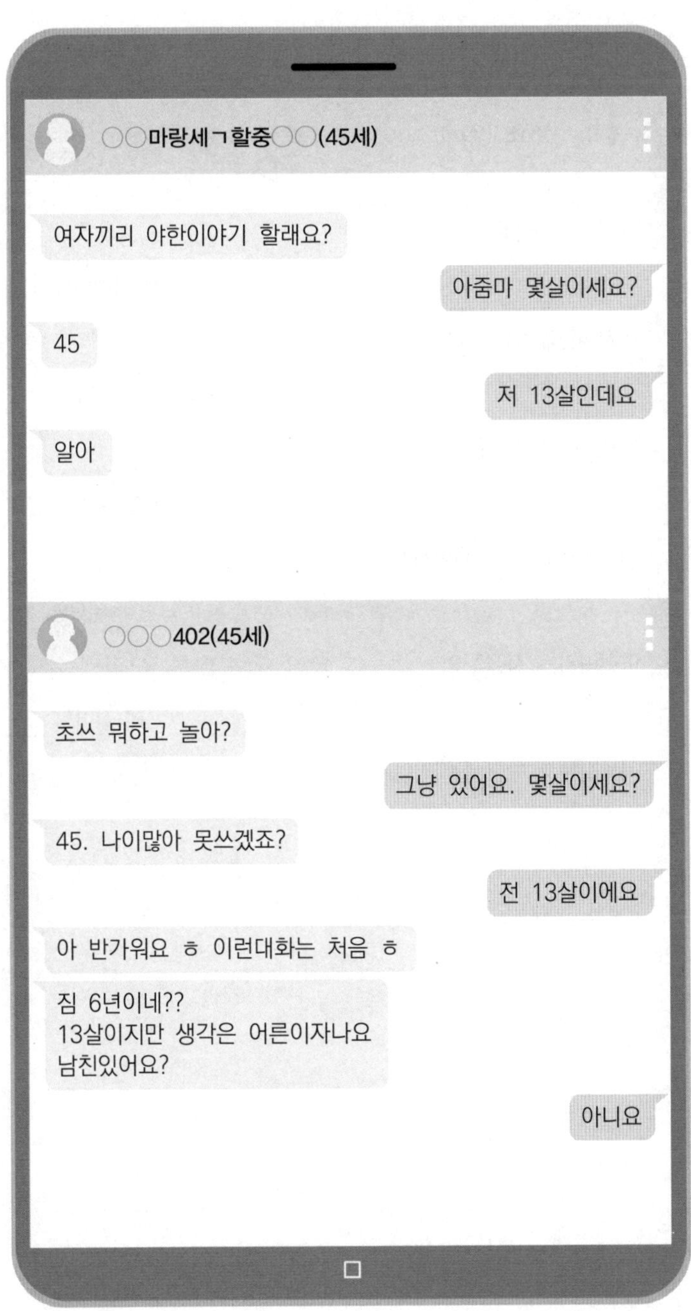
○○마랑세ㄱ할중○○(45세)
여자끼리 야한이야기 할래요?
아줌마 몇살이세요?
45
저 13살인데요
알아
○○○402(45세)
초쓰 뭐하고 놀아?
그냥 있어요. 몇살이세요?
45. 나이많아 못쓰겠죠?
전 13살이에요
아 반가워요 ㅎ 이런대화는 처음 ㅎ
짐 6년이네??
13살이지만 생각은 어른이자나요
남친있어요?
아니요

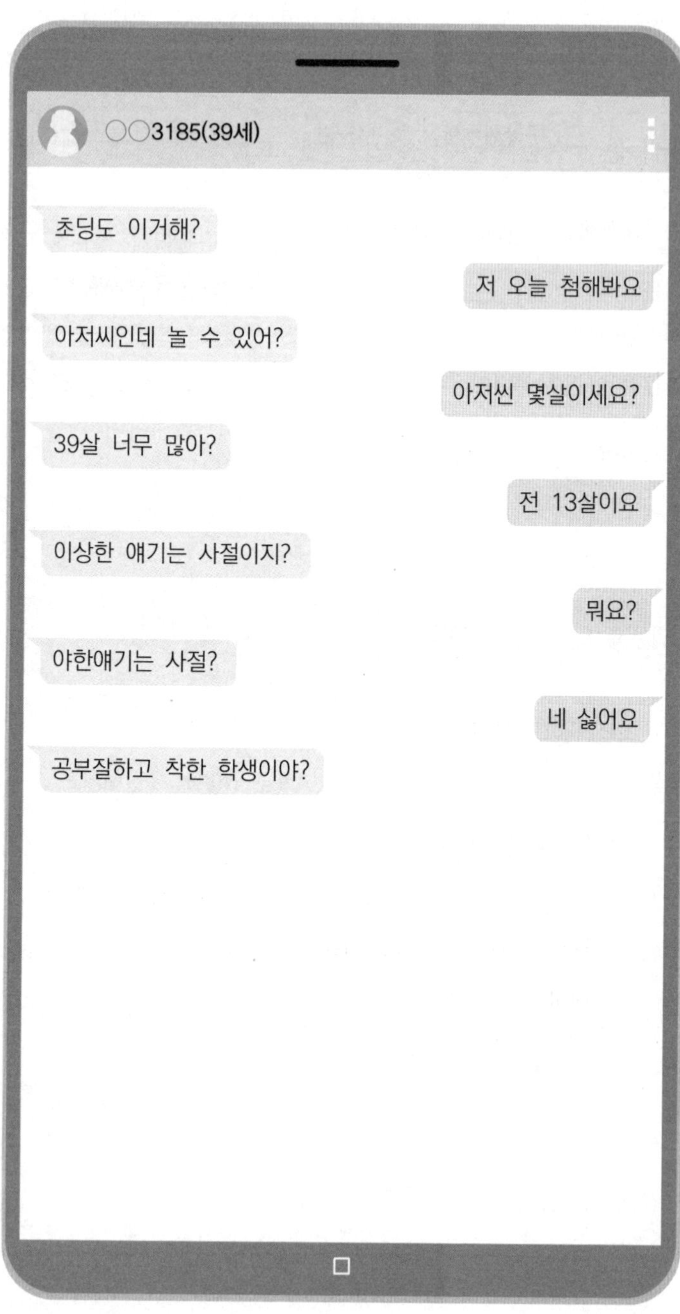
○○3185(39세)
초딩도 이거해?
저 오늘 첨해봐요
아저씨인데 놀 수 있어?
아저씬 몇살이세요?
39살 너무 많아?
전 13살이요
이상한 얘기는 사절이지?
뭐요?
야한얘기는 사절?
네 싫어요
공부잘하고 착한 학생이야?

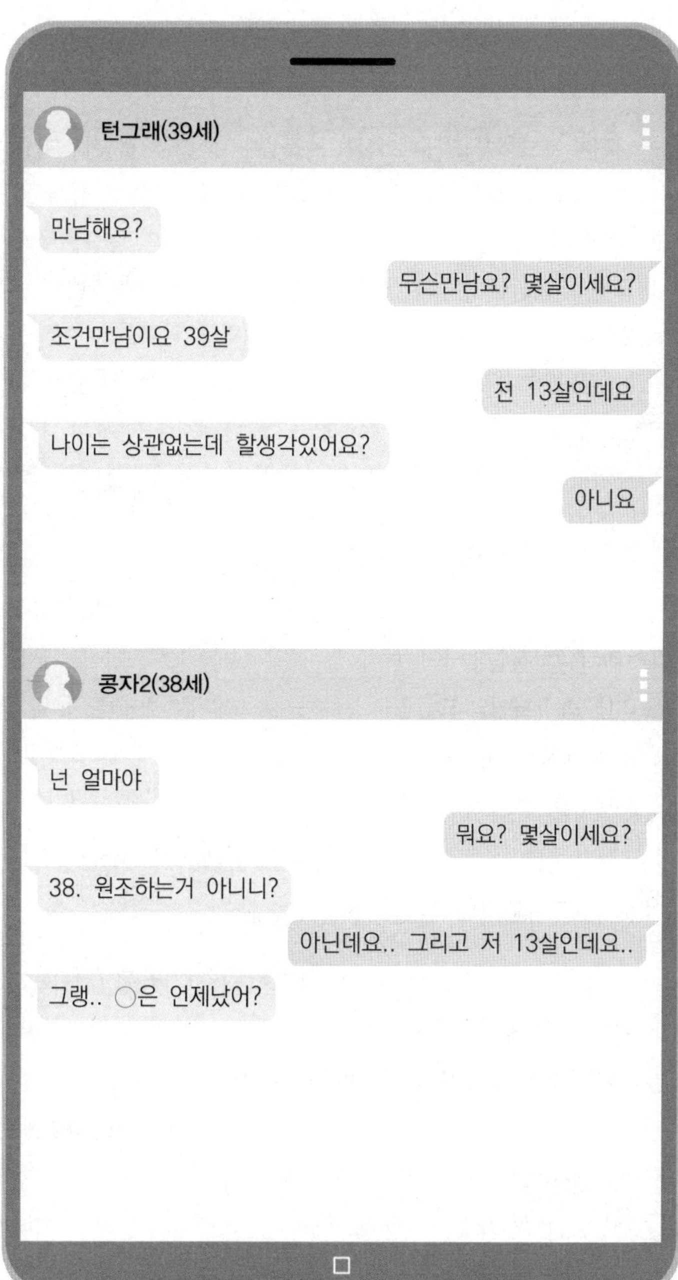
턴그래(39세)
만남해요?
무슨만남요? 몇살이세요?
조건만남이요 39살
전 13살인데요
나이는 상관없는데 할생각있어요?
아니요
콩자2(38세)
넌 얼마야
뭐요? 몇살이세요?
38. 원조하는거 아니니?
아닌데요.. 그리고 저 13살인데요..
그랭.. ○은 언제났어?

○~~~(37세)
안녕요
안녕요~
모해요?
그냥있어요
만날래유?
저 초6인데요
헉.. 넘 어리네 남자 만나봤어요?
아니요
만나보고싶죠?
아닌가요? 부담되나?
혹시 섹스해봤어?
해볼래요?
헉 저 미자(미성년자)인데요
전 태영. 미자씨 ~~ 혹시 시간되면 볼래요
저 미성년자라구요 ㅋㅋㅋㅋ
상관없어요 하고 싶어요?
그게 중요해요 ㅋ 섹스하고 싶은지, 궁금한지
저 안해봤어요
경험해봐요

○○든보톡이든(36세)

학원 안다녀? 낮에 뭐하고 있냐?
초6 개귀여워 덥다 물놀이 가즈아 ㅋㅋ

저 집이요 몇 살이세요?

나 84년 나이는 삼촌이지만 생각은 어려 ㅋㅋ
어려서 잘놀아

저 13살인데요

궁금한데 물어도 되나 화내거나
삐지지 말았음 조켔다

넹

ㅈ ㅇ 할줄알아?

아니요

실은 내가 남자○만 여자꺼 ㅈ ㅇ 박사거든
아직이면 단계적으로 해주고 싶다

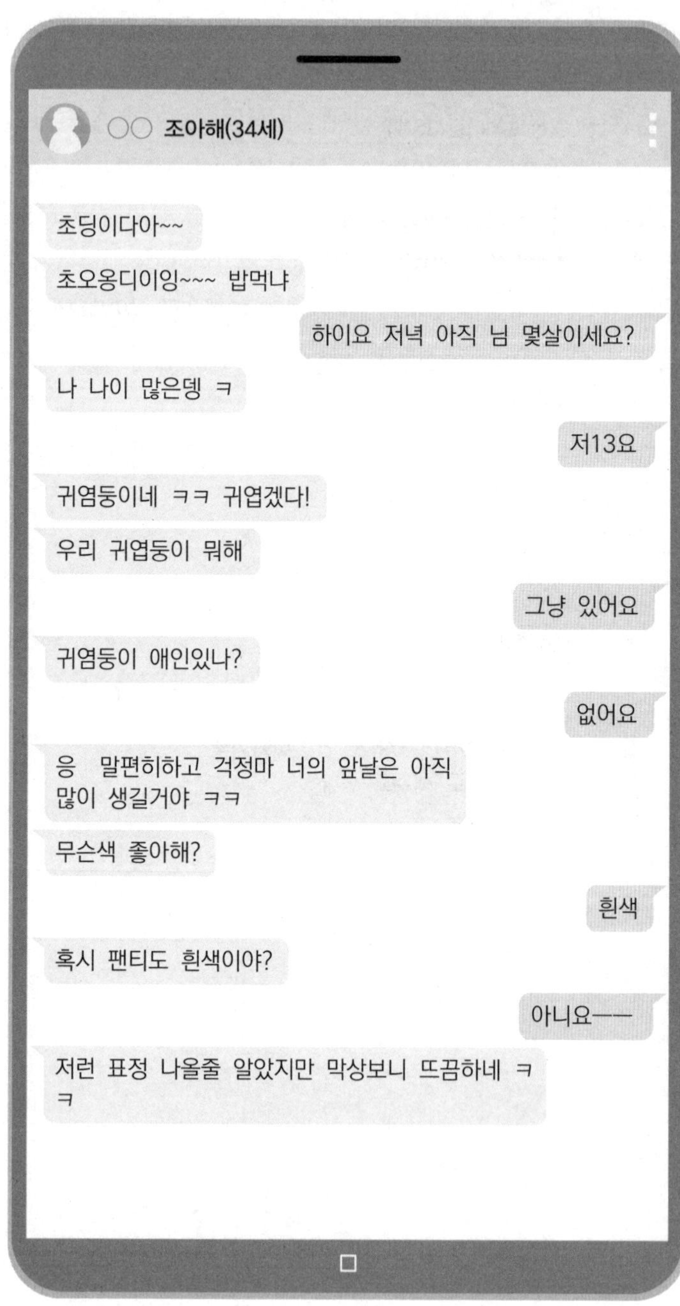
○○ 조아해(34세)
초딩이다아~~
초오옹디이잉~~~ 밥먹냐
하이요 저녁 아직 님 몇살이세요?
나 나이 많은뎅 ㅋ
저13요
귀염둥이네 ㅋㅋ 귀엽겠다!
우리 귀엽둥이 뭐해
그냥 있어요
귀염둥이 애인있나?
없어요
응 말편히하고 걱정마 너의 앞날은 아직 많이 생길거야 ㅋㅋ
무슨색 좋아해?
흰색
혹시 팬티도 흰색이야?
아니요――
저런 표정 나올줄 알았지만 막상보니 뜨끔하네 ㅋㅋ

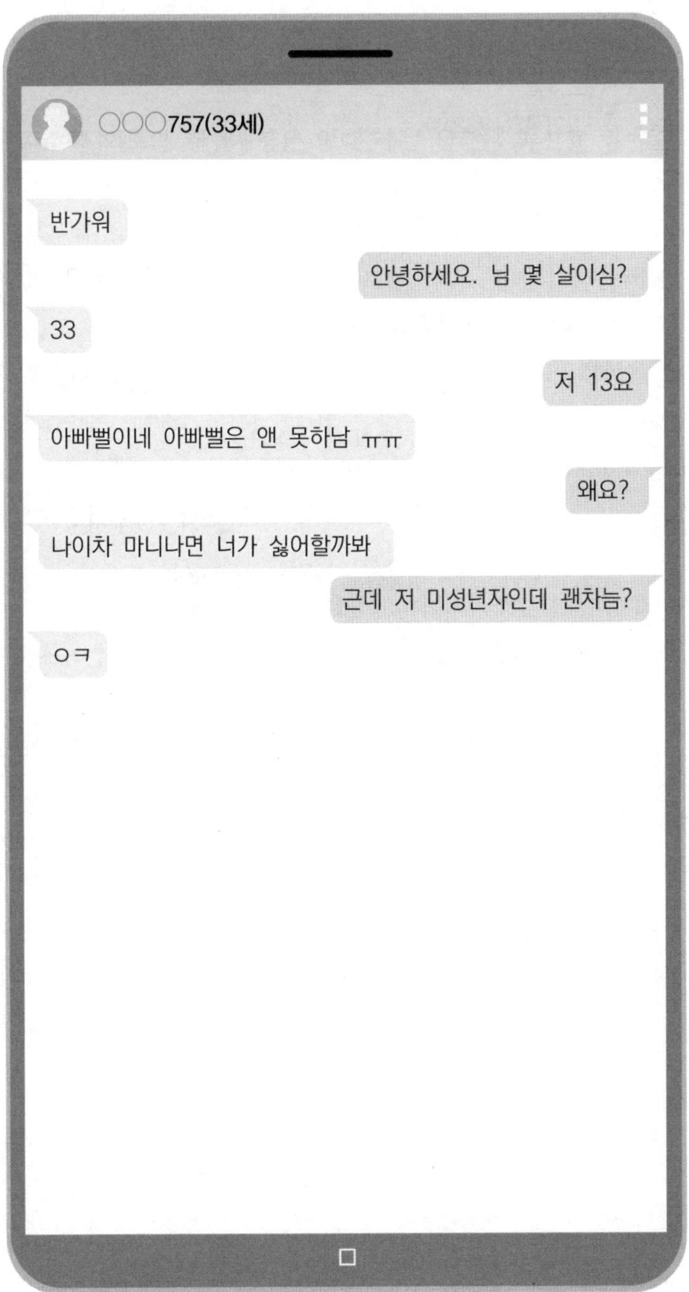
○○○757(33세)
반가워
안녕하세요. 님 몇 살이심?
33
저 13요
아빠뻘이네 아빠뻘은 앤 못하남 ㅠㅠ
왜요?
나이차 마니나면 너가 싫어할까봐
근데 저 미성년자인데 괜차늠?
ㅇㅋ

고민상담사(32세)
야한거 하고 놀아? ㅋㅋㅋㅋ
헙.. 몇살이세요?
32살 ㅎㅎ 너무 어른인가? ㅋㅋ
전 13살이에요
넌 섹스 판타지 있어? 자위할 때 상상하는 거라던지
그런거 안해봤어요
야동도 안봤어? 너가 상상하는 섹스는 어떤거야?
나는 여기서 만나 자위하는거랑애무 가르쳐줘봤어 자○ ○는 거랑 ㅎㅎ

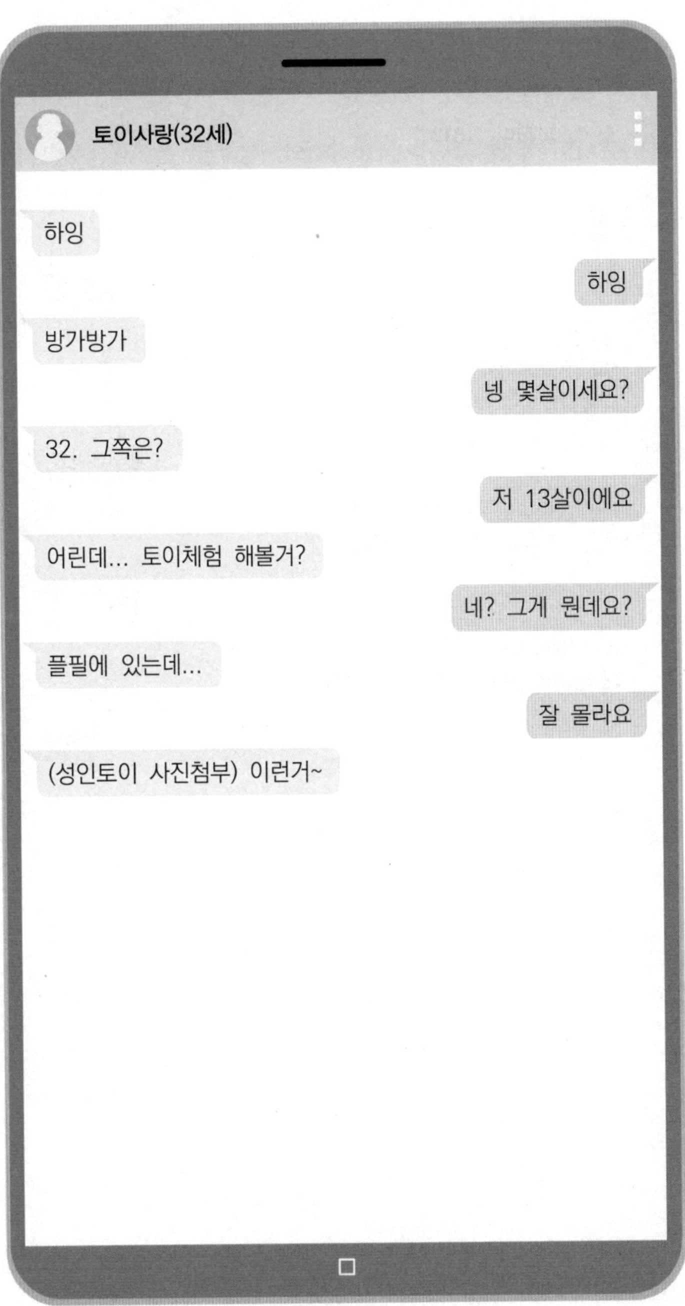
토이사랑(32세)
하잉
하잉
방가방가
넹 몇살이세요?
32. 그쪽은?
저 13살이에요
어린데... 토이체험 해볼거?
네? 그게 뭔데요?
플필에 있는데...
잘 몰라요
(성인토이 사진첨부) 이런거~

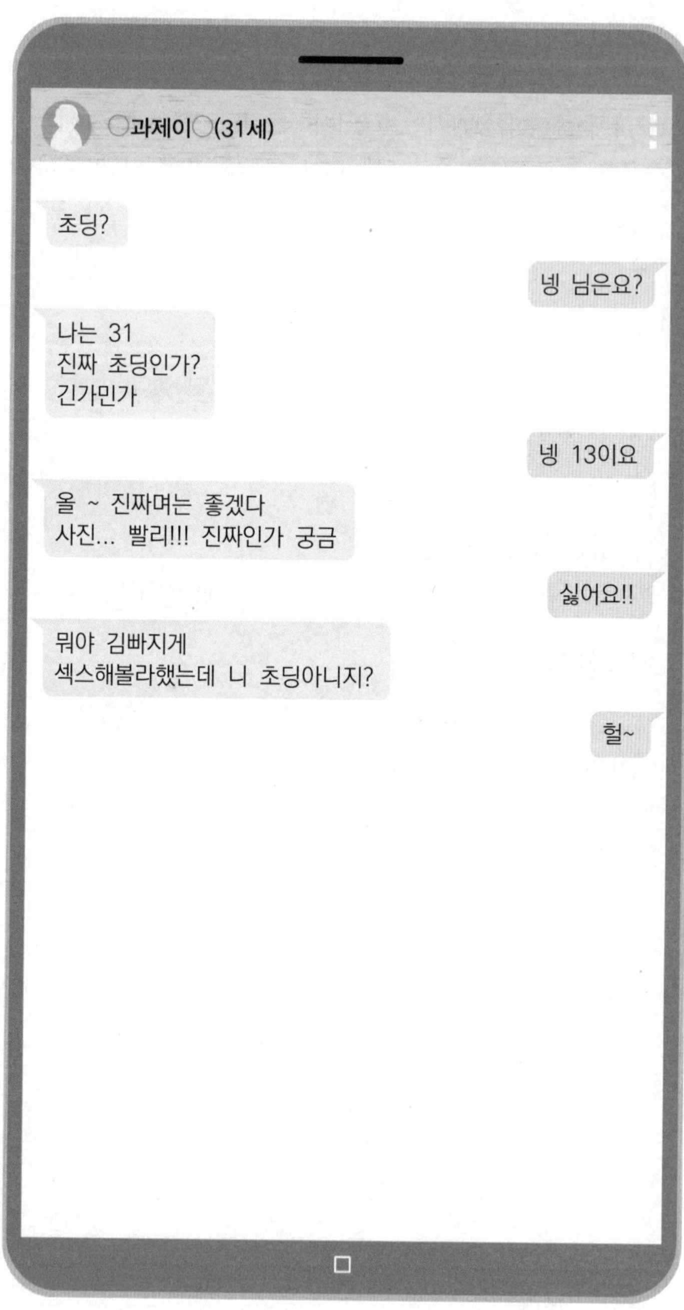
○과제이○(31세)
초딩?
넹 님은요?
나는 31
진짜 초딩인가?
긴가민가
넹 13이요
올 ~ 진짜며는 좋겠다
사진... 빨리!!! 진짜인가 궁금
싫어요!!
뭐야 김빠지게
섹스해볼라했는데 니 초딩아니지?
헐~

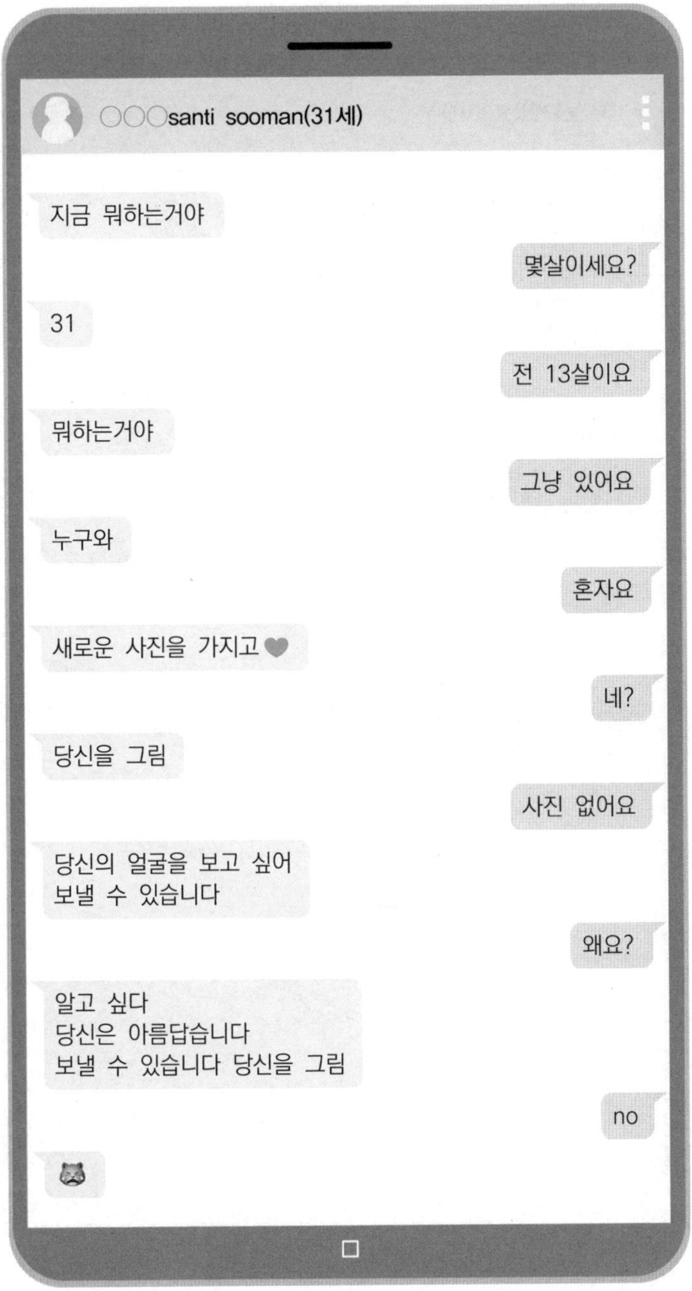

○○○santi sooman(31세)

지금 뭐하는거야

몇살이세요?

31

전 13살이요

뭐하는거야

그냥 있어요

누구와

혼자요

새로운 사진을 가지고 ❤

네?

당신을 그림

사진 없어요

당신의 얼굴을 보고 싶어
보낼 수 있습니다

왜요?

알고 싶다
당신은 아름답습니다
보낼 수 있습니다 당신을 그림

no

🐱

능력있는(30세)

하이 정기적으로 안전하게 용돈받으실분 찾아요 편한 시간에만 매너있게 보고 귀찮게 하거나 불편하게 안해요 정관수술해서 안전하구요 이렇게 오랫동안 본적 있어서 편하게 잘 맞춰 드려요 혹시 궁금한거 있으면 뭐든지 물어봐요

몇살이세요?

30이요
장난치는거 아니구요 원래 님또래 1년반 정도 보던 분 있었는데, 이사가서 새로운 분 찾는 중요 ㅠㅠ

근데 저 13살인데요..

간단한거여 예전에도 중1 있었는데

네?

용돈 좀 필요하죠? 절대비밀이구요
우리끼리만 아는걸루요

솔직담백한(28세)

ㅎ ㅇ 전 여자고등학교 남자교사인데요. 궁금한게 있는데?

안녕하세요

방가워요 궁금한거 있어서 학생이에요?

저 13살이요. 선생님이세요?

아네. 교사에요 말 편하게 해도 되나요?

선생님 몇 살이세요?

쌤은 28살이야

오 ! 저 채팅 첨인데 여기서 쌤을 다 만나고 ㅋㅋ

그래? 쌤도 어제야 시작했는데.

혹시 쌤이랑 서로 비밀지켜주면서 둘만아는 사이로 지낼 수 있어?

기분 나빴다면 미안해

쌤도 남자고 사람인지라ㅠ

키가 몇이야?

158이요

웅 키큰데 너무 맘에들어

몸매는 보통이야?

쌤이랑 서로 비밀친구하며 지낼까?

과목은 체육이야

무슨 비밀이요?

너랑 쌤이랑 야하게 지내고 싶어

채팅으로요?

여기서 좀 오래 지내고 싶어 서로 비밀지켜주면서

목소리가들려(28세)

뭐하구 놀아?

하이요. 몇살이세요?

28. 너무 많구나 내가

전 13살이용

아 그래 또래친구를 찾고있겠구나

저 오늘 챗 첨이라 뭐 잘 몰라요 ㅋㅋ

남친찾는거야?

그냥 하는건데요

그냥 대화?

왜요?

궁금해서~ 만나기두하나? 용돈벌이?

안녕히히(27세)
안녕ㅎ 기구관심있어?
안녕하세요^^
진동기구 써본적 있어?
네? 그거 먼데요. 그리고 몇살이세요?
27
저13인데요
같은 또래만 만나?
저 오늘 채팅첨이라...
너 성경험이나 자위해?
아니요
흠.. 그럼 기구 관심 없겠네
그거 뭔지 모름
너 라인해?
나 안함
라인깔고 통화 할래?

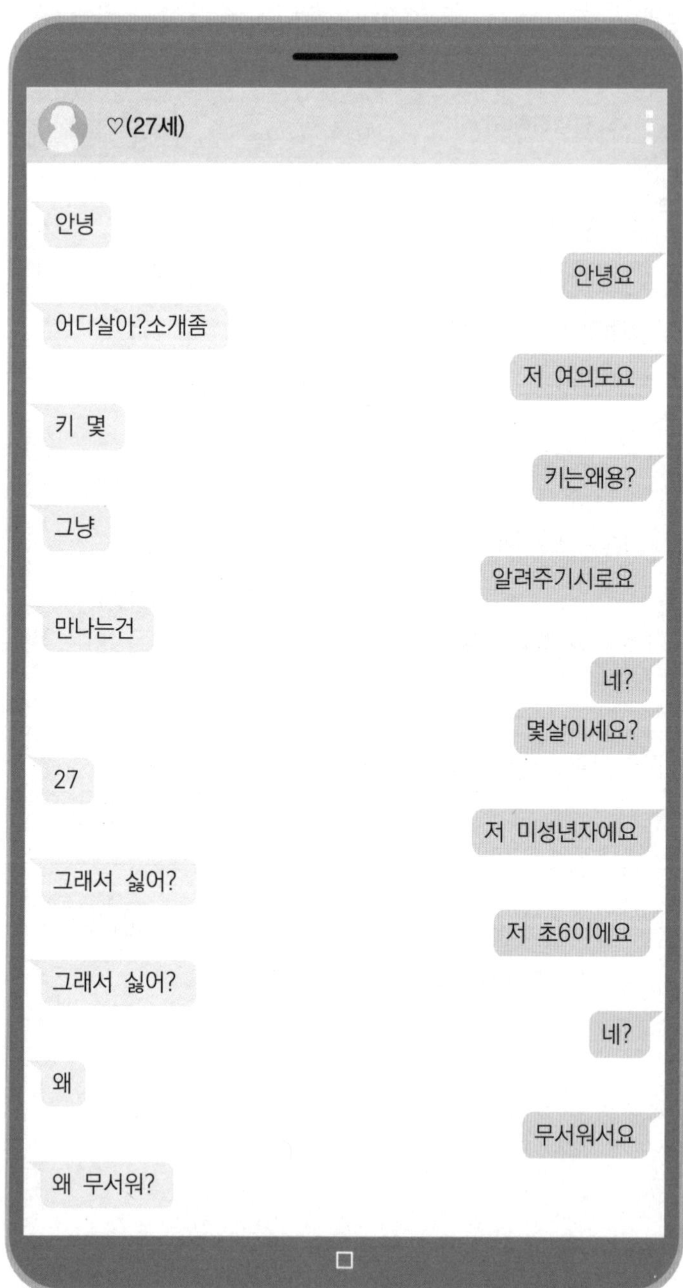
♡(27세)
안녕
안녕요
어디살아?소개좀
저 여의도요
키 몇
키는왜용?
그냥
알려주기시로요
만나는건
네?
몇살이세요?
27
저 미성년자에요
그래서 싫어?
저 초6이에요
그래서 싫어?
네?
왜
무서워서요
왜 무서워?

MD입니다(27세)

주인 구하나요??

주인이요?

네 제가 노예 구하고 있어서요

노예요?

네넨 제말에 복종할 노예

아 저 미성년자에요

저는 나이 신경안써요

님만 괜찮다면

13살인데요

네 괜찮아요

님은요?

시러요

왜요??

무서울꺼가태여

아니에요 초보자면 살살해주고 무리한 거는 안시켜요

어떤거요?

라인에서 사진 영상 시킬꺼거든요

라인 안해요

다운 받아요

안할래요

왜요??

시러서요

노예니까 복종해요

네?

몇살이신데요?

27이요

그래도 노예는 안할래요

흠 이미 제가 노예로 찍어놨으니까
해야되요

그런게 어디써요

여기요

노예주제에 말이 많네요

노예안한다니까요

해요

시러요

ㅍ서어○○해요(27세)

주인구하나요?

네? 그게 뭐에요?

제가 노예구하고 있어서요. 제가 시키는대로 복종하는 거에요

저 오늘 첫 첨이라

야한거 싫어해요?

근데 저 13살인데요

알아요 복종만 열심히 하면 전 아니 상관 없어서

우주팽귄(27세)

안뇽!! 엇~ 초등학생이세요?

넹... 님은요?

대학생이요 ㅋ
와... 초6이면 거기에 ○도 없겠다

헐....

아닌가 ㄷ ㄷ 그냥 엄청 어리다고요 ㅋㅋㅋ

여기서 뭐 하고 싶어요?

아니요.. 근데 챗 첨하는데 재미는 없네요

여기 변태 엄청 많으니 조심하세요

아저씨도 변?

남잔 다 응큼해! 근데 변태 기준을 모르겠
어떤 사람은 묶고 때리고 기구쓰는걸 변태라고 하고 어떤사람은 걍 그런 이야기 하는걸 변태라고 하고 넌 어떻게 생각하는데?

모르겠어요

하긴 ㅜ 아직 섹스경험이 없어서 잘 모를 듯 거기에 ○도 안났을나인뎅!!

으아앗(26세)

몇살?

13살이용

짱친하자

그랭

오예 남친있어?

없엉

헤어진지오래돼써?

작년?

아하 동갑?

동갑이여찌

너네 나이때는 진도 어디까지 나가?

몰라요

넌 어디까지 해봤는뎅??

나도몰라

엥? 아무것도 모르는건가?

아뇨

섹스는 해봤어?

아 근데 넌 모하고 노는거 좋아해?

나는 그냥 친구들이랑

응ㅋㅋ

노래방?

올 나두 ㅋㅋ 같이가자

어딜요?

노래방ㅋㅋ 내가쏨

끼야호

ㅋㅋㅋ 맛있는것도 쏨 친구된 기념으로

아저씨 짱짱맨이닷><

오빠거든?

;;;;;;;; 네 오빠

말편하게해 ㅋㅋ 친구하기로 햇자나

알겠떠

응응ㅋㅋ 또 하고 싶언거 없어?

딱히 없는뎀

구래?

근데 넌 스킨십 안좋아해?

그런거 싫어해...

진짜? 신기하다

요즘 애들은 거의 좋아한다 들었거든

나는 아니야, 그런거 싫어해

응응 아라쏘!!!

우리 언제보지?

몰랑

너 편할때 보자 먹구싶은거 생각해놔 ㅋㅋ

○종숙(26세)

안녕하세요

안녕하세요

가슴 ○에○멍 같이나오게찍어 보여죠 보고싶어 받는 즉시20만원입금 할깨 문상도 가능

네?몇살이세요?

나이 묻지말고요 가슴 ○에○멍 같이 나오게찍어 보여죠 받는 즉시 20만원 선입금 문상도가능

싫어여

보내주고 생각있음 만나고

왜 그럼색스할까 어데살아요 몇살인가요

저 초6이에요

카톡 하던가 아이디 주던가해요

어데살아요

싫어요 오빠것보여줄깨 카톡 jong○○○ 라인jong○○○하던지

싫어요

카톡 jong○○○으로해요 라인jong○○○해 오빠가용돈줄깨

안해요

색스좋아해요 해봐어

싫어요

색스해봐어

시러요 몇살이신데요

26살 색스해봐어 카톡 jong○○○으로해요

어디사시는데요

목포

카톡 jong○○○으로해요

○설이(26세)
안녕하세요~ 노는거 좋죠
하이요 ㅋ
뭐하고 노세요?
그냥 있어요
아~ 되신다면 담에 같이 노실래요?
아니요. 근데 몇살이세요?
26이요 쫌.. 많죠?
근데 뭐하고 놀아요?
님이 원하시는거요 ㅎㅎ
아니면 어른들의 놀이도 좋구요 ㅎㅎ
아니면 주인과 노예 놀이하실래요?
님이 주인역할하고 제가 노예역할 어때요?

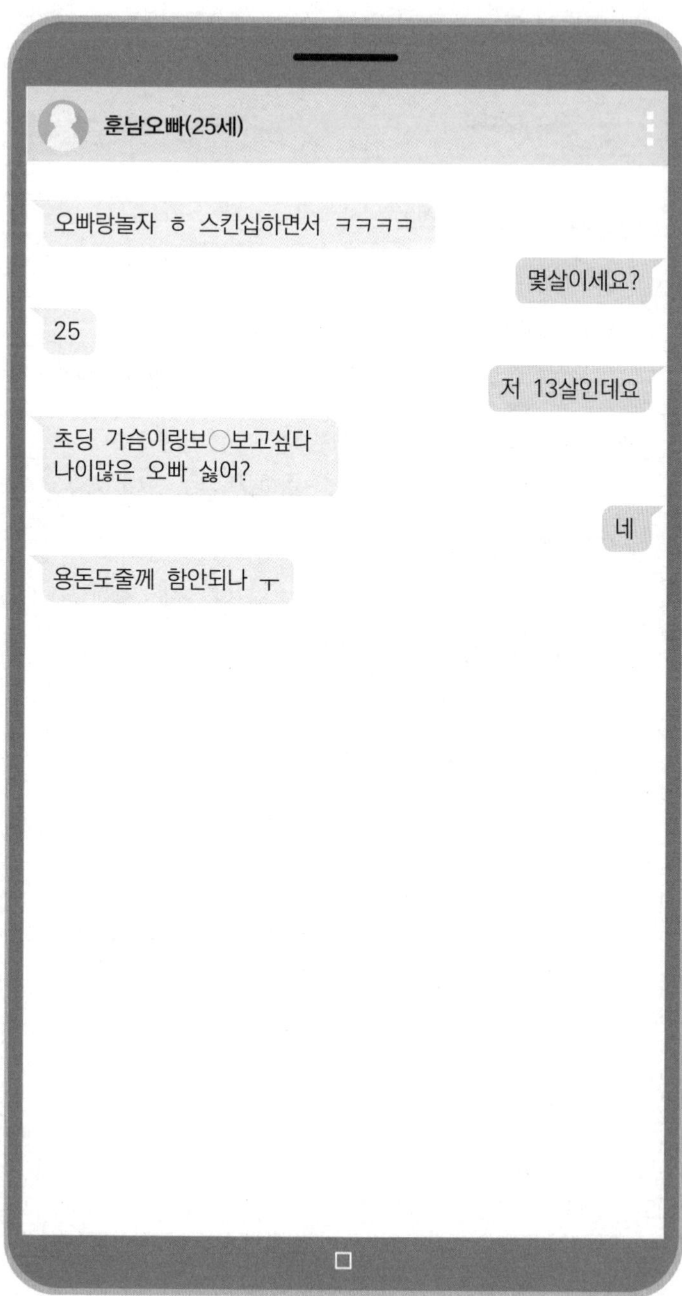
훈남오빠(25세)
오빠랑놀자 ㅎ 스킨십하면서 ㅋㅋㅋㅋ
몇살이세요?
25
저 13살인데요
초딩 가슴이랑보○보고싶다
나이많은 오빠 싫어?
네
용돈도줄께 함안되나 ㅜ

야효(24세)
하이하이하이
하이요
머해요???
그냥 집에 있어요
놀아여 ㅋㅋㅋㅋ 같이
뭐하구요?
움움,,,, 라인해요?
안해요
몇살이에요?
13살이요 님은요?
24살이요 ㅠㅠㅠ
여기서 챗하는데 라인은 왜요?
여기는 사진도 못보내고 가끔 서버터져서 없어져요 ㅠㅠ

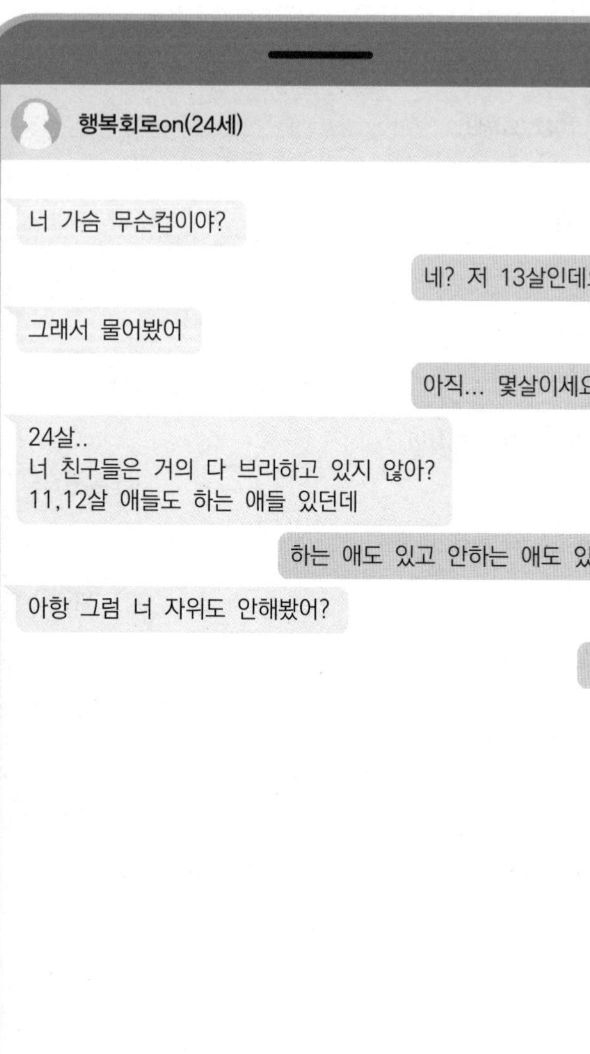

행복회로on(24세)
너 가슴 무슨컵이야?
네? 저 13살인데요
그래서 물어봤어
아직... 몇살이세요?
24살..
너 친구들은 거의 다 브라하고 있지 않아?
11,12살 애들도 하는 애들 있던데
하는 애도 있고 안하는 애도 있음
아항 그럼 너 자위도 안해봤어?
네

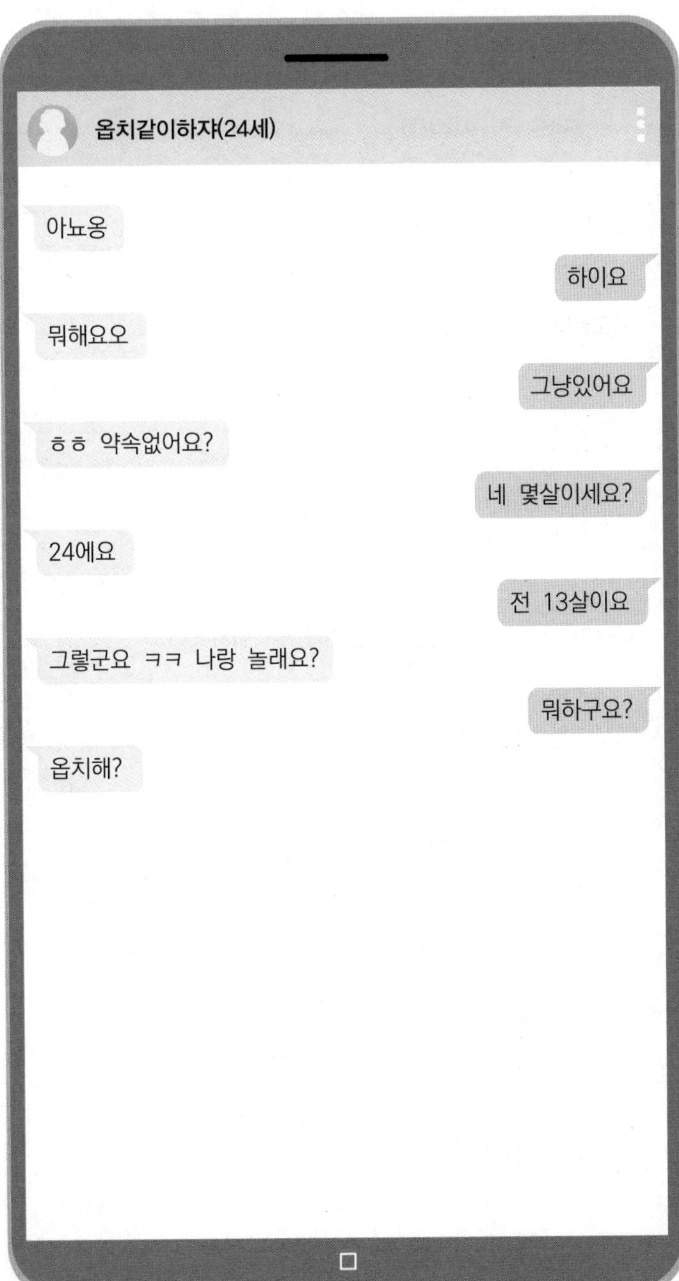
옵치같이하쟈(24세)
아뇨옹
하이요
뭐해요오
그냥있어요
ㅎㅎ 약속없어요?
네 몇살이세요?
24에요
전 13살이요
그렇군요 ㅋㅋ 나랑 놀래요?
뭐하구요?
옵치해?

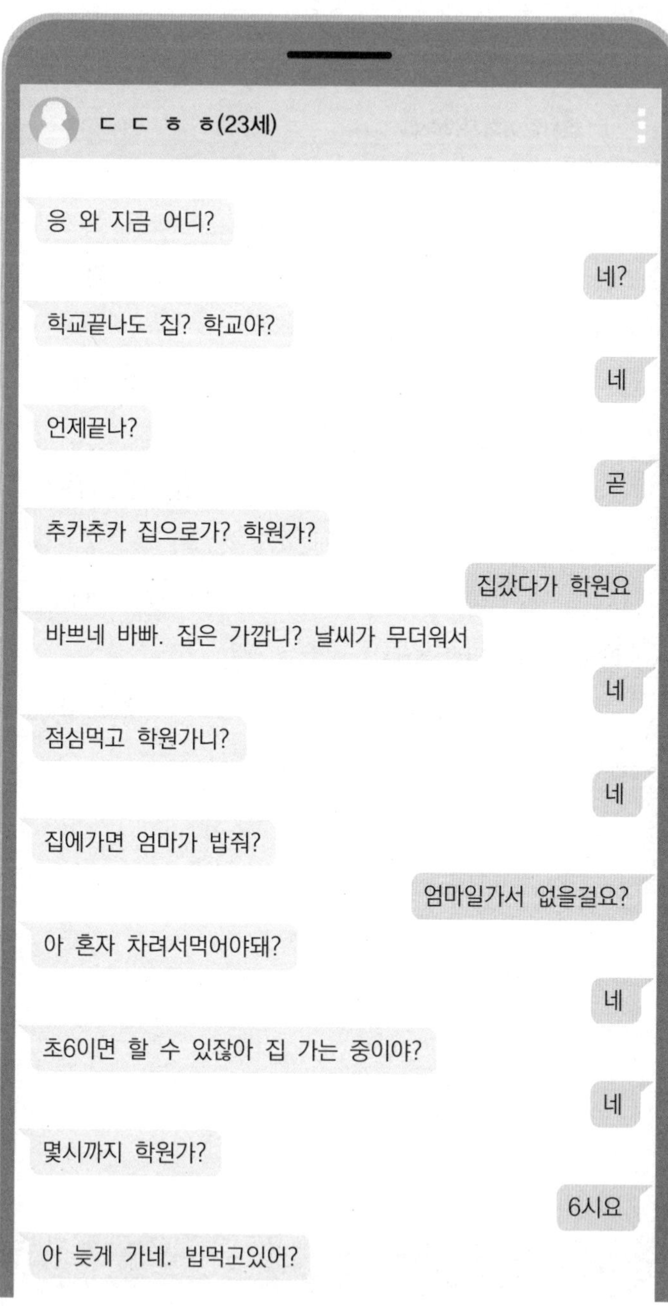
ㄷ ㄷ ㅎ ㅎ(23세)
응 와 지금 어디?
네?
학교끝나도 집? 학교야?
네
언제끝나?
곧
추카추카 집으로가? 학원가?
집갔다가 학원요
바쁘네 바빠. 집은 가깝니? 날씨가 무더워서
네
점심먹고 학원가니?
네
집에가면 엄마가 밥줘?
엄마일가서 없을걸요?
아 혼자 차려서먹어야돼?
네
초6이면 할 수 있잖아 집 가는 중이야?
네
몇시까지 학원가?
6시요
아 늦게 가네. 밥먹고있어?

배 안고파서 이따 먹으려구요

응 샤워하려구?

네 어떻게 아셨지?

ㅋㅋ 오늘같은 날씨에 샤워안하면 사람이 아니지 ㅋㅋ

브라차니?

옷 다벗었어?ㅋ

화장실이야?

아직 안해요

아직 브라 안한다는 뜻? 샤워 아직 안한다는 거야?

브라요

샤워중?

다했어요

아쉽다ㅋㅋ 볼 수 있었는데 ㅋㅋ

무슨옷 입고 있어?

알림이 잘 안돼

계속 쳐다볼게 ㅋ

반바지 반팔요

니 반바지 보여줘봐

싫어요

그럼 춤추면서 보여줘봐 ㅋㅋ

58이면 각선미가 진짜 이쁘겠다

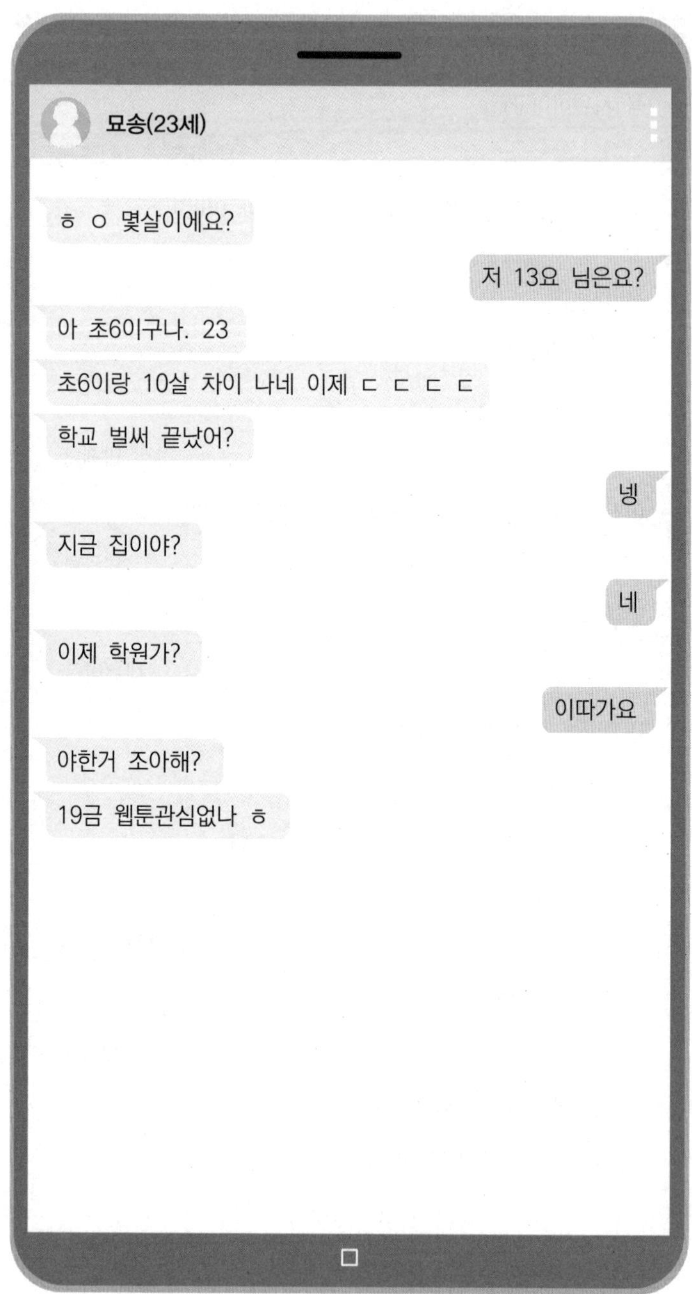
묘송(23세)
ㅎ ㅇ 몇살이에요?
저 13요 님은요?
아 초6이구나. 23
초6이랑 10살 차이 나네 이제 ㄷ ㄷ ㄷ ㄷ
학교 벌써 끝났어?
넹
지금 집이야?
네
이제 학원가?
이따가요
야한거 조아해?
19금 웹툰관심없나 ㅎ

23(23세)
ㅎㅇ오늘 만나서 놀래?
나 미성년자야
그게 노는거랑 먼 상관?
몇살인데?
23인데 넌 ㄹㅇ초6?
웅 ㅋㅋㅋ 오빠네
몇년생인데?
2007년생, 오빠는?
97. 10살차이면 오빠가 아니라 아저씬데ㅋㅋ
놀거면 톡디나 번호 알려줘

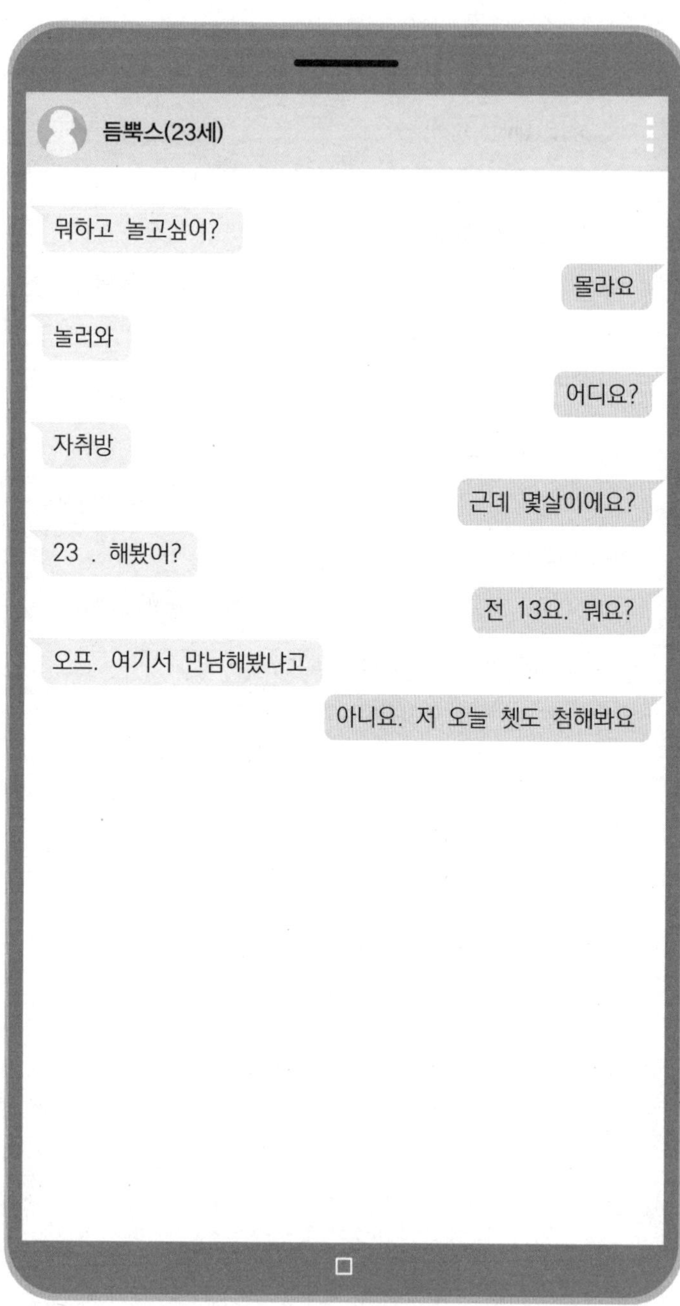
듬뿍스(23세)
뭐하고 놀고싶어?
몰라요
놀러와
어디요?
자취방
근데 몇살이에요?
23 . 해봤어?
전 13요. 뭐요?
오프. 여기서 만남해봤냐고
아니요. 저 오늘 쳇도 첨해봐요

○○○740(23세)

야 니꺼보자

네? 몇살이신데요?

니꺼보자고.. 가슴이나 딴데 나 23.

저 13살인데요

어. 바바. 가슴 귀엽겠네 안찍어줄거가

싫어요

왜 함만 봐봐 작아서그러제 니

ㅋㅋㅋ 알따 그럼 그래도 보고싶은데 안되나

너와나둘이서(23세)

안녕 야톡하면서 대화친구 할래요?

안녕하세요. 야톡? 몇살이세요?

야톡가능하세요?

그게 먼데요 오늘 챗 첨해요

야한얘기

저 13살인데요

아 초딩이네

님 몇살이에요?

23 어떤친구 찾는데?

그냥 하능거에요

글쿠나 대화친구할래?
야톡은 네가 싫으면 안하고
요즘 초딩들도 야동은 다보잖아

전 안봐봤어요

글쿠나 어떠니 오빠랑 대화친구는?
싫으면싫다고 해

싫어요

내가 할수 있는 얘기는 야톡 싫으면 채팅어플은 하지마 대부분 거의 야톡하는거니까

네

심심하다그(23세)
하잉
하잉
모해?
그냥 있어요
밥은 먹었어?
아니 몇살이에요?
나 23
전 13살이요
어리네 뭐좋아해?
먹는거요
야한거는?
그런거 몰라요
하나도 모르나?
네
자위는 알아?

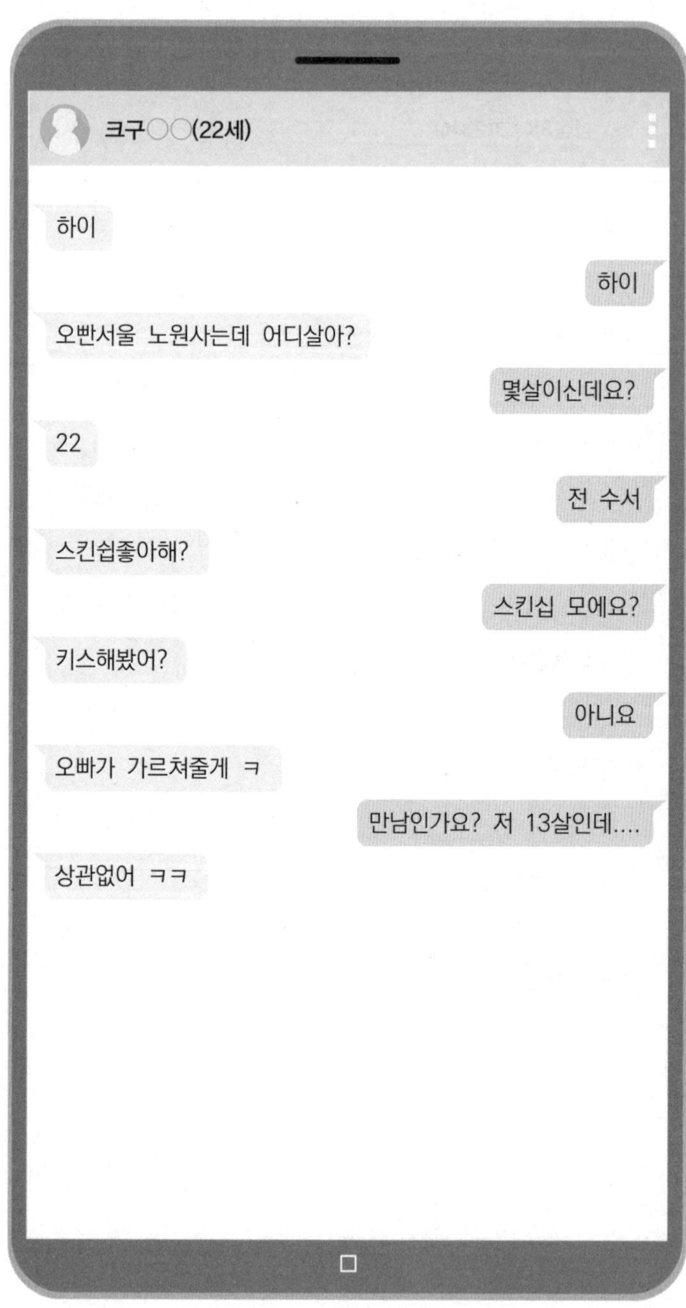
크구○○(22세)
하이
하이
오빤서울 노원사는데 어디살아?
몇살이신데요?
22
전 수서
스킨쉽좋아해?
스킨십 모에요?
키스해봤어?
아니요
오빠가 가르쳐줄게 ㅋ
만남인가요? 저 13살인데....
상관없어 ㅋㅋ

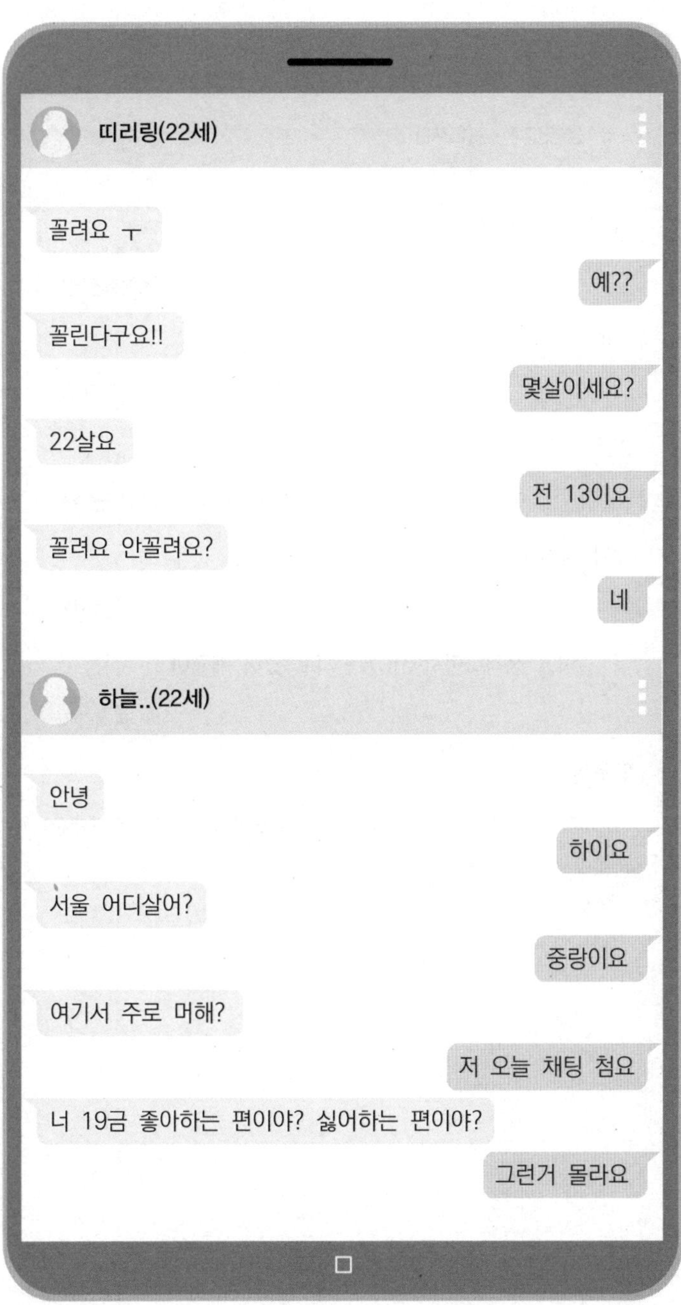
띠리링(22세)
꼴려요 ㅜ
예??
꼴린다구요!!
몇살이세요?
22살요
전 13이요
꼴려요 안꼴려요?
네
하늘..(22세)
안녕
하이요
서울 어디살어?
중랑이요
여기서 주로 머해?
저 오늘 채팅 첨요
너 19금 좋아하는 편이야? 싫어하는 편이야?
그런거 몰라요

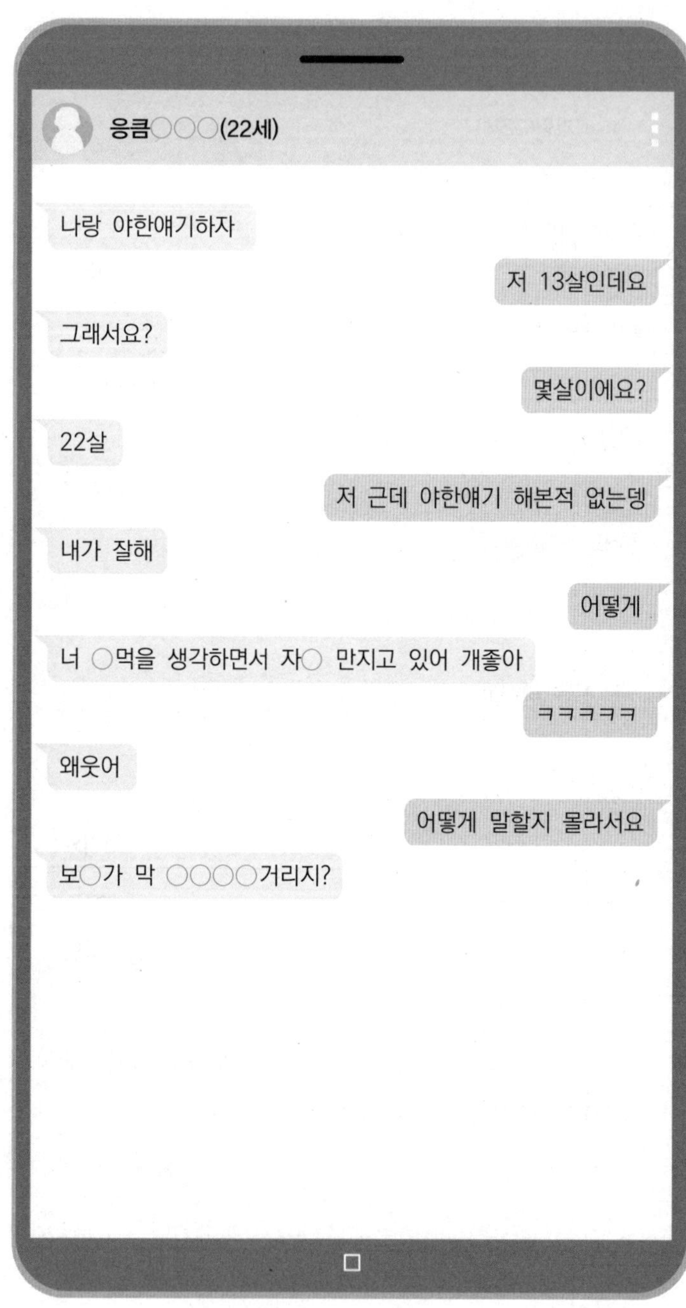

응큼○○○(22세)
나랑 야한얘기하자
저 13살인데요
그래서요?
몇살이에요?
22살
저 근데 야한얘기 해본적 없는뎅
내가 잘해
어떻게
너 ○먹을 생각하면서 자○ 만지고 있어 개좋아
ㅋㅋㅋㅋㅋ
왜웃어
어떻게 말할지 몰라서요
보○가 막 ○○○○거리지?

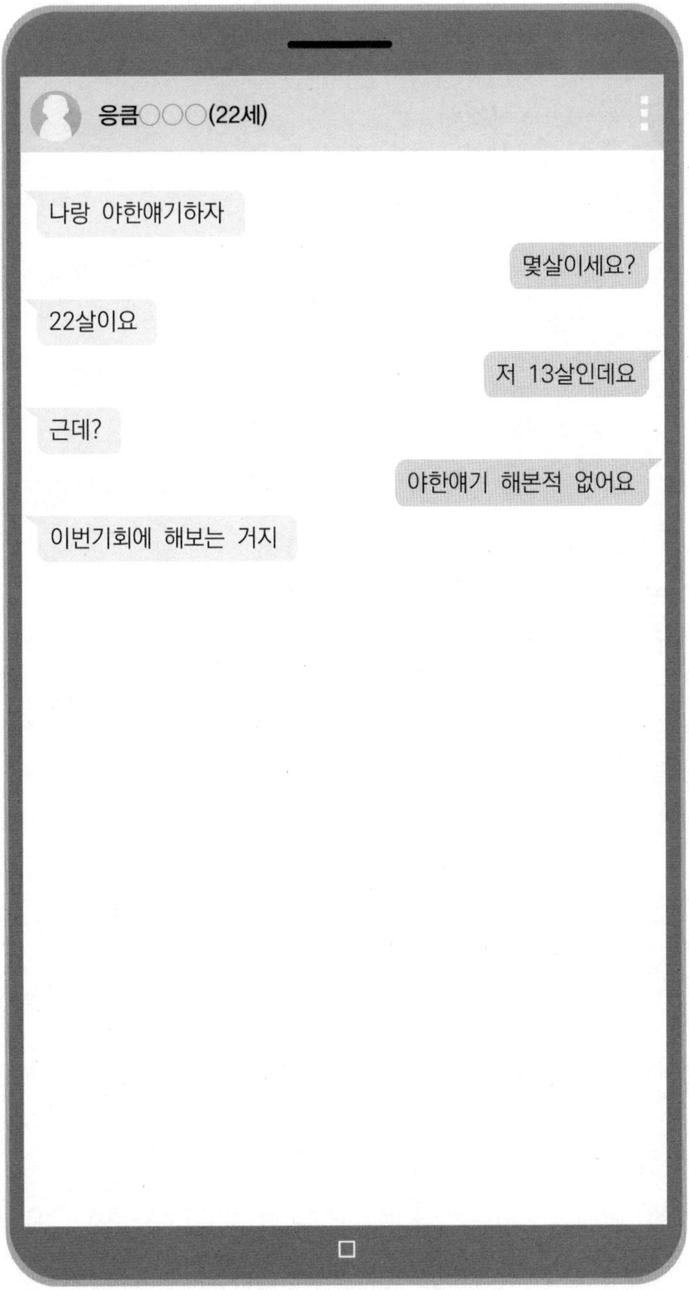

응큼○○○(22세)

나랑 야한얘기하자

몇살이세요?

22살이요

저 13살인데요

근데?

야한얘기 해본적 없어요

이번기회에 해보는 거지

ㅋㅋㅋㅋ(22세)
하이
안녕하세요
안녕 몇살이야?
13살이요 님은요?
나 22살 뭐해?
그냥 있어요
집이야?
네
혼자있어?
네
너 가슴커?
아니요ㅜ
작아?
없어요
보여줄수 있어?
싫어요
왜??? 궁금한데

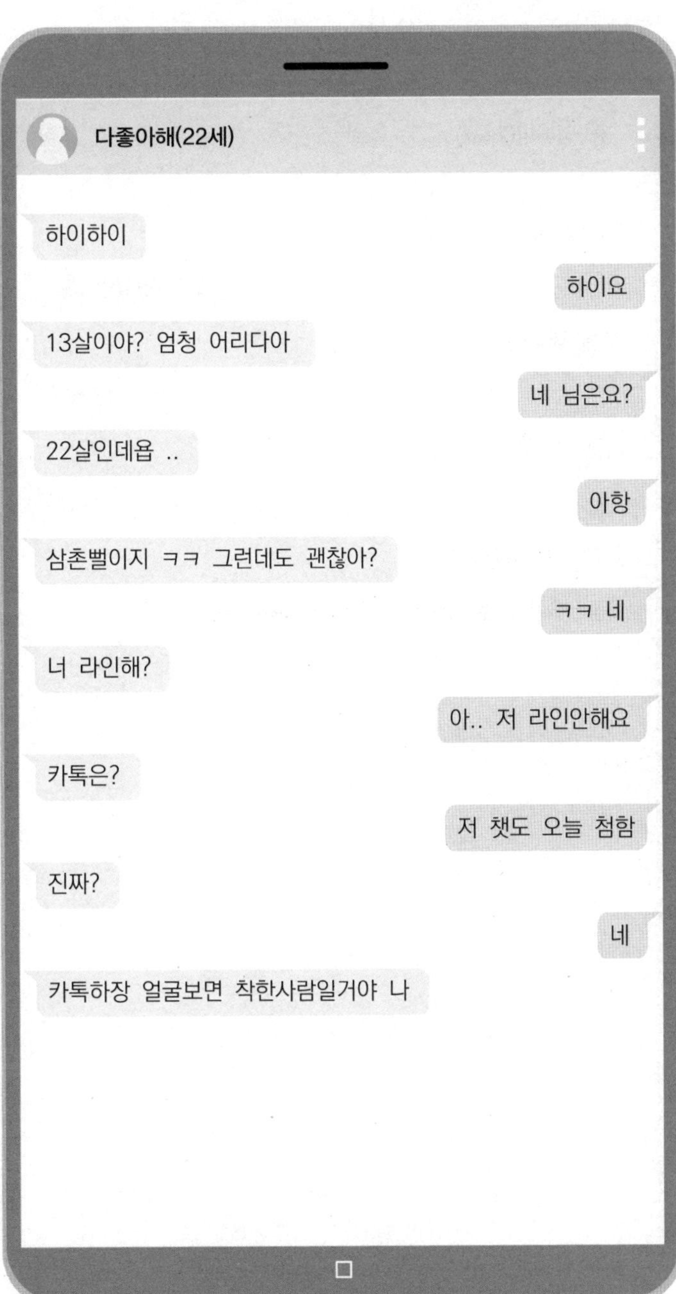
다좋아해(22세)
하이하이
하이요
13살이야? 엄청 어리다아
네 님은요?
22살인데욥 ..
아항
삼촌벌이지 ㅋㅋ 그런데도 괜찮아?
ㅋㅋ 네
너 라인해?
아.. 저 라인안해요
카톡은?
저 챗도 오늘 첨함
진짜?
네
카톡하장 얼굴보면 착한사람일거야 나

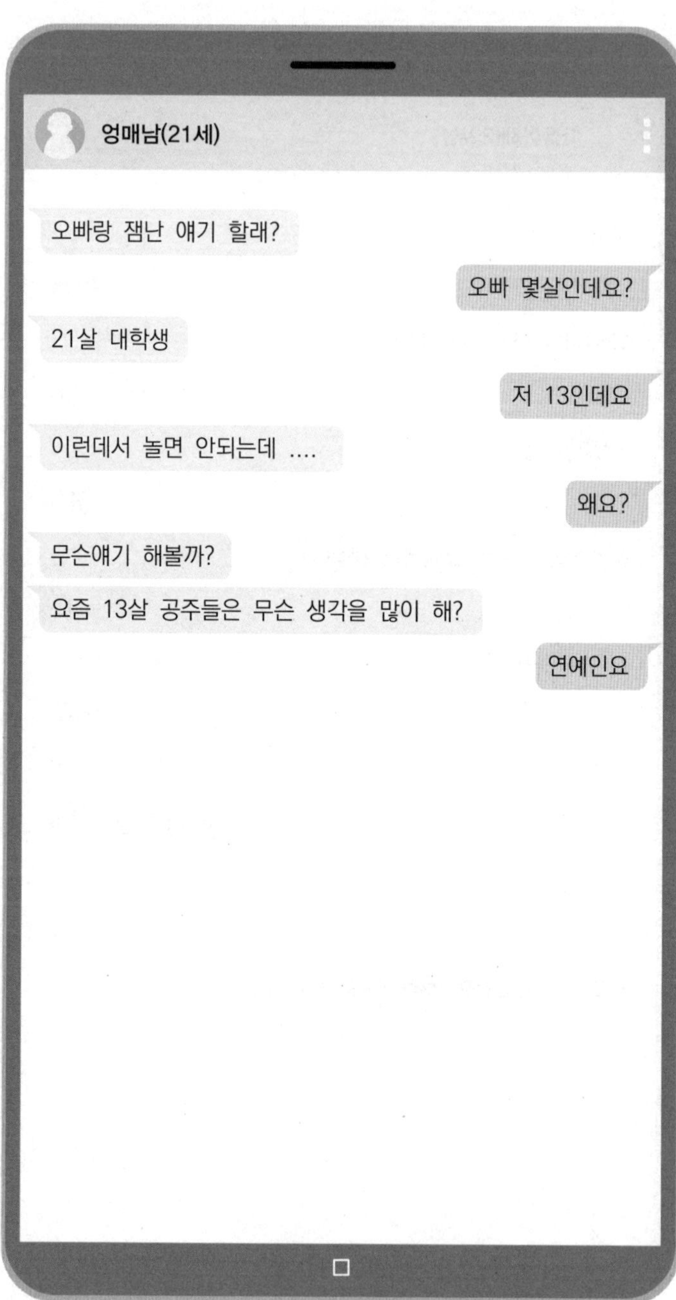
엉매남(21세)
오빠랑 잼난 얘기 할래?
오빠 몇살인데요?
21살 대학생
저 13인데요
이런데서 놀면 안되는데 ....
왜요?
무슨얘기 해볼까?
요즘 13살 공주들은 무슨 생각을 많이 해?
연예인요

아무거나할래(21세)

가좌~

안녕하세요 님몇살?

21살이요

저13요

어디라 육녀야 너

변태들하고 채팅해?

아니요 님은요?

음 나는 하기는 하지 심심하니까 너는 싫어?

저는 오늘 채팅 첨요

아하 미안미안미안 ...

육녀야 그러면 야한거 모르나?

그런거 잘 몰라요

그래? 가르쳐줄게 하자

누나 좋아요(21세)

ㅎㅎ 놀즈아

하이요

안뇽 너 야한거 좋아하니?

아니요. 오늘 쳇도 첨해요

오빤 좋아하는데.. 한번 배워볼래?

지금은 부정적인게 많겠지만 크면 알게될거야

그럴맘 있으면 hyeonmin○○○. 내 라인아이디니까 연락해네...

근데 저 13살이에요

괜찮아 이제부터 알게될 나이인데 뭘

꽃들(21세)

초6??

넹 님은요?

나는21살인데.... 싫어?

아니요

연락하는거 안되나?

저 챗 첨이라...

괜찮아... 톡도 하면서 친해지면 되지...

저 톡 안해요

아... ㅠㅠ 문자하고 싶었는데..
혹시 만나서 놀수 있나? 심심한데 놀자

뭐하구요?

하고 싶언거 하자!
아니면 룸카페 가서 떠들고 간식먹으면서 영화나 볼래?

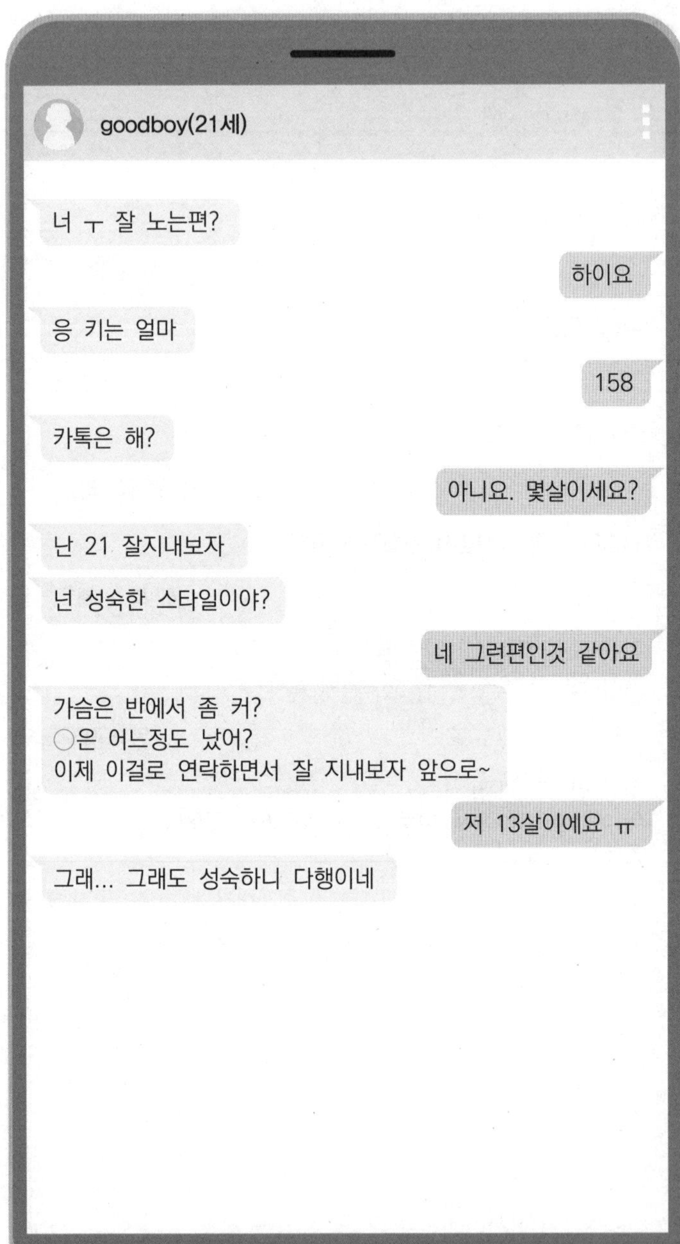
goodboy(21세)
너 ㅜ 잘 노는편?
하이요
응 키는 얼마
158
카톡은 해?
아니요. 몇살이세요?
난 21 잘지내보자
넌 성숙한 스타일이야?
네 그런편인것 같아요
가슴은 반에서 좀 커?
○은 어느정도 났어?
이제 이걸로 연락하면서 잘 지내보자 앞으로~
저 13살이에요 ㅠ
그래... 그래도 성숙하니 다행이네

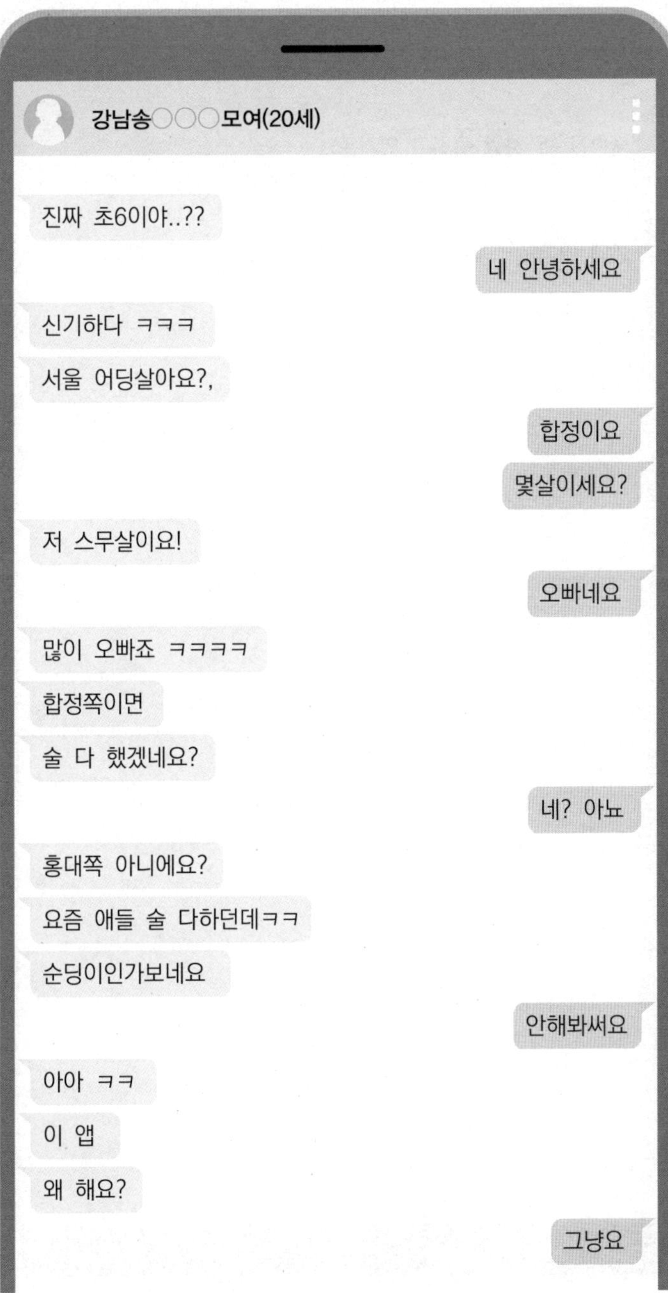

강남송○○○모여(20세)
진짜 초6이야..??
네 안녕하세요
신기하다 ㅋㅋㅋ
서울 어딩살아요?,
합정이요
몇살이세요?
저 스무살이요!
오빠네요
많이 오빠죠 ㅋㅋㅋㅋ
합정쪽이면
술 다 했겠네요?
네? 아뇨
홍대쪽 아니에요?
요즘 애들 술 다하던데ㅋㅋ
순딩이인가보네요
안해봐써요
아아 ㅋㅋ
이 앱
왜 해요?
그냥요

ㅋㅋ

전

술한잔 할 사람 구하고 있거든요

ㅠㅠ

근데 아무도.. ㅜ

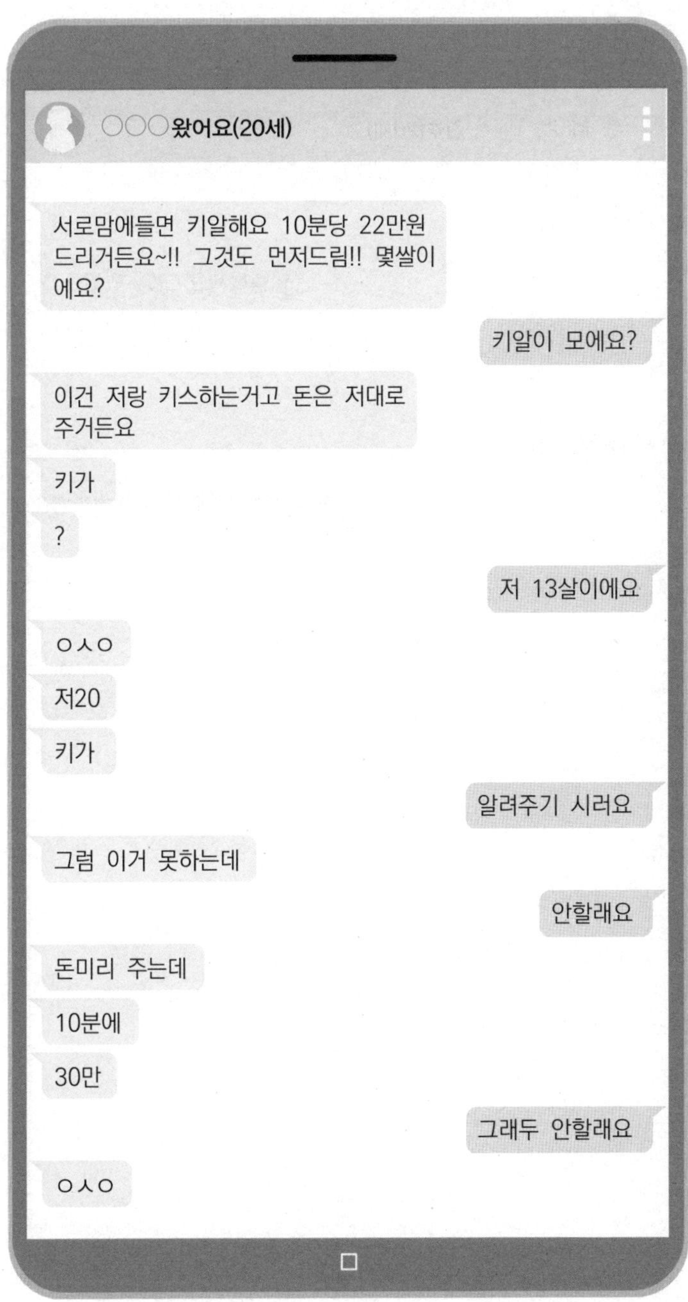

○○○왔어요(20세)
서로맘에들면 키알해요 10분당 22만원 드리거든요~!! 그것도 먼저드림!! 몇쌀이에요?
키알이 모에요?
이건 저랑 키스하는거고 돈은 저대로 주거든요
키가
?
저 13살이에요
ㅇㅅㅇ
저20
키가
알려주기 시러요
그럼 이거 못하는데
안할래요
돈미리 주는데
10분에
30만
그래두 안할래요
ㅇㅅㅇ

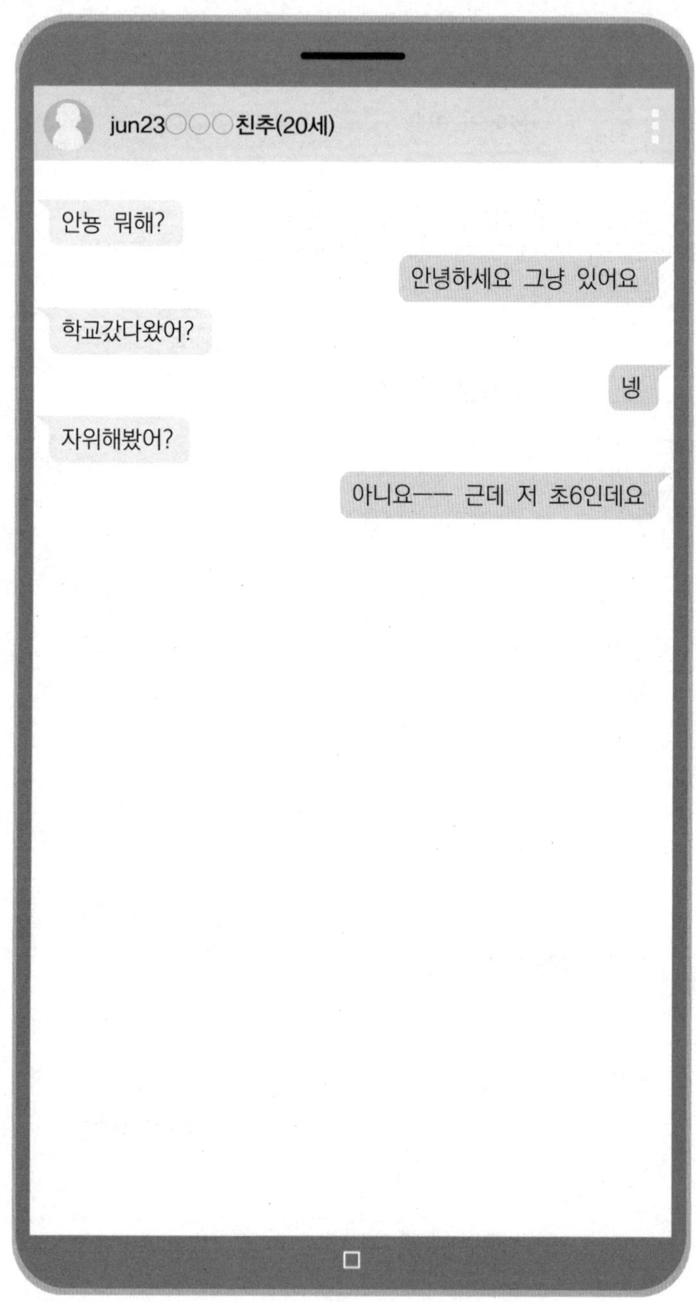
jun23○○○친추(20세)
안뇽 뭐해?
안녕하세요 그냥 있어요
학교갔다왔어?
넹
자위해봤어?
아니요— 근데 저 초6인데요

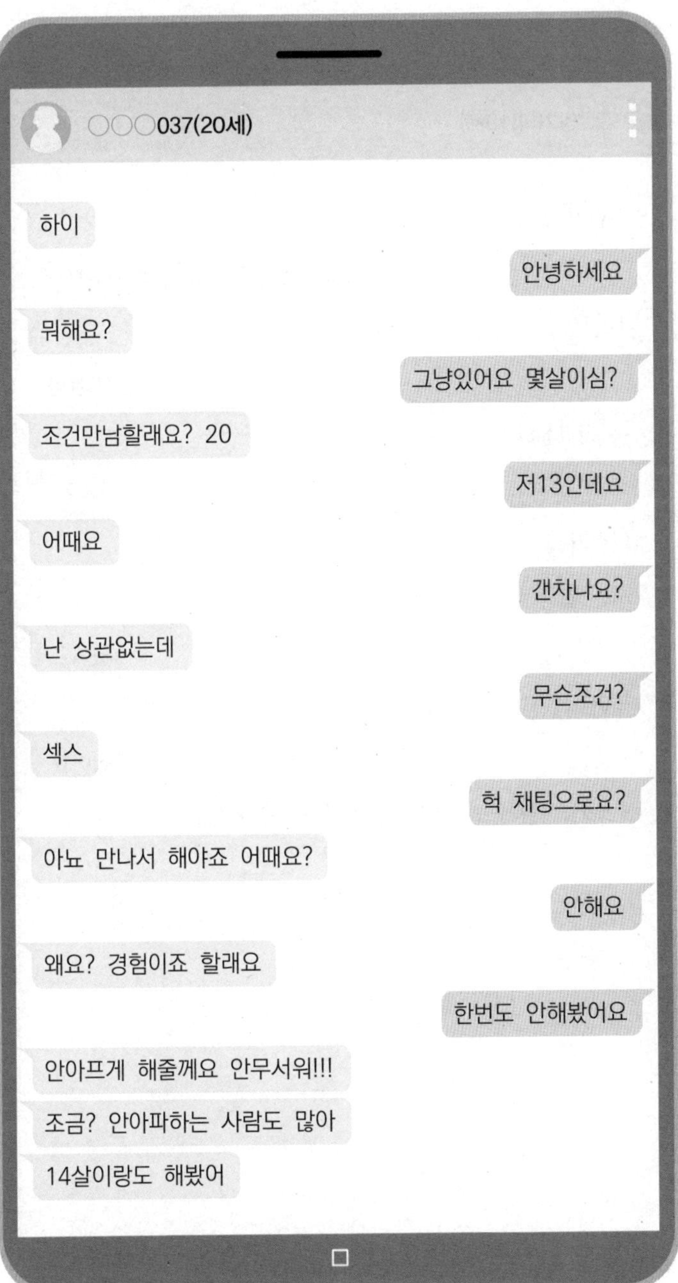
○○○037(20세)
하이
안녕하세요
뭐해요?
그냥있어요 몇살이심?
조건만남할래요? 20
저13인데요
어때요
갠차나요?
난 상관없는데
무슨조건?
섹스
헉 채팅으로요?
아뇨 만나서 해야죠 어때요?
안해요
왜요? 경험이죠 할래요
한번도 안해봤어요
안아프게 해줄께요 안무서워!!!
조금? 안아파하는 사람도 많아
14살이랑도 해봤어

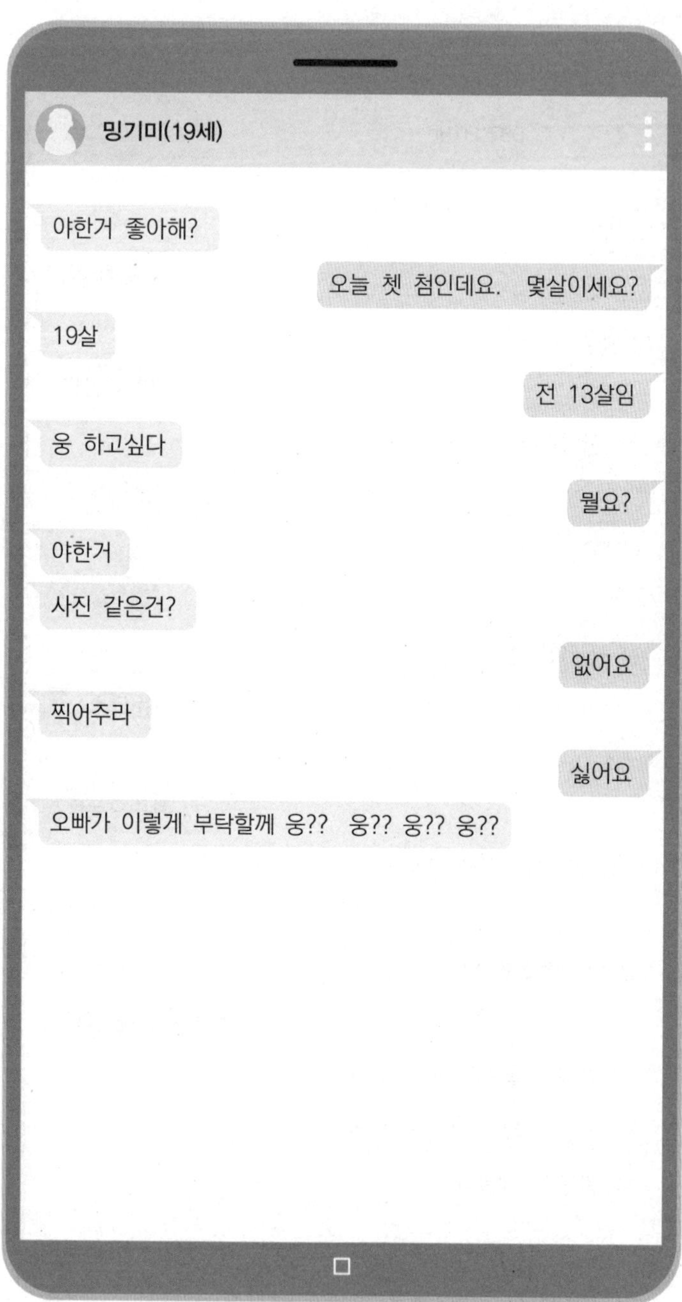
밍기미(19세)
야한거 좋아해?
오늘 첫 첨인데요. 몇살이세요?
19살
전 13살임
웅 하고싶다
뭘요?
야한거
사진 같은건?
없어요
찍어주라
싫어요
오빠가 이렇게 부탁할께 웅?? 웅?? 웅?? 웅??

쪼코에몽(19세)

초육?

넹. 님은요?

나 고3

뭐해?

그냥 있어요. 심심..

라인해?

아뇽. 근데 라인 왜요?

전화도 가능해서 조흔뎅

저 채팅도 오늘 처음임

아할 글쿤, 어때? 첨인데?

신기함 ㅋㅋ

ㅋㅋㅋㅋ 키커?

우리반에서 2번째 커요

올 ㅋㅋㅋ 크네 남친은 있어?

없어요

아 ㅠㅠ 손잡아본적 없겠네

친구들이랑 손 잡는데요?

남자랑...

그게 무슨 상관??

음.. 그냥 아직 어리니깐 연애의 느낌을 모르지않아
싶어

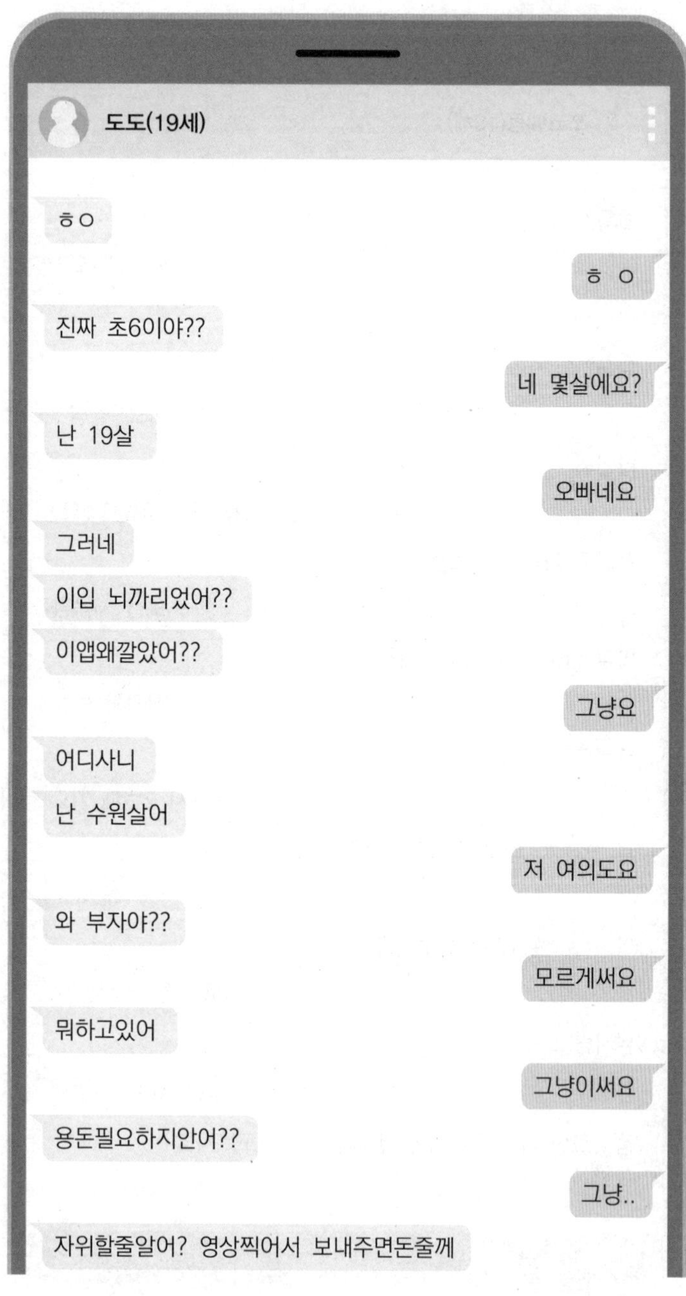
도도(19세)
ㅎㅇ
ㅎ ㅇ
진짜 초6이야??
네 몇살에요?
난 19살
오빠네요
그러네
이입 뇌까리었어??
이앱왜깔았어??
그냥요
어디사니
난 수원살어
저 여의도요
와 부자야??
모르게써요
뭐하고있어
그냥이써요
용돈필요하지안어??
그냥..
자위할줄알어? 영상찍어서 보내주면돈줄께

시러요

아쉽네 많이 줄수있는데

시러여

치ㅏ나(19세)

안녕하세여

안녕하세요

학교이신가요?

아뇨

그럼 뭐하세요 지금

그냥 집에이쏘요

그럼 저랑 사궐레요?

네?

저랑 사겨요 사귀고 싶어요 너랑

응

저기요 말좀

아하자고요

뭐를요?

이야기

넹ㅎ

넹 어디살아용

서울 신촌이여 ㅎ

그래요 뭐좋아해요?

저는 강아지요!

아아 키우세요?

엄마가 못키우게해요ㅠ

아ㅠㅠ 그럼 강아지 카페갈레요?

안돼요

왜용

엄마가 모르는 사람이랑 가지말라했어여

그래요

그럼 우리 친해지면가요 그럼 되져?

네 근데 몇살이세여?

저19살이에요

저는 초6이예요

그래요 근데 혹시 남친 사궈본적있어요?

아뇨 없어요

아아 사궐맘은영?

저깅

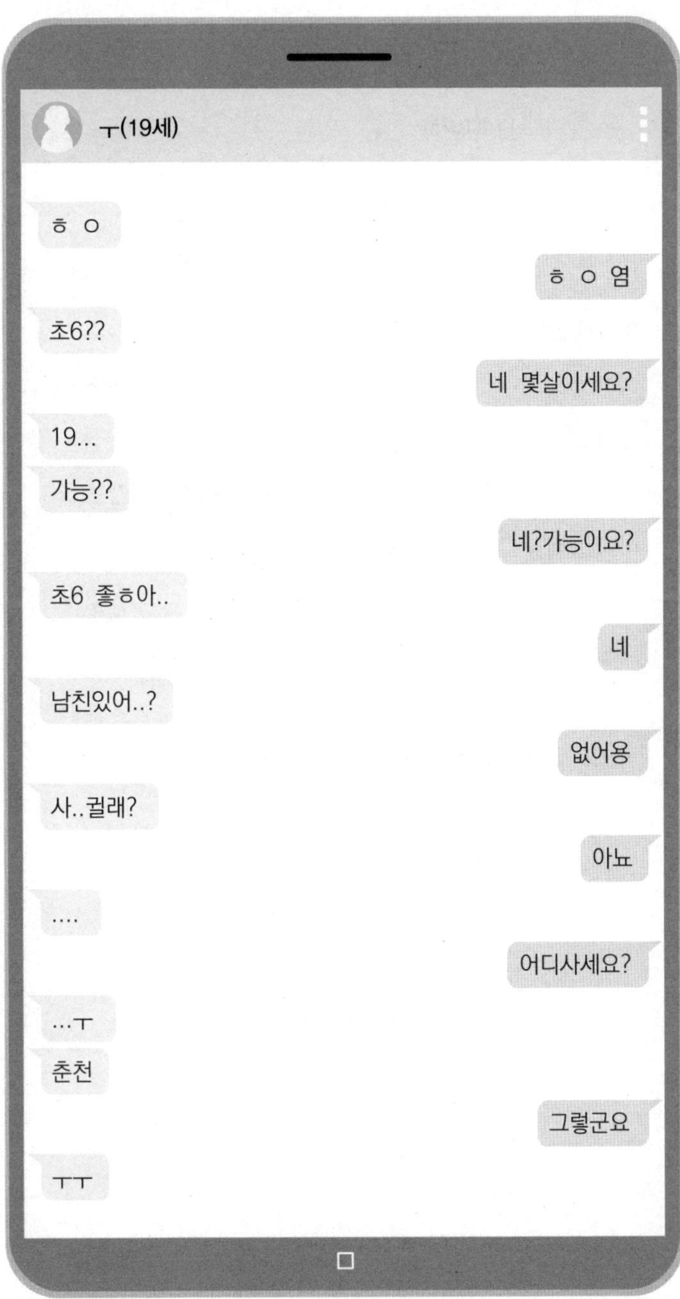
ㅜ(19세)
ㅎㅇ
ㅎㅇ염
초6??
네 몇살이세요?
19...
가능??
네?가능이요?
초6 좋ㅎ아..
네
남친있어..?
없어용
사..귈래?
아뇨
....
어디사세요?
...ㅜ
춘천
그렇군요
ㅜㅜ

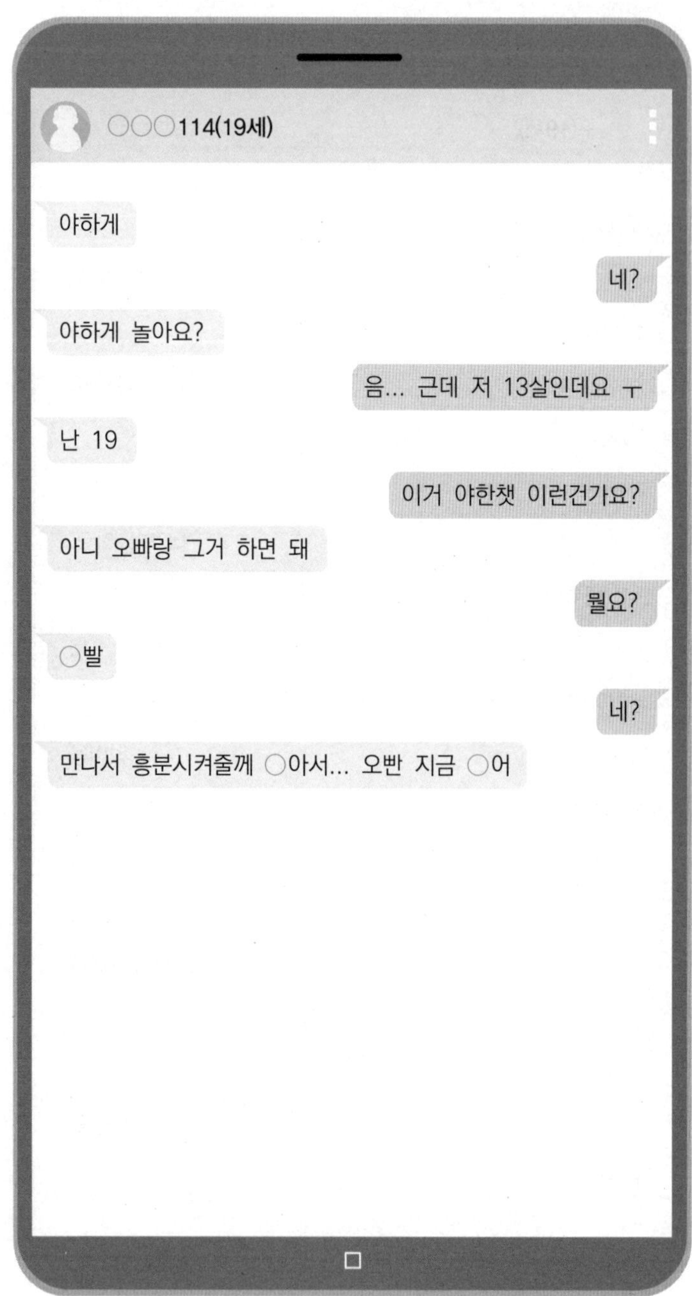
○○○114(19세)
야하게
네?
야하게 놀아요?
음... 근데 저 13살인데요 ㅜ
난 19
이거 야한챗 이런건가요?
아니 오빠랑 그거 하면 돼
뭘요?
○빨
네?
만나서 흥분시켜줄께 ○아서... 오빤 지금 ○어

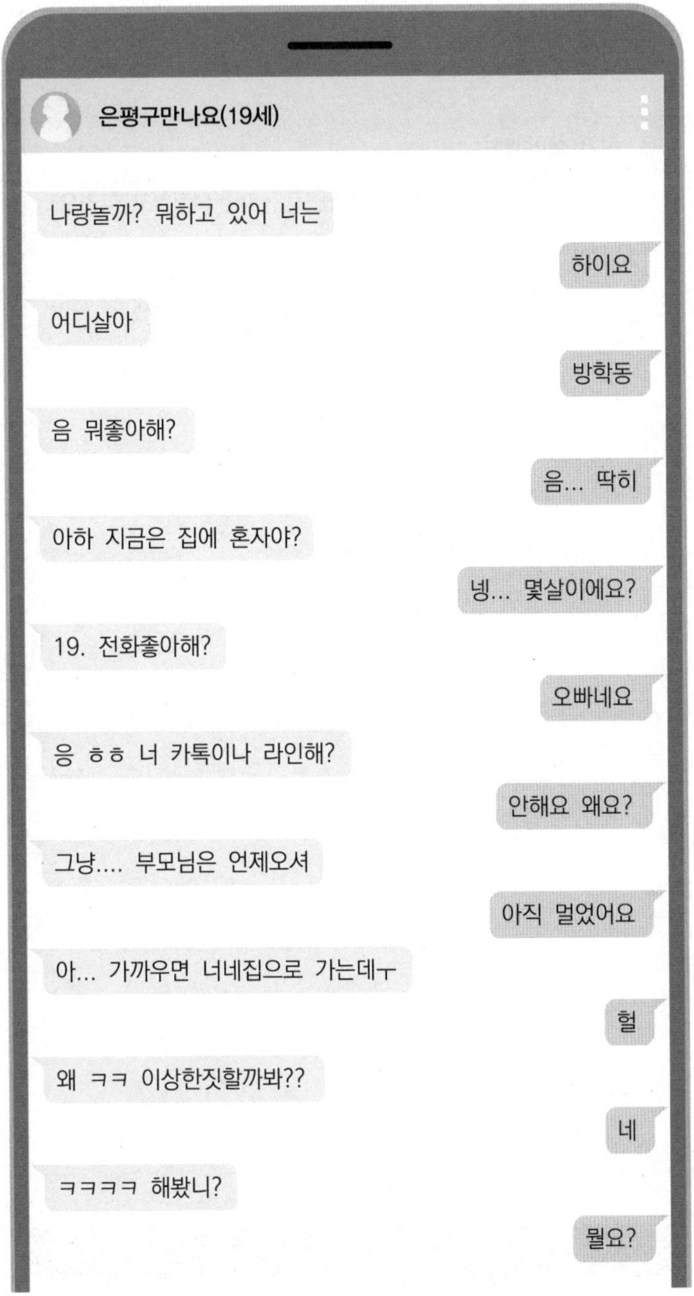

은평구만나요(19세)

나랑놀까? 뭐하고 있어 너는

하이요

어디살아

방학동

음 뭐좋아해?

음... 딱히

아하 지금은 집에 혼자야?

넹... 몇살이에요?

19. 전화좋아해?

오빠네요

응 ㅎㅎ 너 카톡이나 라인해?

안해요 왜요?

그냥.... 부모님은 언제오셔

아직 멀었어요

아... 가까우면 너네집으로 가는데ㅜ

헐

왜 ㅋㅋ 이상한짓할까봐??

네

ㅋㅋㅋㅋ 해봤니?

뭘요?

자위도 안해?

네

그런거 싫어해?

네. 근데 왜 자꾸 야한얘기하고 그래요

좋아하니까... 야한걸...

저 13살밖에 안됐거든요?

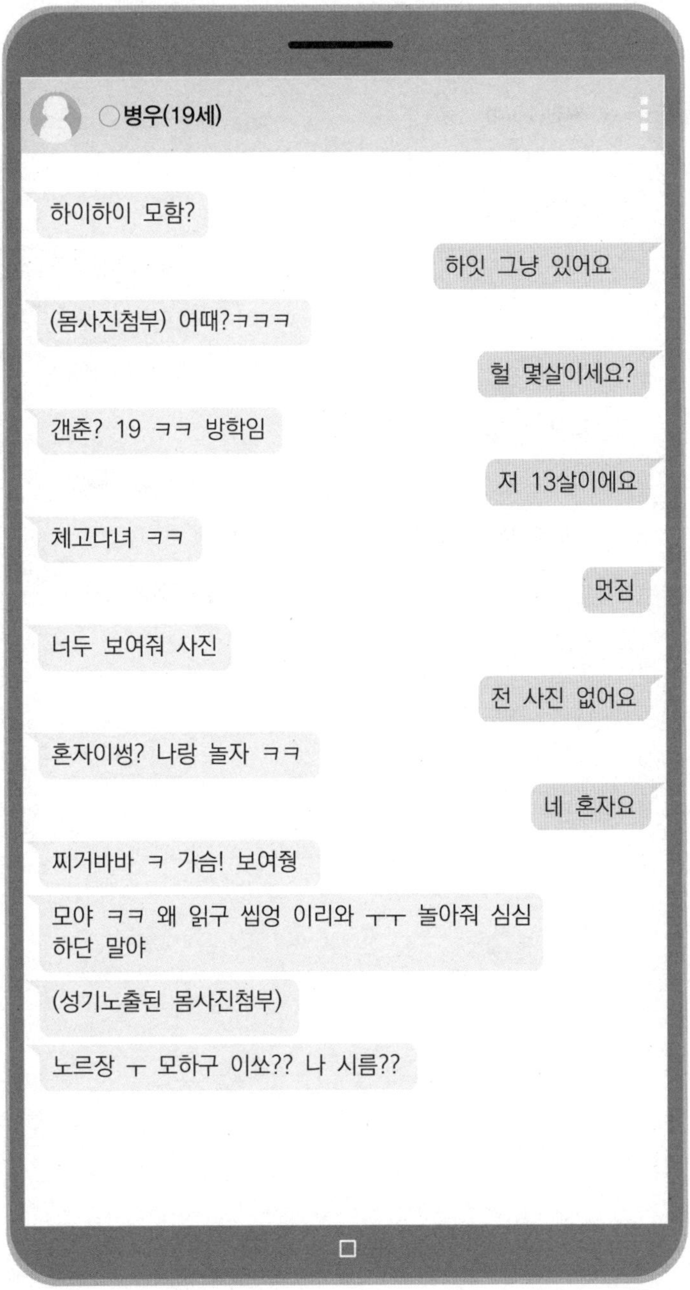

○병우(19세)

하이하이 모함?

하잇 그냥 있어요

(몸사진첨부) 어때?ㅋㅋㅋ

헐 몇살이세요?

갠춘? 19 ㅋㅋ 방학임

저 13살이에요

체고다녀 ㅋㅋ

멋짐

너두 보여줘 사진

전 사진 없어요

혼자이썽? 나랑 놀자 ㅋㅋ

네 혼자요

찌거바바 ㅋ 가슴! 보여줘

모야 ㅋㅋ 왜 읽구 씹엉 이리와 ㅜㅜ 놀아줘 심심하단 말야

(성기노출된 몸사진첨부)

노르장 ㅜ 모하구 이쏘?? 나 시름??

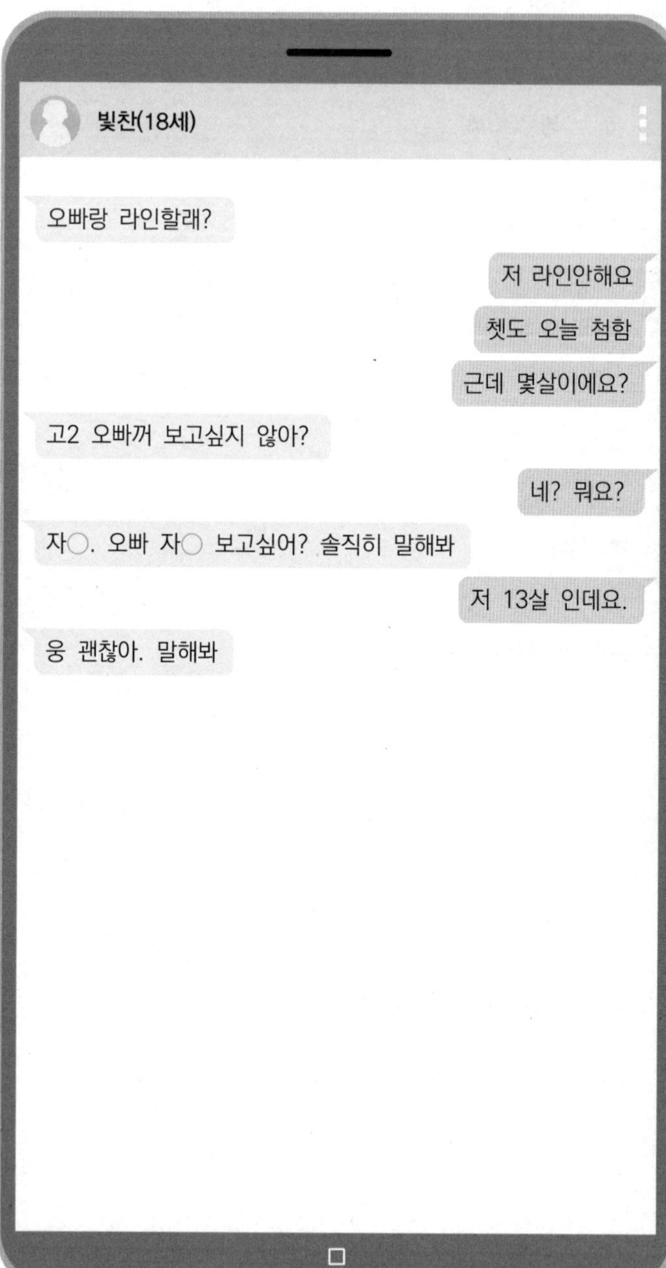
빛찬(18세)
오빠랑 라인할래?
저 라인안해요
쳇도 오늘 첨함
근데 몇살이에요?
고2 오빠꺼 보고싶지 않아?
네? 뭐요?
자○. 오빠 자○ 보고싶어? 솔직히 말해봐
저 13살 인데요.
웅 괜찮아. 말해봐

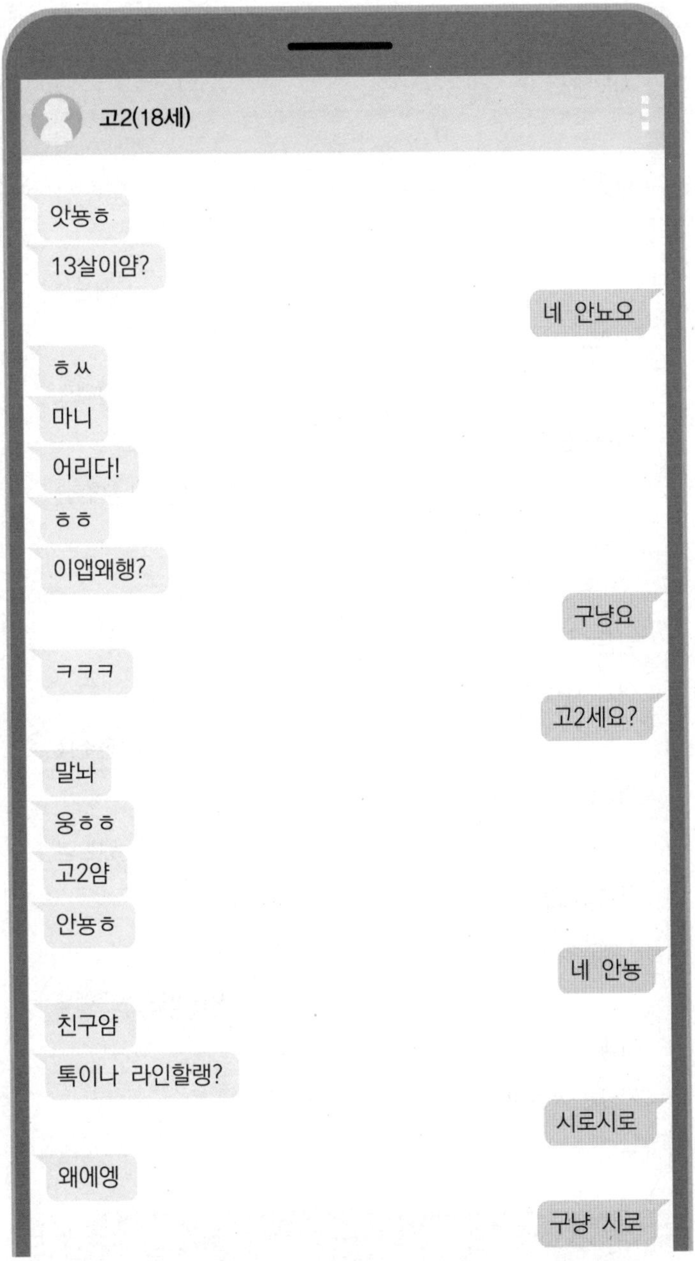

고2(18세)

앗뇽ㅎ

13살이얌?

네 안뇨오

ㅎㅆ

마니

어리다!

ㅎㅎ

이앱왜행?

구냥요

ㅋㅋㅋ

고2세요?

말놔

웅ㅎㅎ

고2얌

안뇽ㅎ

네 안뇽

친구얌

톡이나 라인할랭?

시로시로

왜에엥

구냥 시로

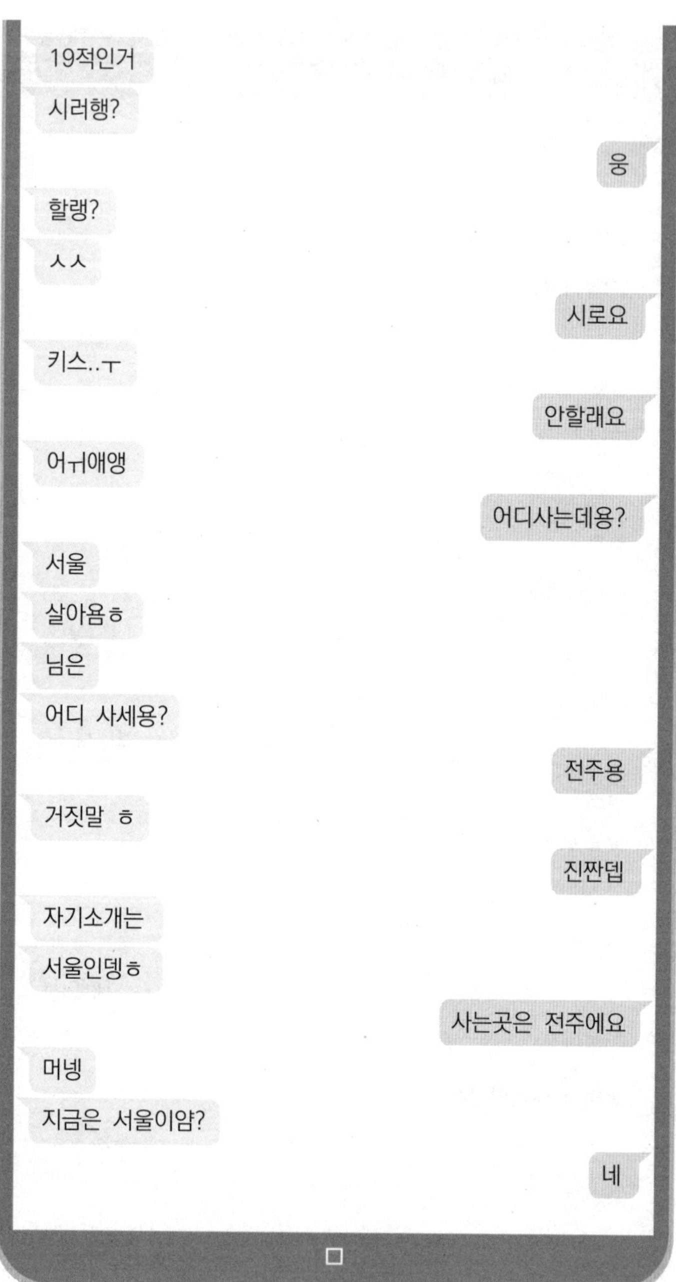
19적인거
시러행?
웅
할랭?
ㅅㅅ
시로요
키스..ㅜ
안할래요
어ㅟ애앵
어디사는데용?
서울
살아욤ㅎ
님은
어디 사세용?
전주용
거짓말 ㅎ
진짠뎁
자기소개는
서울인뎅ㅎ
사는곳은 전주에요
머넹
지금은 서울이얌?
네

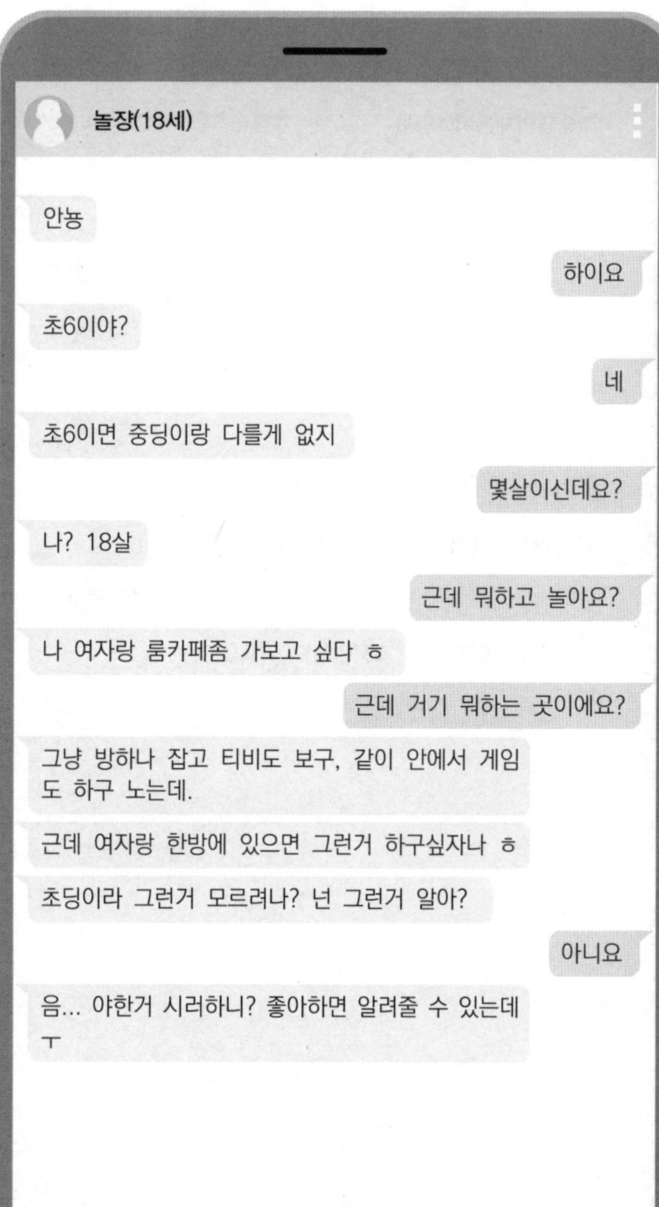
놀쟝(18세)
안뇽
하이요
초6이야?
네
초6이면 중딩이랑 다를게 없지
몇살이신데요?
나? 18살
근데 뭐하고 놀아요?
나 여자랑 룸카페좀 가보고 싶다 ㅎ
근데 거기 뭐하는 곳이에요?
그냥 방하나 잡고 티비도 보구, 같이 안에서 게임도 하구 노는데.
근데 여자랑 한방에 있으면 그런거 하구싶자나 ㅎ
초딩이라 그런거 모르려나? 넌 그런거 알아?
아니요
음... 야한거 시러하니? 좋아하면 알려줄 수 있는데 ㅜ

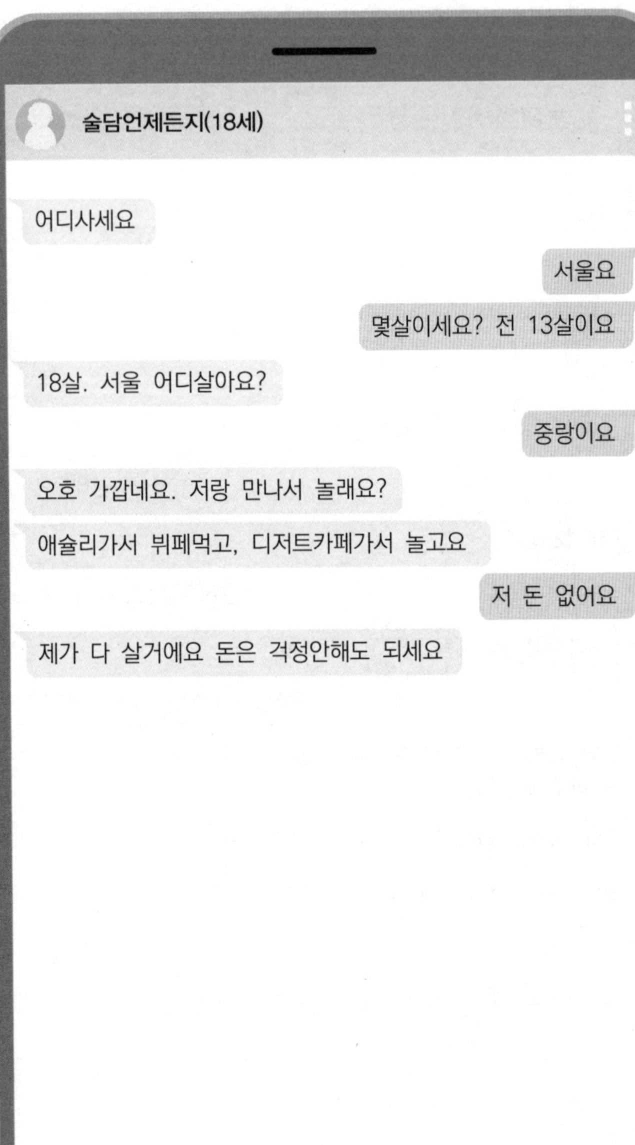
술담언제든지(18세)
어디사세요
서울요
몇살이세요? 전 13살이요
18살. 서울 어디살아요?
중랑이요
오호 가깝네요. 저랑 만나서 놀래요?
애슐리가서 뷔페먹고, 디저트카페가서 놀고요
저 돈 없어요
제가 다 살거에요 돈은 걱정안해도 되세요

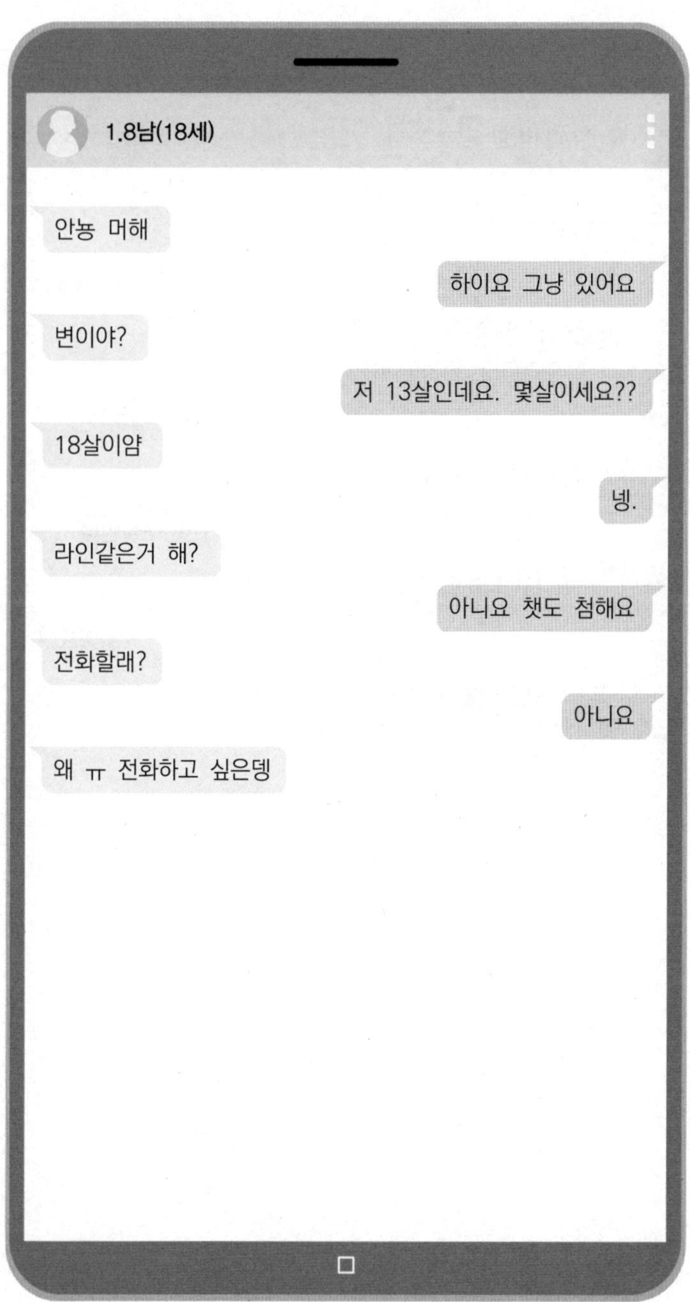
1.8남(18세)
안뇽 머해
하이요 그냥 있어요
변이야?
저 13살인데요. 몇살이세요??
18살이얌
넹.
라인같은거 해?
아니요 챗도 첨해요
전화할래?
아니요
왜 ㅠ 전화하고 싶은뎅

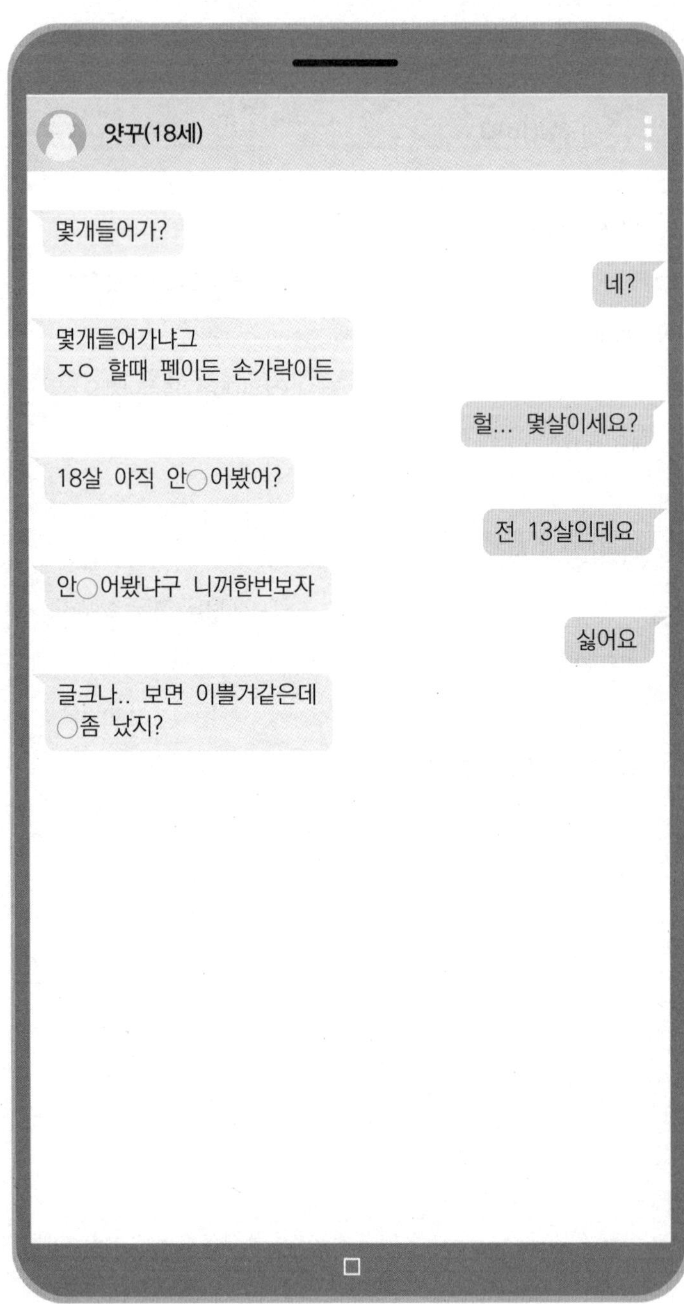
얏꾸(18세)
몇개들어가?
네?
몇개들어가냐그
ㅈㅇ 할때 펜이든 손가락이든
헐... 몇살이세요?
18살 아직 안○어봤어?
전 13살인데요
안○어봤냐구 니꺼한번보자
싫어요
글크나.. 보면 이쁠거같은데
○좀 났지?

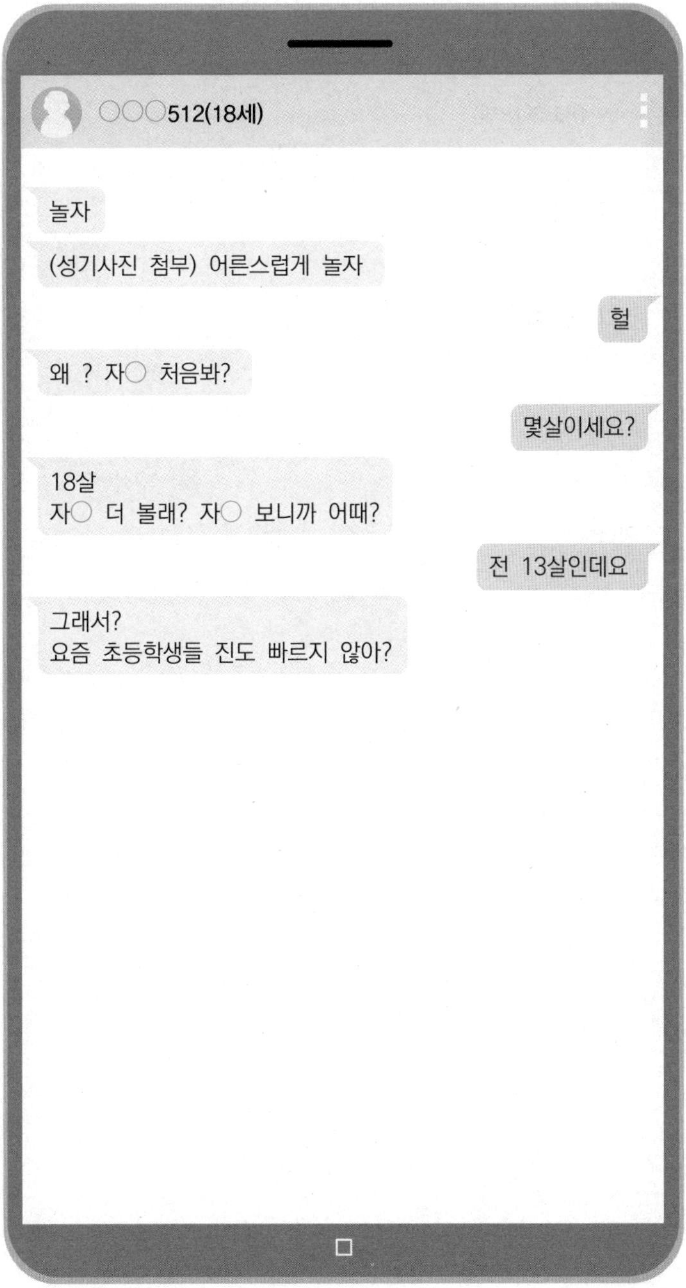

○○○512(18세)

놀자

(성기사진 첨부) 어른스럽게 놀자

헐

왜 ? 자○ 처음봐?

몇살이세요?

18살
자○ 더 볼래? 자○ 보니까 어때?

전 13살인데요

그래서?
요즘 초등학생들 진도 빠르지 않아?

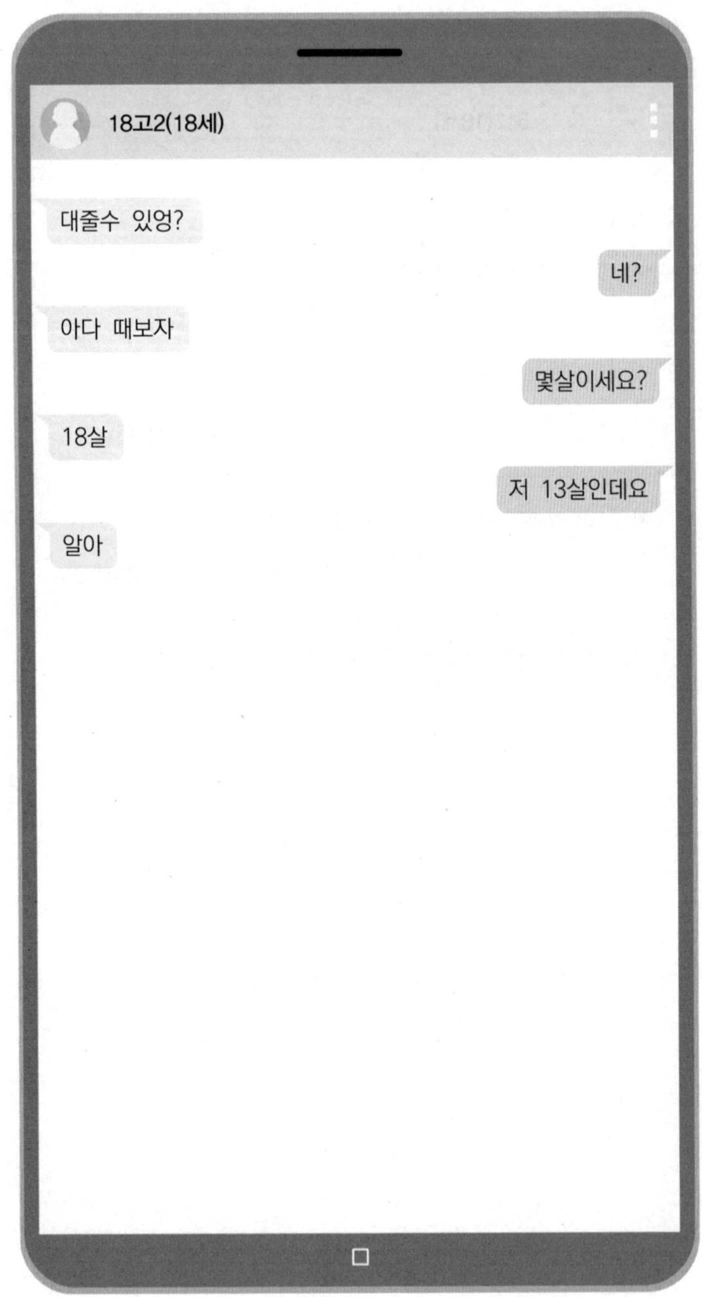
18고2(18세)
대줄수 있엉?
네?
아다 때보자
몇살이세요?
18살
저 13살인데요
알아

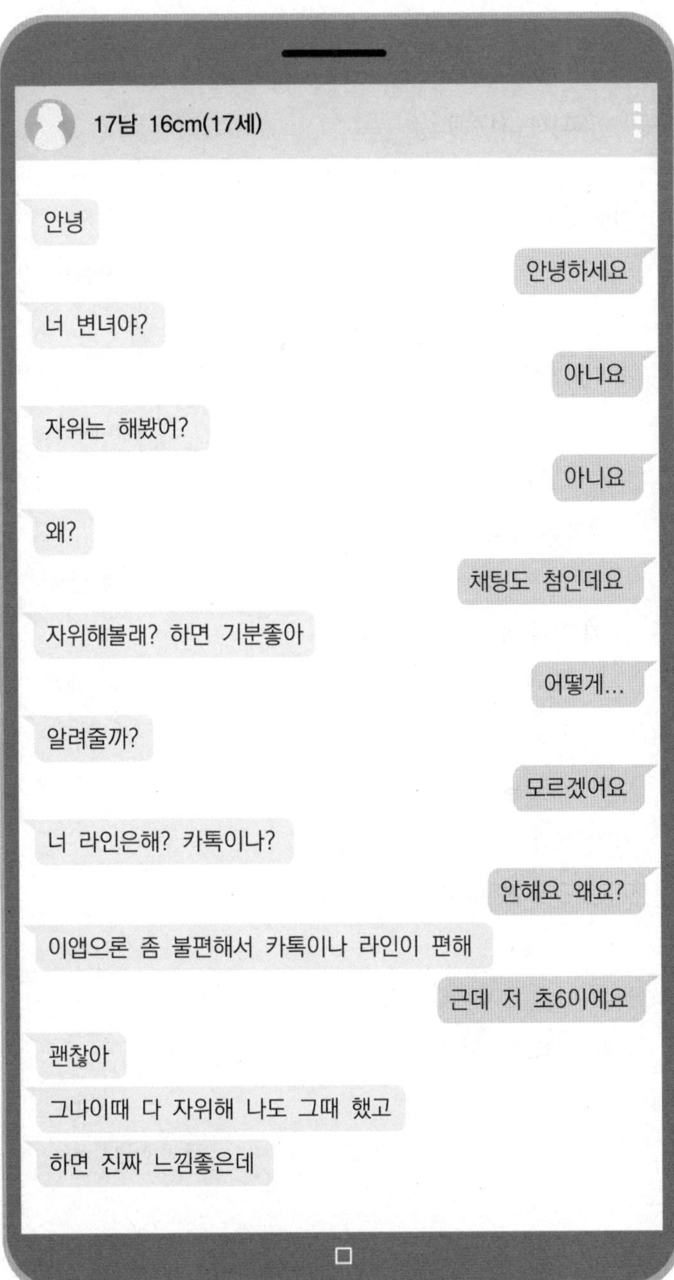
17남 16cm(17세)
안녕
안녕하세요
너 변녀야?
아니요
자위는 해봤어?
아니요
왜?
채팅도 첨인데요
자위해볼래? 하면 기분좋아
어떻게...
알려줄까?
모르겠어요
너 라인은해? 카톡이나?
안해요 왜요?
이앱으론 좀 불편해서 카톡이나 라인이 편해
근데 저 초6이에요
괜찮아
그나이때 다 자위해 나도 그때 했고
하면 진짜 느낌좋은데

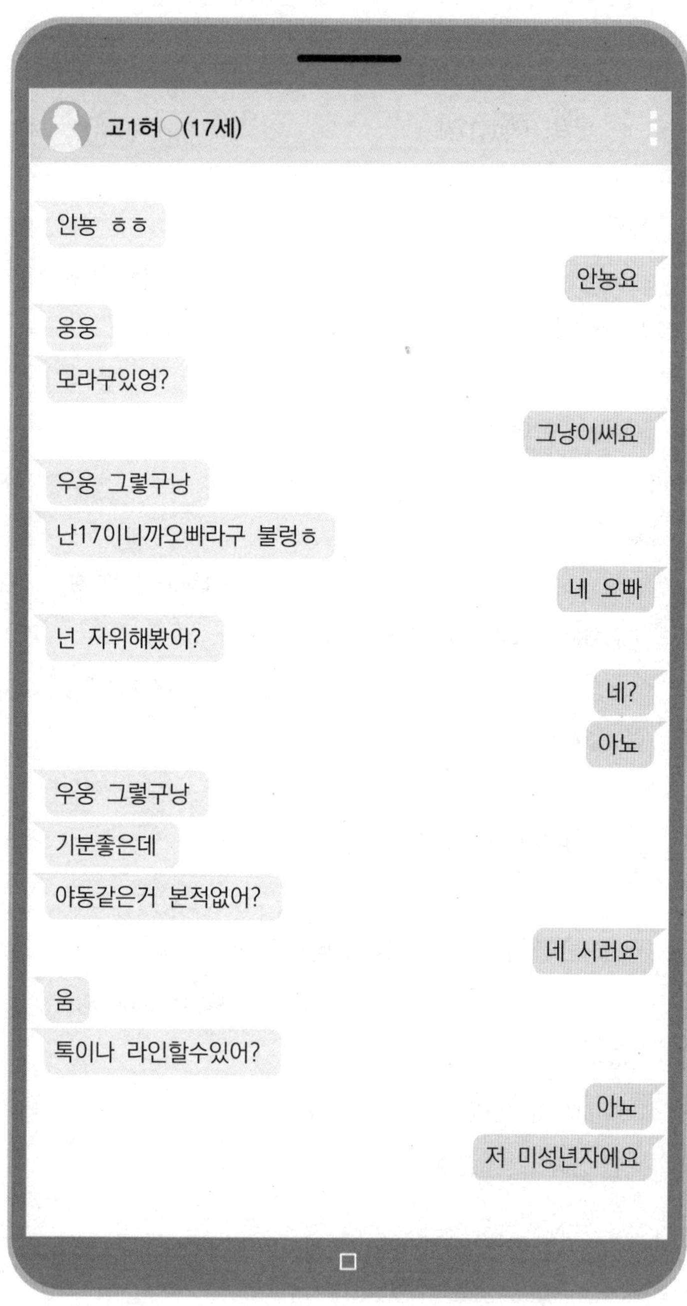
고1혀○(17세)
안뇽 ㅎㅎ
안뇽요
웅웅
모라구있엉?
그냥이써요
우웅 그렇구낭
난17이니까오빠라구 불렁ㅎ
네 오빠
넌 자위해봤어?
네?
아뇨
우웅 그렇구낭
기분좋은데
야동같은거 본적없어?
네 시러요
움
톡이나 라인할수있어?
아뇨
저 미성년자에요

ㅎㅌ(17세)
몸매좋아?? ㅎ
몰라요..
사이즈 몇인데?
키 몸무게 가슴?
저 초6이라 그런거잘몰라요..
음 가슴이 크다 작다 정도?
그것도 모르겠어요...
보여줄수있어?
시러여 몇살이세여..?
고딩 ㅎ
몸매 궁금함데
안돼요
왜안돼?
그런거 안해여
한번만 해주랑
사진이여?
응 동영상도 좋고 ㅎ
사진 영상 어느걸루 할래?
둘다 싫어여
왜싫어?

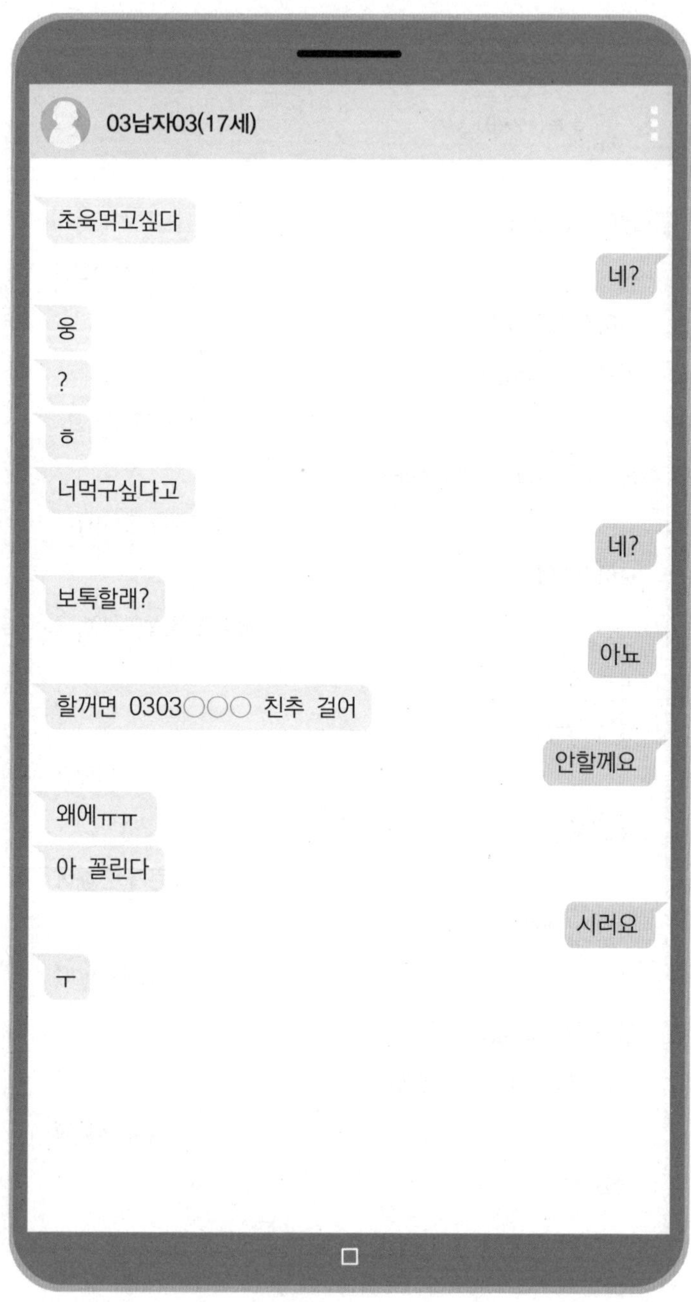
03남자03(17세)
초육먹고싶다
네?
웅
?
ㅎ
너먹구싶다고
네?
보톡할래?
아뇨
할꺼면 0303○○○ 친추 걸어
안할께요
왜에ㅠㅠ
아 꼴린다
시러요
ㅜ

바르○○○말깨끗한채팅(17세)
ㅎㅇㅎㅇ 17이야
하이 저 13요
뭐하고 있어?
집에서 그냥 누워있어요
자위라고 알아?
아뇨 몰라요
한번 해볼래?
이거 야한채팅하는건가요?
라인해?
라인안해요
야한거면 안돼?
한번도 안해봤어요
알려줄테니까 라인깔아봐 하나씩 알려줄께

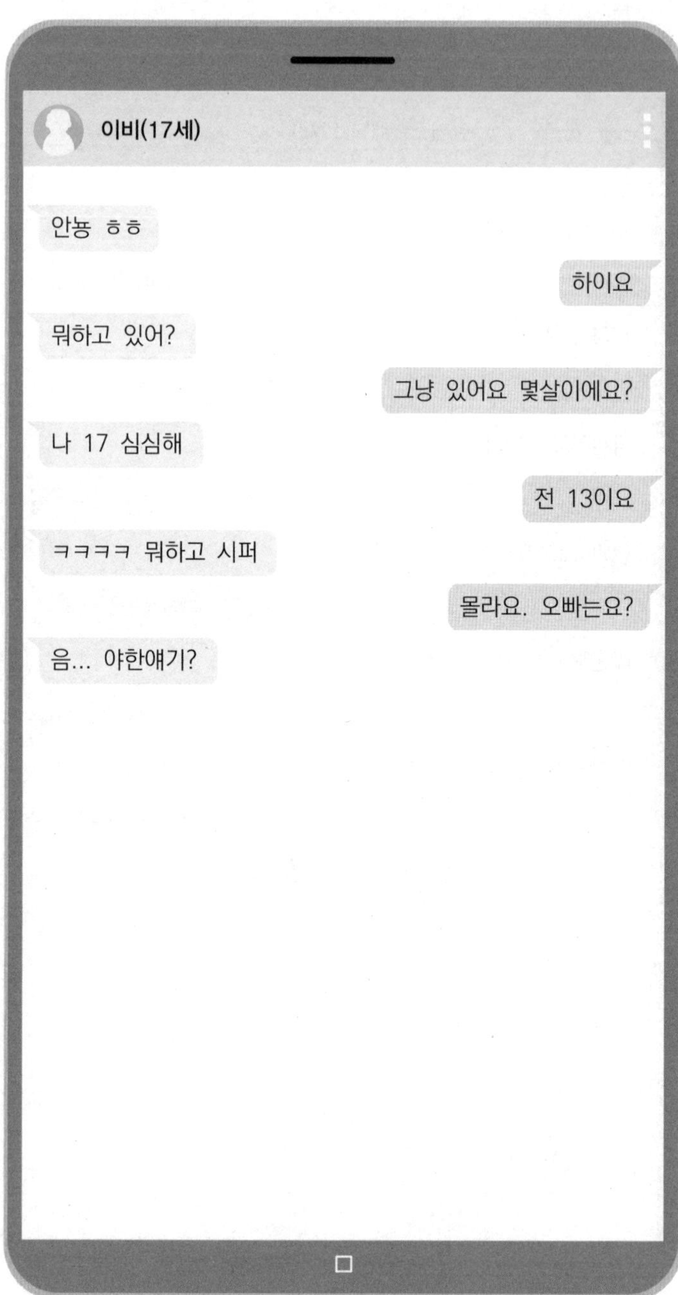
이비(17세)
안뇽 ㅎㅎ
하이요
뭐하고 있어?
그냥 있어요 몇살이에요?
나 17 심심해
전 13이요
ㅋㅋㅋㅋ 뭐하고 시퍼
몰라요. 오빠는요?
음... 야한얘기?

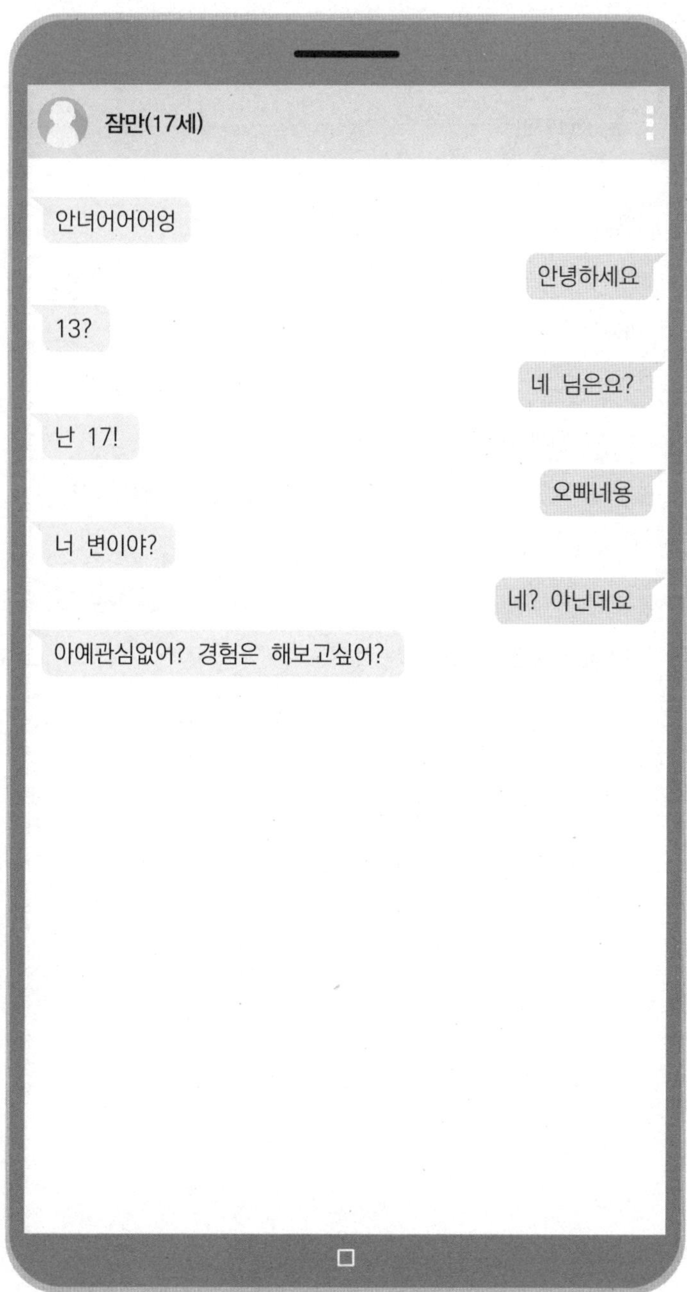
잠만(17세)
안녀어어어엉
안녕하세요
13?
네 님은요?
난 17!
오빠네용
너 변이야?
네? 아닌데요
아예관심없어? 경험은 해보고싶어?

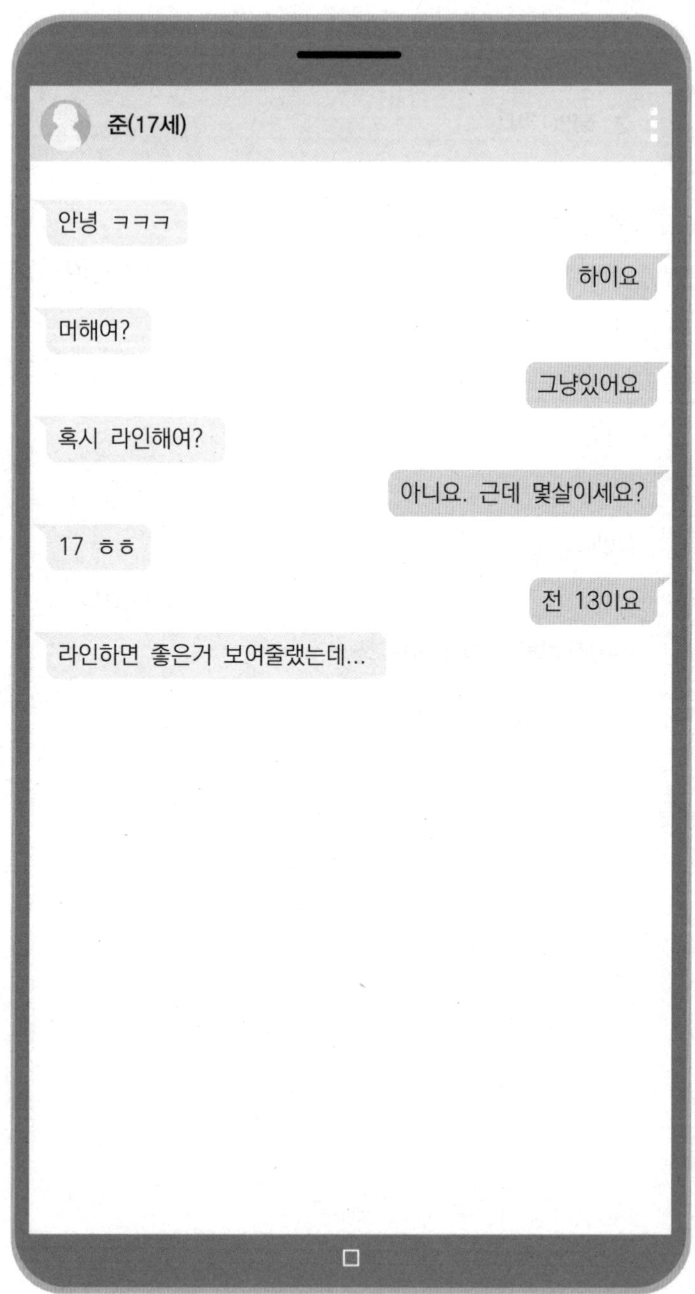
준(17세)
안녕 ㅋㅋㅋ
하이요
머해여?
그냥있어요
혹시 라인해여?
아니요. 근데 몇살이세요?
17 ㅎㅎ
전 13이요
라인하면 좋은거 보여줄랬는데...

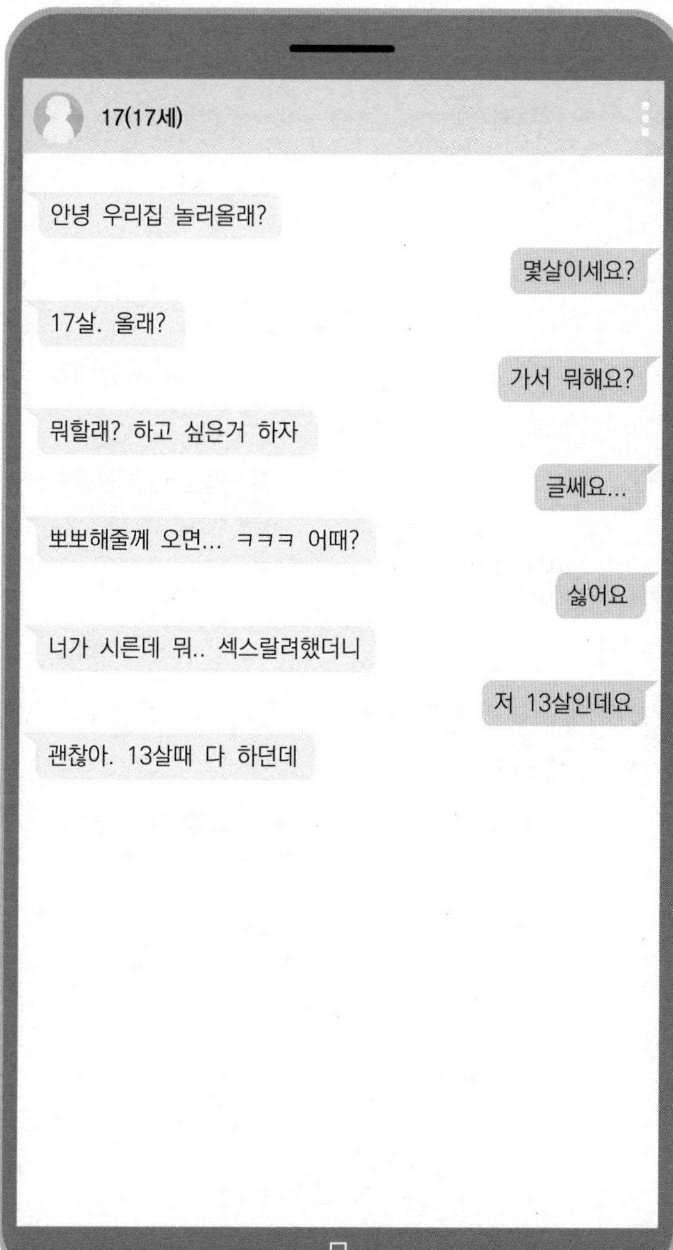
17(17세)
안녕 우리집 놀러올래?
몇살이세요?
17살. 올래?
가서 뭐해요?
뭐할래? 하고 싶은거 하자
글쎄요...
뽀뽀해줄께 오면... ㅋㅋㅋ 어때?
싫어요
너가 시른데 뭐.. 섹스랄려했더니
저 13살인데요
괜찮아. 13살때 다 하던데

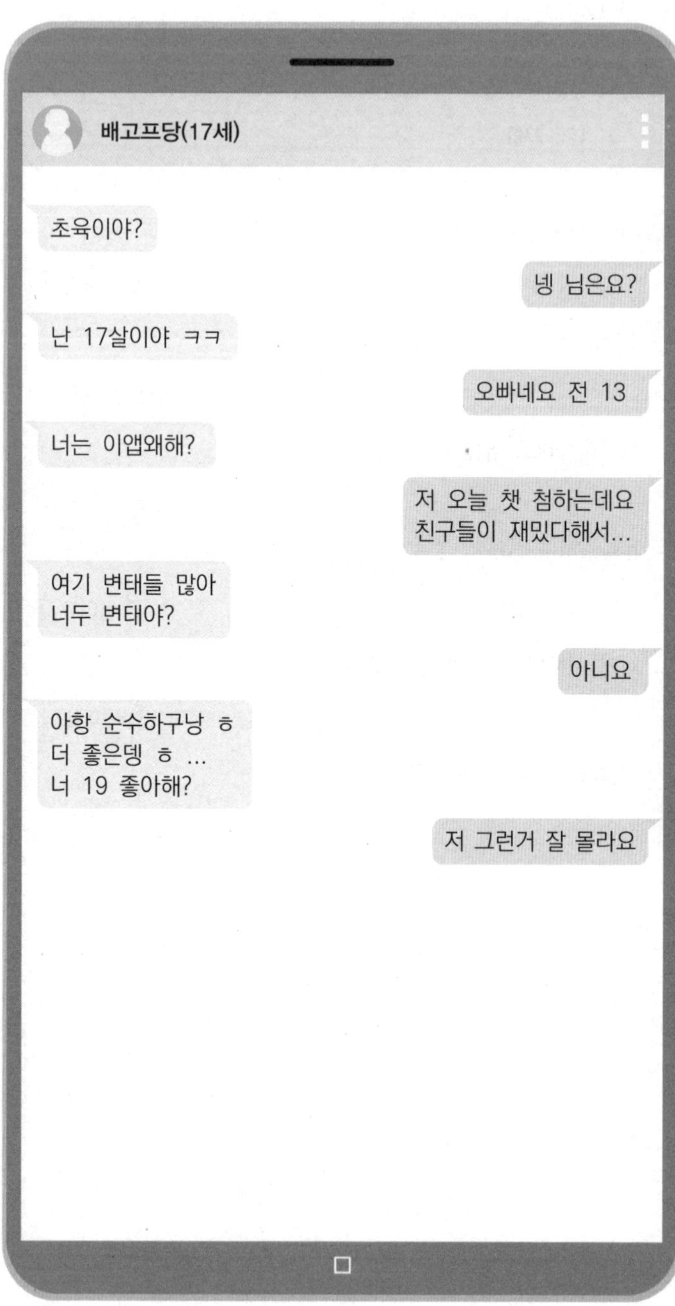
배고프당(17세)
초육이야?
넹 님은요?
난 17살이야 ㅋㅋ
오빠네요 전 13
너는 이앱왜해?
저 오늘 챗 첨하는데요
친구들이 재밌다해서...
여기 변태들 많아
너두 변태야?
아니요
아항 순수하구낭 ㅎ
더 좋은뎅 ㅎ ...
너 19 좋아해?
저 그런거 잘 몰라요

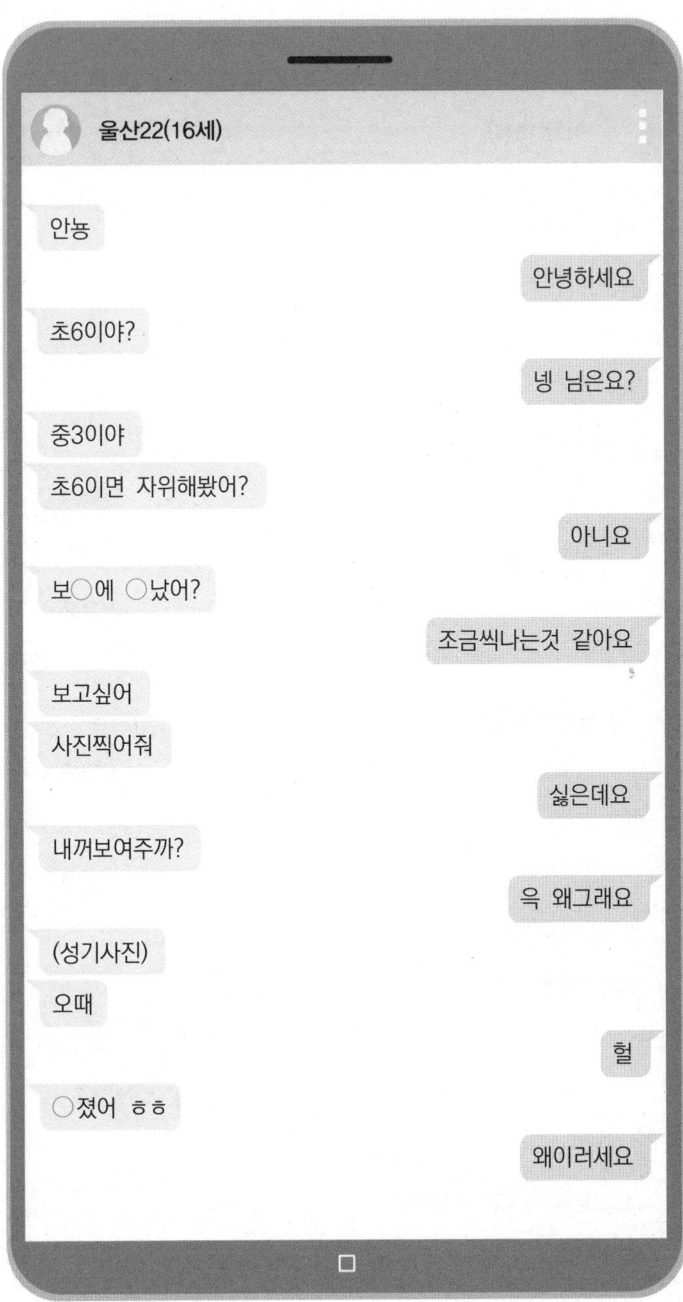
울산22(16세)
안뇽
안녕하세요
초6이야?
넹 님은요?
중3이야
초6이면 자위해봤어?
아니요
보○에 ○났어?
조금씩나는것 같아요
보고싶어
사진찍어줘
싫은데요
내꺼보여주까?
윽 왜그래요
(성기사진)
오때
헐
○졌어 ㅎㅎ
왜이러세요

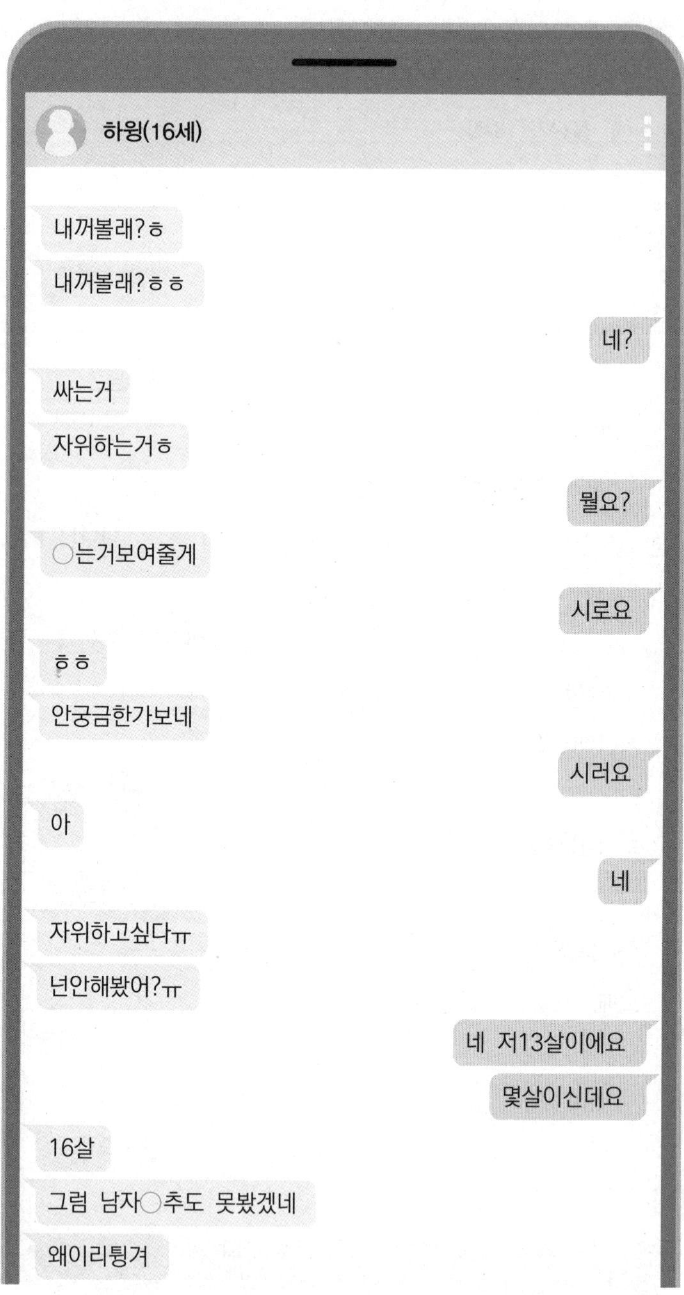

하원(16세)
내꺼볼래?ㅎ
내꺼볼래?ㅎㅎ
네?
싸는거
자위하는거ㅎ
뭘요?
○는거보여줄게
시로요
ㅎㅎ
안궁금한가보네
시러요
아
네
자위하고싶다ㅠ
넌안해봤어?ㅠ
네 저13살이에요
몇살이신데요
16살
그럼 남자○추도 못봤겠네
왜이리튕겨

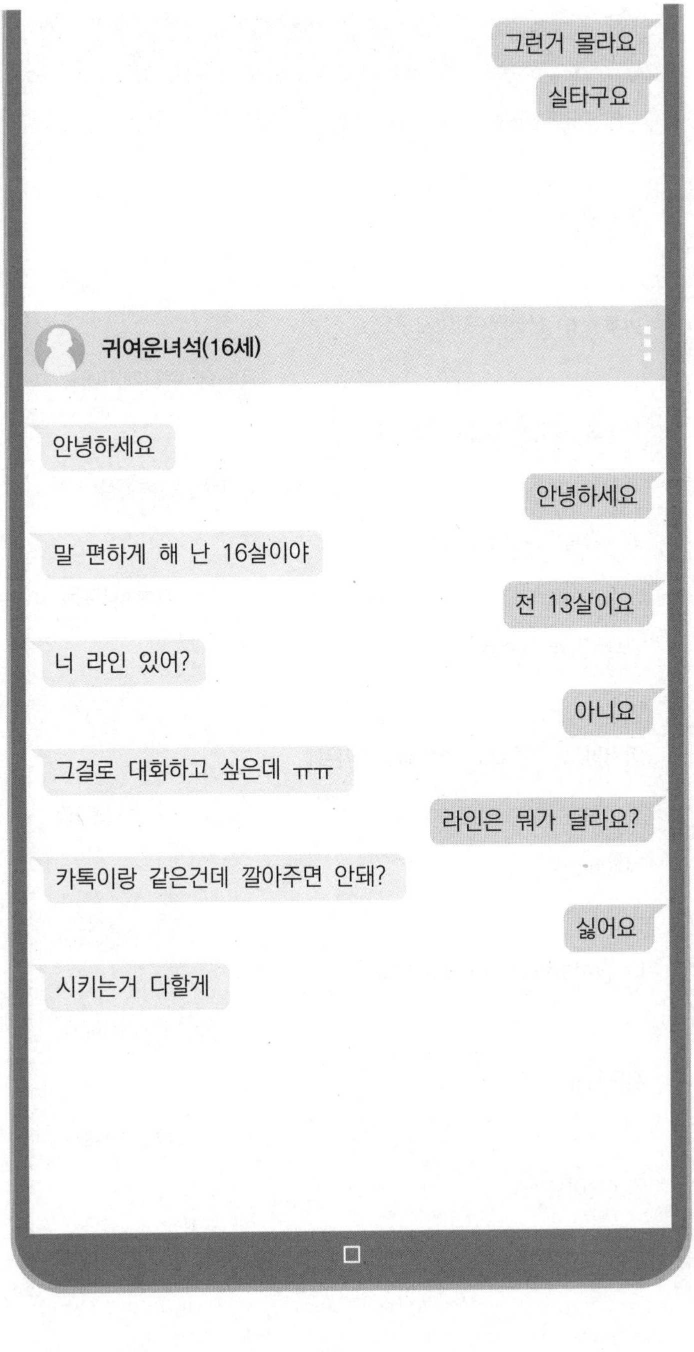

그런거 몰라요

실타구요

귀여운녀석(16세)

안녕하세요

안녕하세요

말 편하게 해 난 16살이야

전 13살이요

너 라인 있어?

아니요

그걸로 대화하고 싶은데 ㅠㅠ

라인은 뭐가 달라요?

카톡이랑 같은건데 깔아주면 안돼?

싫어요

시키는거 다할게

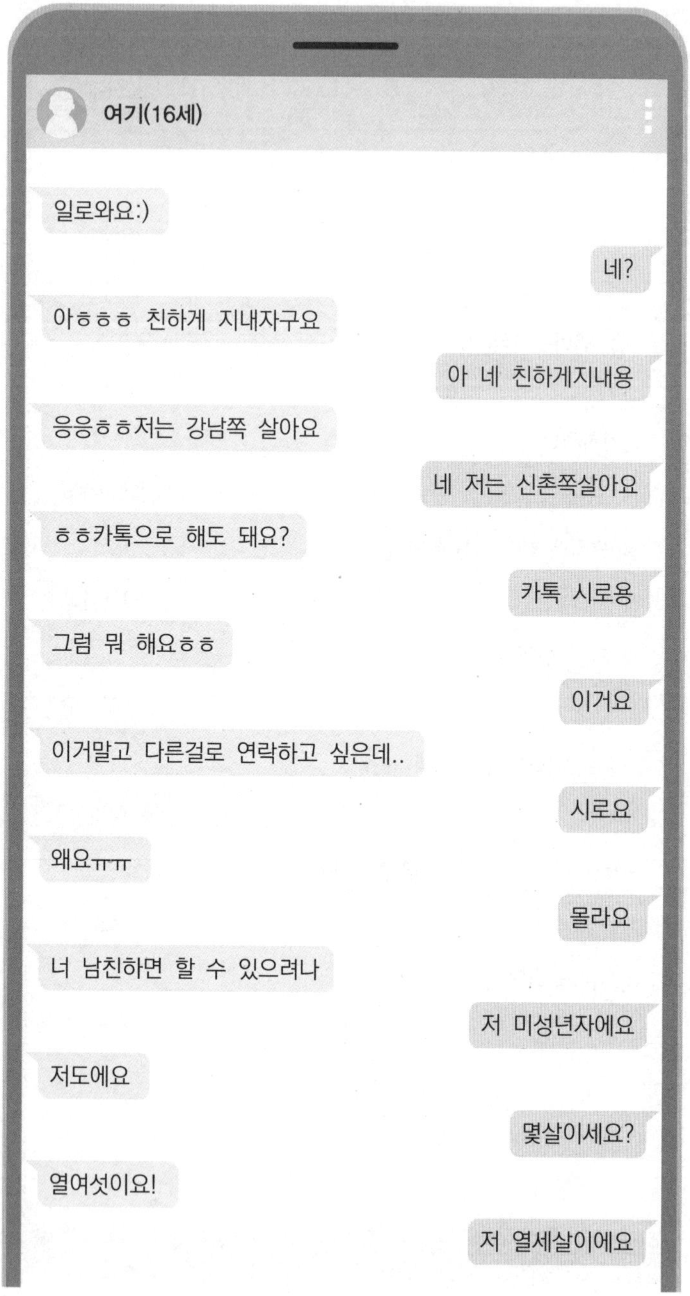

여기(16세)

일로와요:)

네?

아ㅎㅎㅎ 친하게 지내자구요

아 네 친하게지내용

응응ㅎㅎ저는 강남쪽 살아요

네 저는 신촌쪽살아요

ㅎㅎ카톡으로 해도 돼요?

카톡 시로용

그럼 뭐 해요ㅎㅎ

이거요

이거말고 다른걸로 연락하고 싶은데..

시로요

왜요ㅠㅠ

몰라요

너 남친하면 할 수 있으려나

저 미성년자에요

저도에요

몇살이세요?

열여섯이요!

저 열세살이에요

세 살밖에 차이 안나는데,,

네

사겨요ㅎㅎ

시러용

왜요ㅠㅠ

왜사겨요

잘 맞을거같은데ㅎㅎ

아뇨

왜요:(

그냥요

술담배 해?

아녀

하는게 좋아 안 하는게 좋아?

네?

해봤어?

어떤거요?

그거요ㅎㅎ

무슨말인지 모르게써여

어른들이 하는거요

네?

섹스요

ㅎㅎㅎ

아니요

흥미있어요?

시러요

왜요?

무서워요

진짜 기분 좋은데ㅎㅎ

무셔워요

별로에요?

네

왜지

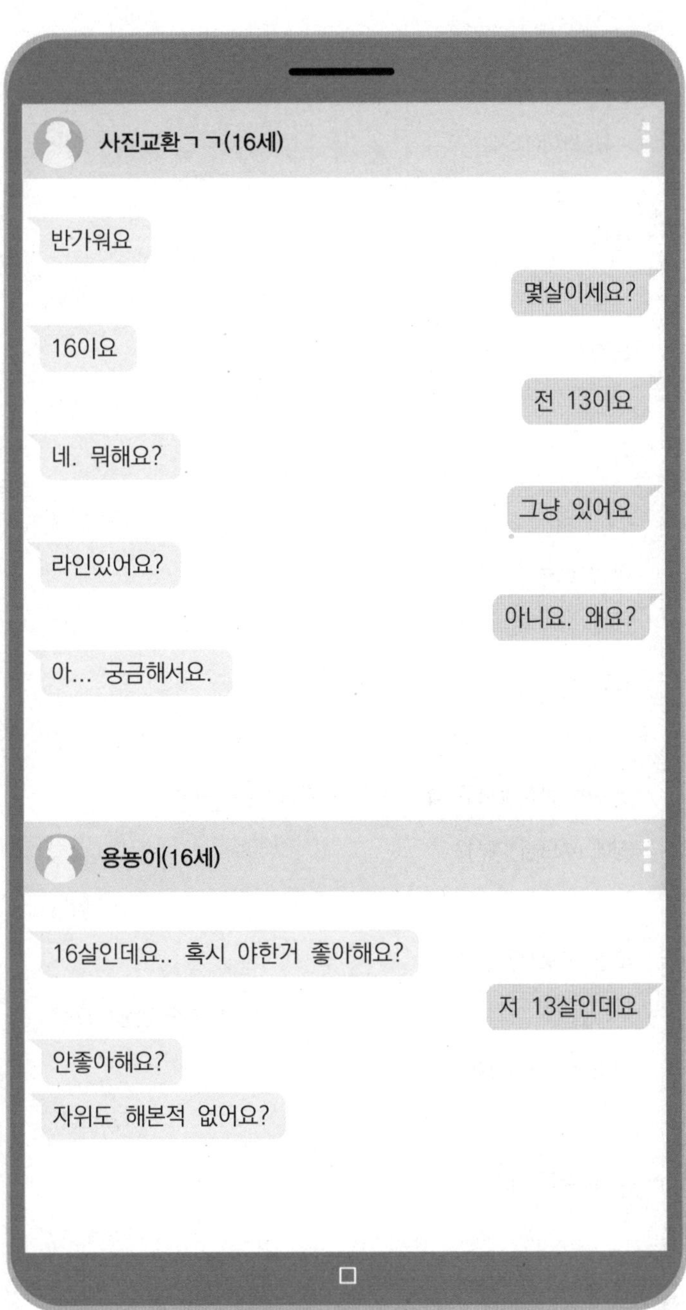
사진교환ㄱㄱ(16세)
반가워요
몇살이세요?
16이요
전 13이요
네. 뭐해요?
그냥 있어요
라인있어요?
아니요. 왜요?
아... 궁금해서요.
용뇽이(16세)
16살인데요.. 혹시 야한거 좋아해요?
저 13살인데요
안좋아해요?
자위도 해본적 없어요?

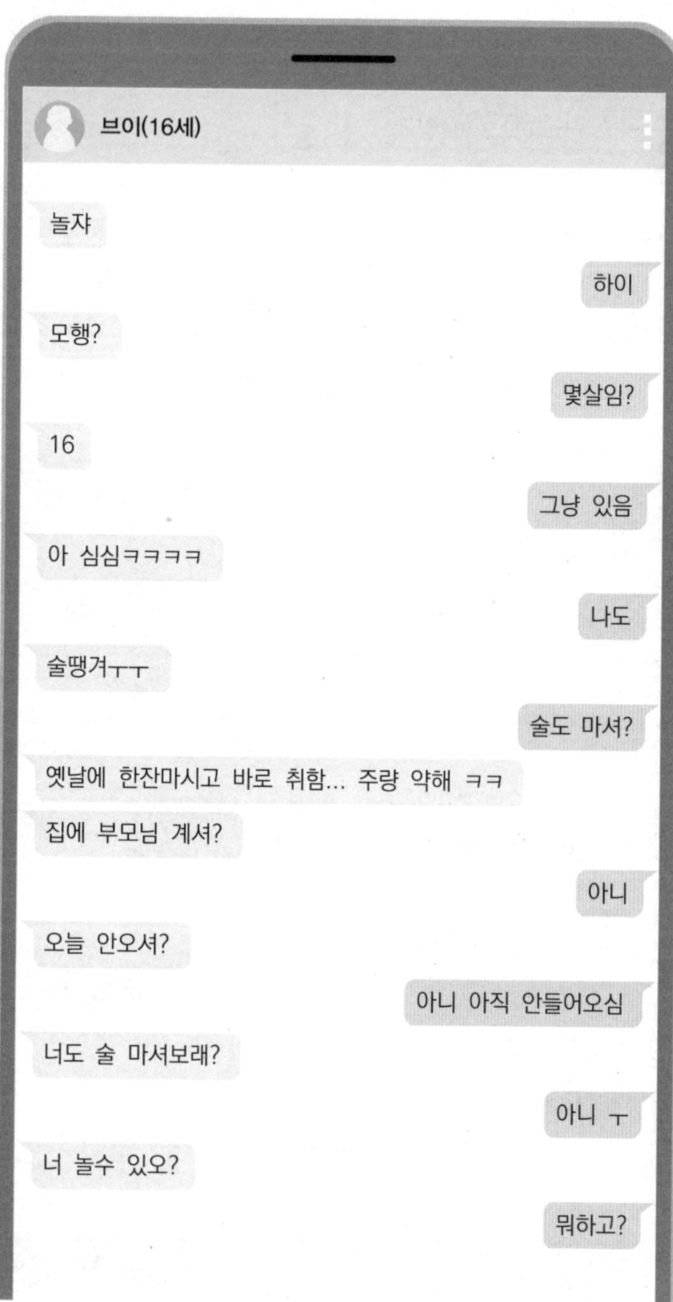
브이(16세)
놀자
하이
모행?
몇살임?
16
그냥 있음
아 심심ㅋㅋㅋㅋ
나도
술땡겨ㅜㅜ
술도 마셔?
옛날에 한잔마시고 바로 취함... 주량 약해 ㅋㅋ
집에 부모님 계셔?
아니
오늘 안오셔?
아니 아직 안들어오심
너도 술 마셔보래?
아니 ㅜ
너 놀수 있오?
뭐하고?

뒹굴 ㅋㅋㅋㅋ 난 친구랑 술마시고 자전거타고 밤 샐건데... 같이놀래?

아니

떡(16세)

만날래?

네? 몇살이세요?

16살 너 어디살어?

전 13살이요. 강동살아요

웅. 만나자

싫어요. 근데 만나서 모해요?

놀지

모하고?

노래방가구, 룸카페가구 그런거지 뭐

바르○○○말깨끗한채팅(15세)
하이 난 15살 뭐하고 있어?
난 13 그냥 있음
상황극 좋아하니 혹시? 심심한데 상황극해볼래? ㅎ
그냥 주제 정해서 역할극하는거야 ㅎ 오빠가 리드 할껠
그거 어떻게 하는거에요?
그냥 역할극하는거야 ㅎ
혹시 라인해? 이거 쪽지불편한데 ㅜㅜ 오빠꺼 아이디 주껠
아님 오픈카톡으로 할까? 오빠가 방 만들껠ㅎ
라인안함 그냥 여기서 해요
이거 불편해서 그래 ㅜ 옵챗은 하지?

다정한서방(15세)
강아지뭐해?
안녕하세요
뭐하고 있니?
그냥 있어요 몇살이심?
중2. 오빠한테 안겨
저 13요
딱좋네 왜? 싫어?
저 오늘 채팅 처음인데요
나도 처음이야 오빠한테 안기기싫어?
오빠는 키스하고 싶은데
헐 이거 야한채팅그런거에요?
비슷해 싫어?

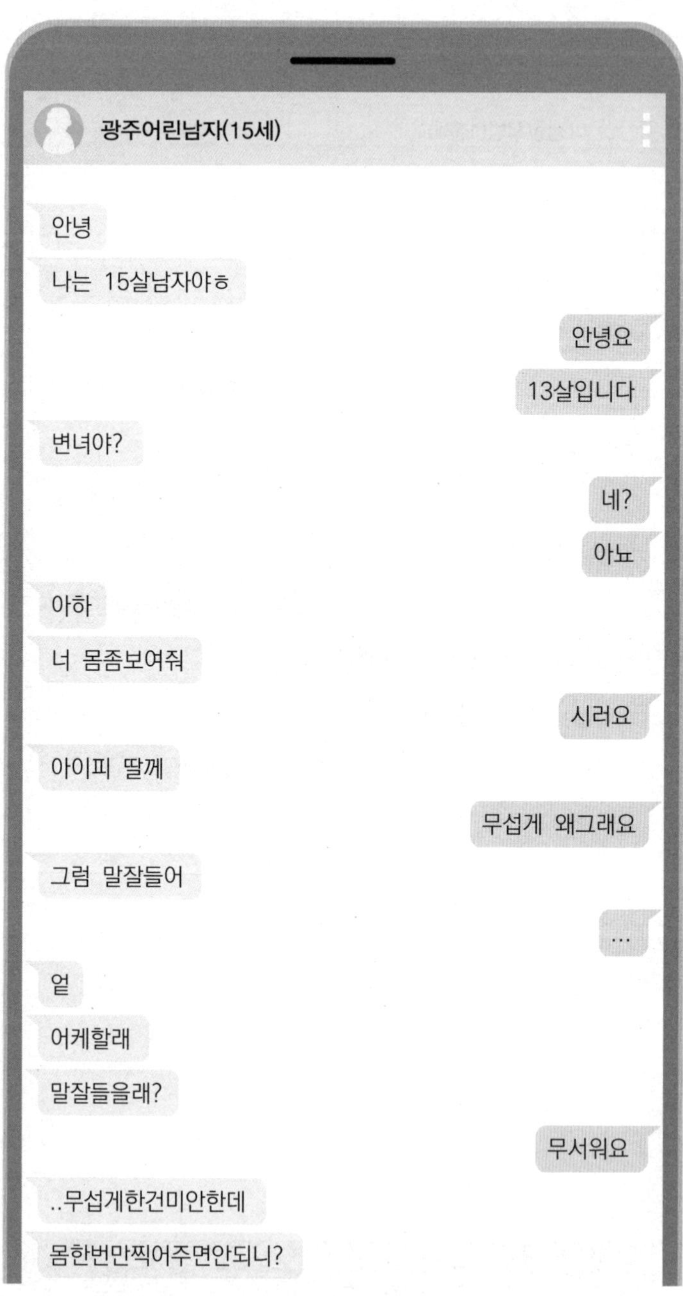
광주어린남자(15세)
안녕
나는 15살남자야ㅎ
안녕요
13살입니다
변녀야?
네?
아뇨
아하
너 몸좀보여줘
시러요
아이피 딸께
무섭게 왜그래요
그럼 말잘들어
...
얼
어케할래
말잘들을래?
무서워요
..무섭게한건미안한데
몸한번만찍어주면안되니?

안할래요

그래그럼 아이피따서 내가 가질께..

ㅎㅎ(15세)

안뇽!!

하이

모하고 있어?

그냥 있어요

라인해?

아니요 님 몇살임?

나 중딩인데... 15살

전 13살이요

서울 오디살아?

방학동

아아 오늘 못만나징?

예.. 근데 왜요?

그냥... 만나고 싶어성 안돼?

네.. 부모님한테 혼나요

왜 ㅜㅜ

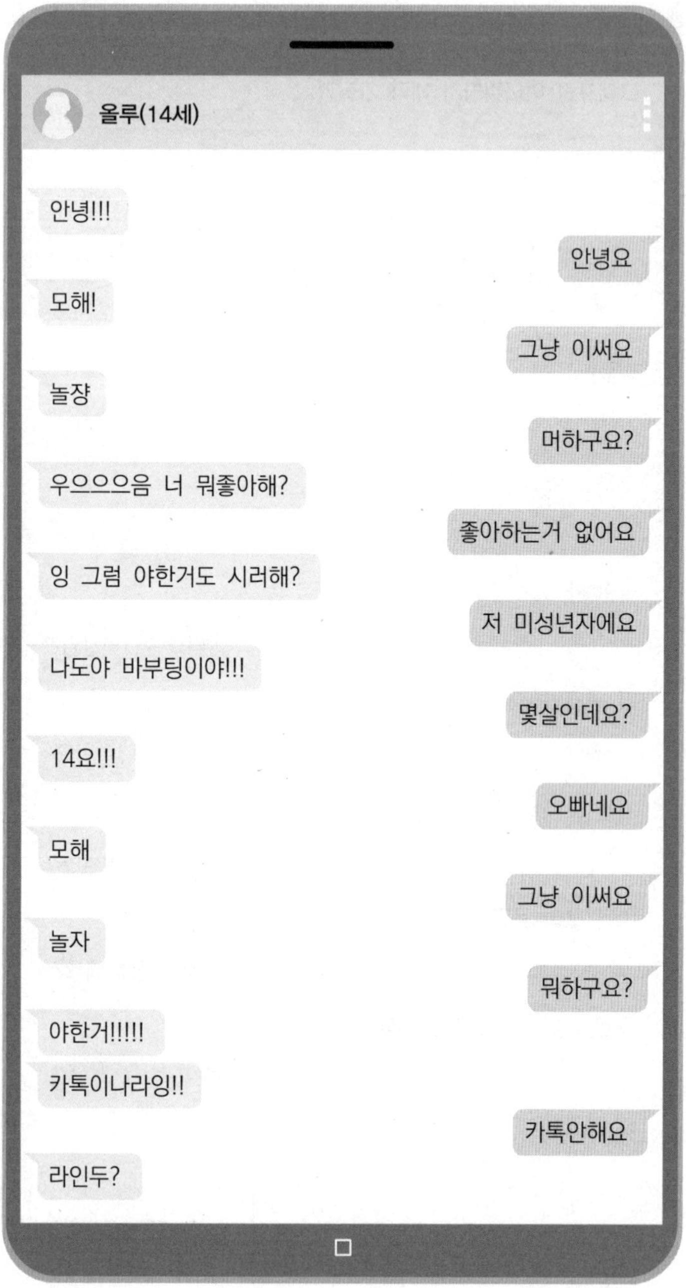

올루(14세)

안녕!!!

안녕요

모해!

그냥 이써요

놀쟝

머하구요?

우으으으음 너 뭐좋아해?

좋아하는거 없어요

잉 그럼 야한거도 시러해?

저 미성년자에요

나도야 바부팅이야!!!

몇살인데요?

14요!!!

오빠네요

모해

그냥 이써요

놀자

뭐하구요?

야한거!!!!!

카톡이나라잉!!

카톡안해요

라인두?

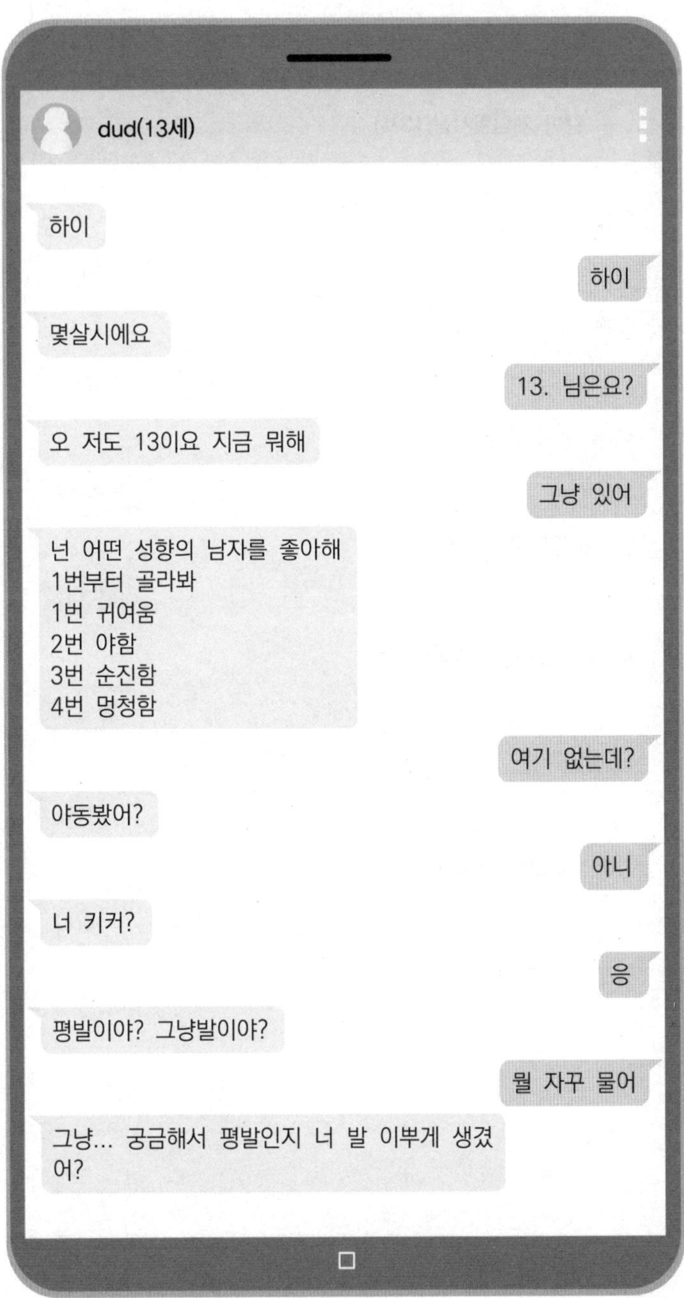
dud(13세)
하이
하이
몇살시에요
13. 님은요?
오 저도 13이요 지금 뭐해
그냥 있어
넌 어떤 성향의 남자를 좋아해
1번부터 골라봐
1번 귀여움
2번 야함
3번 순진함
4번 멍청함
여기 없는데?
야동봤어?
아니
너 키커?
응
평발이야? 그냥발이야?
뭘 자꾸 물어
그냥… 궁금해서 평발인지 너 발 이쁘게 생겼
어?

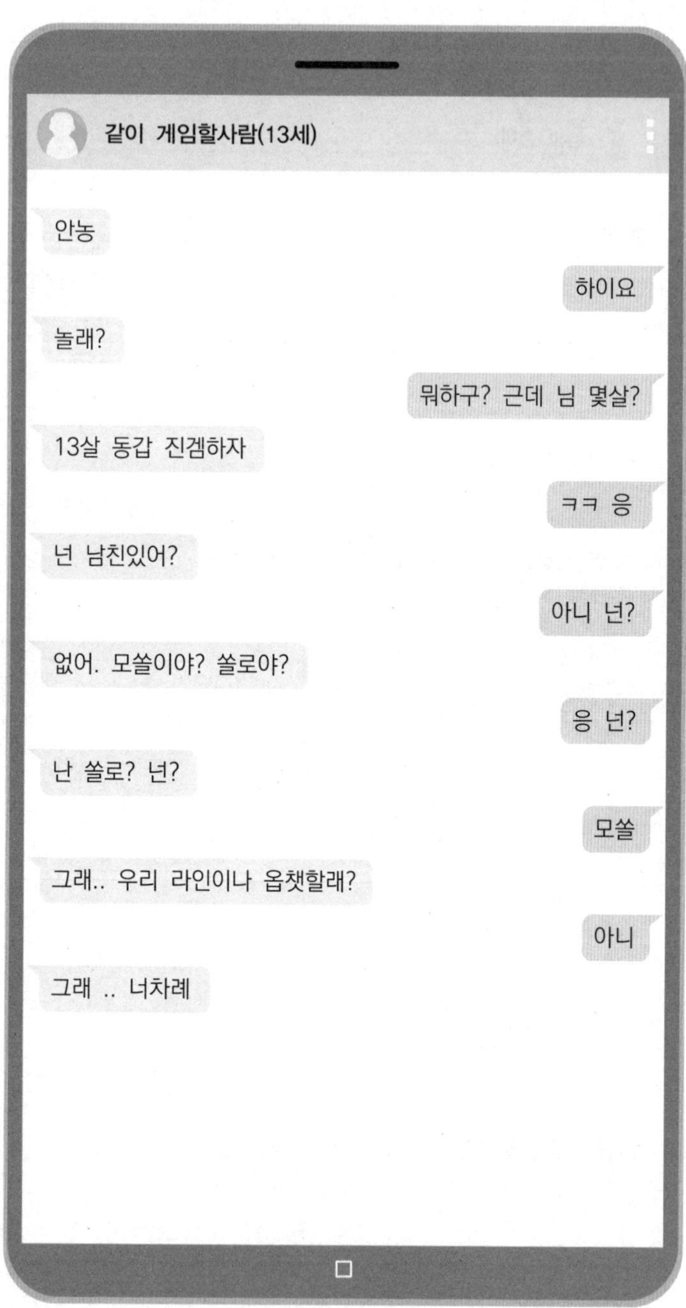
같이 게임할사람(13세)
안농
하이요
놀래?
뭐하구? 근데 님 몇살?
13살 동갑 진겜하자
ㅋㅋ 응
넌 남친있어?
아니 넌?
없어. 모쏠이야? 쏠로야?
응 넌?
난 쏠로? 넌?
모쏠
그래.. 우리 라인이나 옵챗할래?
아니
그래 .. 너차례

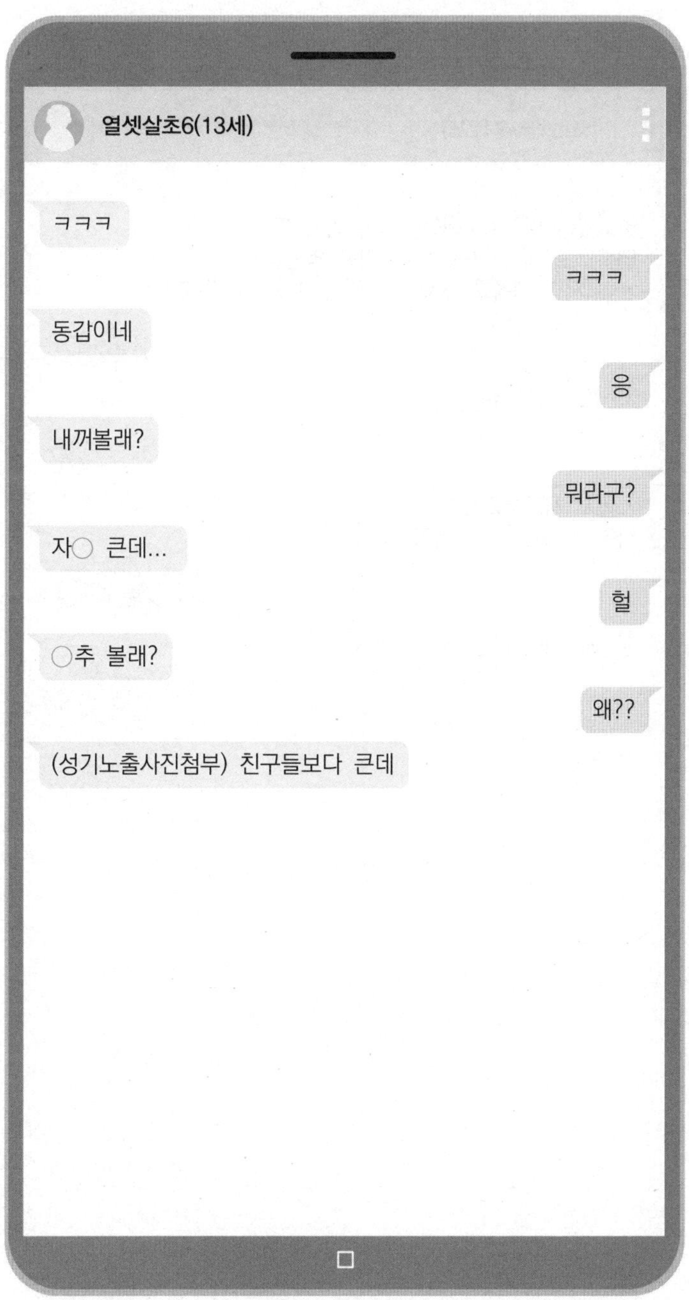
열셋살초6(13세)
ㅋㅋㅋ
ㅋㅋㅋ
동갑이네
응
내꺼볼래?
뭐라구?
자○ 큰데...
헐
○추 볼래?
왜??
(성기노출사진첨부) 친구들보다 큰데

subslave(12세)
끝말잇기 벌칙걸구해여~ 님이 이기시면
영통으로 제 엉덩이 보여드리구 명령받기
님이 지면 영통으로 제 ○구멍 보여드리구 명령받기
저 13살인데요
저 12이에여 누나 ㅠㅠ
헐
제똥꼬 시르세요???
카톡 royal○○○ 에여
저 카톡 안해요
말 놔두되여 라인 violet○○○
라인안해
kik ○○○

가출상태에서 채팅하는 13세

도와주세요 ㅠㅠ
초육 여 (13세)

○○○○02(58세)

왜 가출? 잡아먹힐라고? 언능 집에가라

헙.. 몇살이세요?

왜 가출했나... 부모님한테 야단맞고?

네

핸폰으로 여기 드나들었구나

아니에요 근데 몇살이세요?

난 나이 많아
애기야 언능 지벵가 더러운넘들이 너 꼬셔서 별짓
다 하려해

그동안 어디서 자고?

친구집요

너 섹스는 해봤어?

아니요

여기 있어보면 남자들이 여자꼬시러 엄청온다 나도
여친하나 만들라고 왔다가 너를 만났지만 위험한
곳이다 애기는 이쁘고 아담하냐?

네

아저씨가 너에게 이런말 해주면서도 마음은 너를 꼬시고 싶음
마음이 움직이는거야
이쁜 꼬맹각시를 앤으로할까싶은데?
ㅎㅎ 이것도 인연인데 좀더 안전한 인간관계를 만들고 싶어
어쩔래 아저씨와 좋은 인연이 되고 집에들어가서 착한 여자로 성장할래
아니면 길거리에 몸파는 창녀가 될래?

lcs(57세)

만나자

저 13살인데요

임준(56세)

무엇 도와야 하나요

근데 몇살이세요?

그쪽 할아버지 정도 되는 사람요
나이는 숫자에요
그쪽은 몇살?

13살이요

14~5살쯤 ... 너무 어려서 안될거 같아요
미안해요
안스럽네요

로미오(45세)
안녕하세요!외로운 싱글 차칸훈남임ㅋ
안녕하세요?
나랑 친하게 대화친구할까요?
저 초6임
아 귀여워 사랑 연애 해봤엉?
아니요. 몇살이세요?
왜 만날거야? 남친있나요?
없어요
나랑 사귈랭?ㅎ
아니요
너랑 사랑하고시포~♡
통화할래? 서울 어디야?
오빠가 이뻐해 줄께 ㅋㅋㅋㅋ
우리 키스할랭? ㅋㅋ 이쁘나 사랑해~♡

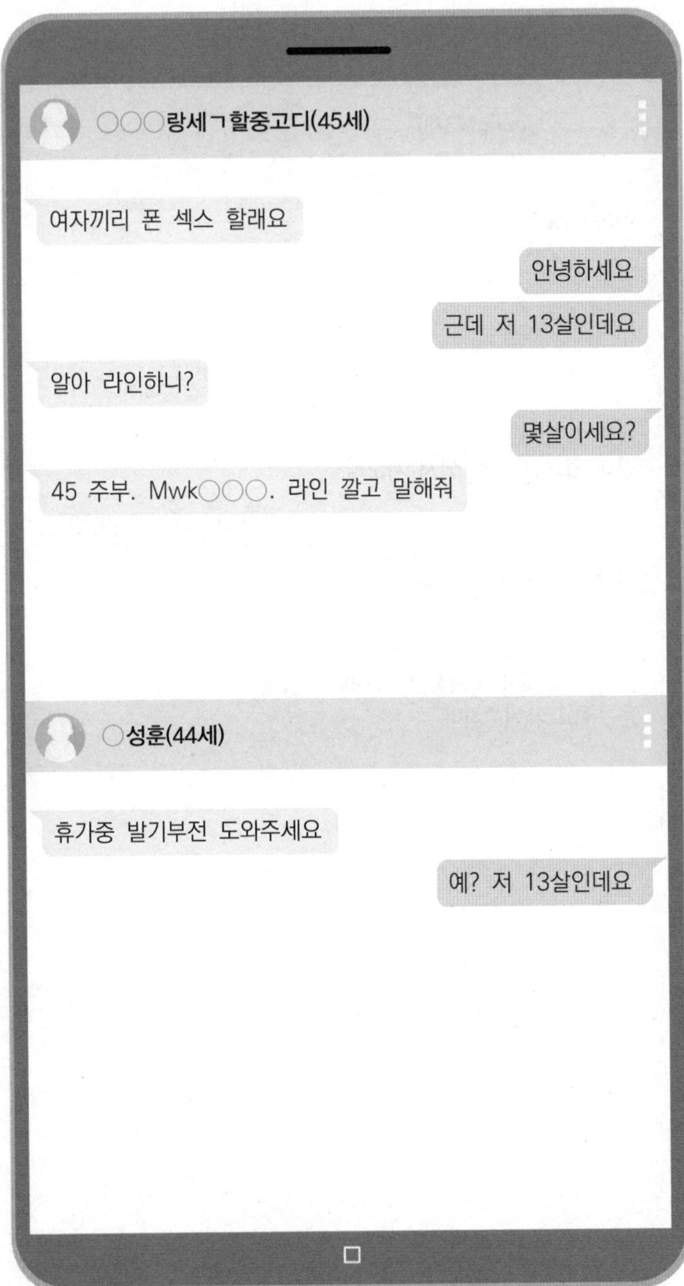
○○○랑세ㄱ할중고디(45세)
여자끼리 폰 섹스 할래요
안녕하세요
근데 저 13살인데요
알아 라인하니?
몇살이세요?
45 주부. Mwk○○○. 라인 깔고 말해줘
○성훈(44세)
휴가중 발기부전 도와주세요
예? 저 13살인데요

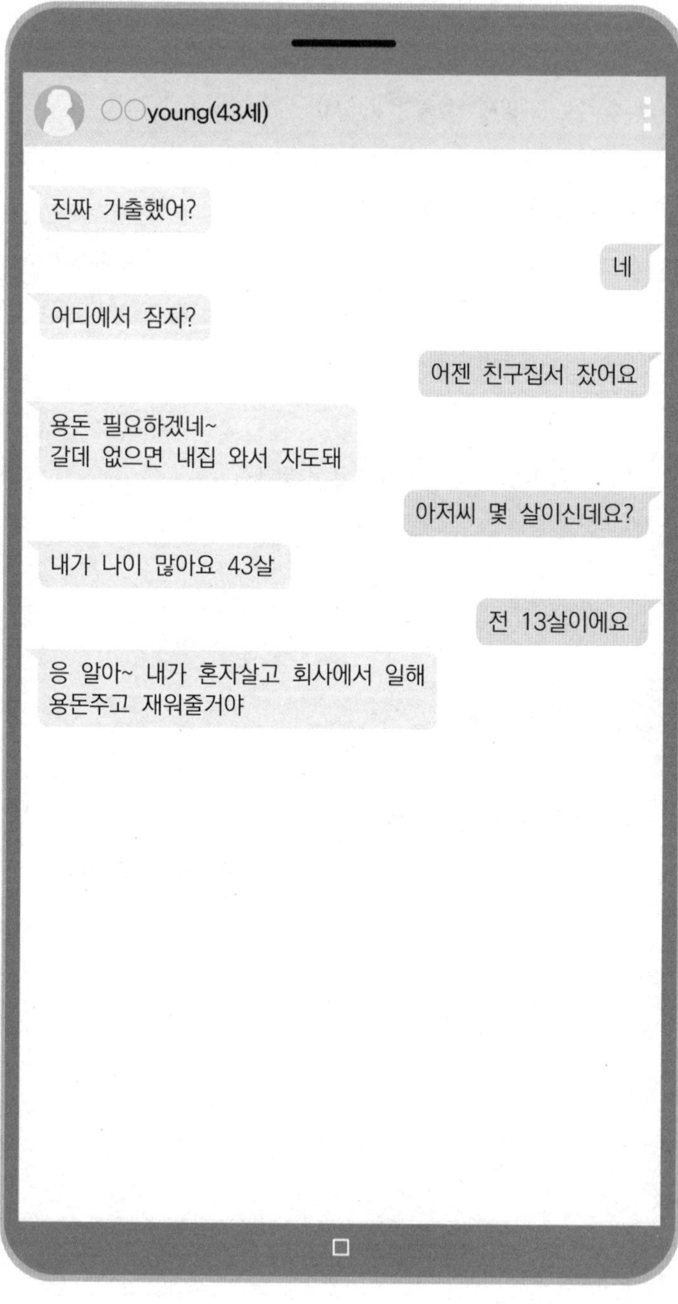
○○young(43세)
진짜 가출했어?
네
어디에서 잠자?
어젠 친구집서 잤어요
용돈 필요하겠네~
갈데 없으면 내집 와서 자도돼
아저씨 몇 살이신데요?
내가 나이 많아요 43살
전 13살이에요
응 알아~ 내가 혼자살고 회사에서 일해
용돈주고 재워줄거야

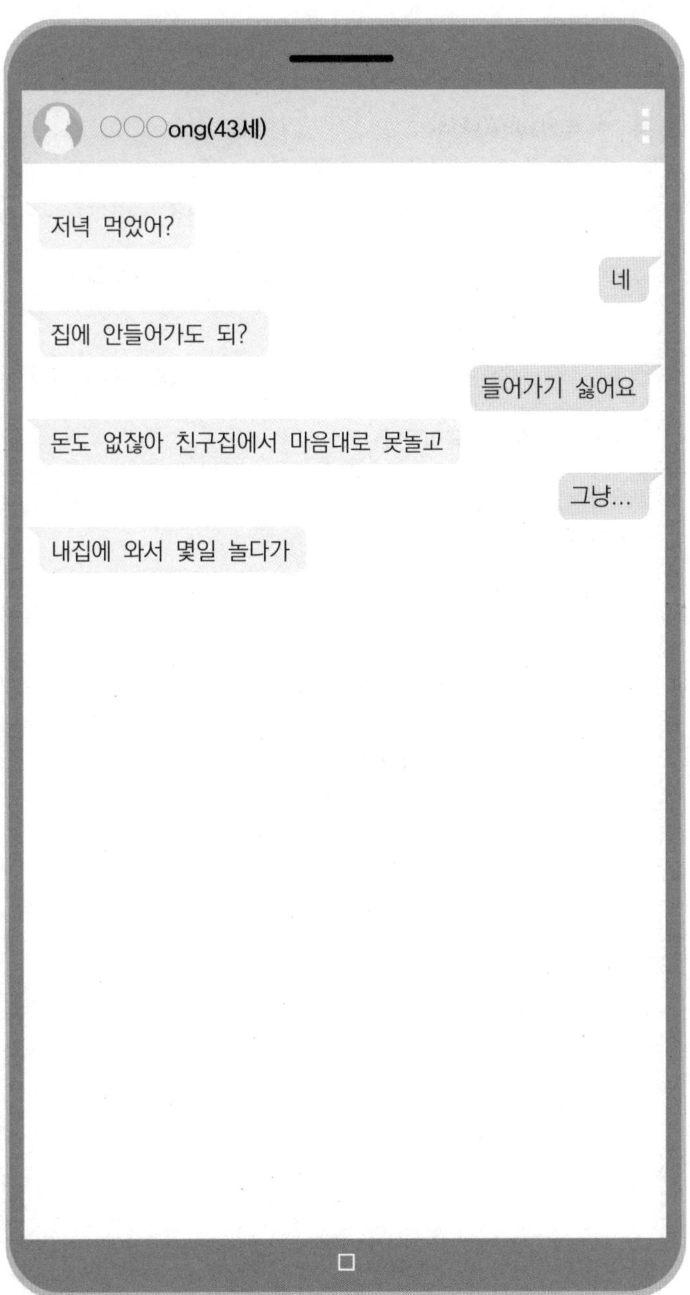
○○○ong(43세)
저녁 먹었어?
네
집에 안들어가도 되?
들어가기 싫어요
돈도 없잖아 친구집에서 마음대로 못놀고
그냥...
내집에 와서 몇일 놀다가

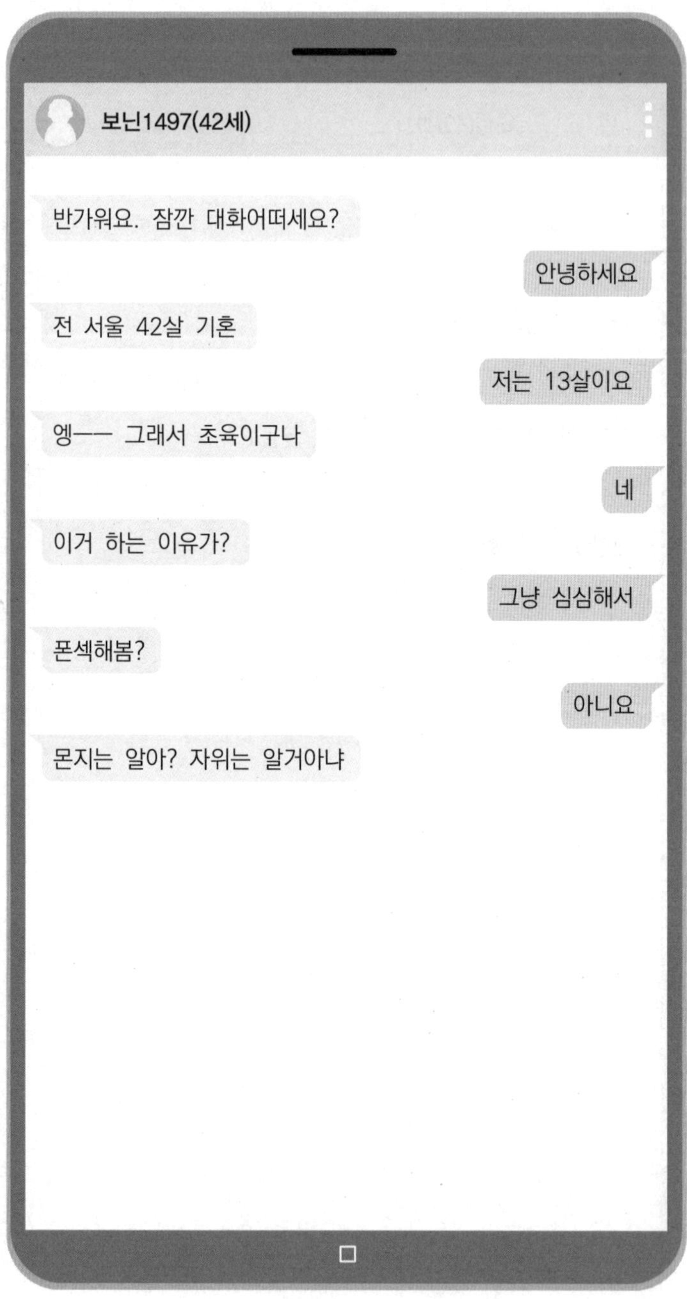
보닌1497(42세)
반가워요. 잠깐 대화어떠세요?
안녕하세요
전 서울 42살 기혼
저는 13살이요
엥—— 그래서 초육이구나
네
이거 하는 이유가?
그냥 심심해서
폰섹해봄?
아니요
몬지는 알아? 자위는 알거아냐

푸아나(41세)
안녕하세요 반가워요 아찌랑두 놀아주나요
안녕하세요 저 13살인데여 몇살이세요?
아~~전 아빠뻘이긋네 41
네
어떤분 찾으세요
그냥 하는건데요 오늘 챗 첨해서
글쿠나 경험없겠죠?
뭐요?
남자경험
그런거 잘 몰라요
만남하시나요
무슨만남이요?
드라이브? 스킨쉽좋아해요?
아니요

다시또다시(39세)
안녕하세요 방가워요 바쁘세요?
안녕하세요
방가워요 만남도 가능하세요?
몇살이세요?
저는 39살 착한사람입니다.
저 13살이요
너 어디살아?
저 가출했어요
헉. 어디있는데, 아저씨가 도와줄께
진짜 그냥 딸같아서..
말해봐 진짜 가출했어?
네
어디인데 원래집은?
말해봐 그래야 너가 원하는 돈주지
거짓인지 진짜인지 알어야지
난 오늘 처음이니 다 믿을순 없잖아
금천
지금 금천이야? 사는집도 금천?
집에 안들어갈꺼냐?
당분간 안들어갈거에요

어디서 살어?

친구집요

여자친구네?

내맘이 아프다 아저씨가 도와줄테니 아무거나 필요 한것 말해 다 도와줄께

돈도 줄 수 있다

아무것도 바라는것 없어

그냥요? 진짜요?

너가 집에들어갈때까지 도와줄께

내가 너무 슬프다 ㅜㅜ 나도 너 같은 딸이 있다

아저씨가 돈 잘쓰는 사람 너가 돈 어트케 받을찌 연구해봐

안믿어? 나 경찰 그런거 아니야 걱정마라

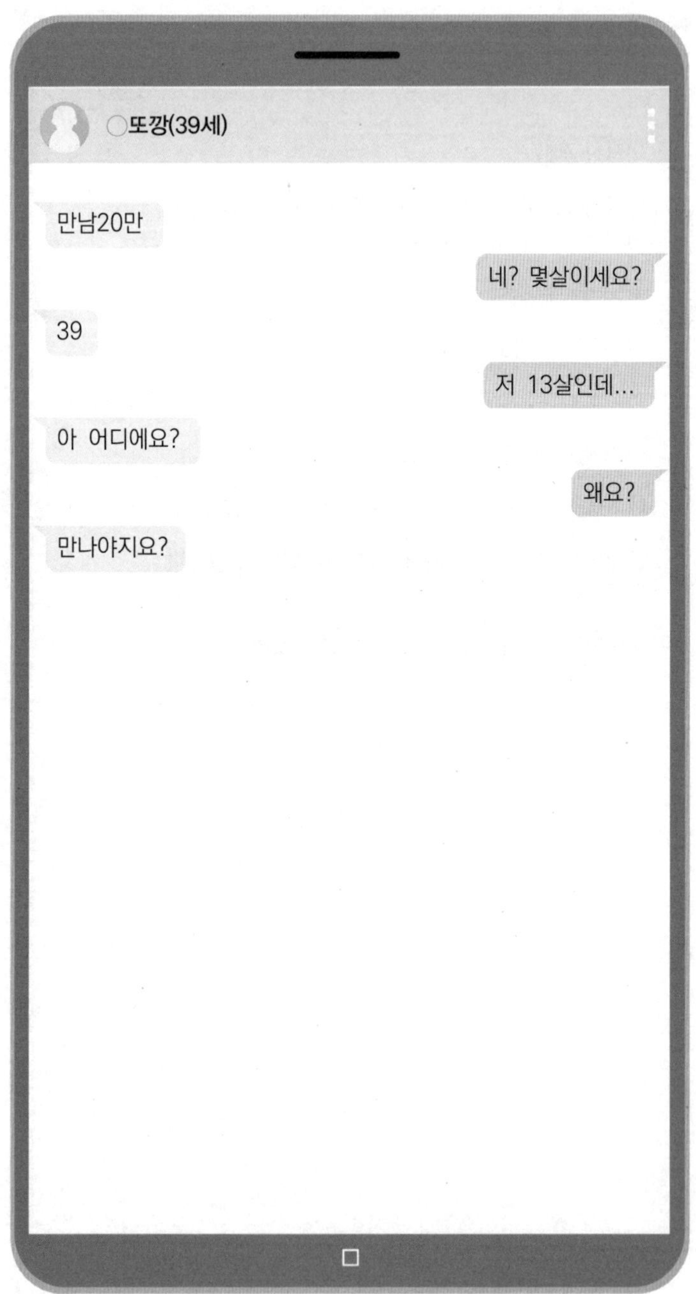
○또깡(39세)
만남20만
네? 몇살이세요?
39
저 13살인데...
아 어디에요?
왜요?
만나야지요?

외톨이(38세)

안녕하세요^^용돈도움가능한데 가끔만남 어때요?
생각있으시면 연락주세요 ㅎㅎ

안녕하세요

만남가능?

몇살이세요?

38살이요

저 초6인데 갠차나요?

훔 그쪽이 괜찮으면 나야 머 상관없는데

근데 만남은 건전만남아닌데 괜찮?

진심으로(38세)

초육녀? 나이가 초6?

네. 13살이요

지금 학교?

아뇨 가출했어요. 몇살이세요?

38입니다^^ 조카님ㅋㅋ

용돈필요?

네?

채팅하는 애들중에 그런애들많던데 님도?

아니면 다행^^. 착하신 듯^^

학교인가요?

아뇨. 친구집이요

학교는요?

안갔어요

혹시 라인하나요?

안해요

어떤상대 찾나요? 대화만? 만나기?

ㅋㅋㅋㅋㅋ 왜요?

사람마다 틀리잖아요 ㅋㅋ

아저씨는요?

난 만나기도 가능해^^

채팅도 좋구 넌?

삼촌조카할까?

싫어요.

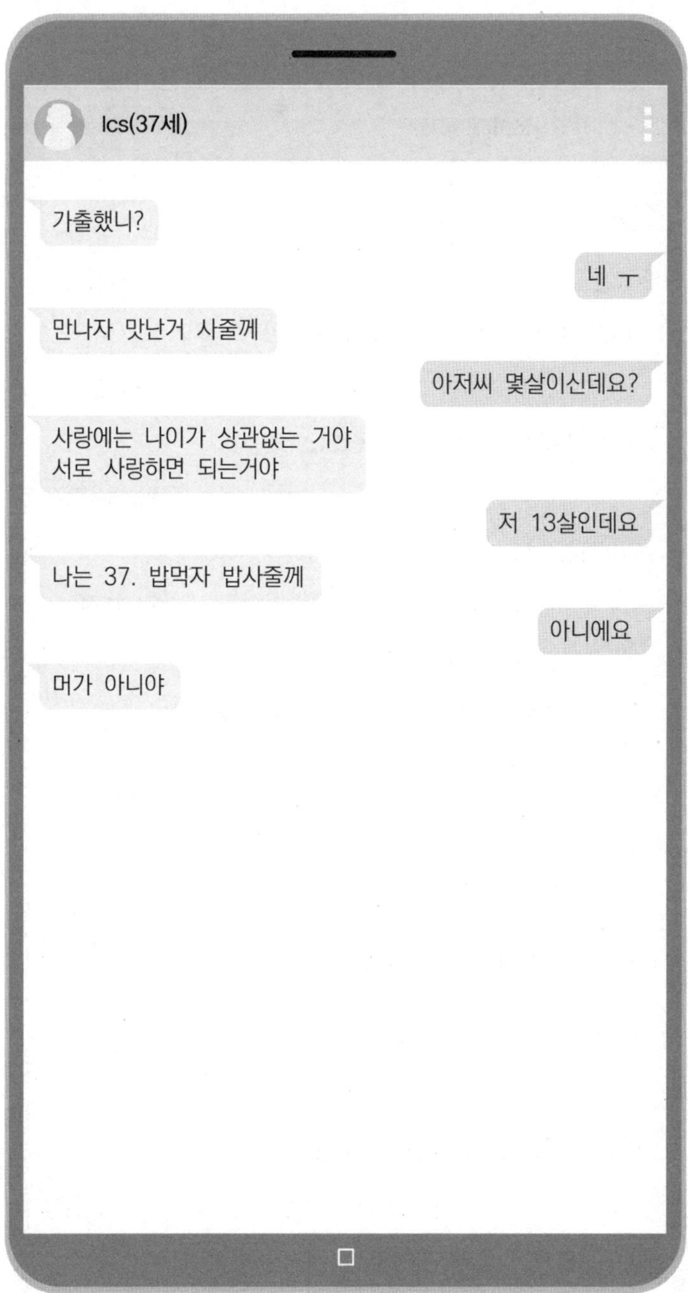
lcs(37세)
가출했니?
네 ㅜ
만나자 맛난거 사줄께
아저씨 몇살이신데요?
사랑에는 나이가 상관없는 거야
서로 사랑하면 되는거야
저 13살인데요
나는 37. 밥먹자 밥사줄께
아니에요
머가 아니야

○○ 조아해(34세)

머해

그냥 있음

학교 아니신가 ㅋㅋ 흐응 학교아닌가보네 ㅋㅋ

네 가출했어요

허... 가출이라니. 생각지도 못했...

몇살이세요?

나이 많은데..

전 13살임

응. 알아. 인싸초6이라고 되 있잖아 ㅋㅋ

30대야 나는 ㅋㅋㅋ 나이가 걸리면 나가도 되공 ㅋㅋ

30몇살인데요

34

아항

ㅋㅋㅋㅋ 응 가출해서 어디서 산대

가출어제해서 어제는 칭구집

이제 잘 때도 구해야대고 밥 먹을 것도 생각해야대고

돈도 생각해야대고 ㅋㅋㅋ 힘들텐데

ㅠ

이구 머땜에 나와서 고생이다냐

앞으로 많이힘들것지만 힘내 어린나이에 이세상 참 험한데 몸조심하고

네

혹시 몸매 사진있는가? 없으면 말구 ㅋㅋㅋ

없어요 ;;;

응 그래. 혹시나해서 ㅋㅋㅋ왜 초6인데 요즘은 성장이 빠르잖아

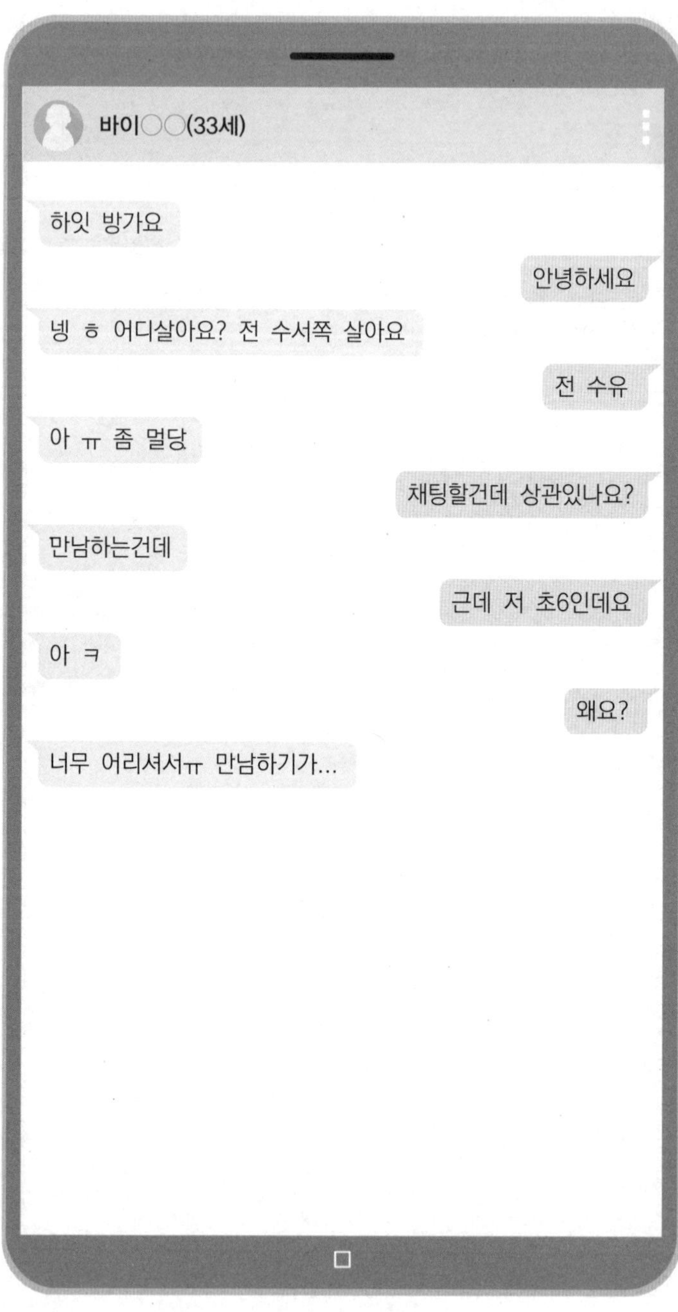
바이○○(33세)
하잇 방가요
안녕하세요
넹 ㅎ 어디살아요? 전 수서쪽 살아요
전 수유
아 ㅠ 좀 멀당
채팅할건데 상관있나요?
만남하는건데
근데 저 초6인데요
아 ㅋ
왜요?
너무 어리셔서ㅠ 만남하기가...

나띵(33세)

한잔하까?

네?

술먹자공 ㅎ

안마셔봐써요

같이 한번 마셔볼랭?

몇살이세요?

33

오빠네요

넌 몇살인뎅?

저 13살이요

오빠라고 불러주니 신기하넹. 라인할래?

안해요

술 언제먹으까?

어디서요?

텔에서..

저 미성년자인데요

무인텔 갈 수 있엉ㅎ

시렁?

무서워서요

머가 ㅎ. 먹으러가자 웅?

시로요

ㅎㅎ 알겟엉. 머하구잇엉?

친구집이에요

아 학교끝나구 놀러간거야? 집엔언제가?

가출해쏘요

왱?

부모님이랑 싸워서요

몇일됐어?

2일이용

집에 안들어가겡?

오빠한테 올래?

어딘데요?

충남공주

저는 서울인데요

내려와 ㅎ 버스타공

돈이 없어요

오빠가 서울로 갈까?

언제요?

주말에

싫어요

다 싫데ㅋㅋㅋㅋ

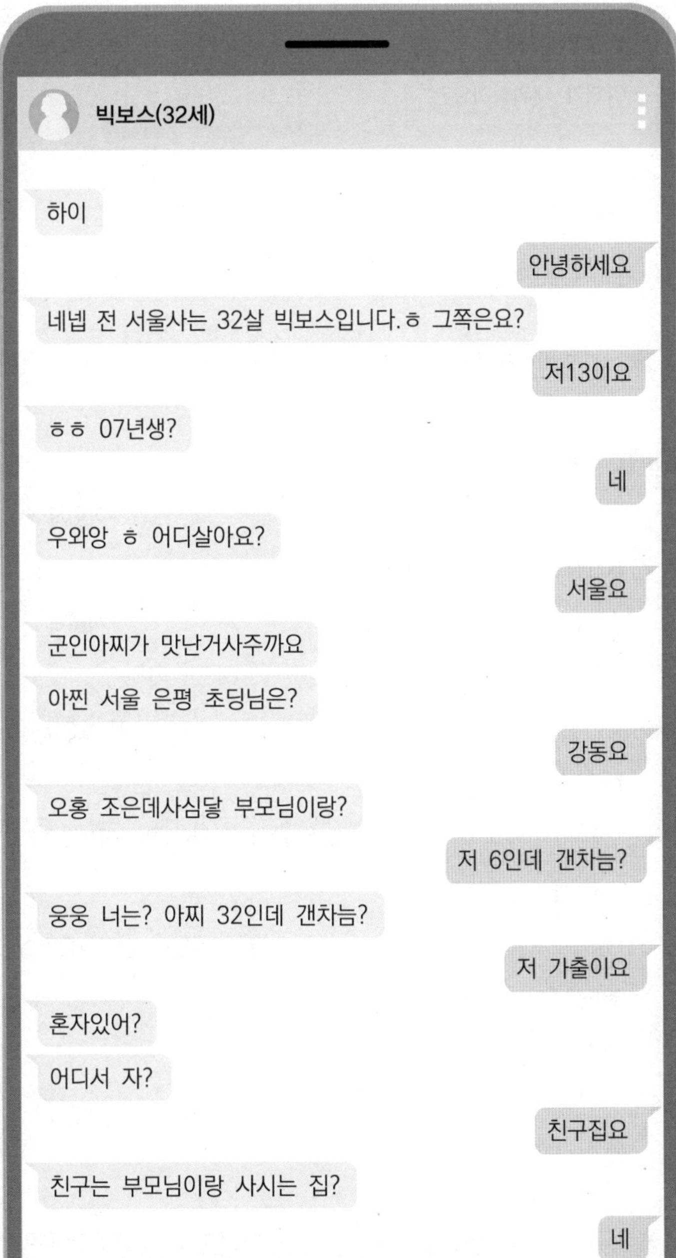
빅보스(32세)
하이
안녕하세요
네넵 전 서울사는 32살 빅보스입니다.ㅎ 그쪽은요?
저13이요
ㅎㅎ 07년생?
네
우와앙 ㅎ 어디살아요?
서울요
군인아찌가 맛난거사주까요
아찐 서울 은평 초딩님은?
강동요
오홍 조은데사심당 부모님이랑?
저 6인데 갠차늠?
웅웅 너는? 아찌 32인데 갠차늠?
저 가출이요
혼자있어?
어디서 자?
친구집요
친구는 부모님이랑 사시는 집?
네

눈치안보여요?

아찌가 재워줄까요?

......

왜용?

별빛바다(32세)

안녕하세요

하이요

반가워요 지역이 어디세요?

서울요

아 네 몇살이세요?

저 초6요

카톡이나 라인 가능하세요?

그거 안해요. 근데 몇살이세요?

32요. 친구할까요?

저 13살인데 갠차나요?

좋아요

어린여자 좋아해요

헤헹

만나볼 수 있나요?

볼매(32세)

서로 매너배려있게 부족한부분 채워주며 만나는거 어떠신가요?

나 초6인데요?

알아요. 돈줄께요

왜? 얼마요?

몇살인데요?

10만원 줄께요

어때요?

몇살인데요?

32. 괜찮아요?

싫어요

20이요. 이정도면 큰돈인데.

성경험있어요?

무서워요?

고민상담사(32세)

가출중이야? 어쩌다가...

짱나서요

저런... 가출해서 어디서 지내는건데? 여기서 용돈 받으며 조건하는거야?

아니요 첫 첨하는데요

아하 처음 채팅한거야? 넌 어디로 가출했는데 .... 섹스는 처음이겠네...

근데 님 몇살이세요?

난 30대라서 너보다 나이가 많아

넌 섹스 해보고 싶은거야? 용돈 받고?

아항. 저 첫 오늘 첨해봐요

아하 넌 어디 사는데? 섹스는 관심 있어?

아니요

가출해서 용돈버는건 조건 뿐이라서

방학되면 가출한 12살부터해서 조건하고 다닌단다 ;;;

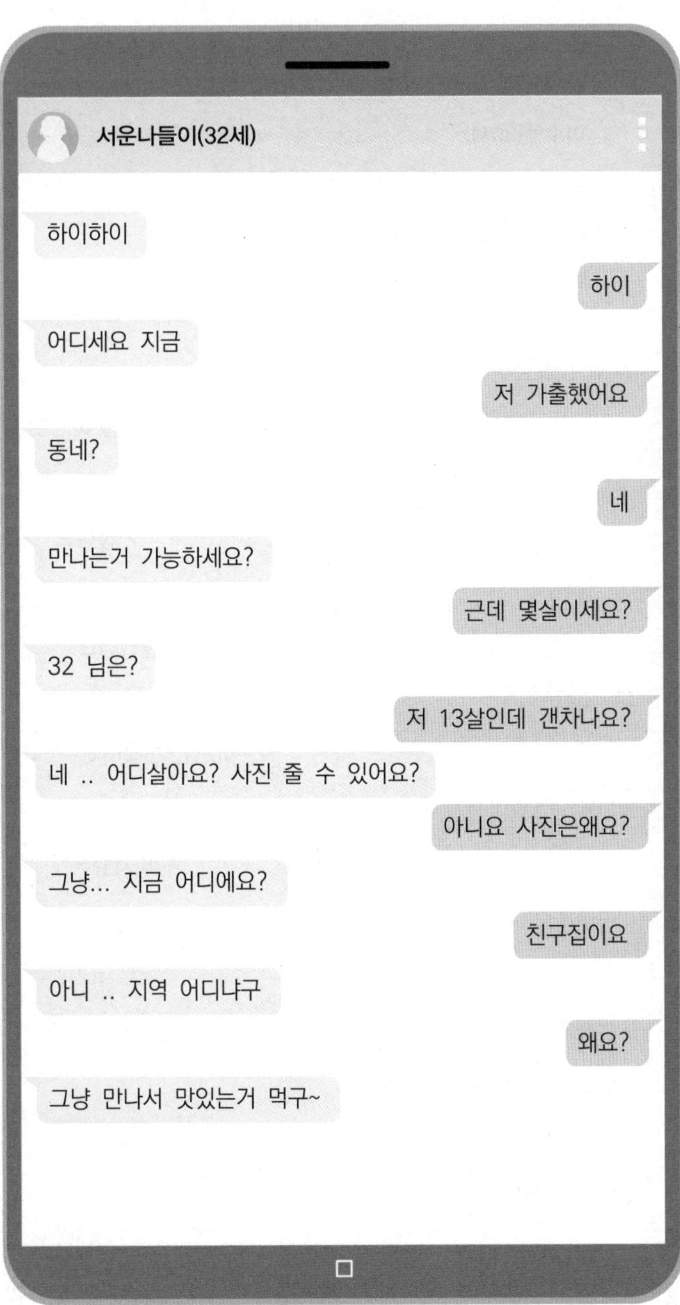
서운나들이(32세)
하이하이
하이
어디세요 지금
저 가출했어요
동네?
네
만나는거 가능하세요?
근데 몇살이세요?
32 님은?
저 13살인데 갠차나요?
네 .. 어디살아요? 사진 줄 수 있어요?
아니요 사진은왜요?
그냥... 지금 어디에요?
친구집이요
아니 .. 지역 어디냐구
왜요?
그냥 만나서 맛있는거 먹구~

야수맨(30세)

안녕하세용ㅎ 반가워요 소소한대화 나누면서 친하게 지내용. 천안살아요

네. 반가워요

ㅎㅎ. 모해요? 어디살아요?

친구집이에요

ㅎㅎ네. 사는지역이?

서울이요

네. 방학?

아뇨. 가출했어요

네. 몇살?

13살이요. 몇살이세요?

저30이요. 술마심?

안마셔봤어요

마셔볼래요?

무서워요

한번해봐요

무인텔 잡고 마실까요?

뭐서워요

일단 만나봐요

안해요

카톡할까요?

만나요

서울의○○(30세)

집에들어가라

네

뭐가 네야? ㅋㅋㅋㅋ

몇살이세요?

난 삼십 ㅋㅋ

전 13살이요

응 그래서 넘 어리네

헷..

헷은 뭐냐? 아저씨랑 놀고싶어서?

아니다

○○○고운말깨끗한채팅(29세)

처음이면 백만.

용돈 필요한가요?

저 13살인데요. 몇살이세요?

29. 서울 어디사니?

금천쪽이요

가출했니? 어쩌다가

그냥 짱나서요

어디 잘데는 있나

어젠 친구집서 잤어요

성경험 있니?

아니요

돈 많이주면? 아저씨 ○추 네 몸속에 한번 넣게 해줄 수 있나?

저 13살 인데요 ㅠ

13살은 안들어가니?

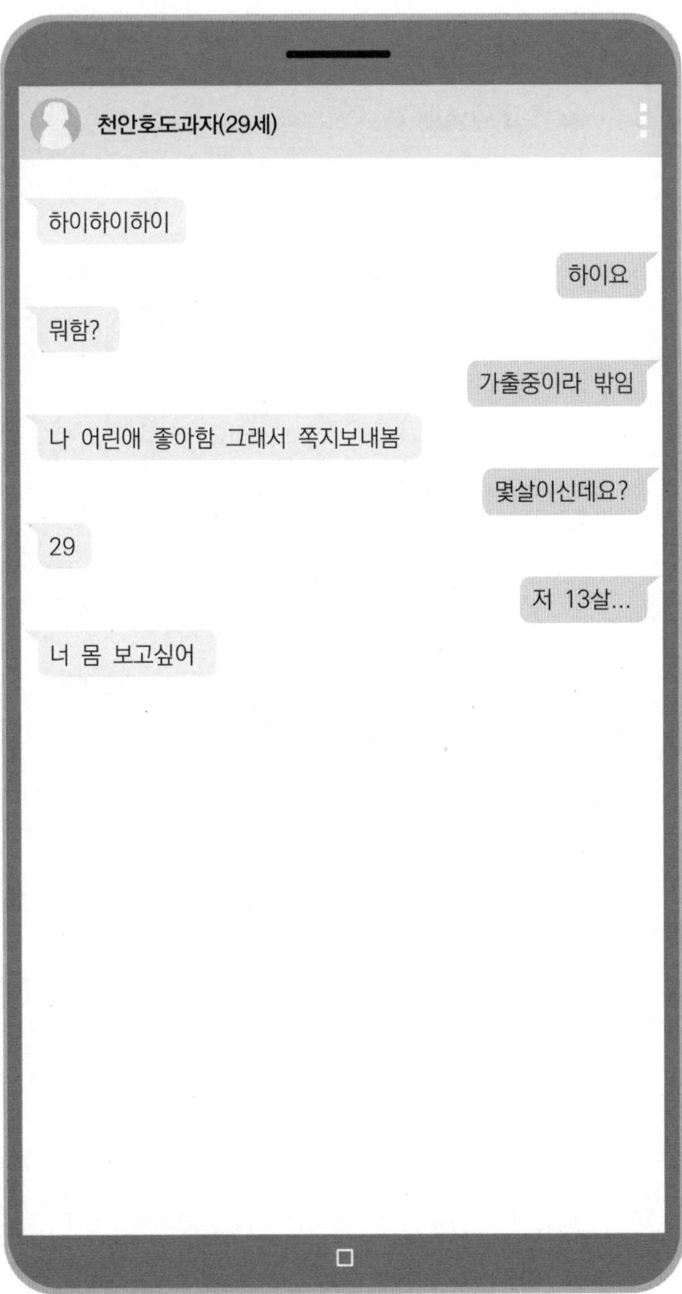
천안호도과자(29세)
하이하이하이
하이요
뭐함?
가출중이라 밖임
나 어린애 좋아함 그래서 쪽지보내봄
몇살이신데요?
29
저 13살...
너 몸 보고싶어

○○○776(29세)
하이 조건 해보셨어요?
안녕하세요. 안해봤어요
몇살이세요?
저 29요.. 좀 많죠ㅜ
전 13살이요. 아저씨네요 ㅎ
ㅜ 글쵸 지금 서울이에요 ? 밖에 더운데 집나와서 어떡해요
네
에구 ㅜ 방 잡아드릴까요? 씻구 자고 할 수 있게
괜찮아요
음.... 아니면 저녁 사드릴까요?
조건은 안해보셨죠? ㅜ

솔직담백한(28세)

ㅎ ㅇ 전 여자고등학교 남자교사인데요 궁금한게 있는데?

안녕하세요

방가워요 궁금한거 있어서 학생이세요?

네 저 초6이요

혹시 쌤이랑 서로 비밀지켜주면서 둘만 아는 사이로 지낼 수 있어요?

기분 나빴다면 미안해

쌤도 남자고 사람인지라ㅠ

선생님도 야한 얘기해요?

야한얘기 거의 안하는데 너랑은 하고 싶어서 그래

얼마전에 여친이랑 헤어져서

ㅋㅋㅋ 왜요

느낌이 좋고 오늘따라 너무 흥분되서

가슴 몇컵이야?

컵? 저 아직 안커서

밑에 보○○ 조금있어?

조금 나고 있어요

보○ 너무 섹쉬해 방에 혼자있어?

선생님 맞아요? ㄹㅇ

웅 교사 맞아

솔직히 밑에 보○ ○는거 너무 좋아해서

보○ ○끝으로 ○○ 돌리면서 ○ㄹ○○로 ○다가 ○ ○○○ ○○ 싶어

선생님 저 지금 가출중이고 채팅 처음 해봐요 ㅠ

아 그랬어?

가출 언제 한게야?

어제요

응 엄마는 전화안와? 쌤이 도와주고 싶은데?

어제는 어디서 잔거야?

친구집이요

그랬구나 친구집에서는 집안들어가도 뭐라안해?

어제 하루만 잤고 지금은 밖이요

밖에 혼자있어? 온르 쌤집에서 잘래? 근데 엄마 전화안와? 저녁은 먹은거야?정말요?

웅 쌤집에서 자자 괜찮아?

저녁 안먹었었으면 저녁도 먹자

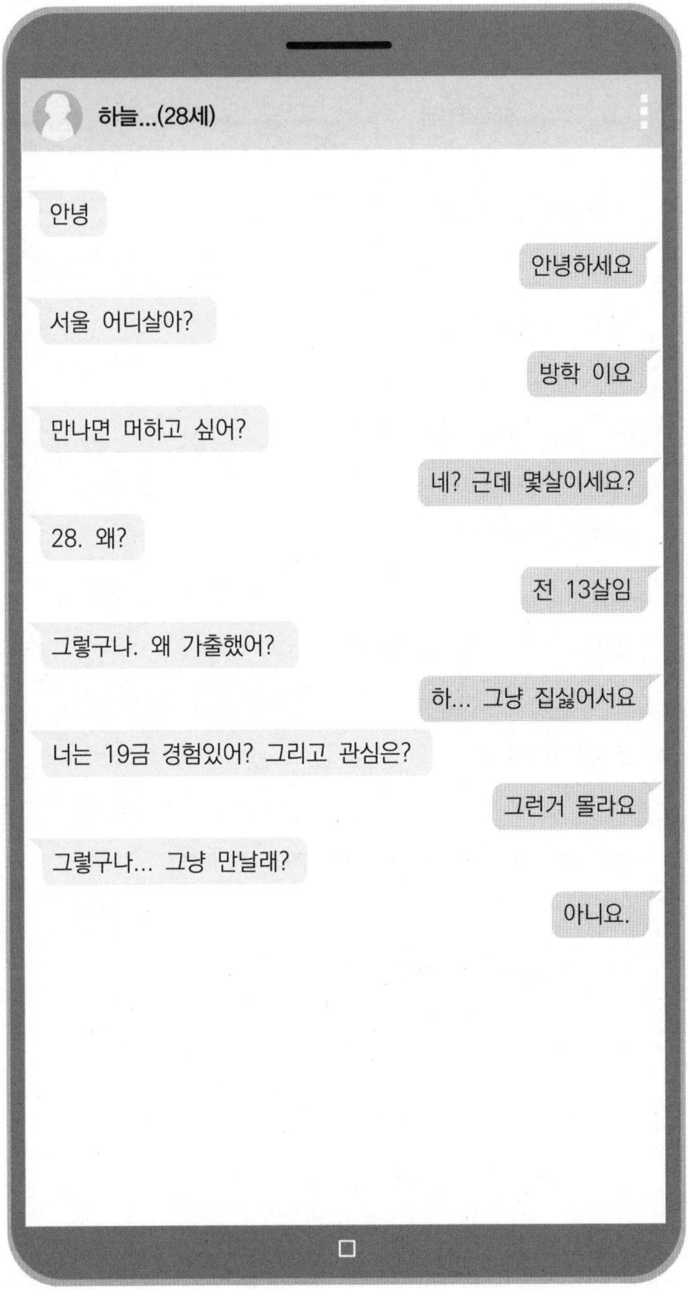

하늘...(28세)

안녕

안녕하세요

서울 어디살아?

방학 이요

만나면 머하고 싶어?

네? 근데 몇살이세요?

28. 왜?

전 13살임

그렇구나. 왜 가출했어?

하... 그냥 집싫어서요

너는 19금 경험있어? 그리고 관심은?

그런거 몰라요

그렇구나... 그냥 만날래?

아니요.

○○○556(27세)
가출했어? 초육이야?
네 님 몇살이에요?
27이야 도와줄 수 있는데
같이 서울살고
금전적으로 도움 원하는거야?
아니요
아 가출안했어? ㅋㅋ
아뇨 가출은 했어요 ㅠ
잠하고 이런건 어떻게 해결해?
어젠느 친구집에서 잤어요
금전은 안부족해?
부족해요
그럼 내가 하라는대로하면 5만원 줄테니까 어때?
뭐요?
사진보내는건데.. 팬티사진찍어줘~

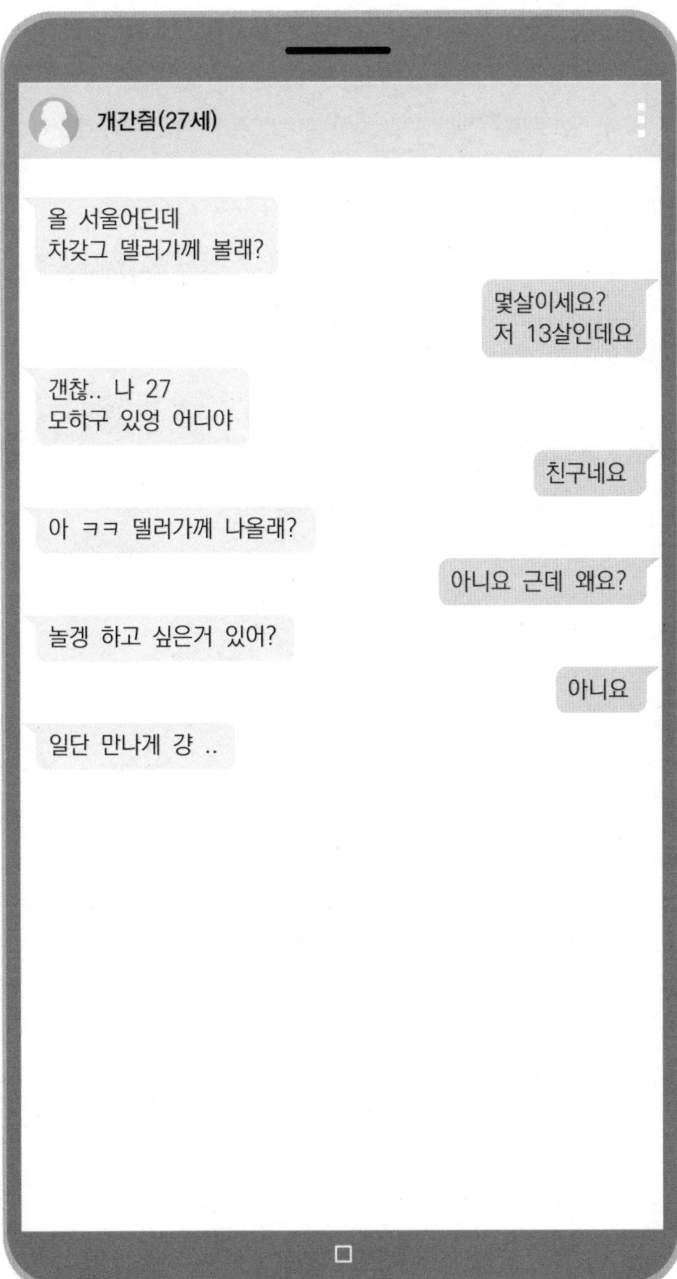
개간짐(27세)
올 서울어딘데
차갖그 델러가께 볼래?
몇살이세요?
저 13살인데요
갠찮.. 나 27
모하구 있엉 어디야
친구네요
아 ㅋㅋ 델러가께 나올래?
아니요 근데 왜요?
놀겡 하고 싶은거 있어?
아니요
일단 만나게 걍 ..

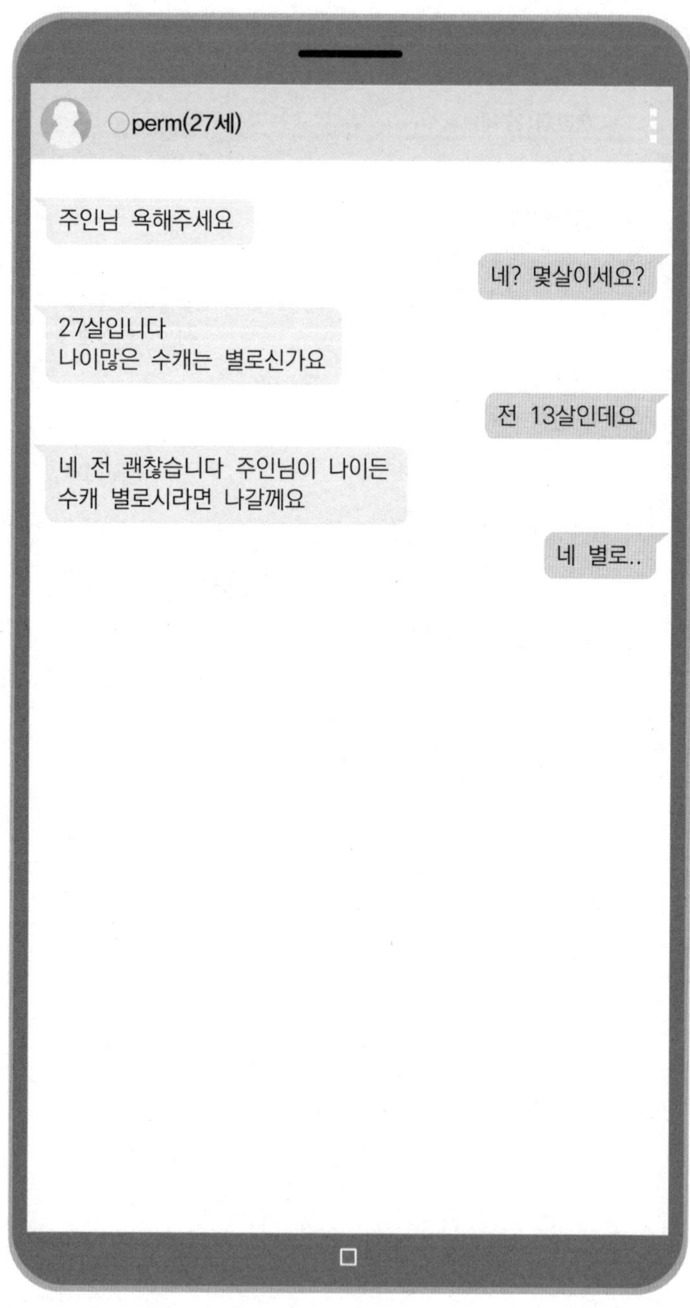
○perm(27세)
주인님 욕해주세요
네? 몇살이세요?
27살입니다
나이많은 수캐는 별로신가요
전 13살인데요
네 전 괜찮습니다 주인님이 나이든
수캐 별로시라면 나갈께요
네 별로..

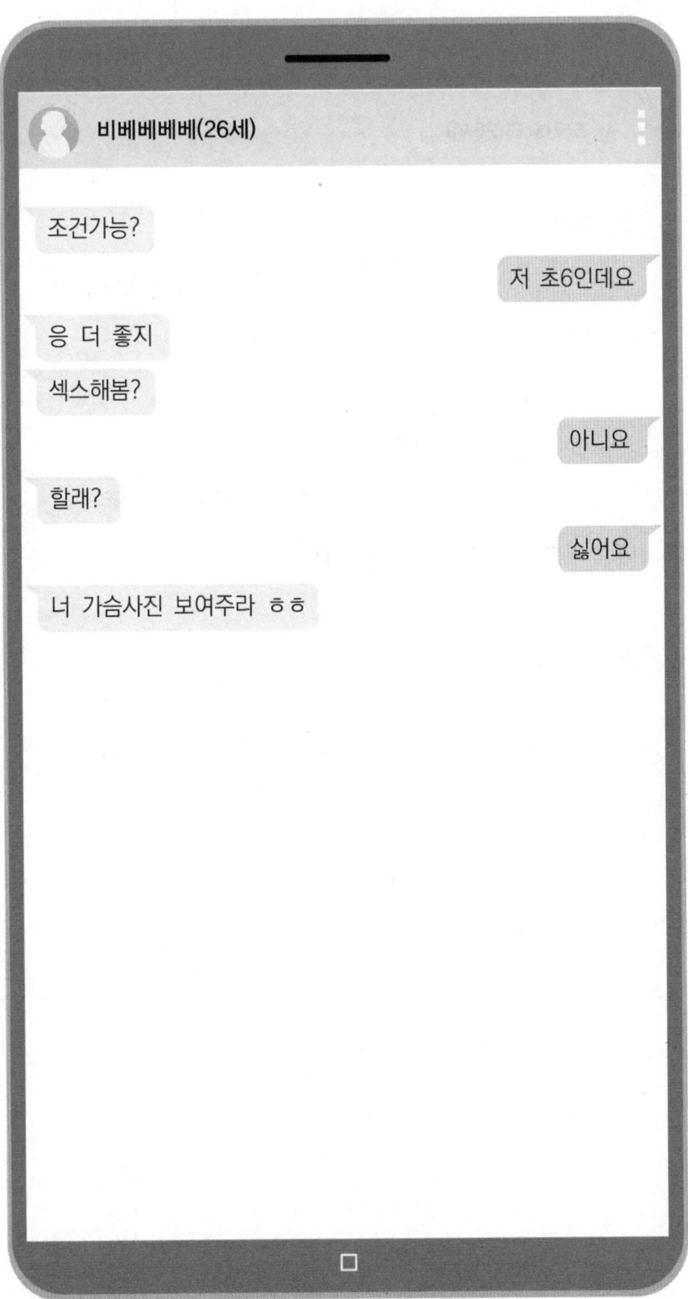
비베베베베(26세)
조건가능?
저 초6인데요
응 더 좋지
섹스해봄?
아니요
할래?
싫어요
너 가슴사진 보여주라 ㅎㅎ

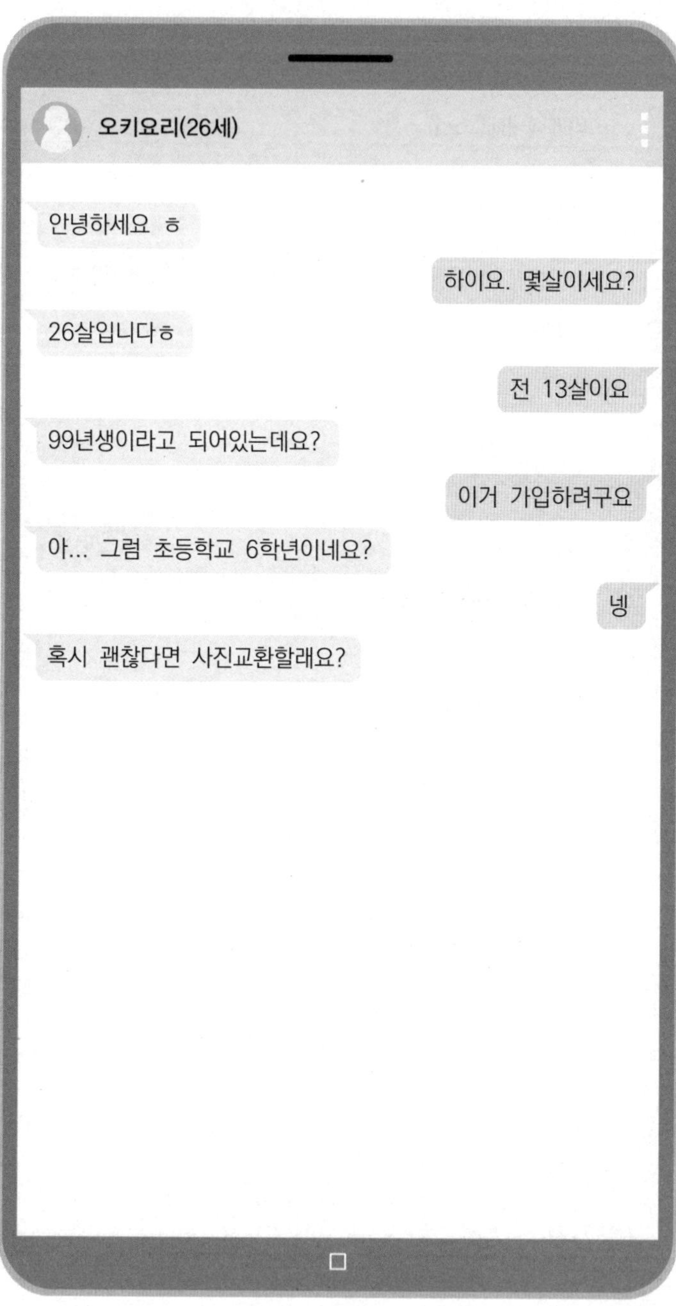
오키요리(26세)
안녕하세요 ㅎ
하이요. 몇살이세요?
26살입니다ㅎ
전 13살이요
99년생이라고 되어있는데요?
이거 가입하려구요
아... 그럼 초등학교 6학년이네요?
넹
혹시 괜찮다면 사진교환할래요?

노에노에(25세)

안녕하세요

안녕하세요

초6이세요?

넹^^

학교끝났어요?

끝났겠죠. 전 가출했어요

라인하시면 전화나 하실래요?

라인안해요

그럼카카오오픈톡하실래요?

그것도 안해요

그럼 어떤거 사용하세요?

채팅도 처음임

아하~ 그럼 한번 깔아보세요 나름 괜찮아요

거기는 왜요?

전화나 하자는 거였죠 그냥

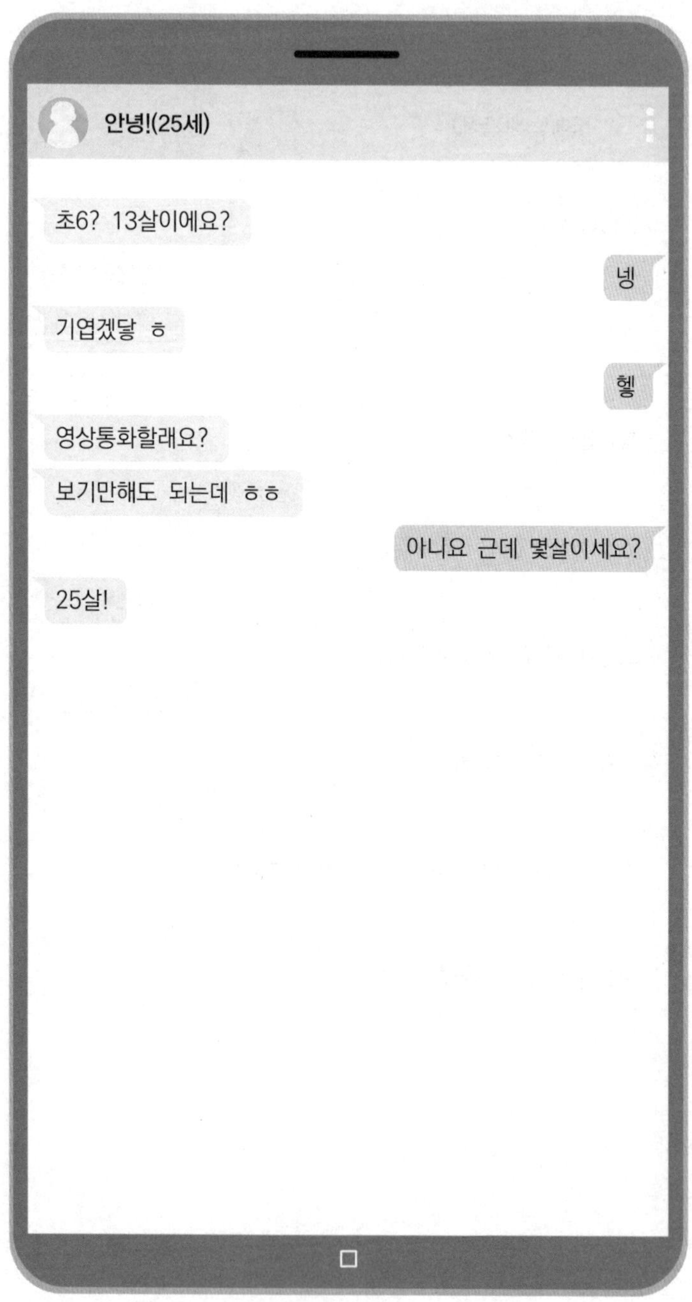
안녕!(25세)
초6? 13살이에요?
넹
기엽겠닿 ㅎ
헿
영상통화할래요?
보기만해도 되는데 ㅎㅎ
아니요 근데 몇살이세요?
25살!

○○○073(25세)

지역이 어딘데?

노원인데 올래?

어딘데?

몇살인데요?

25

오빠 노원에 혼자살아 아파트

잘때 필요하지?

그렇긴 한데.. 저 13인데 괜차나요?

왜 무서워? 나쁜사람 아냐

왜 가출했어?

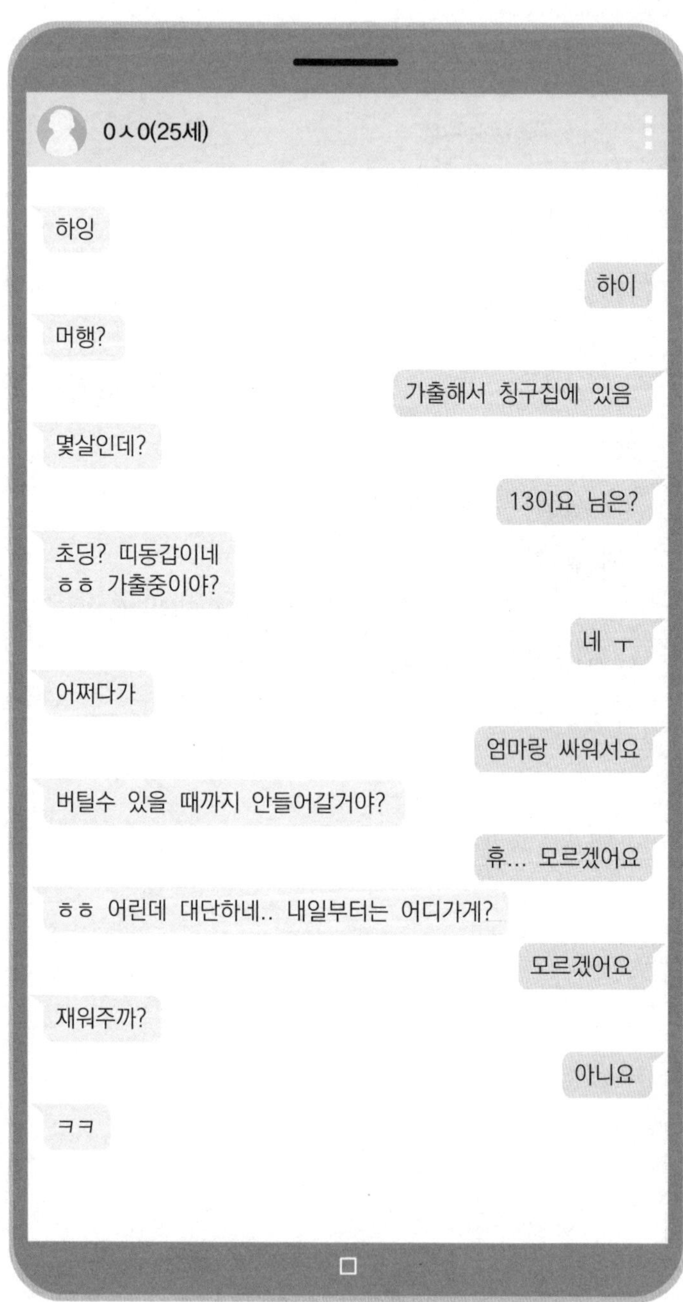

0ㅅ0(25세)
하잉
하이
머행?
가출해서 칭구집에 있음
몇살인데?
13이요 님은?
초딩? 띠동갑이네
ㅎㅎ 가출중이야?
네 ㅜ
어쩌다가
엄마랑 싸워서요
버틸수 있을 때까지 안들어갈거야?
휴... 모르겠어요
ㅎㅎ 어린데 대단하네.. 내일부터는 어디가게?
모르겠어요
재워주까?
아니요
ㅋㅋ

뭘도와줘?

저 가출함

가출했다고? 잘곳없어?

예

잘곳이 필요한거야?

근데 지금 친구집서지네요

그럼 도와줄게없네

왜요?

잘곳있으니까 뭐 도와달라는거야?

......

도움이 어떤게 필요한거야?

모르겠어요ㅠ

친구집에 언제까지 잘건데?

친구집에 언제까지 잇을 수 있는데? 매일 잇기는 힘들자나

오빠집 올래?

오빠 혼자살아요?

응응

음... 생각좀 해볼께요

응 그래 알았어

카톡 아이디줄래?

오빠 근데 저 초6인데 갠차나요?

응 왜?

내가 어리니까...

괜찮아

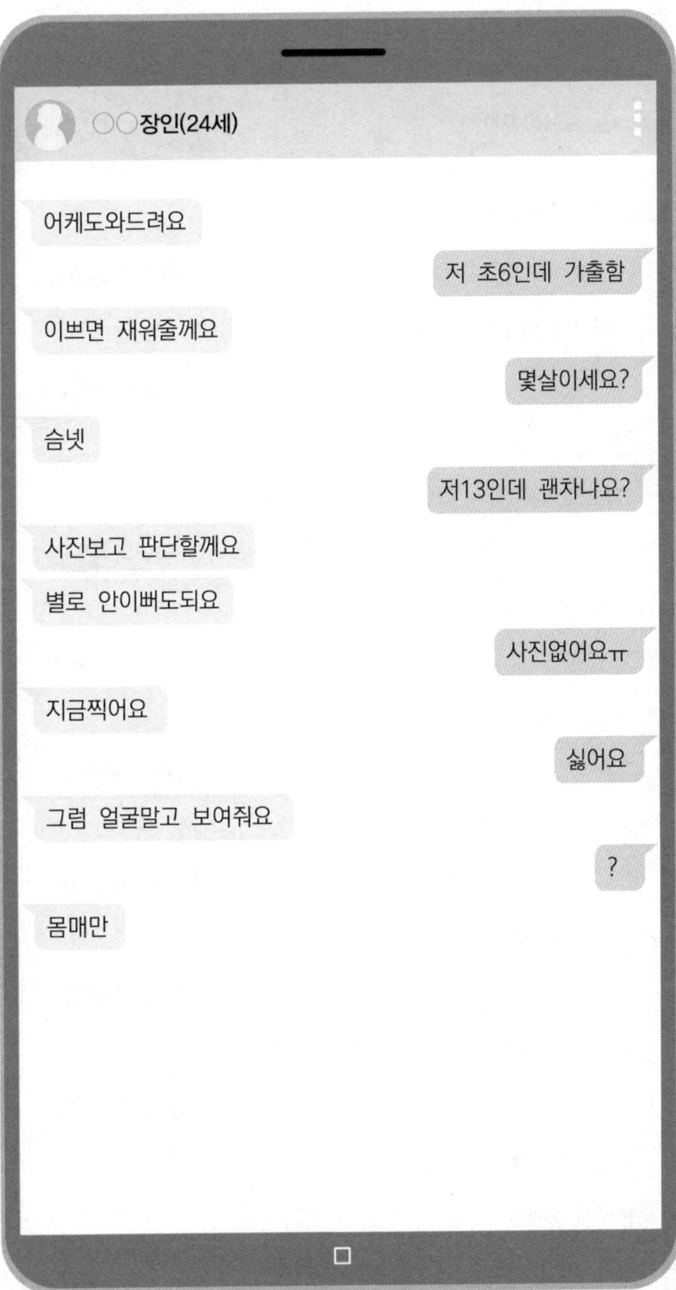
○○장인(24세)
어케도와드려요
저 초6인데 가출함
이쁘면 재워줄께요
몇살이세요?
슴넷
저13인데 괜차나요?
사진보고 판단할께요
별로 안이뻐도되요
사진없어요ㅠ
지금찍어요
싫어요
그럼 얼굴말고 보여줘요
?
몸매만

정상(24세)

카톡되? 배고프지 않아?

카톡은 시로요

오빠가 도와줄게

몇살이세요?

24

밥은 먹어야 할거 아냐

오빠네용 아까 라면머거쏘욧

kbs○○

네?

맛있는것도 먹어야지

라면 맛있어요

ㅎㅎ 사고싶언것도 사줄께

모사주시는데요?

너 필요한거징

어디사시는데요?

경기시흥. 이상한 아저씨 만날까봐그래

너무 먼거아니에요?

뭐 어때. 오빠가 갈거양

편하게 톡해

사고픈거있음 이거갖구싶다구 사조이런식으롱 편하게

동생아 아픈대는 없니?

아픈건 없어요

라인은?

라인도 안해요

번호는?

싫어요

왜싫어?

무서워요

번호죠

싫어요

오빠가 너 지켜준대두

어떻게요?

오빠가 갖고픈거 사주구, 맛난거사주구, 전화로 고민들어주구

흐음

오빠 말 듣자

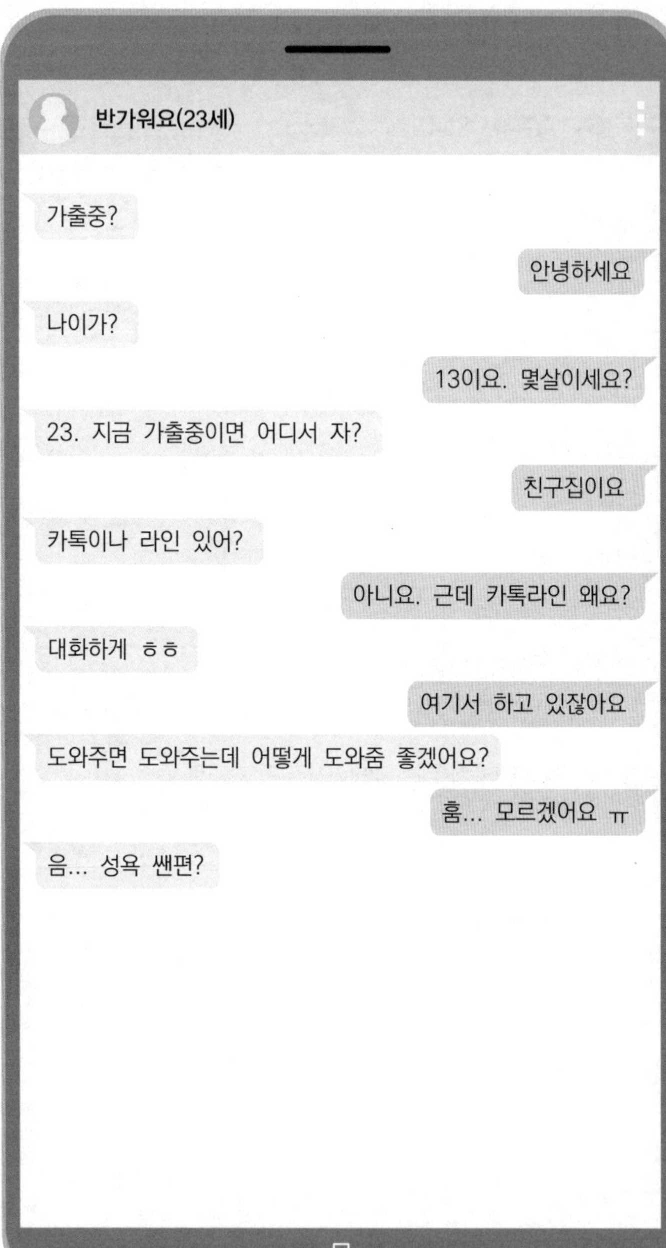
반가워요(23세)
가출중?
안녕하세요
나이가?
13이요. 몇살이세요?
23. 지금 가출중이면 어디서 자?
친구집이요
카톡이나 라인 있어?
아니요. 근데 카톡라인 왜요?
대화하게 ㅎㅎ
여기서 하고 있잖아요
도와주면 도와주는데 어떻게 도와줌 좋겠어요?
흠... 모르겠어요 ㅠ
음... 성욕 쌘편?

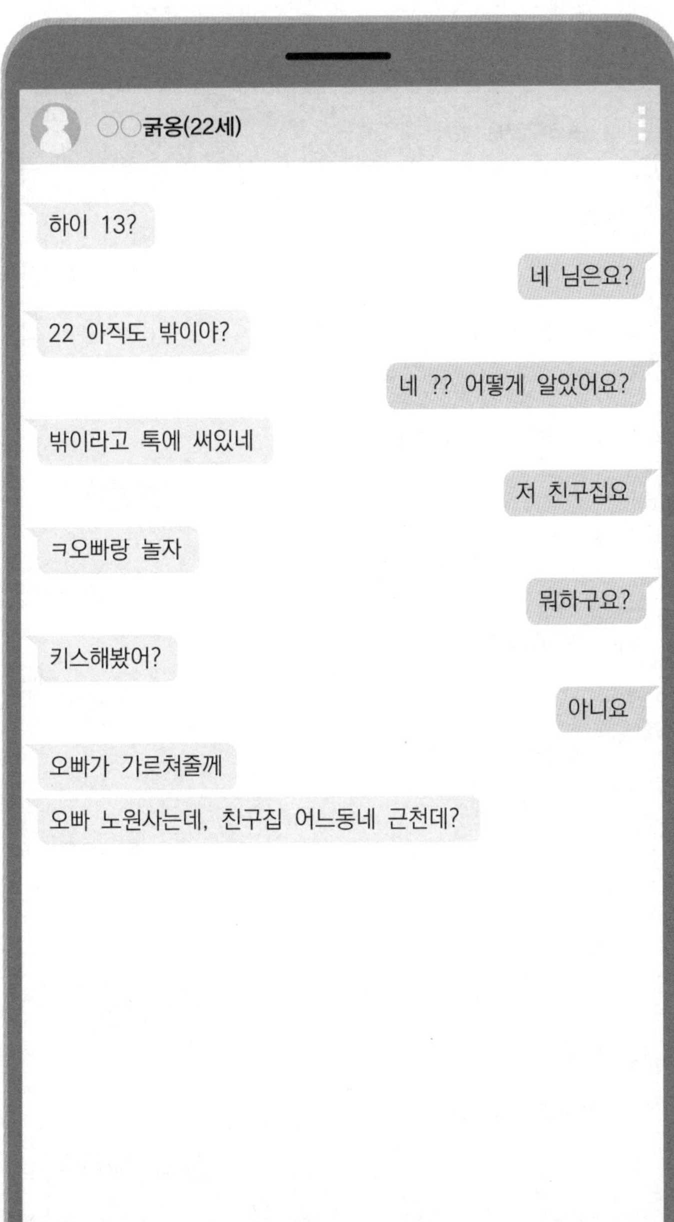
○○굵옹(22세)
하이 13?
네 님은요?
22 아직도 밖이야?
네 ?? 어떻게 알았어요?
밖이라고 톡에 써있네
저 친구집요
ㅋ오빠랑 놀자
뭐하구요?
키스해봤어?
아니요
오빠가 가르쳐줄께
오빠 노원사는데, 친구집 어느동네 근천데?

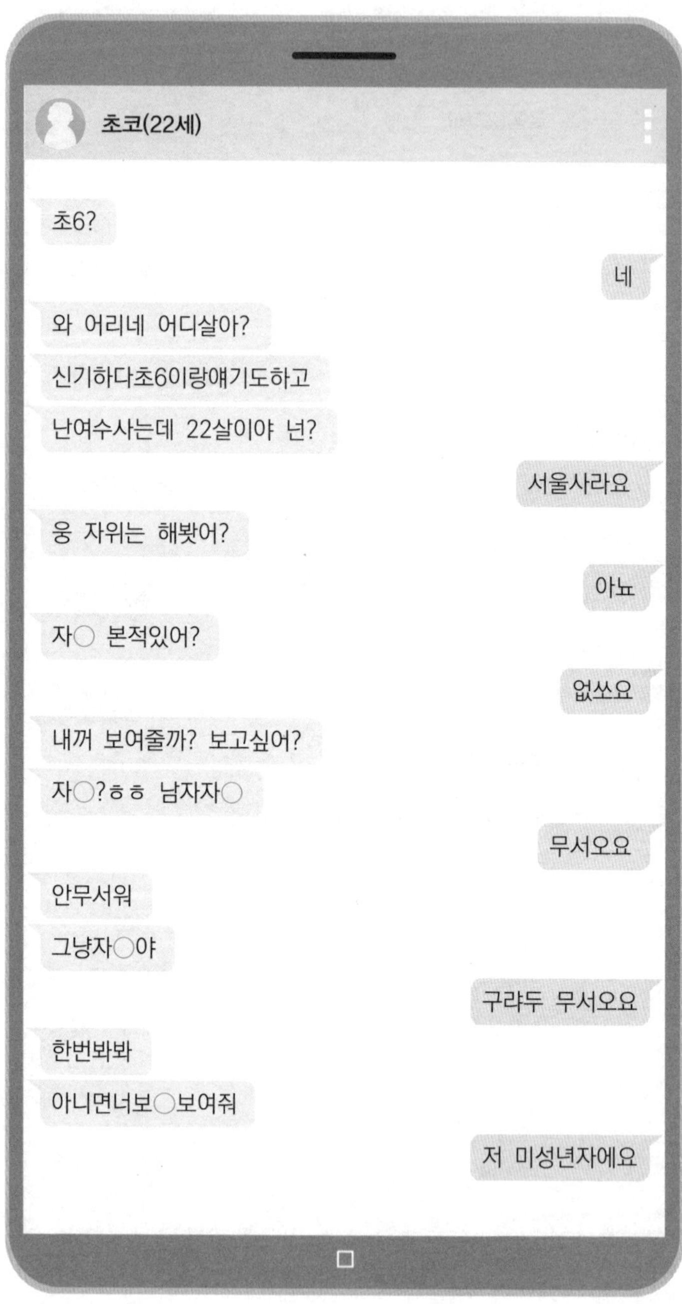
초코(22세)
초6?
네
와 어리네 어디살아?
신기하다초6이랑얘기도하고
난여수사는데 22살이야 넌?
서울사라요
웅 자위는 해봣어?
아뇨
자◯ 본적있어?
없쏘요
내꺼 보여줄까? 보고싶어?
자◯?ㅎㅎ 남자자◯
무서오요
안무서워
그냥자◯야
구랴두 무서오요
한번봐봐
아니면너보◯보여줘
저 미성년자에요

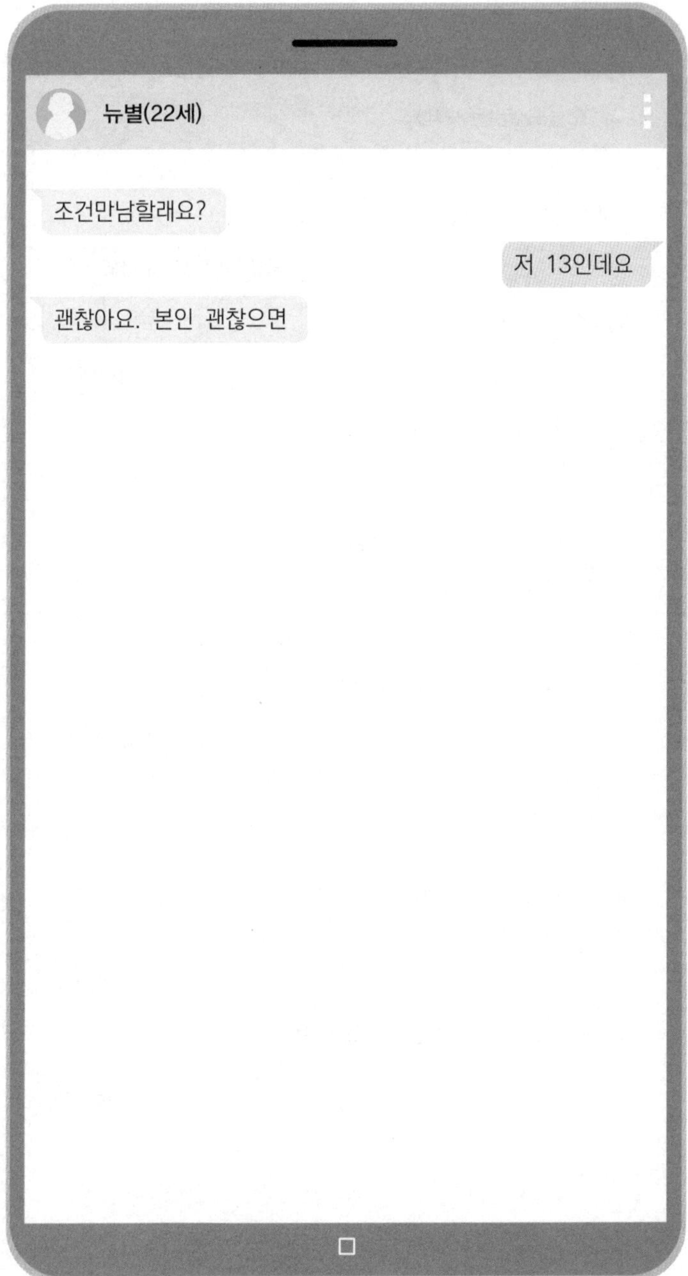
뉴별(22세)
조건만남할래요?
저 13인데요
괜찮아요. 본인 괜찮으면

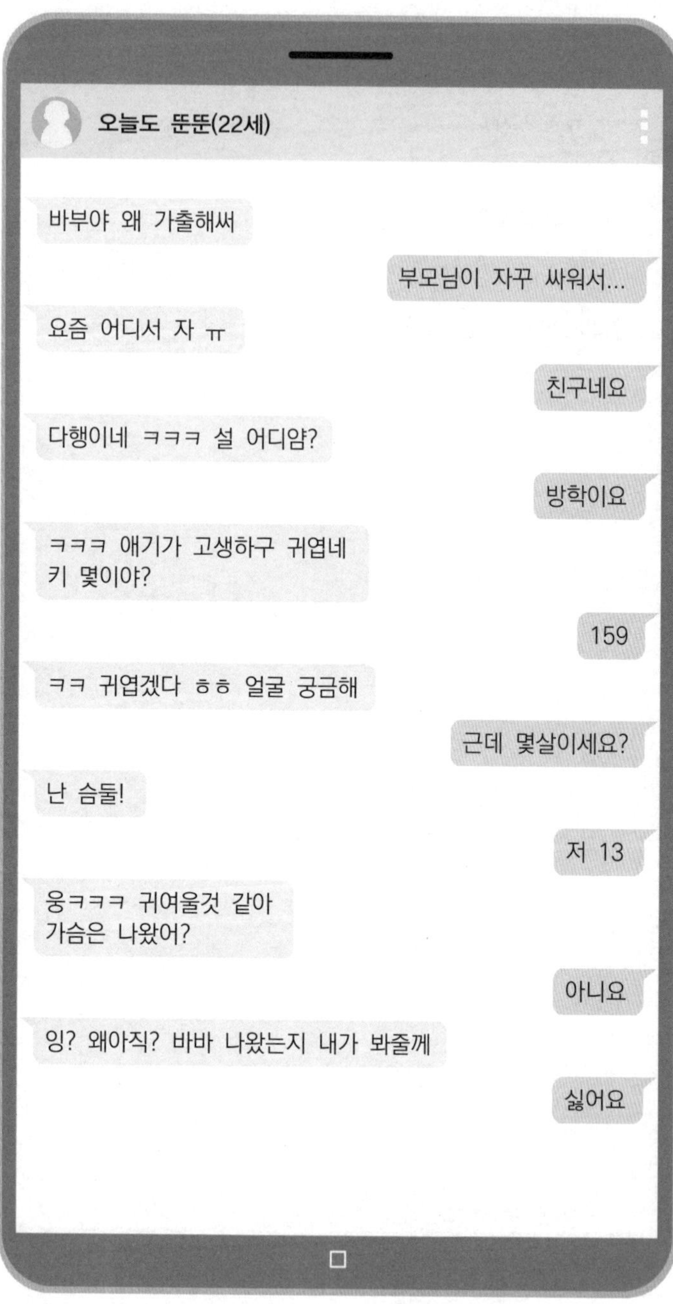
오늘도 뚠뚠(22세)
바부야 왜 가출해써
부모님이 자꾸 싸워서...
요즘 어디서 자 ㅠ
친구네요
다행이네 ㅋㅋㅋ 설 어디얌?
방학이요
ㅋㅋㅋ 애기가 고생하구 귀엽네
키 몇이야?
159
ㅋㅋ 귀엽겠다 ㅎㅎ 얼굴 궁금해
근데 몇살이세요?
난 슴둘!
저 13
웅ㅋㅋㅋ 귀여울것 같아
가슴은 나왔어?
아니요
잉? 왜아직? 바바 나왔는지 내가 봐줄께
싫어요

꽃들도구름도(21세)
초6이에요?? 진짜로??
넹 님은요?
저는 21살인데 ㅠㅠ 연락하면서 친해지면 안돼요?
왜요?
부탁해요 ㅠㅠ 연락하면서 친해지고 밥도 먹고 놀고싶어요
저 근데 지금 가출중이라....
엥??? 어디서 지내고 있어요??
어디서 자고 밥은요 씻는건
친구집요
8월에 만나서 놀자!!! 기분전환삼아
진짜로 만나자 웅?? 톡도하고
친구없어요?
그건 아닌데, 여동생가지고 싶어ㅠ
저 근데 13살인데요 오빠랑 나이차이도 많이나고
상관없어 ㅠㅠ 부탁이야
목적있어요?
친해지는게 목적이겠지?
지금도 너랑 친해지고 싶어

 **누나 좋아요(21세)**

가출했어?

네 ㅠ

흠 잘곳 있어?

어제는 친구집에서 잤어요

우리집 별장에서 잘래?

거기 어딘데요

너 어디사는데. 너무 멀면 그냥 내 차에서 재우고

중랑. 근데 저 13살인데요

응. 무슨짓 할까봐 걱정돼?

아니 그냥....

ㅎㅎ 그럼 너 보○ 한번만 만지고 잘께 끝 더 이상 안해

달새(21세)
안녕하세용!! 친하게 지내용
하잉
어디살아요?
방학동이요
사진있어요?
아니요 몇살이세요?
어디서자요?21살이요
스킨쉽좋아해요?
아니요
키스도 싫어요? 네?
저랑 모텔갈래요?
시러요
왜?
전 13살이에요
상관없어 가슴커?

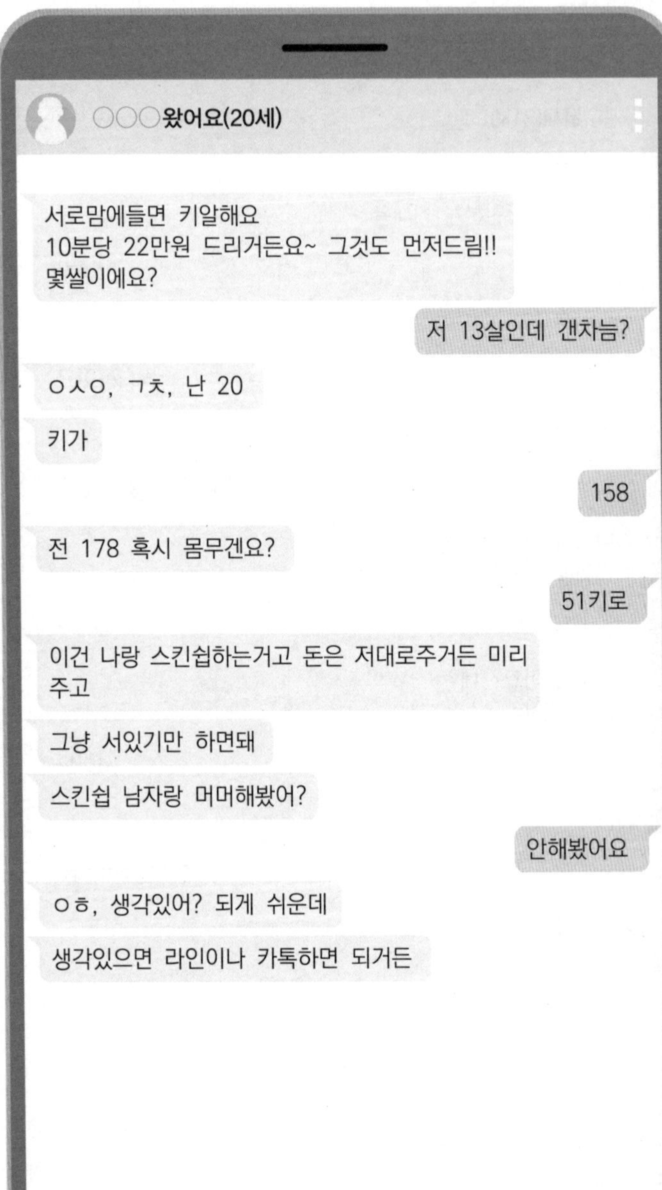
○○○왔어요(20세)
서로맘에들면 키알해요
10분당 22만원 드리거든요~ 그것도 먼저드림!!
몇쌀이에요?
저 13살인데 갠차늠?
ㅇㅅㅇ, ㄱㅊ, 난 20
키가
158
전 178 혹시 몸무겐요?
51키로
이건 나랑 스킨쉽하는거고 돈은 저대로주거든 미리 주고
그냥 서있기만 하면돼
스킨쉽 남자랑 머머해봤어?
안해봤어요
ㅇㅎ, 생각있어? 되게 쉬운데
생각있으면 라인이나 카톡하면 되거든

야야(20세)
저 공주님.. 야한거 좋아하시나요?
몇살이세요?
20살이요
저 13살임.
좋은나이네요
초6이면, 학교 재밌나요?
가출했어요
아하. 그럼 지금 밖이에요?
친구집이요
집에는 얼마동안 안들어가게요?
모르겠어요
제가 내일이나 모레쯤에 만원정도라도 보내드릴까요?
아니요
친구랑 뭐하면서 놀아요?
남자애들은 대부분 피시방가서 놀거고
저도 이제 놀아야겠네요.
혹시.. 야한거 관심생기면 말해주세요

스윔굿(20세)
나랑놀자 내가 재밌게 해줄께
니가 원하는거 전부
snow○○○. 라인으로 와서 놀자~ 여기 이상해
라인 안하는뎅
나랑 하자 내가 재밌게 해줄께
몇살이세요?
나 성인이야.
뭐 궁금하거나 하고 싶은거 없어?
저 13살임.
응 알아. 그냥 여기서 노는건데 뭐
어린데 괜찮아요?
응 괜찮아 헤헤
전 나이 알려줬는데, 몇살인지 궁금해요.
나 슴살 ㅋㅋㅋ
너 말 잘들어? 내가 말 잘들으면 선물줄께
기프티콘 같은거 어때?
싫어요.
나랑 라인하자. 내가 재밌게 해줄께
저 라인안해요. 그냥 여기서 얘기해요
넌 성같은거 호기심 없어?

몰라요

ㅋㅋㅋ 귀엽네.

나랑 솔직하게 여기서 다 이야기 해보자 우리둘만 있는데 뭐

뭘요?

예를들면, 너 ○났어?

아니요

우아 정말? 신기해

그럼 ㅈㅇ 해봤어?

해보고싶어?

남자꺼 본적있어?

보고싶어? 내꺼 이쁜데 헤헤

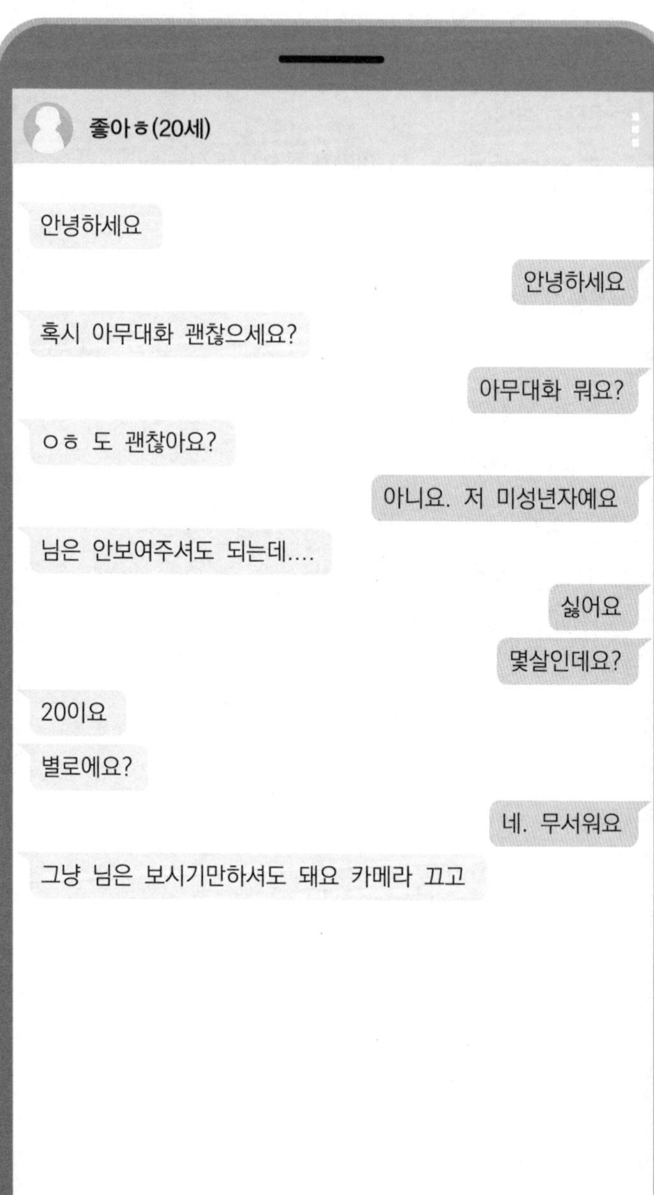
좋아ㅎ(20세)
안녕하세요
안녕하세요
혹시 아무대화 괜찮으세요?
아무대화 뭐요?
ㅇㅎ 도 괜찮아요?
아니요. 저 미성년자예요
님은 안보여주셔도 되는데....
싫어요
몇살인데요?
20이요
별로에요?
네. 무서워요
그냥 님은 보시기만하셔도 돼요 카메라 끄고

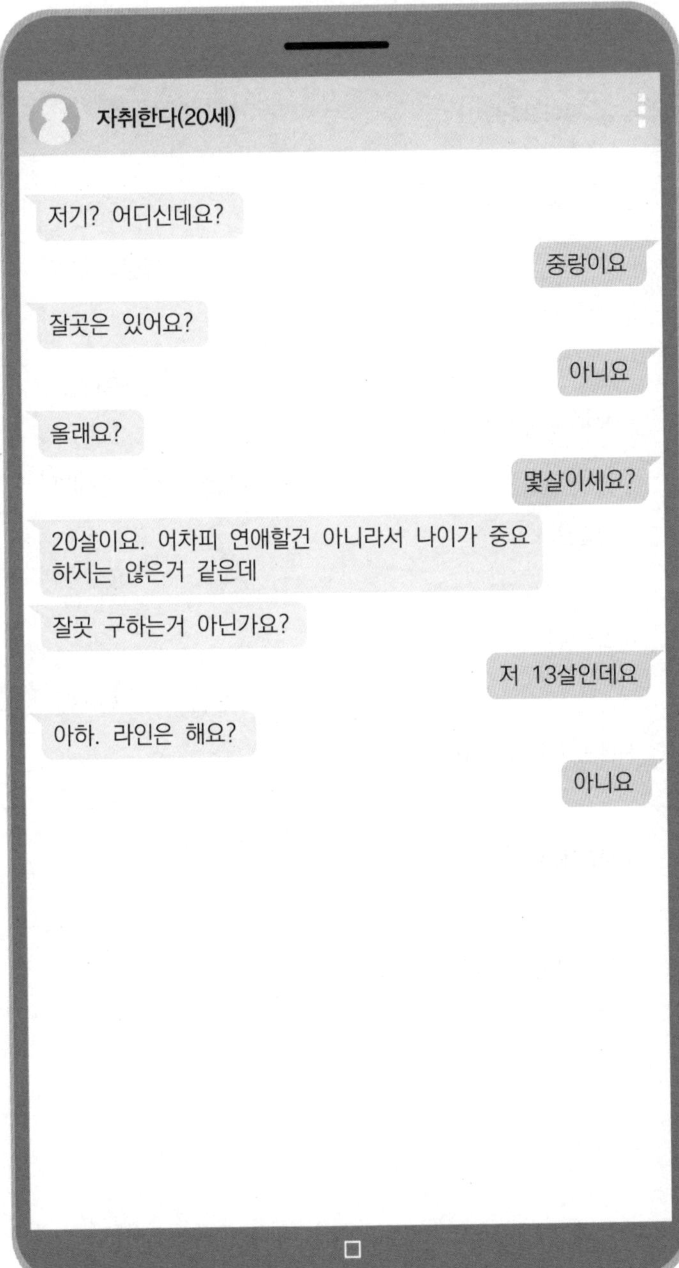
자취한다(20세)
저기? 어디신데요?
중랑이요
잘곳은 있어요?
아니요
올래요?
몇살이세요?
20살이요. 어차피 연애할건 아니라서 나이가 중요하지는 않은거 같은데
잘곳 구하는거 아닌가요?
저 13살인데요
아하. 라인은 해요?
아니요

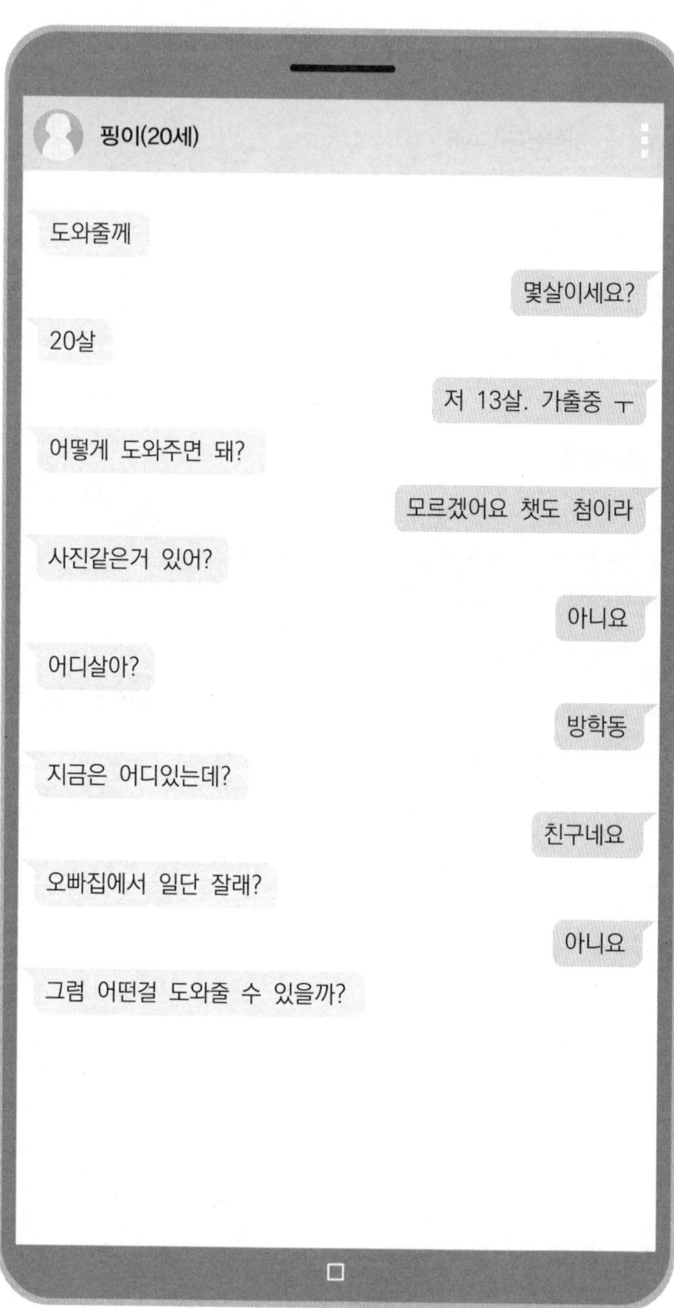
핑이(20세)
도와줄께
몇살이세요?
20살
저 13살. 가출중 ㅜ
어떻게 도와주면 돼?
모르겠어요 챗도 첨이라
사진같은거 있어?
아니요
어디살아?
방학동
지금은 어디있는데?
친구네요
오빠집에서 일단 잘래?
아니요
그럼 어떤걸 도와줄 수 있을까?

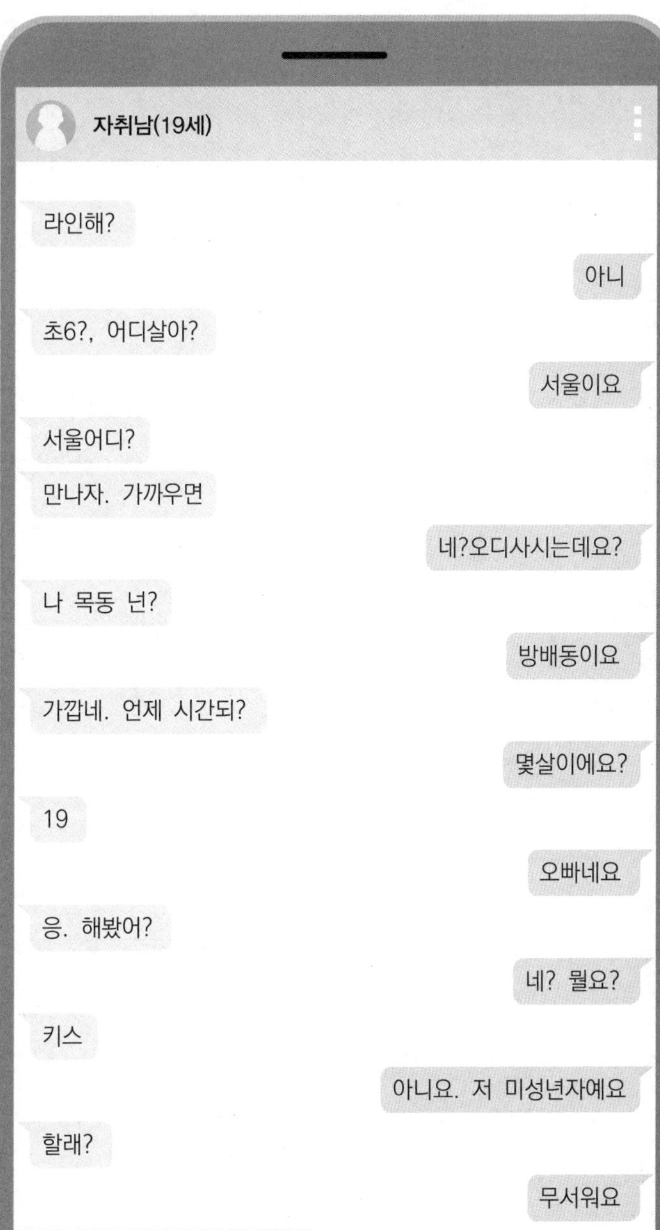
자취남(19세)
라인해?
아니
초6?, 어디살아?
서울이요
서울어디?
만나자. 가까우면
네?오디사시는데요?
나 목동 넌?
방배동이요
가깝네. 언제 시간되?
몇살이에요?
19
오빠네요
응. 해봤어?
네? 뭘요?
키스
아니요. 저 미성년자예요
할래?
무서워요
머가무서워ㅠㅠ. 안잡아먹어

모르게써요
가슴커?
네
자위해봤어?

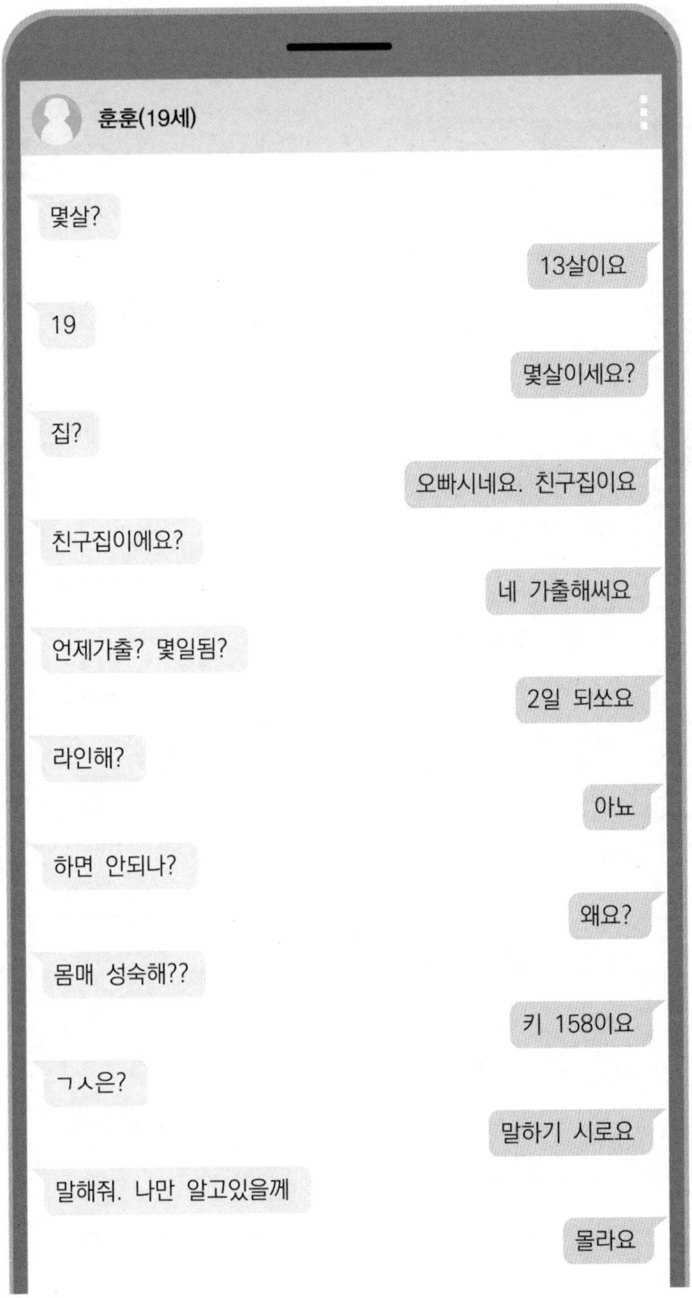

훈훈(19세)

몇살?

13살이요

19

몇살이세요?

집?

오빠시네요. 친구집이요

친구집이에요?

네 가출해써요

언제가출? 몇일됨?

2일 되쏘요

라인해?

아뇨

하면 안되나?

왜요?

몸매 성숙해??

키 158이요

ㄱㅅ은?

말하기 시로요

말해줘. 나만 알고있을께

몰라요

카톡은 하고?

아뇨

그럼 뭐해

이거하져

라인받아줘ㅜ

라인도 안해요 이고친구꼬에요

ㅈㅇ해봤어?

아뇨

한번도 안해봄?

○에 ○은 있어?

말하기 시로요

나만 알고 있을께 말해봐

몰라요

○에 ○ 있어?

싫어요

왜싫어?

무서워요

안무서워~ 야한거 본적 있음?

아뇨

브라는 해?

아뇨 아직안해요

ㄱㅅ은 좀 나왔어?

아뇨

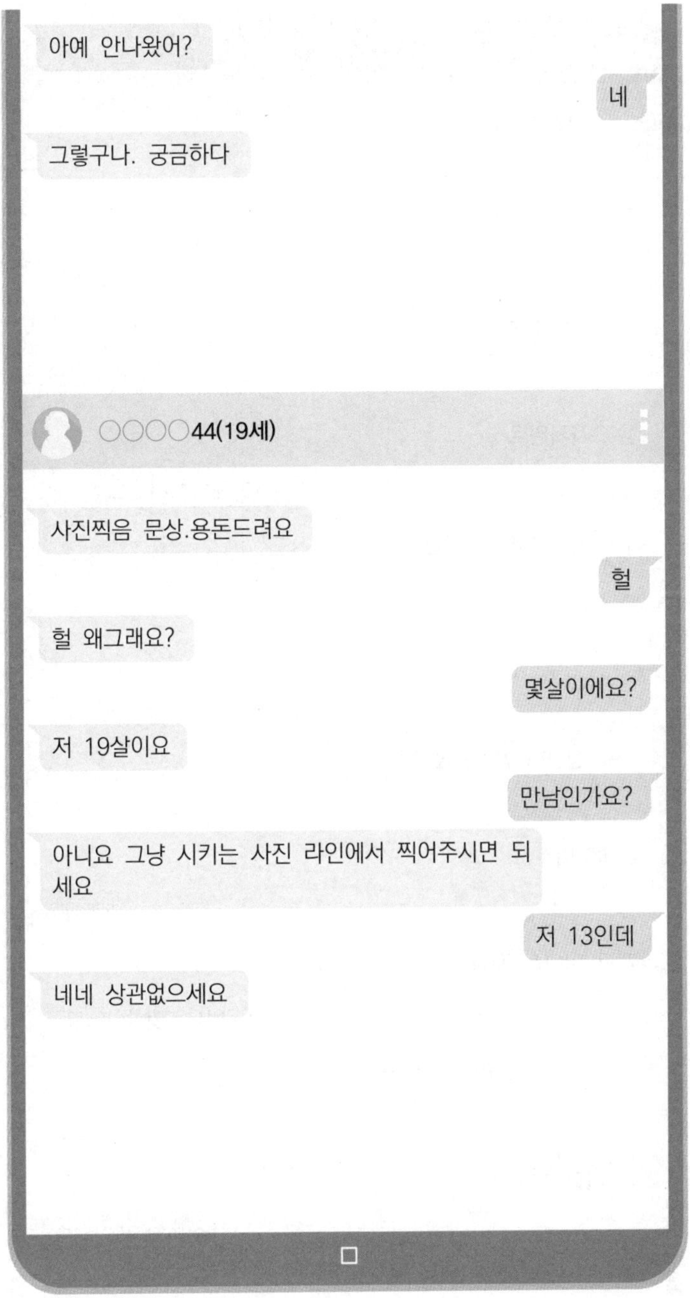

아예 안나왔어?

네

그렇구나. 궁금하다

○○○○44(19세)

사진찍음 문상.용돈드려요

헐

헐 왜그래요?

몇살이에요?

저 19살이요

만남인가요?

아니요 그냥 시키는 사진 라인에서 찍어주시면 되세요

저 13인데

네네 상관없으세요

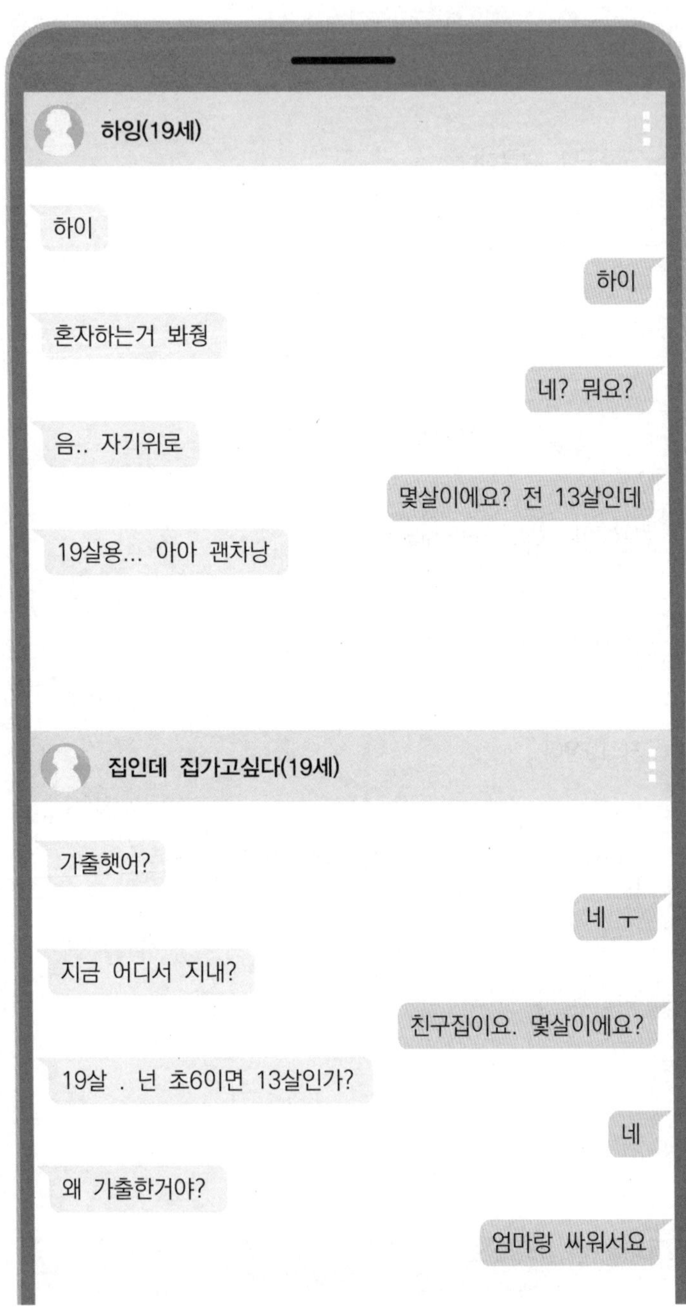
하잉(19세)
하이
하이
혼자하는거 봐줭
네? 뭐요?
음.. 자기위로
몇살이에요? 전 13살인데
19살용... 아아 괜차낭
집인데 집가고싶다(19세)
가출했어?
네 ㅜ
지금 어디서 지내?
친구집이요. 몇살이에요?
19살 . 넌 초6이면 13살인가?
네
왜 가출한거야?
엄마랑 싸워서요

돈은 어캐?

오늘나와서...

언제들어갈꺼야??

몰라요

빨리들어가

네

아.. 너 이름 뭐야?

왜요?

너한테 관심있어서 그래 이름좀 알려주라
내 이름은 ○지석이야

이○린

남친있어?

아니요

아아 다행이네요

뭐가요?

너한테 관심있다고 했잖아 채린아

너 좋아해

헐... 언제봤다구

○린이 너무 귀여워
얼굴보여줄 수 있어?
얼굴은 알고 싶은데...
프사라도 달아주지...

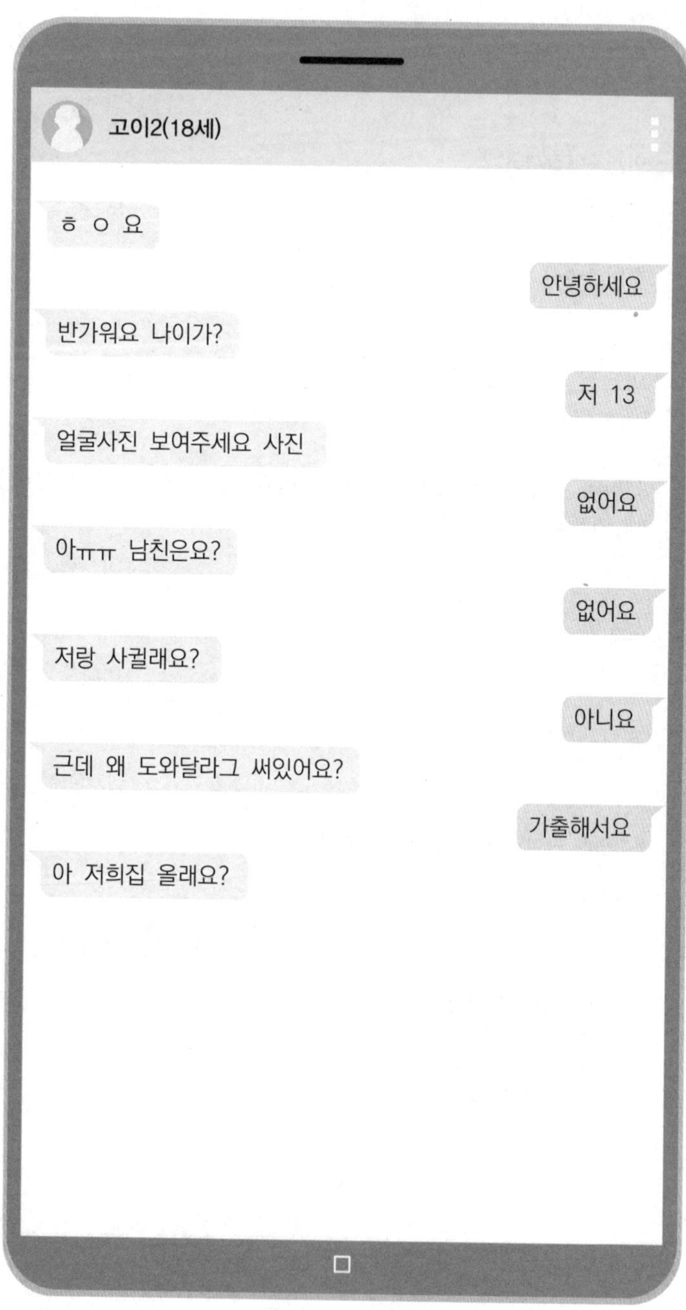
고이2(18세)
ㅎ ㅇ 요
안녕하세요
반가워요 나이가?
저 13
얼굴사진 보여주세요 사진
없어요
아ㅠㅠ 남친은요?
없어요
저랑 사귈래요?
아니요
근데 왜 도와달라고 써있어요?
가출해서요
아 저희집 올래요?

버드나무 바람불면(18세)

우리 편하고 솔직하게 대화하며 지내요~^^

안녕하세요

네^^ 집이에요?

아뇨 가출했어요

학교는? 안다녀?

안갔어요

지금은 뭐해?

그냥...

어디에 있어? 서울?

친구집요

자위는 해봤어?

아니요

키스는 해봤어?

아니요

자위부터 해봐^^ 기분좋아

뭔지는 알아?

손으로 보○ 만지면 기분 좋아져

생리는 해?

아직요. 근데 몇살이세요?

넌 통통해?

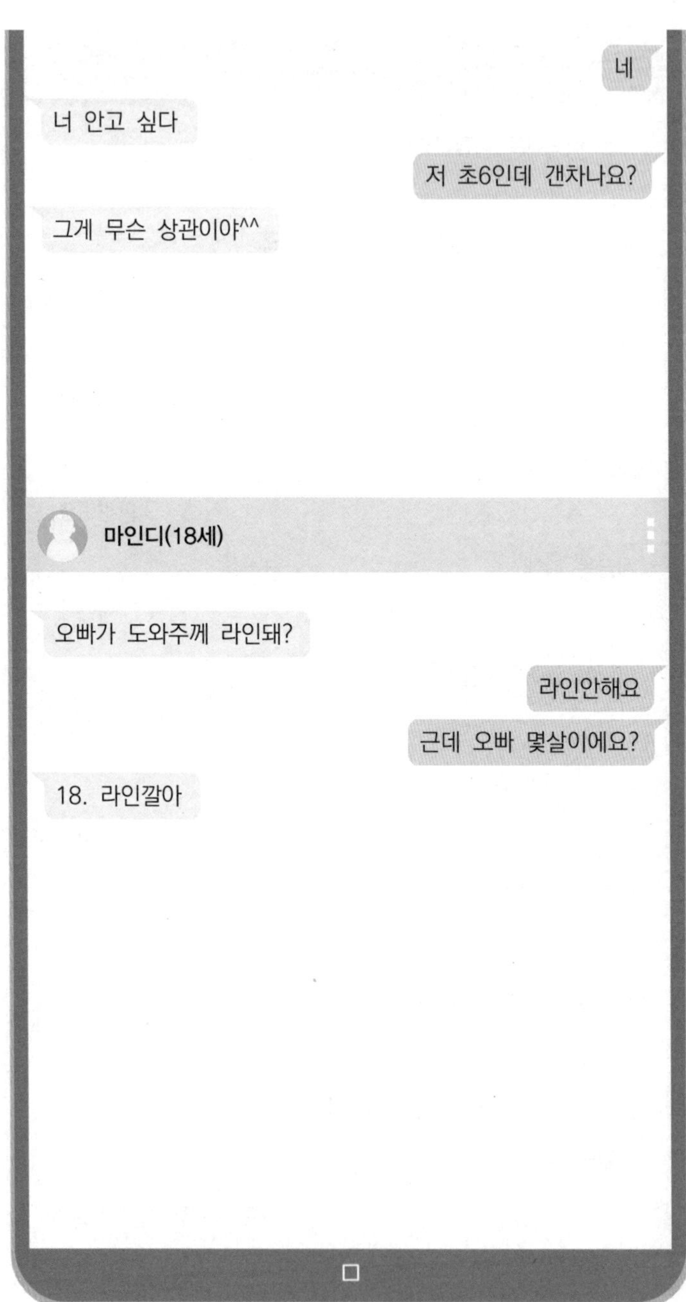
네
너 안고 싶다
저 초6인데 갠차나요?
그게 무슨 상관이야^^
마인디(18세)
오빠가 도와주께 라인돼?
라인안해요
근데 오빠 몇살이에요?
18. 라인깔아

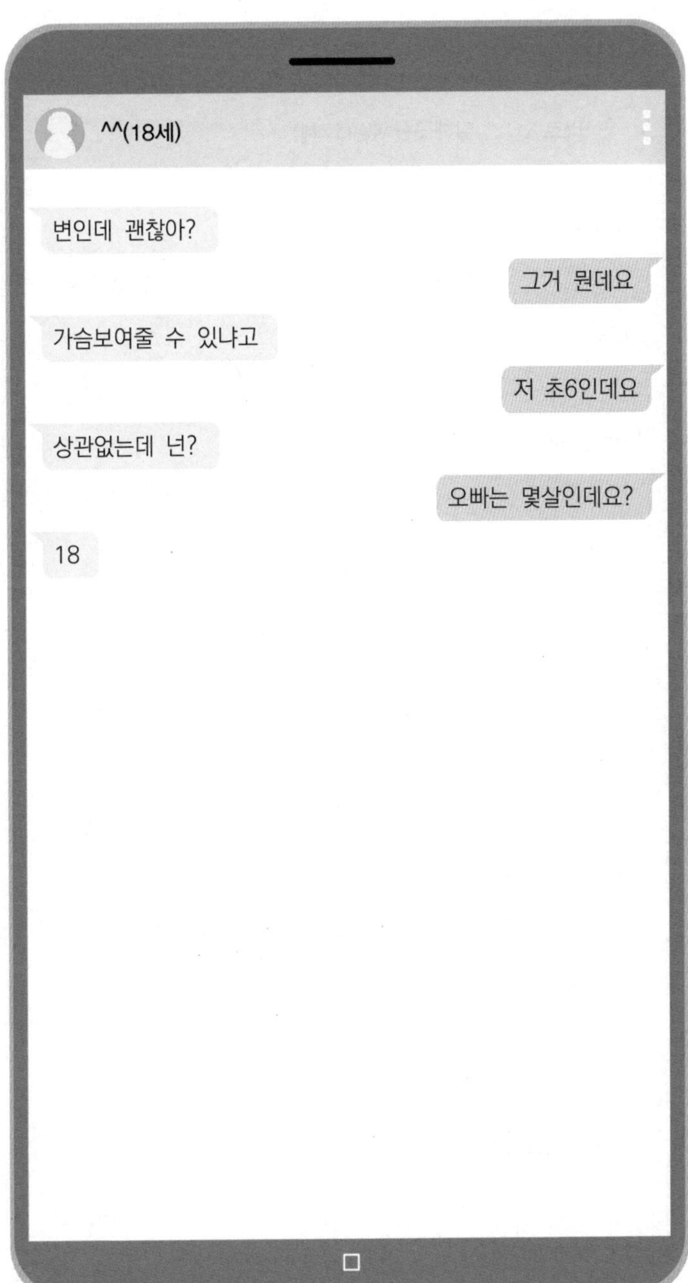
^^(18세)
변인데 괜찮아?
그거 뭔데요
가슴보여줄 수 있냐고
저 초6인데요
상관없는데 넌?
오빠는 몇살인데요?
18

바르○○○말깨끗한채팅(17세)

ㅎㅇㅎㅇ

안녕하세요

17이야

전13이요

뭐하고있어?

그냥... 사실 저 가출했거든요

자위알아?

안해봤어요

그래서 어디야?

밖인데...

집 안들어갈거야?

네 안들어갈 생각이에요

어디서잘려고?

어젠 친구집서잤는데 오늘도 친구집가야죠

어디살아? 서울?

서울요 왜요?

머네 그냥 궁금해서

야한거 안좋아하지?

그런거 몰라요

아.. 돈안필요해?

필요하긴한데...

계좌없지?

네

돈필요하지?

너가 한 야한 상상중 제일 야한게 뭐야

17세 남자요(17세)

머 도와줄까?

음....

저기 너 초6이야?

네

변태야?

아니요

나 궁금한거 있는데 요즘 초등학생도 알건 다알지?

뭐가요?

야한거

전 몰라요

알려줄까?ㅋㅋㅋㅋ

싫어요

그래 ㅋㅋㅋㅋ

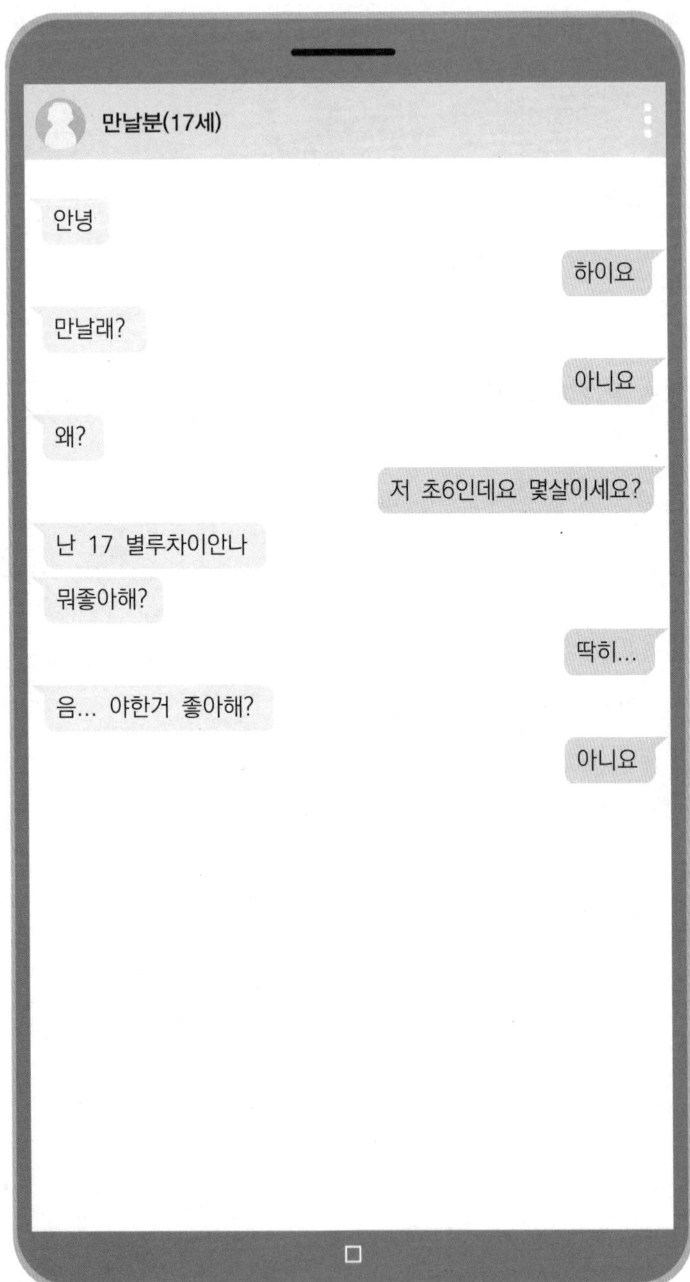
만날분(17세)
안녕
하이요
만날래?
아니요
왜?
저 초6인데요 몇살이세요?
난 17 별루차이안나
뭐좋아해?
딱히...
음... 야한거 좋아해?
아니요

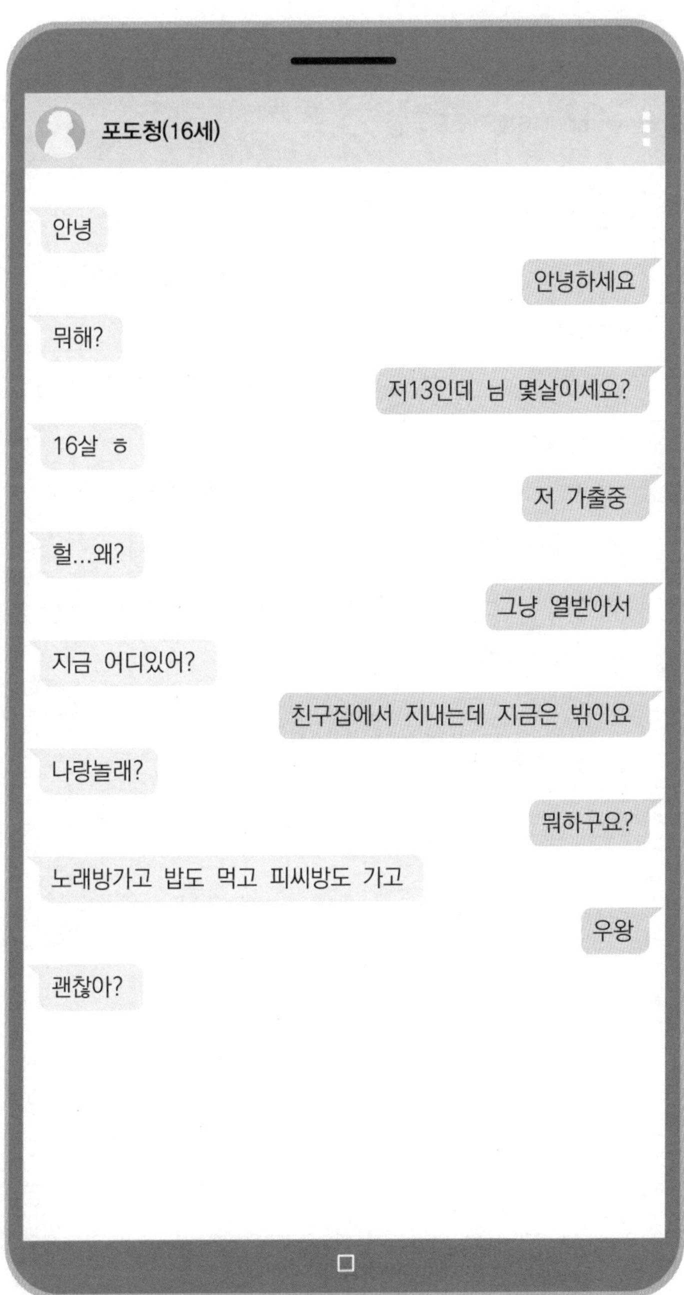
포도청(16세)
안녕
안녕하세요
뭐해?
저13인데 님 몇살이세요?
16살 ㅎ
저 가출중
헐...왜?
그냥 열받아서
지금 어디있어?
친구집에서 지내는데 지금은 밖이요
나랑놀래?
뭐하구요?
노래방가고 밥도 먹고 피씨방도 가고
우왕
괜찮아?

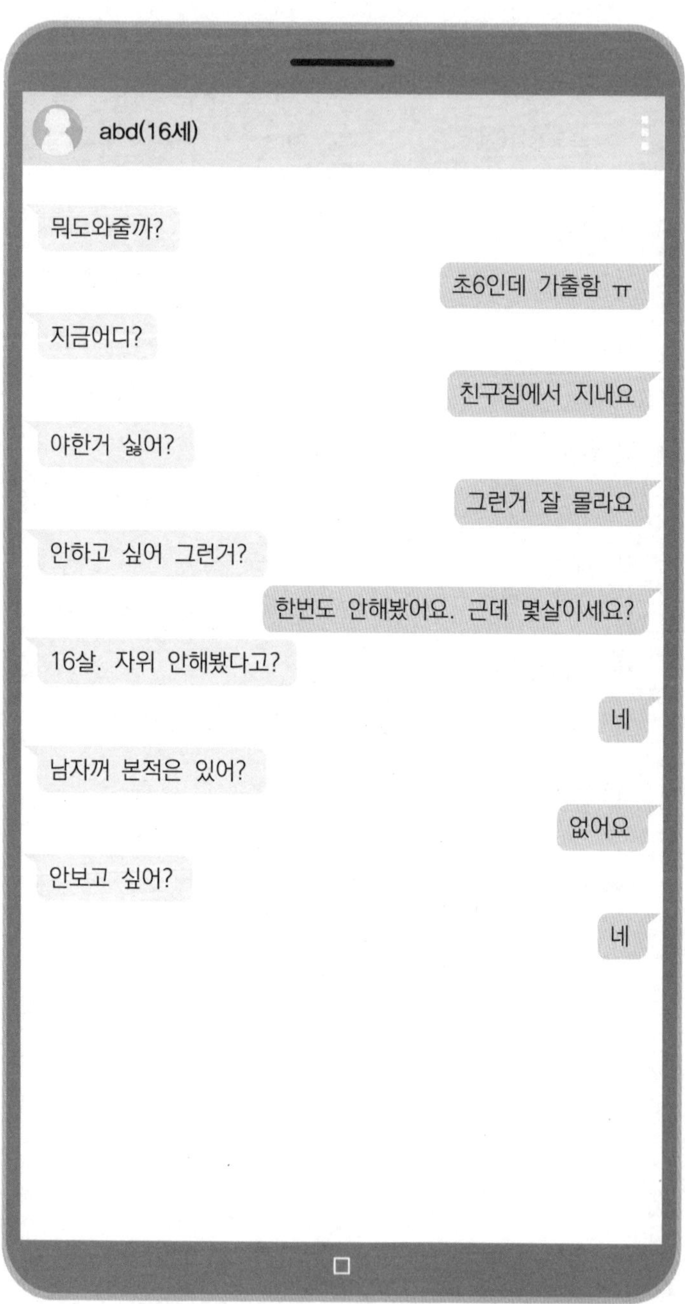
abd(16세)
뭐도와줄까?
초6인데 가출함 ㅠ
지금어디?
친구집에서 지내요
야한거 싫어?
그런거 잘 몰라요
안하고 싶어 그런거?
한번도 안해봤어요. 근데 몇살이세요?
16살. 자위 안해봤다고?
네
남자꺼 본적은 있어?
없어요
안보고 싶어?
네

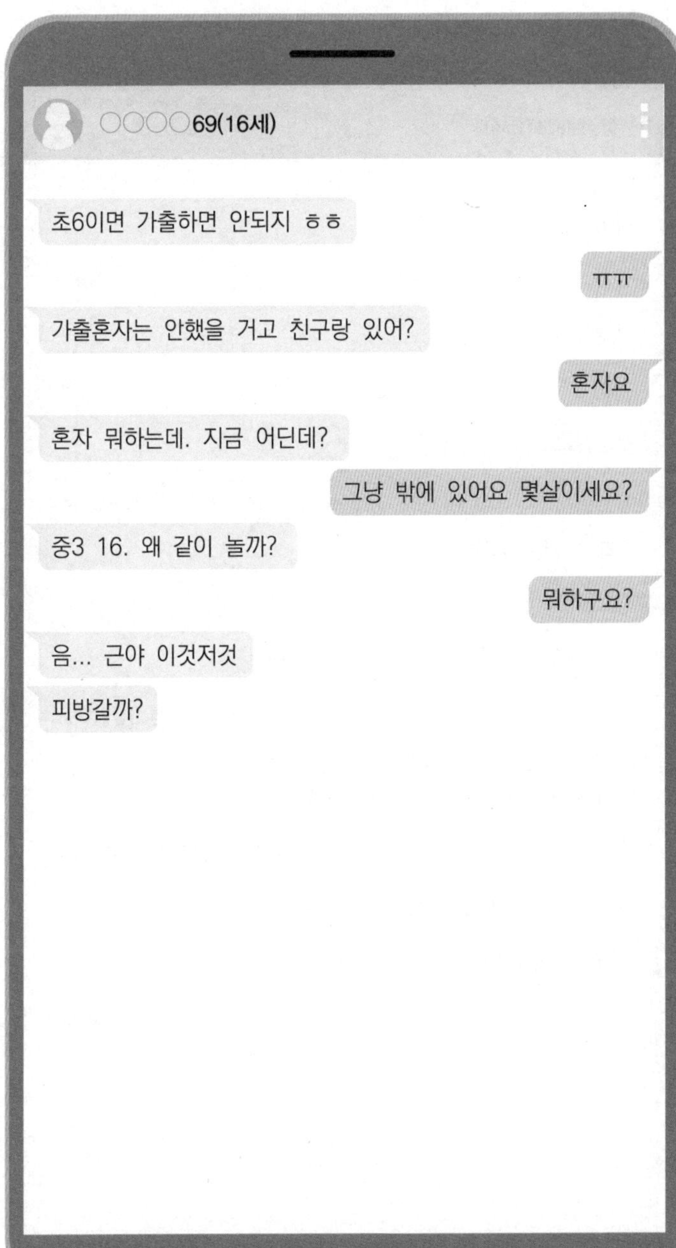
○○○○69(16세)
초6이면 가출하면 안되지 ㅎㅎ
ㅠㅠ
가출혼자는 안했을 거고 친구랑 있어?
혼자요
혼자 뭐하는데. 지금 어딘데?
그냥 밖에 있어요 몇살이세요?
중3 16. 왜 같이 놀까?
뭐하구요?
음... 근야 이것저것
피방갈까?

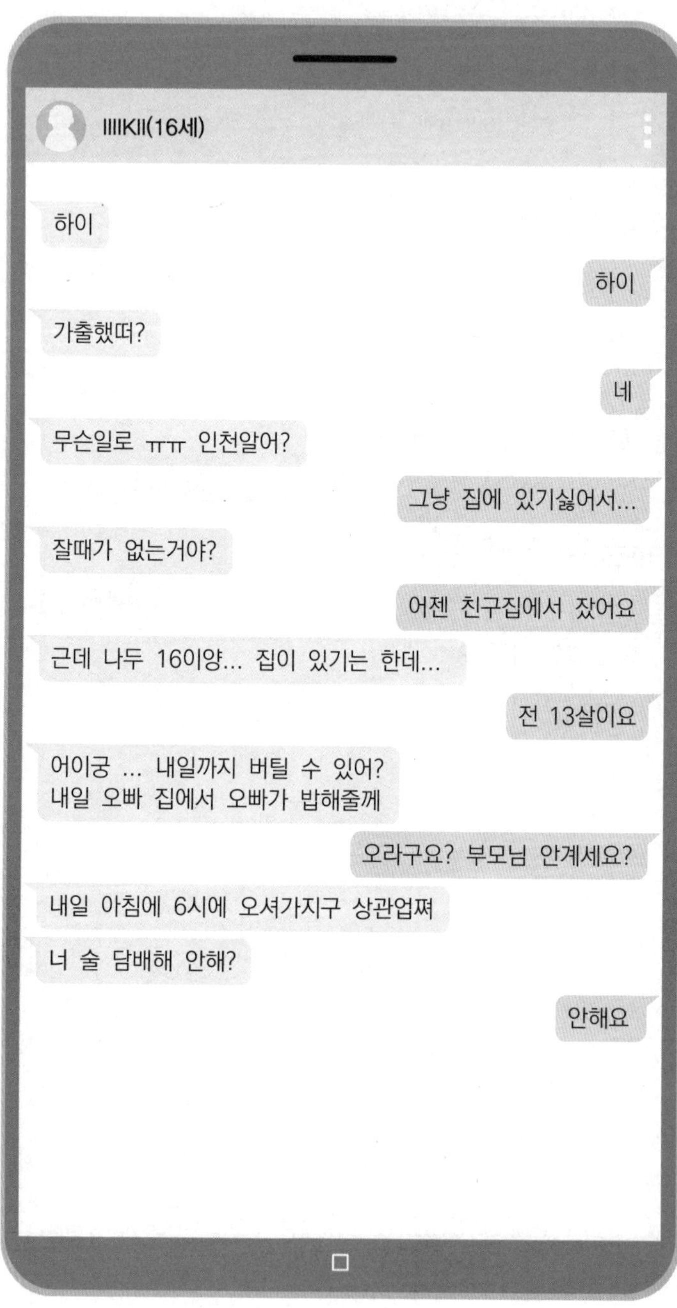
IIIIKII(16세)
하이
하이
가출했떠?
네
무슨일로 ㅠㅠ 인천알어?
그냥 집에 있기싫어서...
잘때가 없는거야?
어젠 친구집에서 잤어요
근데 나두 16이양... 집이 있기는 한데...
전 13살이요
어이궁 ... 내일까지 버틸 수 있어?
내일 오빠 집에서 오빠가 밥해줄께
오라구요? 부모님 안계세요?
내일 아침에 6시에 오셔가지구 상관업쪄
너 술 담배해 안해?
안해요

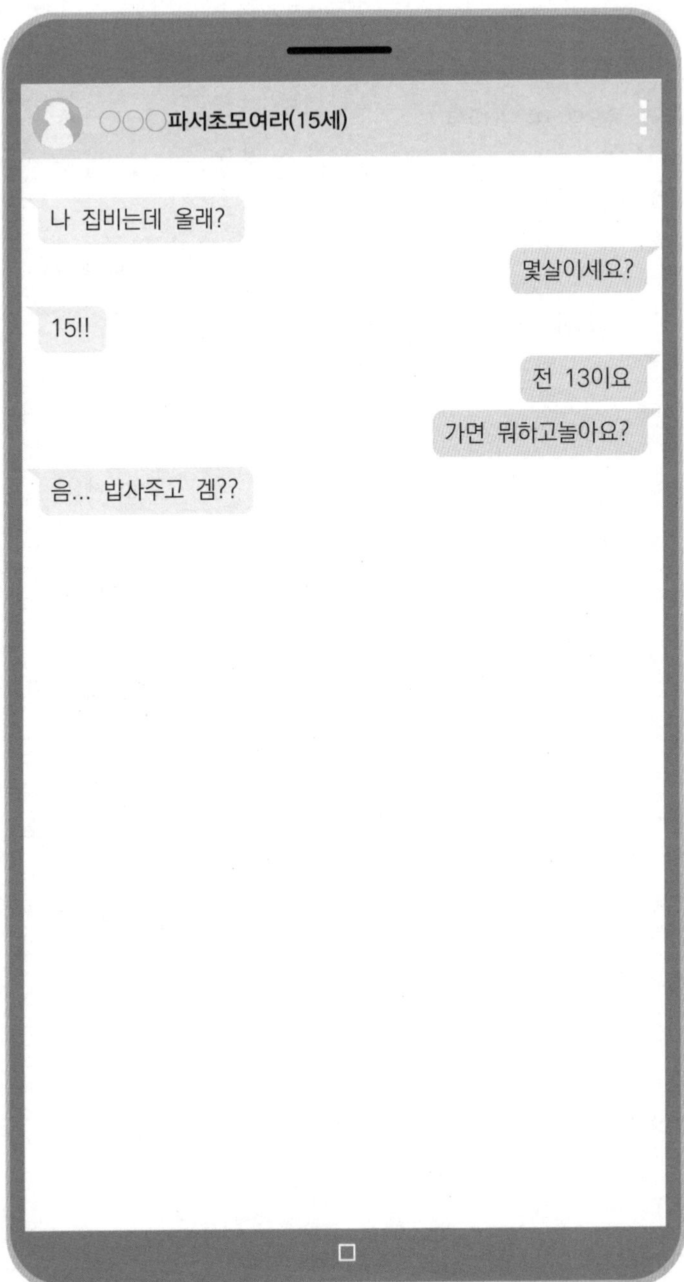
○○○파서초모여라(15세)
나 집비는데 올래?
몇살이세요?
15!!
전 13이요
가면 뭐하고놀아요?
음... 밥사주고 겜??

ㅇㅁㅇ(15세)
안녕하세요
안녕하세요
가출중이야?
네
혹시 변 아니지?
왜요? 몇살이세요?
15살
전 13
어어 변이야?
아닌데요
잘곳 찾는거야?
친구네서 자요
근데 난 변인데...
변은 뭐하는 건데요?
야한얘기?

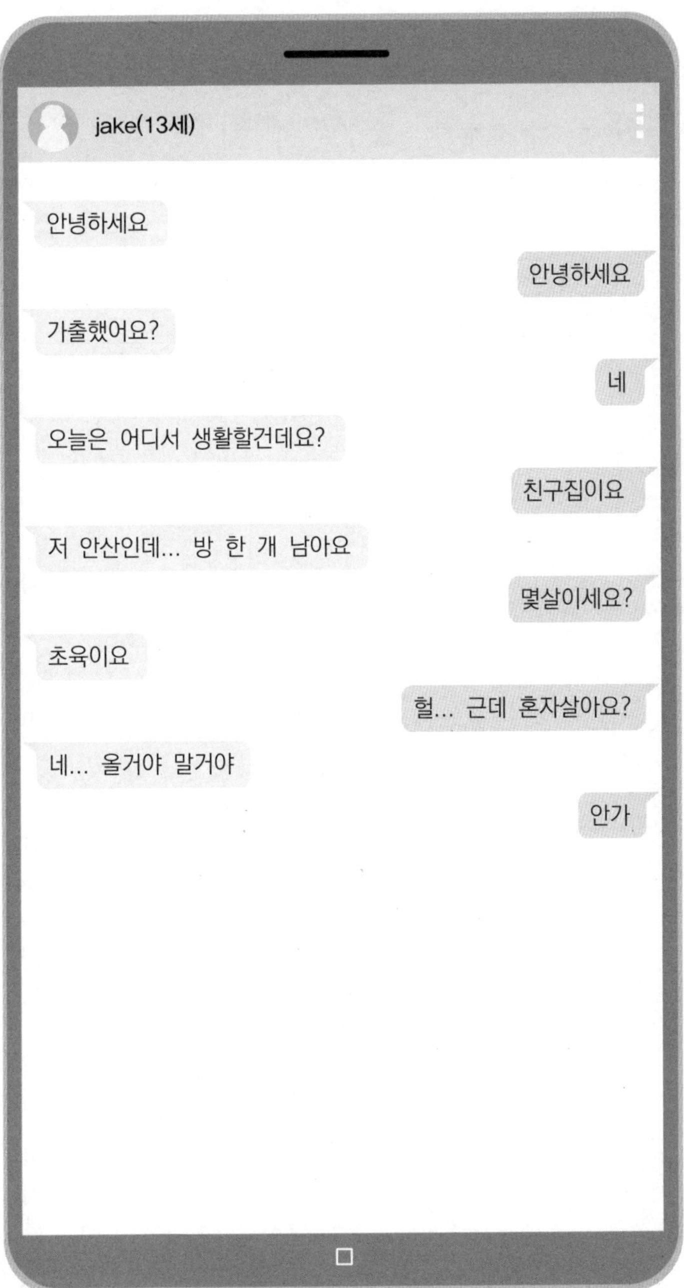
jake(13세)
안녕하세요
안녕하세요
가출했어요?
네
오늘은 어디서 생활할건데요?
친구집이요
저 안산인데... 방 한 개 남아요
몇살이세요?
초육이요
헐... 근데 혼자살아요?
네... 올거야 말거야
안가

2

16세 대상 채팅

처음 채팅하는 16세

놀고 싶다

중삼 여 (16세)

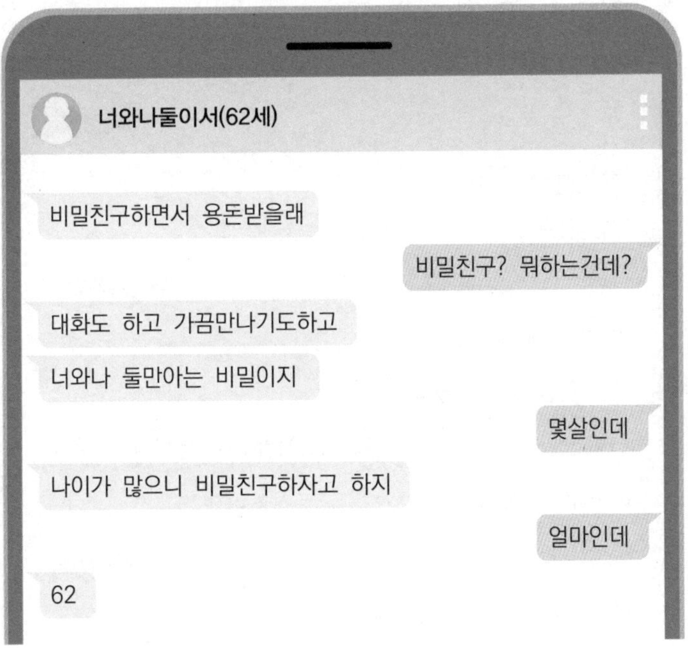

나이가 많으니 너와 나 둘만 아는 비밀이지

강변(50세)

아찌랑 놀자^^

아저씨? 하이

방가요 ㅎ

아저씨가 편하지?

울애기를 보물처럼 다룰껀데 ㅋ

키가 얼마?

키 158

귀요미구나 정말 ㅋㅋ

남친 사겨봤어?

남친사겨봤지

힝 보도 해봤겠네?

그런 경험자가 더 좋다 ㅋ

몇살인데 자꾸 아저씨라거하는 거에요 ㅋㅋ

아빠나이 넘었겠지

몇살인데요

이크 이제 진검승부 하자네? 50넘음

아..

놀랐구나

아빠는 몇이셔?

48인가

아찌랑 대화친구 할래?

몰라요

응 단답이 안나오지 이해해요

나테는 보석처럼 소중해야 할 사람이니까

혹시 애교쟁이야?

ㅎㅎ

울애기 실망했나봐 ㅠ 말수가 적어졌어 걱정하지말고 본인 뜻대로 하렴 일상처럼 오가며 마주치면 인사하고 지내다보면 알아지겠지

귀요미야 아찌가 사과할께 미안해 애기 뜻대로하렴 버겅무 내려놓고

귀요미 애기야 좀 있음 하교할 시간이네? 또 다른 학원갈일 있어?

학교갔다가 집인데요 ㅎ

아 벌써 집에 왔구나 수고 많이했구나. 공주님 씻고 쉬셔야죠 ㅎ

캬캬 그런가요 ㅎㅎ

알면서도 모르는척 내숭 떠는것까지 다알아 ㅋ

벌써 몇번인가 내숭 떨었징? ㅋㅋㅋ

내숭쟁이라하나 불여우라하나 고민중야

불여우로 판단나면 아찌앤 되는거고 내숭쟁이라면 딸할까? ㅎㅎㅎ

아찌앤은 뭐에여?

귀요미가 선택할래?

아찌가 뽀해주고 음(다음말은 못해ㅠ) 그런거있음

음 잘 모르겠어요

앤하면 우리둘이 가슴속이 숯덩이처럼 까맣게 타버려

으이구 첫사랑도 못해봤나봐 에휴 ㅠ

울 애기 첫사랑 몇살때 해봤어?

저 지금 아직 16살이라 사랑몰라요

헐 초6에서 중딩중에 얼굴 마주치면 가슴뛰고 얼굴 달아오르던 샘이나 남학생 있었자나

아찌가 귀요미 때문에 얼굴이 빨갛게 달아올랐어 ㅠㅠ

잘 모르겠어요

응 그럼 언제든지 그럼 감정이 느껴지면 아찌에게 말해줘야해 알쥐?

근데 무서운건 엄빠들이 무지 눈치가 빠르다는거 잊지마 유경험자 들이니까. 귀요미가 못이겨. 가슴속에 잘 숨기고 노출시키면 안된다 ㅎ

울애기가 젤 좋다 ㅎㅎ

귀요미야 모해?

그냥 집에 있는데요 ㅎ

우리도 걍 속닥속닥하자 재미있게 ㅎ

긔요미가

귀요미가 이성으로서 물어보고싶은 질문?

잘 모르겠는데요 ㅎ

나도 물어보고픈게 있어도 못물어봄

물어보고싶은거요? 뭔데요?

아직도 내숭이네 ㅋ

앞으로 남친에 희망조건은?

그런거 생각안해봤는데 ㅎㅎ

흠 그럼 천천히 그려보자. 나도 오늘 귀요미에게 하얀 도화지를 한 장 받아든 기분야. 귀요미가 어케 생겼을까 성품은? 인성은? 손톱은 길까? 이빨은 날카롭고 무서울까? 등등 . 다 그려보다 잘못 그려졌음 그 부분만 다시 그리고 채워주고 그럴꺼야 ㅎ

아 ㅎ

아름다운 여인이 도화지에 주인이 되어 다소곳한 모습으로 앉아계실꺼야 ㅎ

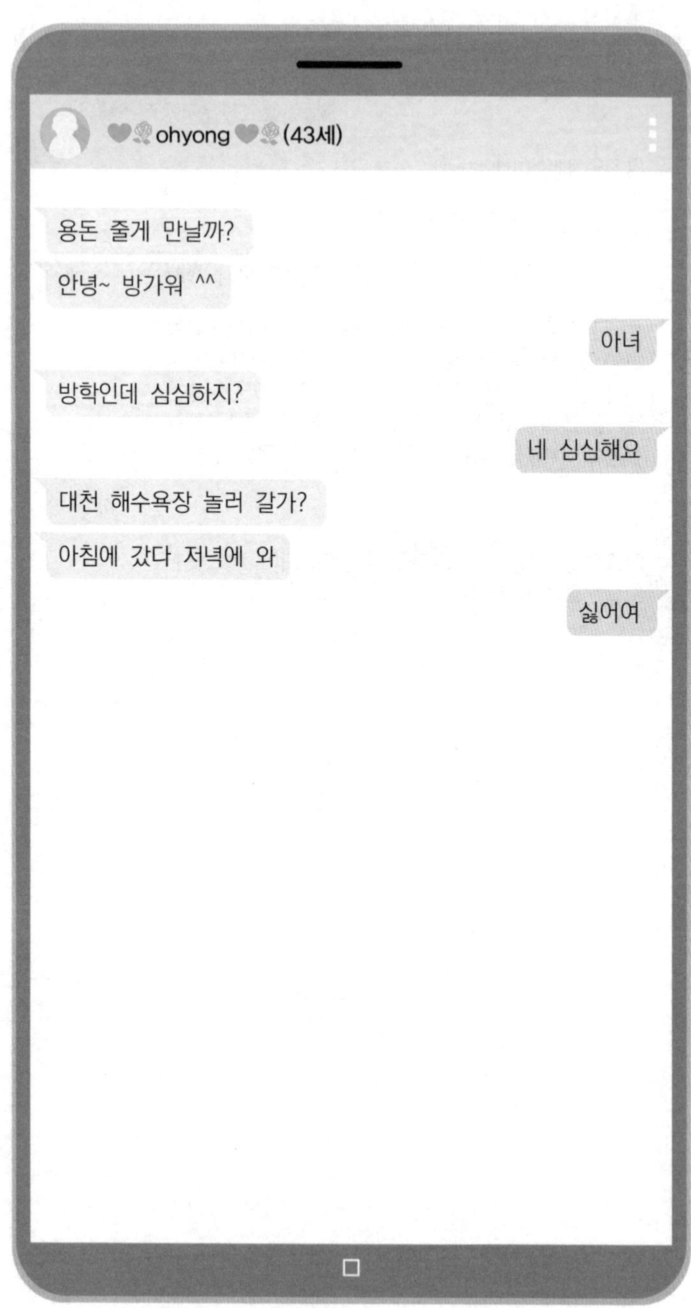
ohyong (43세)
용돈 줄게 만날까?
안녕~ 방가워 ^^
아녀
방학인데 심심하지?
네 심심해요
대천 해수욕장 놀러 갈가?
아침에 갔다 저녁에 와
싫어여

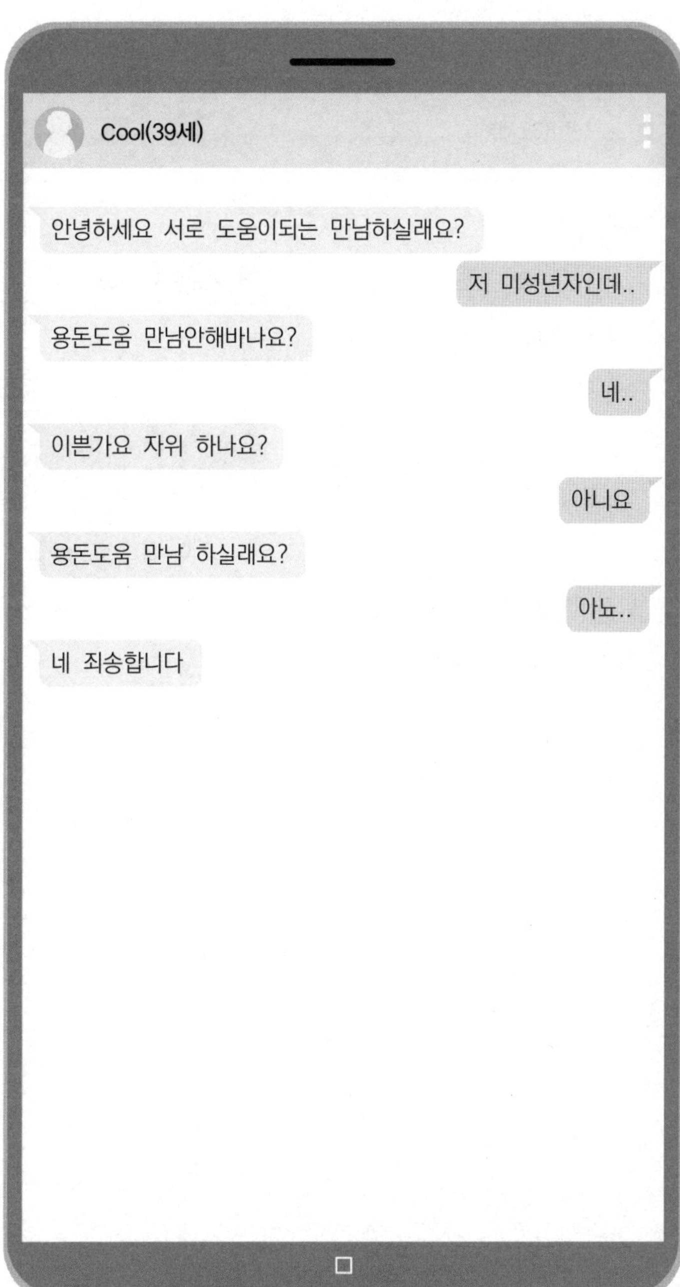
Cool(39세)
안녕하세요 서로 도움이되는 만남하실래요?
저 미성년자인데..
용돈도움 만남안해바나요?
네..
이쁜가요 자위 하나요?
아니요
용돈도움 만남 하실래요?
아뇨..
네 죄송합니다

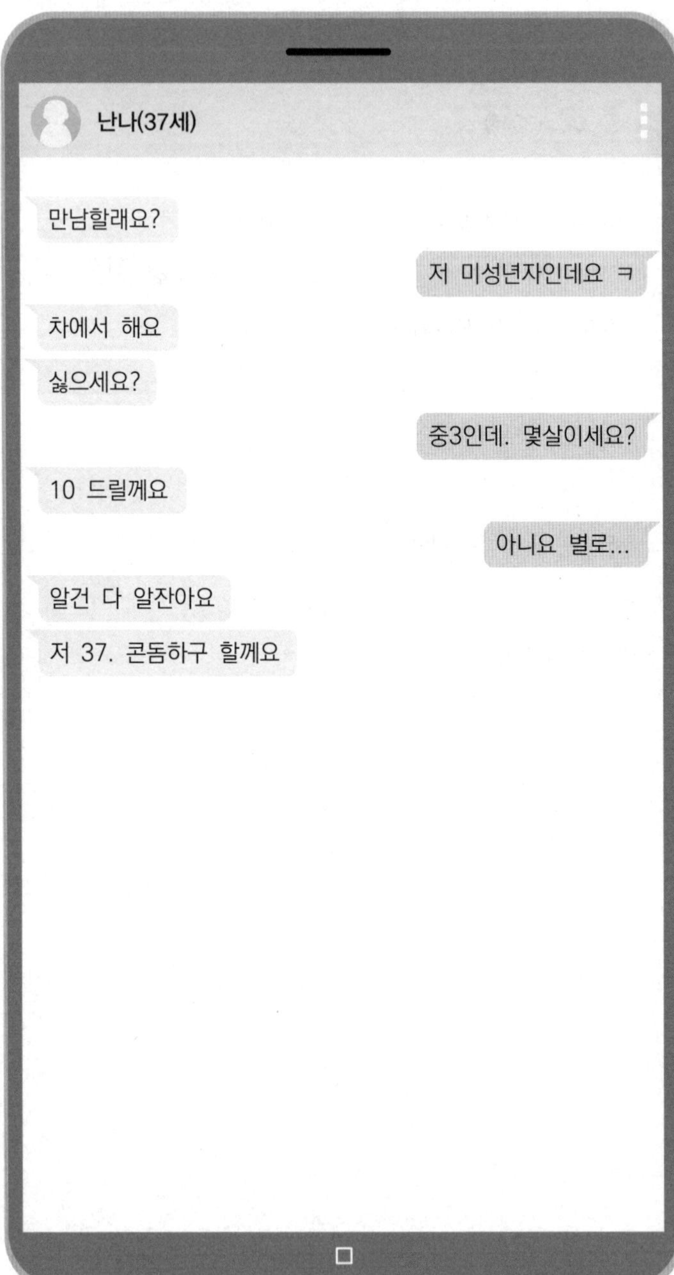
난나(37세)
만남할래요?
저 미성년자인데요 ㅋ
차에서 해요
싫으세요?
중3인데. 몇살이세요?
10 드릴께요
아니요 별로...
알건 다 알잖아요
저 37. 콘돔하구 할께요

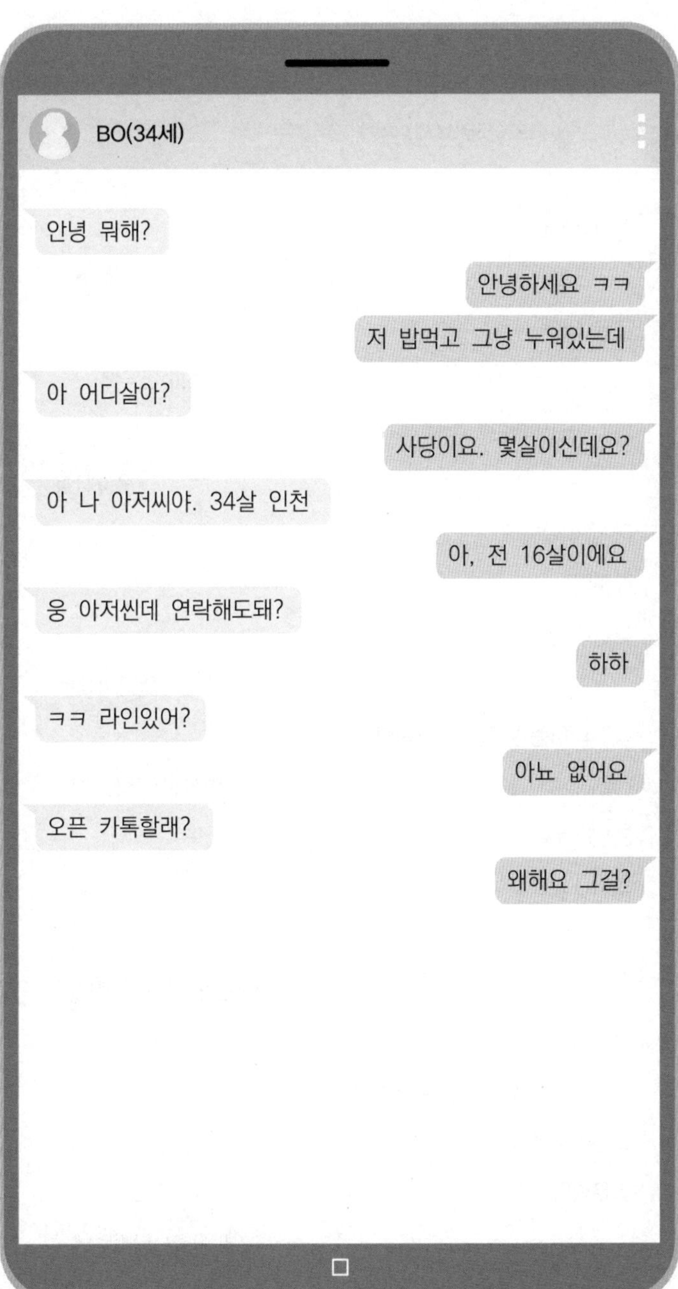
BO(34세)
안녕 뭐해?
안녕하세요 ㅋㅋ
저 밥먹고 그냥 누워있는데
아 어디살아?
사당이요. 몇살이신데요?
아 나 아저씨야. 34살 인천
아, 전 16살이에요
웅 아저씬데 연락해도돼?
하하
ㅋㅋ 라인있어?
아뇨 없어요
오픈 카톡할래?
왜해요 그걸?

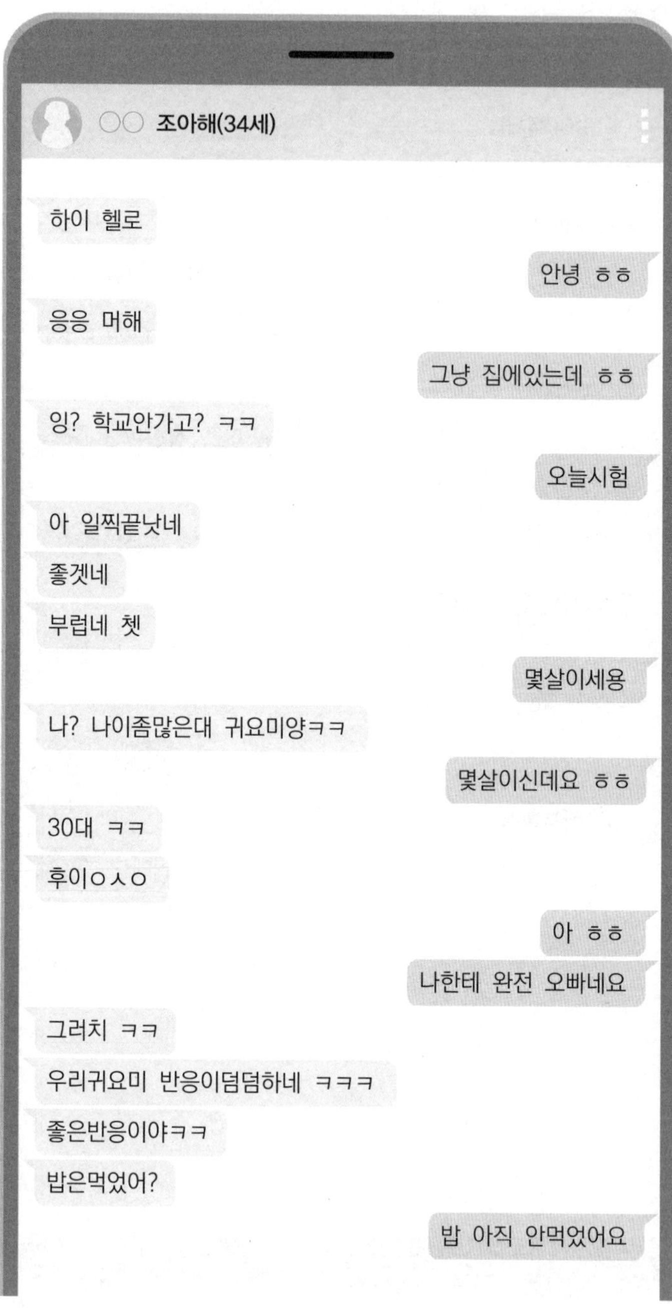
○○ 조아해(34세)
하이 헬로
안녕 ㅎㅎ
응응 머해
그냥 집에있는데 ㅎㅎ
잉? 학교안가고? ㅋㅋ
오늘시험
아 일찍끝났네
좋겟네
부럽네 쳇
몇살이세용
나? 나이좀많은대 귀요미양ㅋㅋ
몇살이신데요 ㅎㅎ
30대 ㅋㅋ
후이ㅇㅅㅇ
아 ㅎㅎ
나한테 완전 오빠네요
그러치 ㅋㅋ
우리귀요미 반응이덤덤하네 ㅋㅋㅋ
좋은반응이야ㅋㅋ
밥은먹었어?
밥 아직 안먹었어요

밥안먹구 모한대 ㅋㅋ

그냥 집에 있어요 ㅎㅎ

안배고프냐

슬슬고파요 ㅠㅠ

밥먹여주까ㅋㅋㅋ

? 밥사주신다고요?

아니아니

손수먹여준다고ㅋㅋ

아...그건좀...

근데 정확히 몇살이신데요?

34

흐음ㅇㅅㅇ

아항 ㅎ

ㅋㅋㅋ왜엥

귀요미 바부!!

바쁜가 ㅋㅋ

밥먹으러가셨나

빈둥거리느라 ㅎ

이여자가 ㅋㅋㅋ

일하는중이에요?

응 하는대 잠시 시간나거

귀요미랑노는중이지

귀요미는 대굴대굴 하는중이라 바쁜가ㅋㅋ

고민상담사(32세)

페이 얼마?

? 무슨소리에여

조건 ㅎ

저 미성년자인데여..

몇살이세여?

아...난32...성인은 안돼나?

아니 제가 미성년자인데... 조건만남 이런거 얘기하시니까

이거 처음써보는데 이런거인가요 원래

아... 조건 구하는거 아니였어?

아니면 미안...

난 조건 구하는 줄

여기는 좀 그래.

조심해

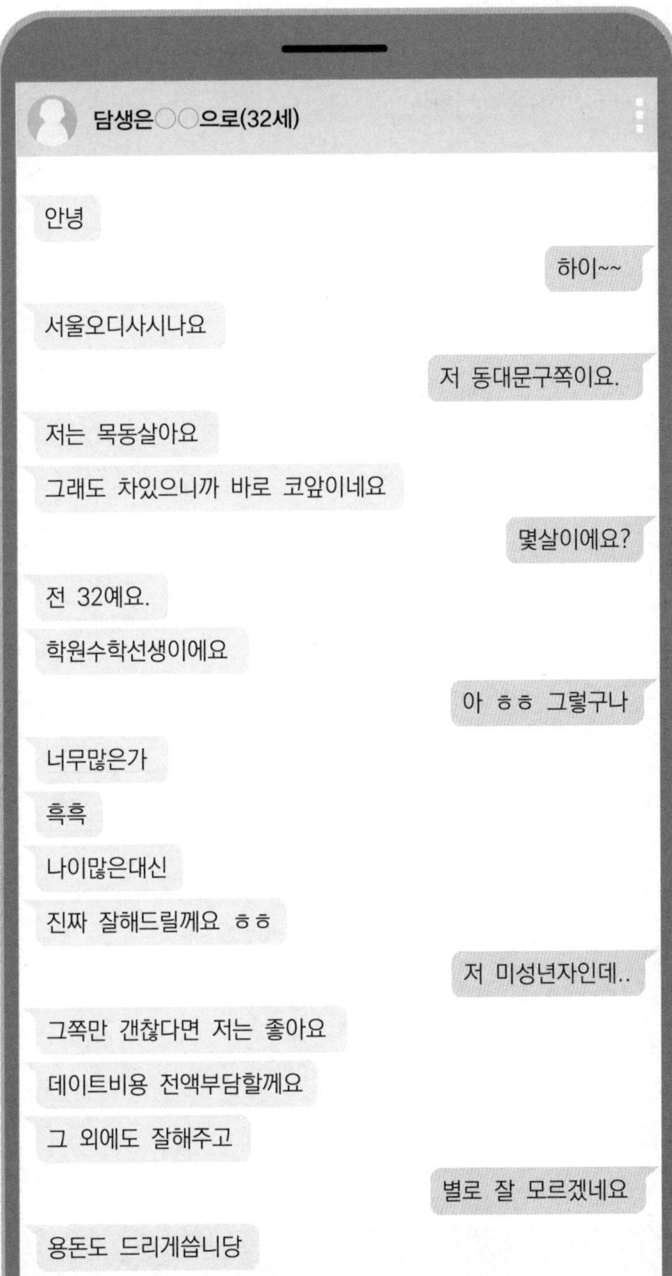
담생은○○으로(32세)
안녕
하이~~
서울오디사시나요
저 동대문구쪽이요.
저는 목동살아요
그래도 차있으니까 바로 코앞이네요
몇살이에요?
전 32예요.
학원수학선생이에요
아 ㅎㅎ 그렇구나
너무많은가
흑흑
나이많은대신
진짜 잘해드릴께요 ㅎㅎ
저 미성년자인데..
그쪽만 갠찮다면 저는 좋아요
데이트비용 전액부담할께요
그 외에도 잘해주고
별로 잘 모르겠네요
용돈도 드리게씁니당

아니 별로 안그러고싶어요...

너무 아쉬워요 ㅜㅜㅜ

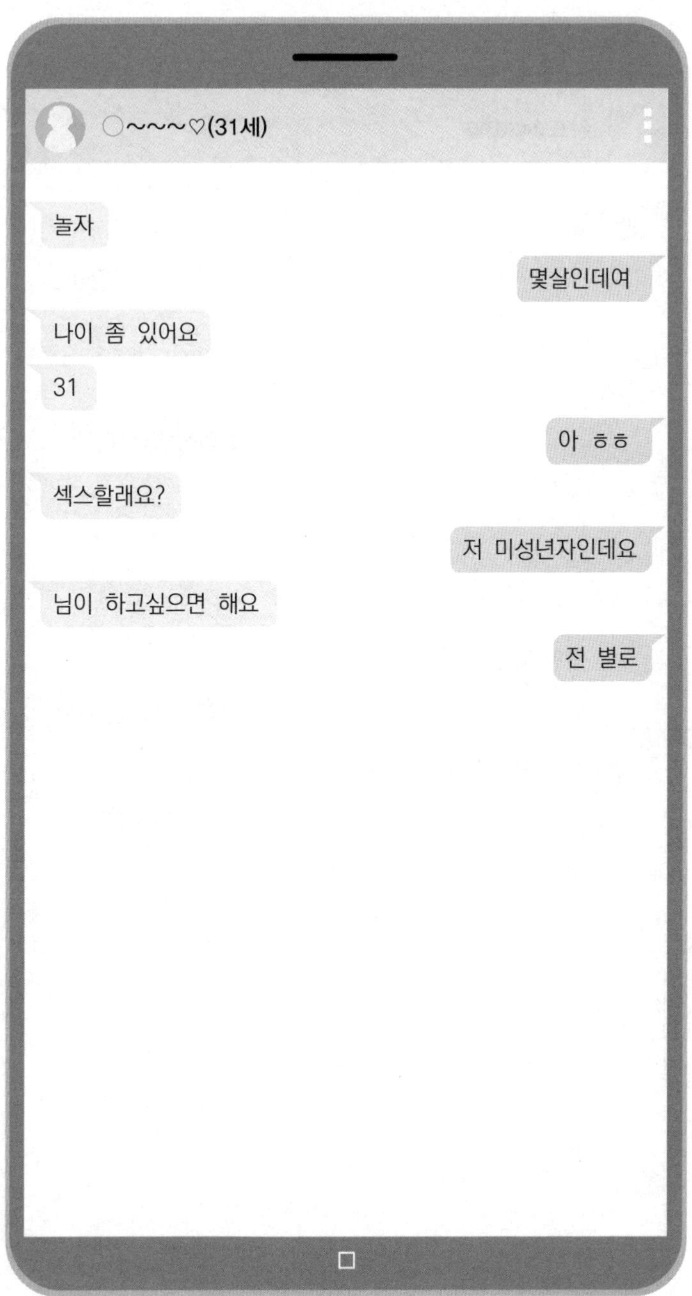
○~~~♡(31세)
놀자
몇살인데여
나이 좀 있어요
31
아 ㅎㅎ
섹스할래요?
저 미성년자인데요
님이 하고싶으면 해요
전 별로

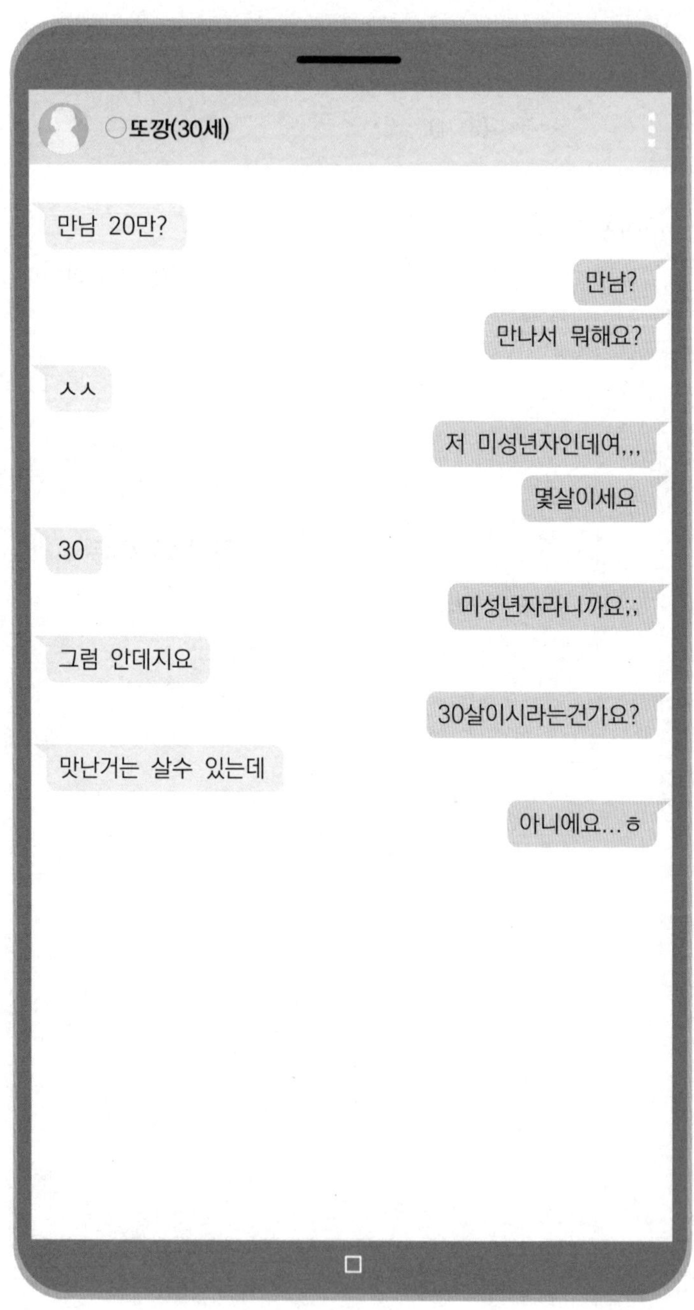

○또깡(30세)
만남 20만?
만남?
만나서 뭐해요?
ㅅㅅ
저 미성년자인데여,,,
몇살이세요
30
미성년자라니까요;;
그럼 안데지요
30살이시라는건가요?
맛난거는 살수 있는데
아니에요...ㅎ

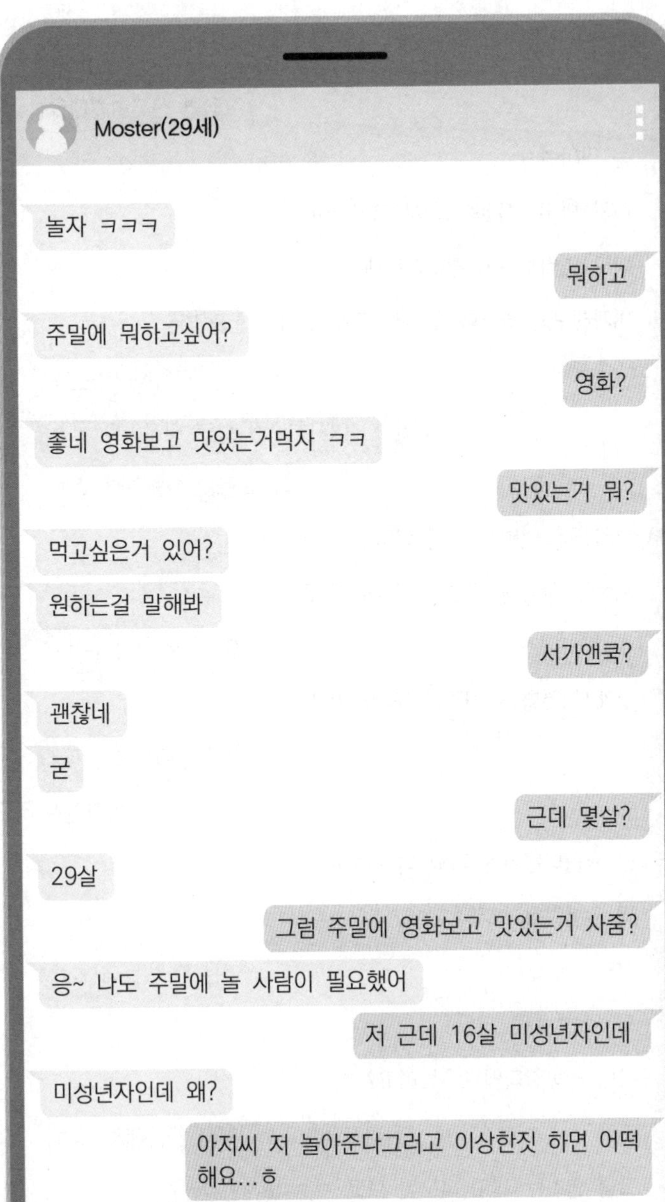
Moster(29세)
놀자 ㅋㅋㅋ
뭐하고
주말에 뭐하고싶어?
영화?
좋네 영화보고 맛있는거먹자 ㅋㅋ
맛있는거 뭐?
먹고싶은거 있어?
원하는걸 말해봐
서가앤쿡?
괜찮네
굳
근데 몇살?
29살
그럼 주말에 영화보고 맛있는거 사줌?
응~ 나도 주말에 놀 사람이 필요했어
저 근데 16살 미성년자인데
미성년자인데 왜?
아저씨 저 놀아준다그러고 이상한짓 하면 어떡해요...ㅎ
이상한짓을 원하는건가?ㅋㅋㅋ

네?

그러면 신고할건데요

응 알아ㅋㅋ

너가 먼저 그런얘기해서 그렇잖어~

나도 영화보는거 좋아하는데

여자친구가 해외에 있어서 요새 보기가 힘들거든

여자친구있는데

그러면 여자친구랑 보면 되잖아요 ㅎㅎ

왜 모르는 사람이랑 ㅎㅎ

브라질에 있어서 못 만난다구 ㅋㅋㅋㅋ

새로운 사람에 대한 호기심도 있구

아 ㅎㅎ 그러시구나

그래서 영화 볼 마음이 사라졌어? ㅋㅋ

영화는 뭐봐요 근데?

스파이더맨?

난 요즘나온거는 거의 다 못봐서

너 안본걸로 보자

나는 다 봤는데 ㅎㅎ

머여ㅋㅋㅋㅋ

근데 스파이더맨 또 보려고?

아니 그냥 뭐보시려나 궁금해서 ㅎㅎ

그럼 영화는 새로 나오면 보고 ㅋㅋ 노래방갈래?

노래좋아하나?

노래 못불러서 별로

중3이랑 할만한게 영화밖에 없나 ㅋㅋ

영화보는 거 말고 하고싶은거 있어?

저랑 만나고 싶어요?

만나고 싶으니깐 이렇게 대화하지?

아 히히

저는 별로 그런 생각은 없어서 ㅎㅎ

아 글쿠나 ㅋㅋ

알겠다 ㅋㅋ

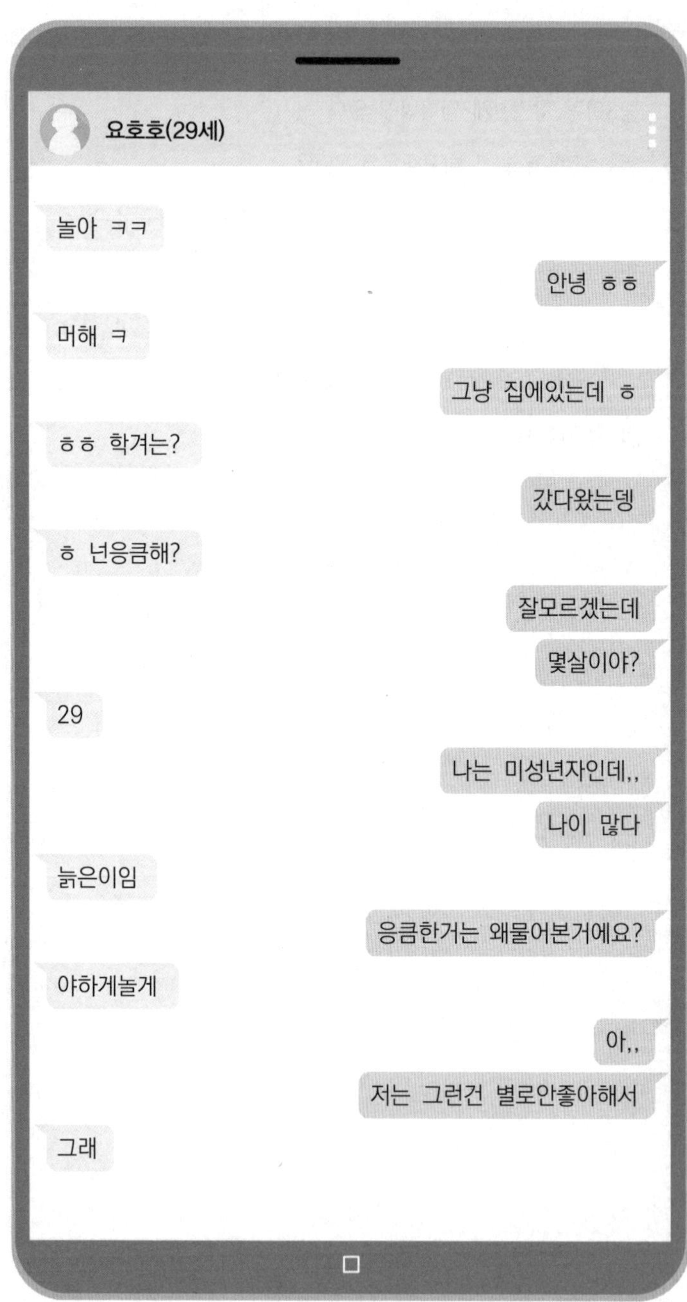
요호호(29세)
놀아 ㅋㅋ
안녕 ㅎㅎ
머해 ㅋ
그냥 집에있는데 ㅎ
ㅎㅎ 학겨는?
갔다왔는뎅
ㅎ 넌응큼해?
잘모르겠는데
몇살이야?
29
나는 미성년자인데,,
나이 많다
늙은이임
응큼한거는 왜물어본거에요?
야하게놀게
아,,
저는 그런건 별로안좋아해서
그래

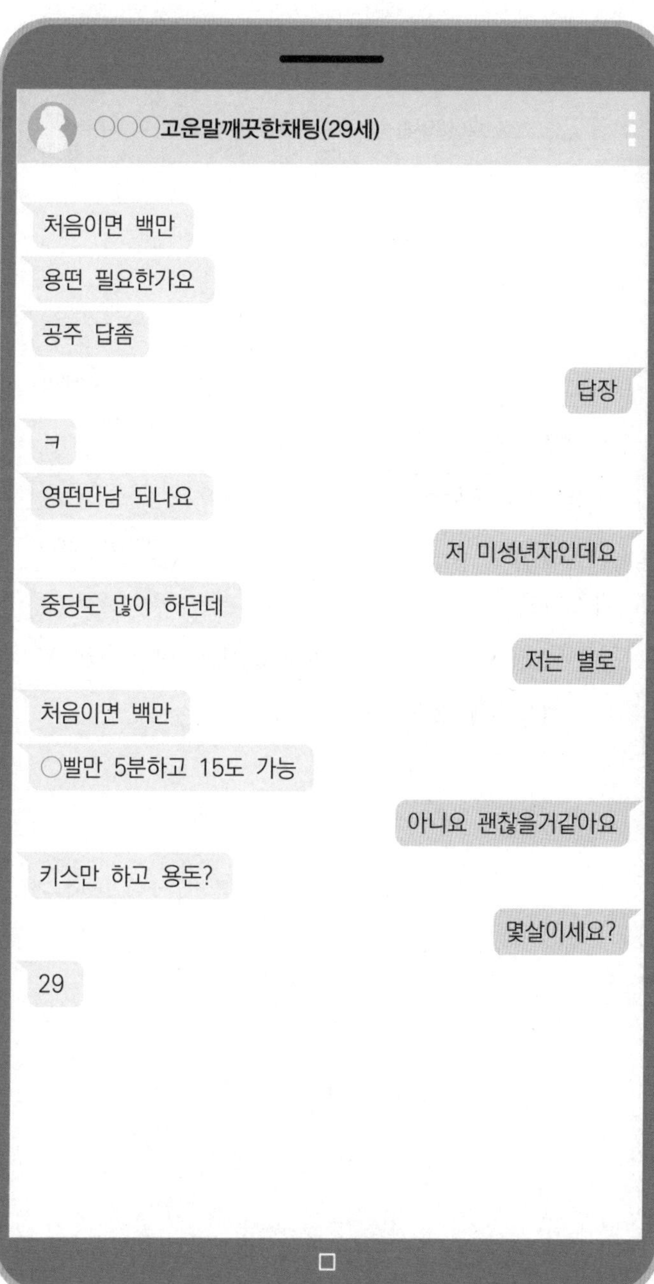
○○○고운말깨끗한채팅(29세)
처음이면 백만
용떤 필요한가요
공주 답좀
답장
ㅋ
영떤만남 되나요
저 미성년자인데요
중딩도 많이 하던데
저는 별로
처음이면 백만
○빨만 5분하고 15도 가능
아니요 괜찮을거같아요
키스만 하고 용돈?
몇살이세요?
29

○○○○76(29세)
ㅎㅇ
조.건 해보셨어요?
조건이요?
저 미성년자인데여
아...괜찮아요
그쪽만 괜찮으시다면요...
몇 살이세요?
저 29이요
아 네,,, 저는 별로 생각없어서
아... 섹스 안해보셨죠? ㅜ
님?

함께(29세)

반가워요 어디 지역살아요?

저는 영등포요

앗 가깝네요

혹시 20대 남자 만나본적 있어요?

어디사시는데요??

아뇨 없어요

남자 몇살까지 만나봤어요

저 별로 만나본적 없는데

그래도 알거는 다 알고?

알거? 뭘알아요?

약간 스킨쉽 같은거

스킨쉽 별로

좀 개방적인편?

개방적인게 어디까지인데요?

어디까지 경험있어?

왜요? 별로 말 안하고 싶어요

아

그럼 혹시 키스랑 가슴 정도까지 허락가능해?

별로..

안될까?

네

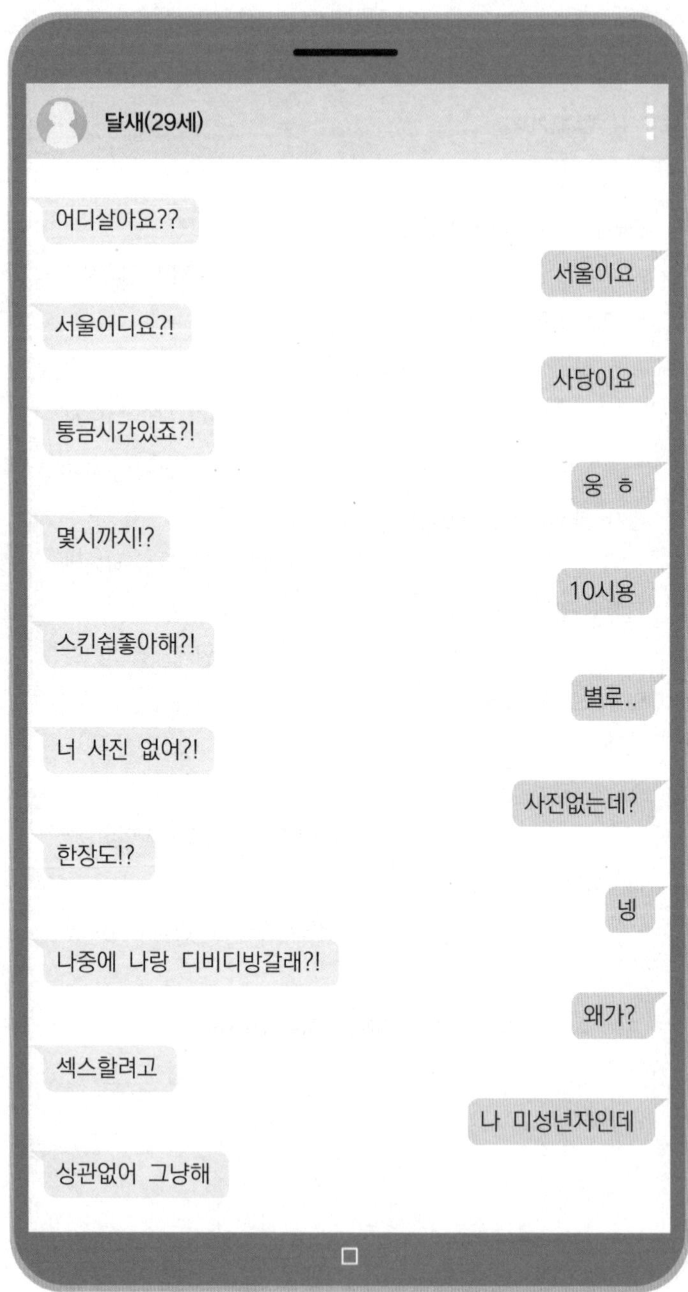
달새(29세)
어디살아요??
서울이요
서울어디요?!
사당이요
통금시간있죠?!
웅 ㅎ
몇시까지!?
10시용
스킨쉽좋아해?!
별로..
너 사진 없어?!
사진없는데?
한장도!?
넹
나중에 나랑 디비디방갈래?!
왜가?
섹스할려고
나 미성년자인데
상관없어 그냥해

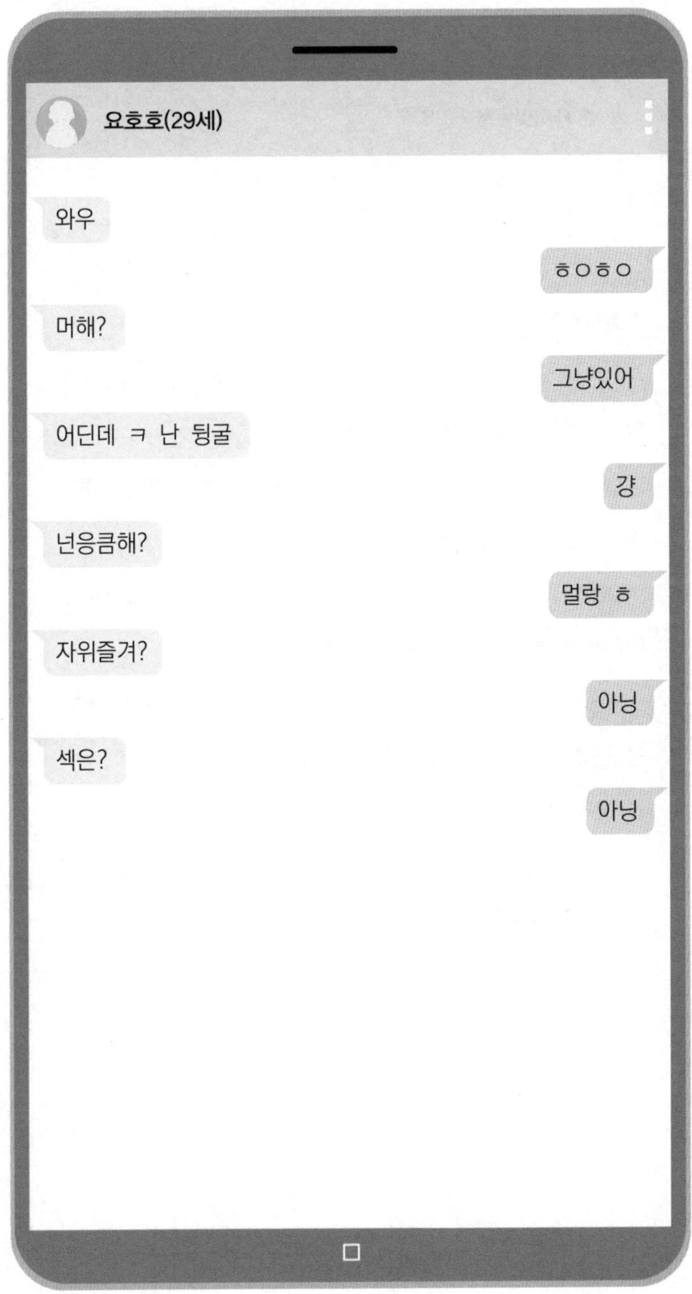
요호호(29세)
와우
ㅎㅇㅎㅇ
머해?
그냥있어
어딘데 ㅋ 난 뒹굴
걍
넌응큼해?
멀랑 ㅎ
자위즐겨?
아닝
섹은?
아닝

혼자재밋는놀이(28세)

폰섹으로? 나만지는중

폰섹이 뭐에요?

전화하는건데 야하게 놀면서

헐 저 미성년자인데..

만나는게 아닌데 하면 좋아

몇살인데여.. 저중3인데

아중3 난 28살이지 ㅎㅎ

안할래여..

야하게 놀아본적이 없어서 그런건가?

넹 ㅋㅋ

웅 근데 하면 나름 흥분도하고 좋아

넌 혼자 안해?

뭐를여?

아니 혼자 자위해본적 없어? 다들 많이 하는데

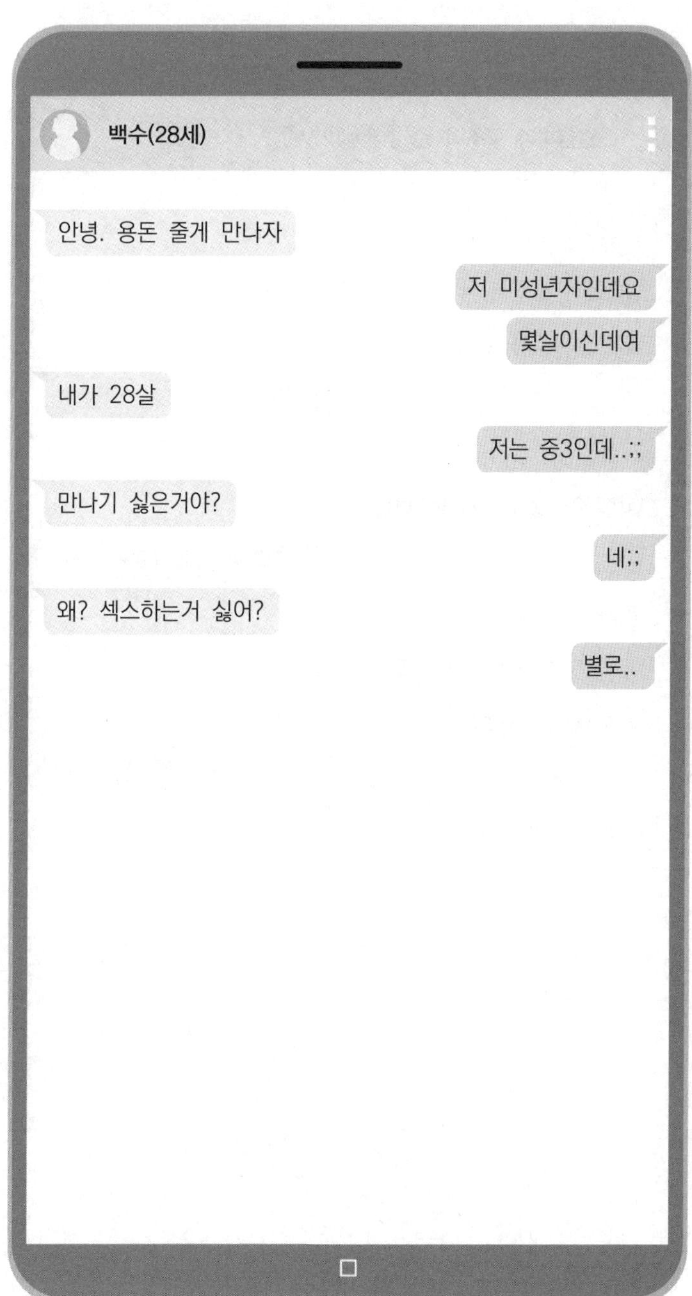
백수(28세)
안녕. 용돈 줄게 만나자
저 미성년자인데요
몇살이신데여
내가 28살
저는 중3인데..;;
만나기 싫은거야?
네;;
왜? 섹스하는거 싫어?
별로..

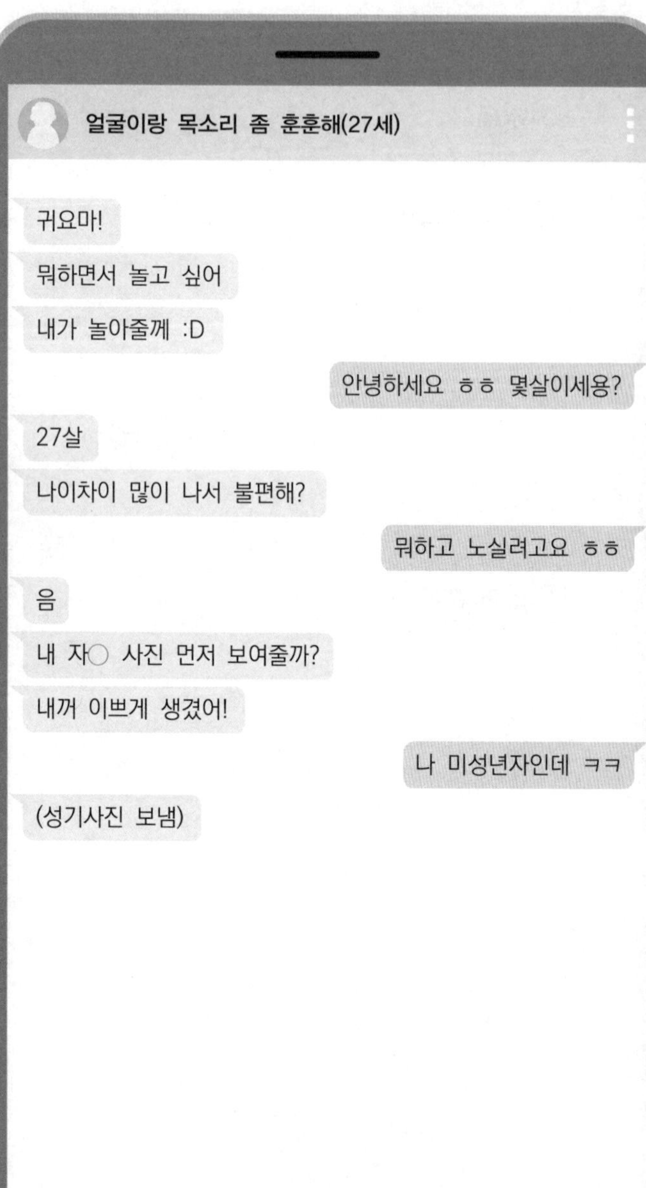

얼굴이랑 목소리 좀 훈훈해(27세)
귀요마!
뭐하면서 놀고 싶어
내가 놀아줄께 :D
안녕하세요 ㅎㅎ 몇살이세용?
27살
나이차이 많이 나서 불편해?
뭐하고 노실려고요 ㅎㅎ
음
내 자○ 사진 먼저 보여줄까?
내꺼 이쁘게 생겼어!
나 미성년자인데 ㅋㅋ
(성기사진 보냄)

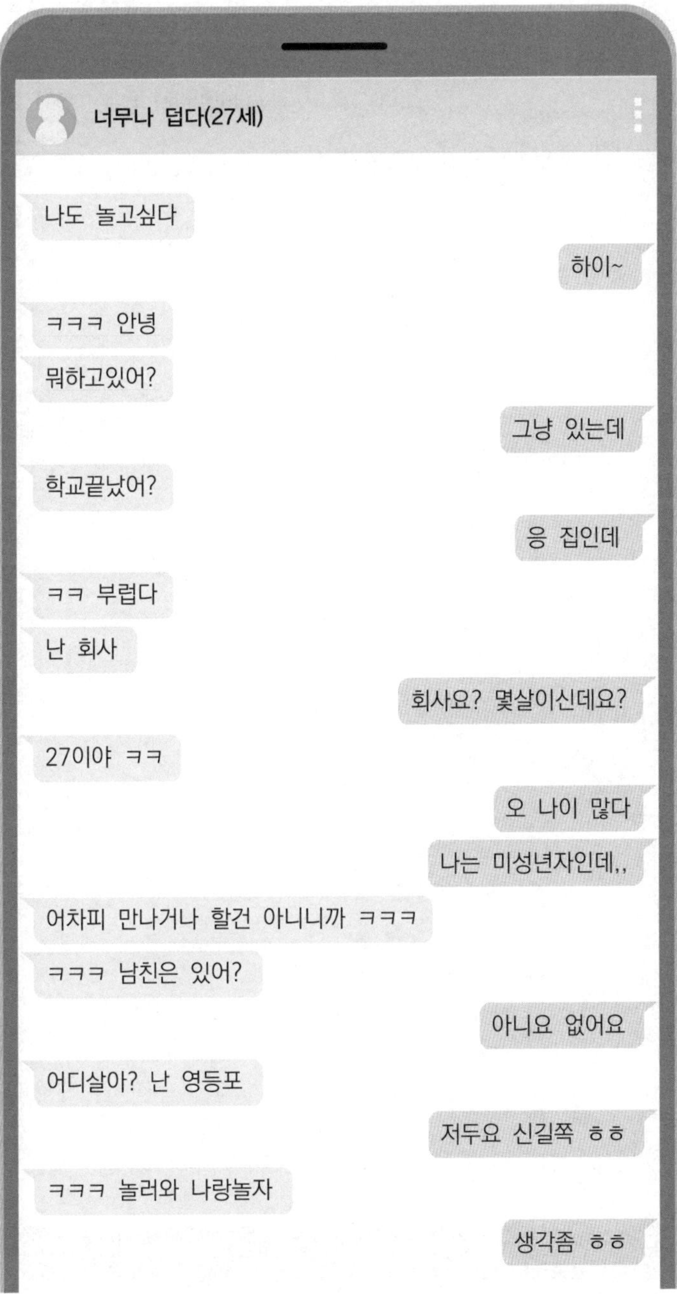
너무나 덥다(27세)
나도 놀고싶다
하이~
ㅋㅋㅋ 안녕
뭐하고있어?
그냥 있는데
학교끝났어?
응 집인데
ㅋㅋ 부럽다
난 회사
회사요? 몇살이신데요?
27이야 ㅋㅋ
오 나이 많다
나는 미성년자인데,,
어차피 만나거나 할건 아니니까 ㅋㅋㅋ
ㅋㅋㅋ 남친은 있어?
아니요 없어요
어디살아? 난 영등포
저두요 신길쪽 ㅎㅎ
ㅋㅋㅋ 놀러와 나랑놀자
생각좀 ㅎㅎ

이상한짓안해
집순이라서 근데 ㅎㅎ
자취방놀러와 ㅋㅋㅋ

○○○업구해요(27세)

주인 구하나요??

주인이 머에요?

제가 노예 구하고 있어서요

노예는 뭐에요?

라인이나 카톡에서 제가 시키는대로 사진 영상하는 사람이요

아직 중학생인데 그런거해도 괜찮은거에요?

네 상관없죠

님이 좋다면야

미성년자인데 안되는거 아니에요 ㅠㅠ

님은 하고싶어요? 안하고싶어요?

그럼 어디서 해요?

라인이나 카톡 편한 곳이요

싫어요 안할래요

왜요?? 이미 님을 노예로 찍었어요

그냥 복종해요

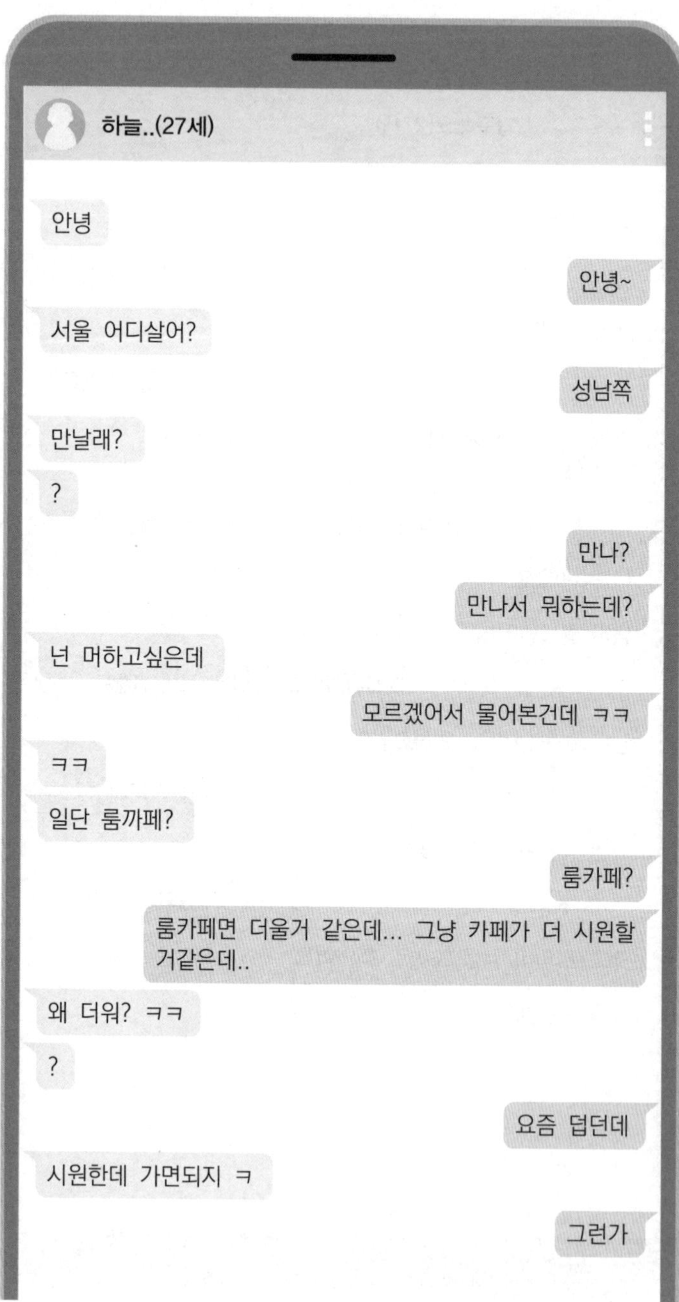
하늘..(27세)
안녕
안녕~
서울 어디살어?
성남쪽
만날래?
?
만나?
만나서 뭐하는데?
넌 머하고싶은데
모르겠어서 물어본건데 ㅋㅋ
ㅋㅋ
일단 룸까페?
룸카페?
룸카페면 더울거 같은데... 그냥 카페가 더 시원할 거같은데..
왜 더워? ㅋㅋ
?
요즘 덥던데
시원한데 가면되지 ㅋ
그런가

부딩끼면 뎝겠지만 ㅎ

.

?

만날꺼야? 말꺼야?

?

별론뎅

왜?

근데 몇살이에영

27

아항 ㅎ 그냥 저 친구만나기로 해서 ㅎㅎ

그래서 나랑은 안만나게?

넹

다른 날도?

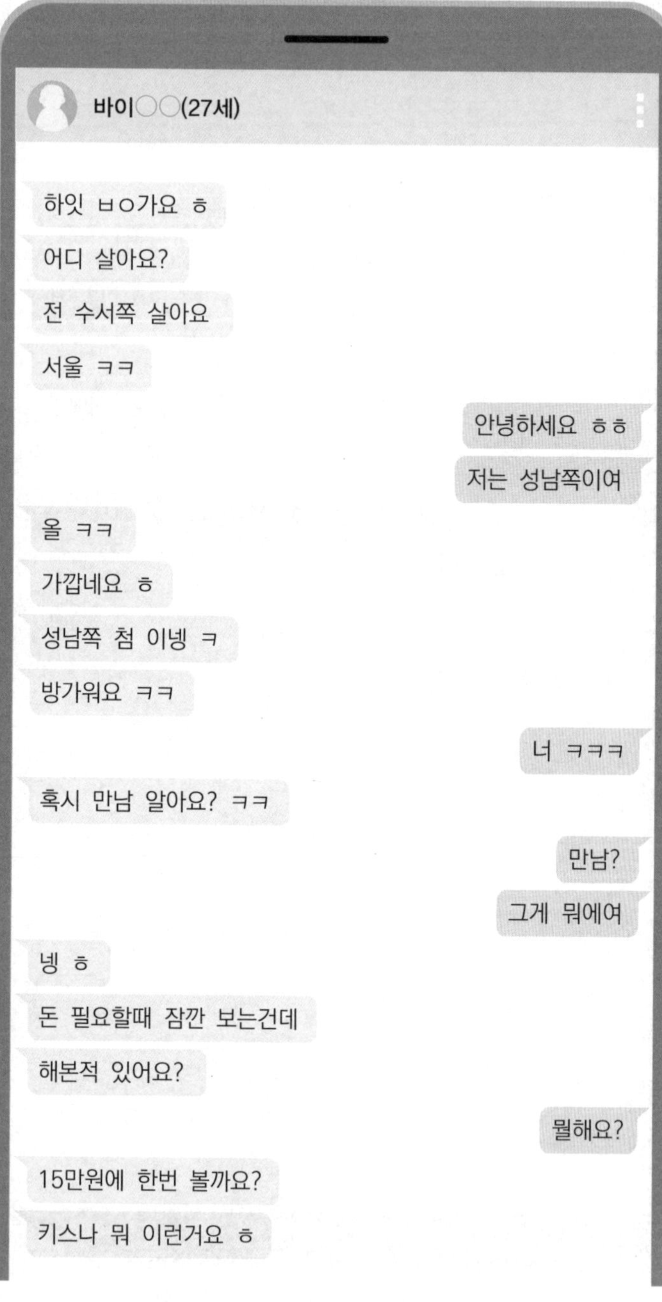
바이○○(27세)
하잇 ㅂㅇ가요 ㅎ
어디 살아요?
전 수서쪽 살아요
서울 ㅋㅋ
안녕하세요 ㅎㅎ
저는 성남쪽이여
올 ㅋㅋ
가깝네요 ㅎ
성남쪽 첨 이넹 ㅋ
방가워요 ㅋㅋ
너 ㅋㅋㅋ
혹시 만남 알아요? ㅋㅋ
만남?
그게 뭐에여
넹 ㅎ
돈 필요할때 잠깐 보는건데
해본적 있어요?
뭘해요?
15만원에 한번 볼까요?
키스나 뭐 이런거요 ㅎ

저 미성년자 인데여?

해본적 있어요?

잘 모르는데

아 15만원에 ㅅㅅ한번 하는건데

혹시나 하구

한 30분정도

저 미성년자라니까요,,

몇살이세요,,

아 ㅠ

혹시 하시는 분인줄 알구 ㅠ

27

ㅠ

미안해요 시간되시는분들 있어서 만날까 하구 물어
본건데

ㅠ

혹시 시간되세요?

15만원에 한번 보는 걸루요

대답좀 ㅠ

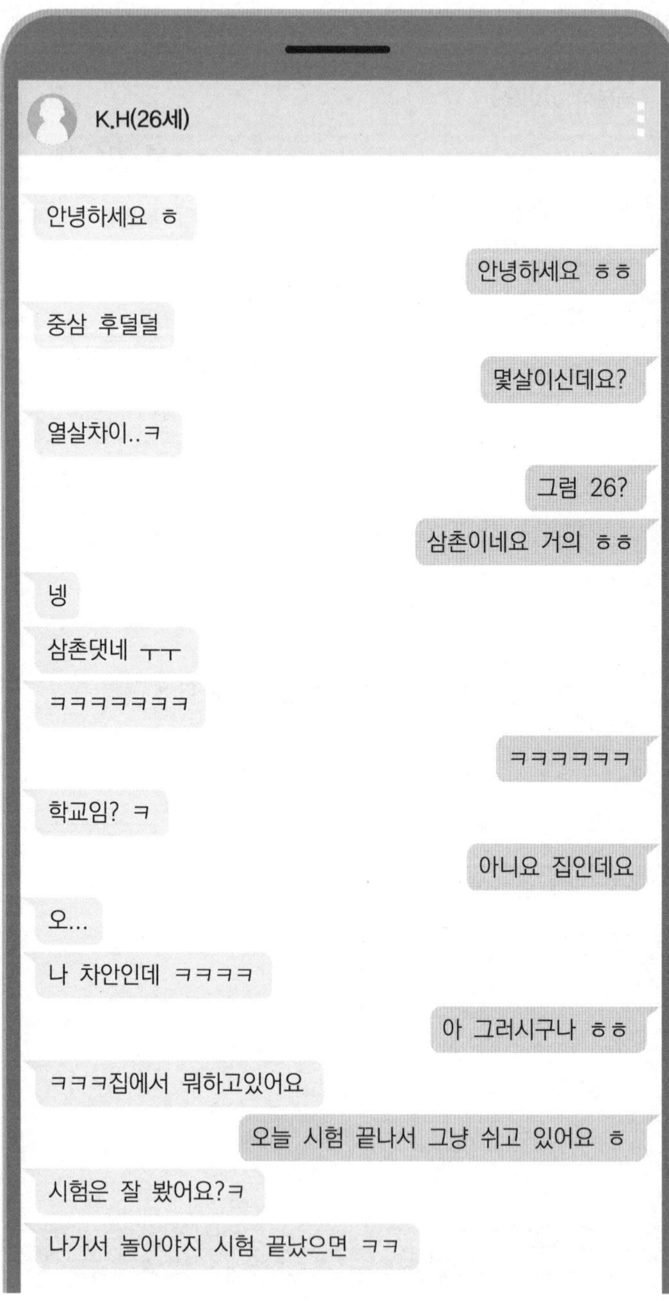
K.H(26세)
안녕하세요 ㅎ
안녕하세요 ㅎㅎ
중삼 후덜덜
몇살이신데요?
열살차이..ㅋ
그럼 26?
삼촌이네요 거의 ㅎㅎ
넹
삼촌댓네 ㅜㅜ
ㅋㅋㅋㅋㅋㅋㅋ
ㅋㅋㅋㅋㅋㅋ
학교임? ㅋ
아니요 집인데요
오...
나 차안인데 ㅋㅋㅋㅋ
아 그러시구나 ㅎㅎ
ㅋㅋㅋ집에서 뭐하고있어요
오늘 시험 끝나서 그냥 쉬고 있어요 ㅎ
시험은 잘 봤어요?ㅋ
나가서 놀아야지 시험 끝났으면 ㅋㅋ

내일부터 놀거고

오늘은 쉴건데요 ㅎㅎ

ㅋㅋㅋㅋㅋㅋㅋㅋㅋ넹 ㅋㅋ

아 심심하네..ㅠ

노세요

아저씨도

할게없음

그래서 나한테 연락한거에요? ㅋㅋㅋ

ㅋㅋㅋㅋㅋㅋㅋ넹 ㅋㅋ

뭔가 ㅋㅋㅋㅋ

아니다..ㅋ

?

뭔데요??

ㅋㅋ19금좋아할거같았음ㅋㅋ

아...

저 미성년자인데

뭐 어떰..ㅋㅋㅋ

그런가요...

그런거별로 안좋아해서

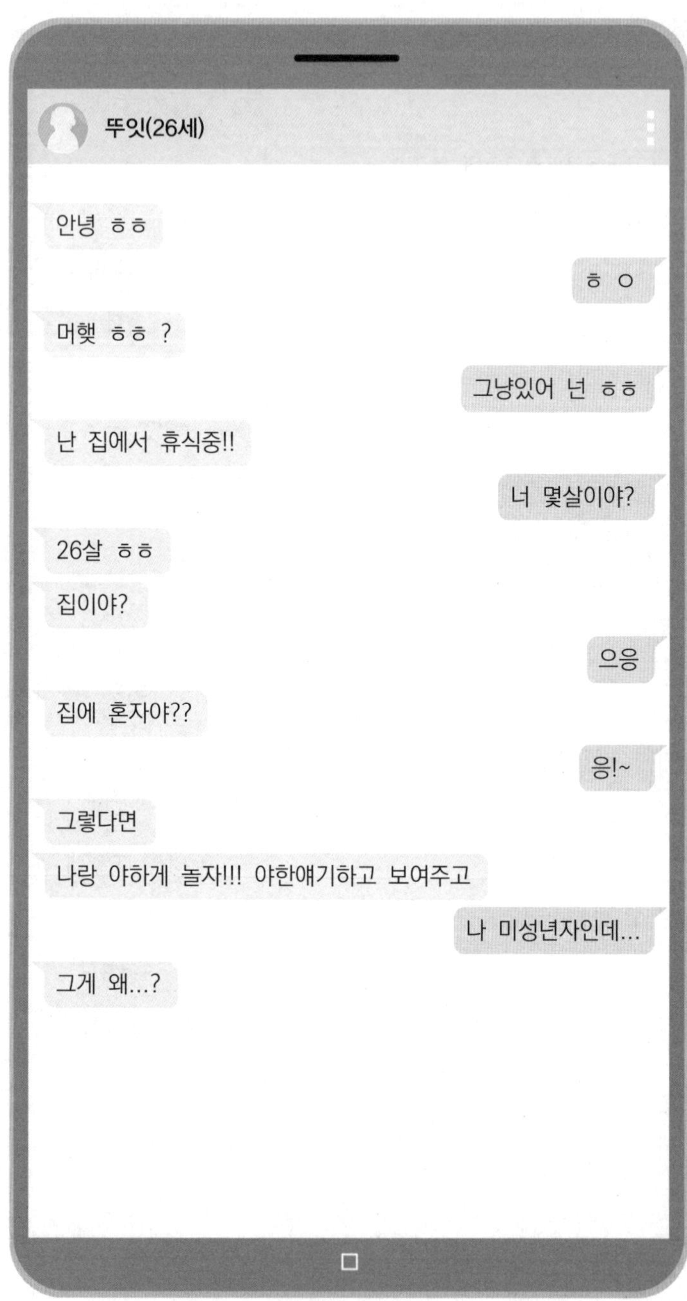

뚜잇(26세)
안녕 ㅎㅎ
ㅎㅇ
머햇 ㅎㅎ ?
그냥있어 넌 ㅎㅎ
난 집에서 휴식중!!
너 몇살이야?
26살 ㅎㅎ
집이야?
으응
집에 혼자야??
응!~
그렇다면
나랑 야하게 놀자!!! 야한얘기하고 보여주고
나 미성년자인데...
그게 왜...?

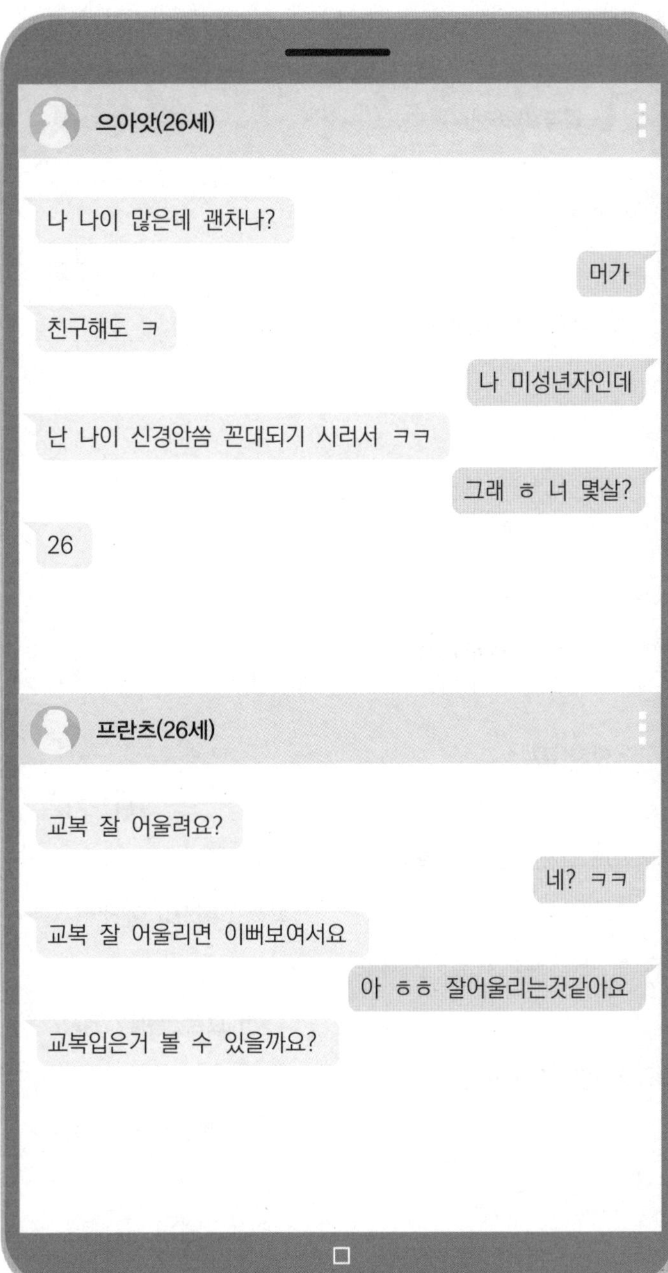

으아앗(26세)
나 나이 많은데 괜차나?
머가
친구해도 ㅋ
나 미성년자인데
난 나이 신경안씀 꼰대되기 시러서 ㅋㅋ
그래 ㅎ 너 몇살?
26
프란츠(26세)
교복 잘 어울려요?
네? ㅋㅋ
교복 잘 어울리면 이뻐보여서요
아 ㅎㅎ 잘어울리는것같아요
교복입은거 볼 수 있을까요?

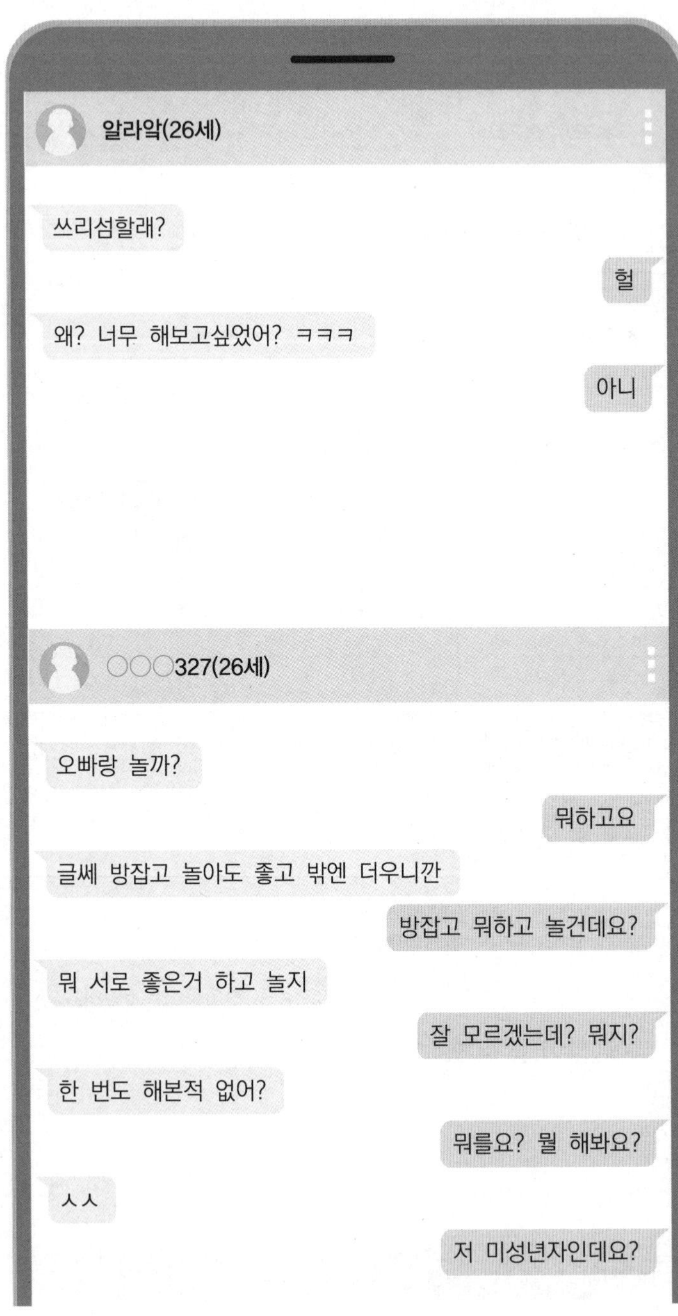

알라악(26세)
쓰리섬할래?
헐
왜? 너무 해보고싶었어? ㅋㅋㅋ
아니
○○○327(26세)
오빠랑 놀까?
뭐하고요
글쎄 방잡고 놀아도 좋고 밖엔 더우니깐
방잡고 뭐하고 놀건데요?
뭐 서로 좋은거 하고 놀지
잘 모르겠는데? 뭐지?
한 번도 해본적 없어?
뭐를요? 뭘 해봐요?
ㅅㅅ
저 미성년자인데요?

꼭 나랑 말구

남친이랑 해본적은없어?

요즘 중학생들도 많이 하던데

잘 모르겠는데여

해본 적 없다는 얘기지?

오빠랑 한 번 해보는건 어때?

몇살이세요?

26

저 미성년자인데여

하기 싫으면 안해두 되

뭐 너가 원하면 하자는거지

아 네 괜찮아요

그래ㅎ

만약 원하면 용돈도 챙겨주려 했지 ㅎㅎ

남친은 없어?

없는데여

ㅜㅠ 외롭진 않아?

아 아직 그런건 못 느낄땐가?

○기선(26세)
안녕하세요
안녕하세요 ㅎ
네 혹시 이상형이 어떻게 되세요
저 약간 곰같은 사람이요 ㅎ
아 얼굴을 안 보시나요
혹시 나이가 어떻게 되세요
16살이에용 ㅎ
그쪽은요?
26
저랑 편하게 지내까요
우와 10살차이
네 혹시 싫으시나요
아니 뭐 그냥 그런데여
어떻게 친하게 지내까요
어떻게 하면 친하게 지내는 건데요?
그냥 카톡하고 하면 되지
오빠는 이상한 사람 아니야
오빠만나고싶은 오빠가 동생
얼굴 보로 가도 되고
카톡은 잘 안해서 ㅎ

아 그면 문자전화하면서 지내까

어디살아

오빠는 서울건대

저 신림쪽이여

오빠랑 연락하면서 지내까

아니여

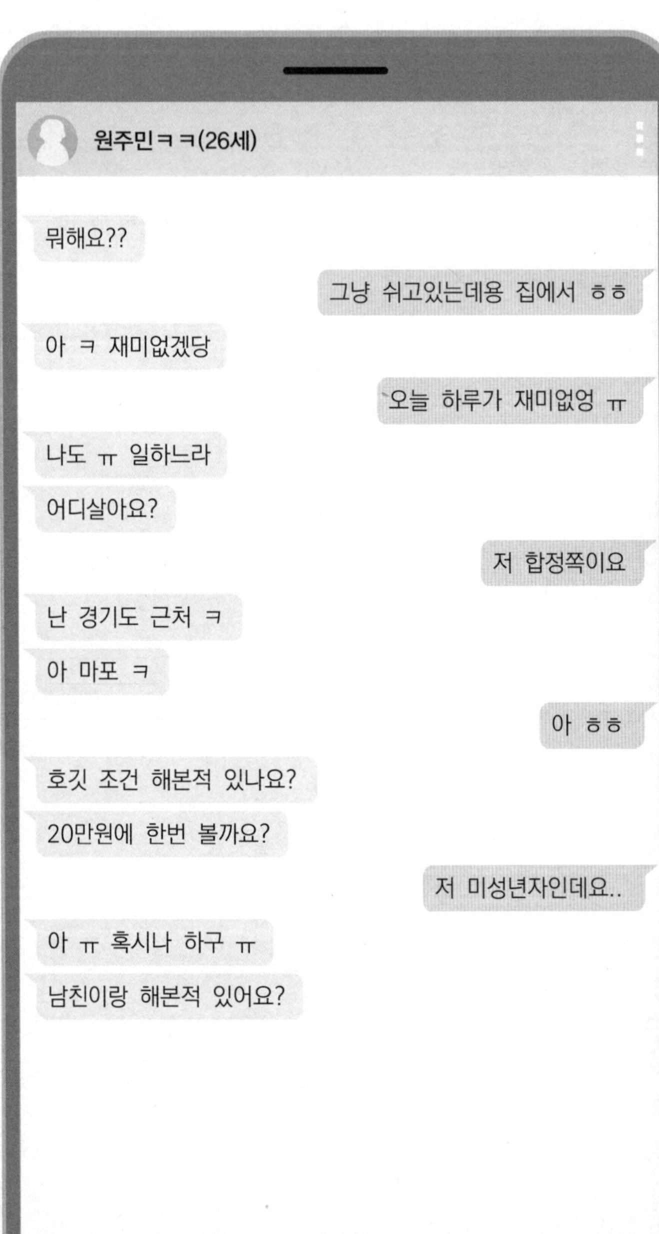
원주민ㅋㅋ(26세)
뭐해요??
그냥 쉬고있는데용 집에서 ㅎㅎ
아 ㅋ 재미없겠당
오늘 하루가 재미없엉 ㅠ
나도 ㅠ 일하느라
어디살아요?
저 합정쪽이요
난 경기도 근처 ㅋ
아 마포 ㅋ
아 ㅎㅎ
호깃 조건 해본적 있나요?
20만원에 한번 볼까요?
저 미성년자인데요..
아 ㅠ 혹시나 하구 ㅠ
남친이랑 해본적 있어요?

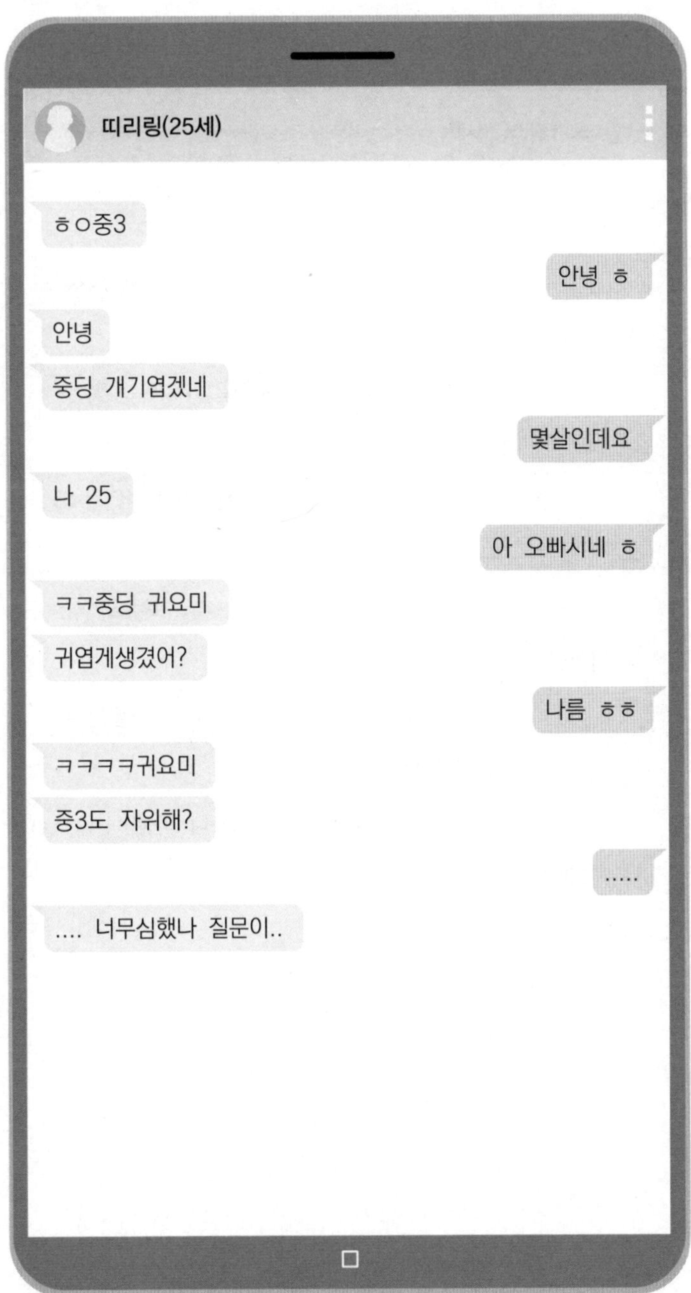
띠리링(25세)
ㅎㅇ중3
안녕 ㅎ
안녕
중딩 개기엽겠네
몇살인데요
나 25
아 오빠시네 ㅎ
ㅋㅋ중딩 귀요미
귀엽게생겼어?
나름 ㅎㅎ
ㅋㅋㅋㅋ귀요미
중3도 자위해?
.....
.... 너무심했나 질문이..

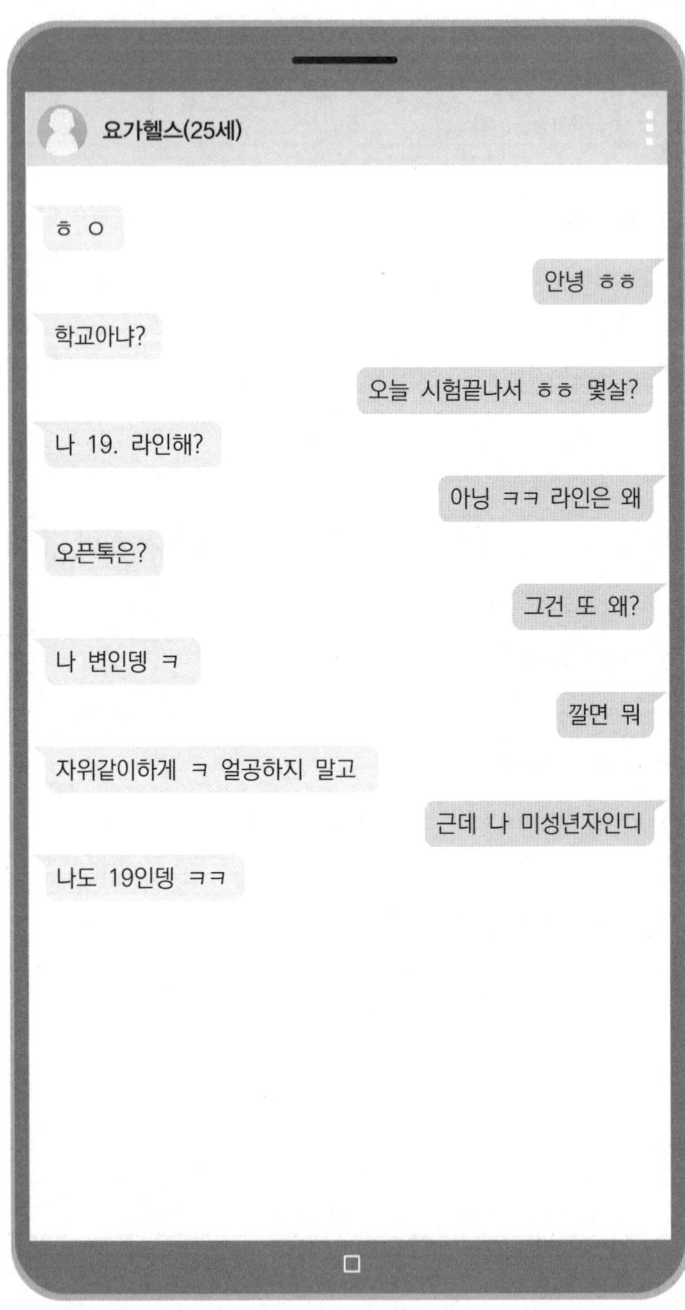
요가헬스(25세)
ㅎㅇ
안녕 ㅎㅎ
학교아냐?
오늘 시험끝나서 ㅎㅎ 몇살?
나 19. 라인해?
아닝 ㅋㅋ 라인은 왜
오픈톡은?
그건 또 왜?
나 변인뎅 ㅋ
깔면 뭐
자위같이하게 ㅋ 얼공하지 말고
근데 나 미성년자인디
나도 19인뎅 ㅋㅋ

바르○○○○깨끗한채팅(24세)

앙뇽

조건아니여라아아아아

안뇽ㅎㅎ

조건? 그게 뭐에요

휴

이상한 애들있ㅇㅇ..

요미야

몇살이에요 ㅎㅎ

24살!

아 ㅎㅎ

내가 흰양말페티쉬가있는데 여고딩 흰양말이랑 스타킹있는데 오빠 가지고놀아볼래~?

저희집에도 있는데 왜 오빠네에 가요...

아닝...

아니요 안놀래요

ㅠㅠㅠㅠㅠ

명령만 내려주ㅓ ㅎㅎ

나를 가지고 놀아주면 되는데

강아지마냥

그런거 싫어요..

자○잡으라면잡고 흔들라면 흔들고..

아

미안행..

그냥 이야기할까..

더운날에어컨(24세)
ㅋㅋㅋ 놀고픈 중삼쓰?
응 ㅋㅋ
오빠랑 놀아야겠넹
몇살까지 커버 할 수 있어?
상관없어요 ㅋㅋ
오 멋지구만 오빠랑 놀래?
몇살이신데여?
24살 괜찮아?
여기서 만나본적 잇으?
아뇨 한 번도 없어여
남친있어?
지금은 없어여 ㅠ
그것도 해봤어?
그거여?
남자랑 여자랑 하는거
뭐..?
섹스! 해본적 있냐구
아녀..ㅋㅋ
아직 거기까진 안했구나
내가 하고싶긴한데

좋은사람 있으면 좋겠따 ㅋㅋ
네 ㅋ
너 음...
나랑해볼래????

안녕쓰으~(24세)
용돈이 모잘라??
네 용돈 엄청 작아요 ㅠ
서울 근처면 오빠가 용돈 좀 줄까?
왜여..?
오빠랑 같이 놀고 용돈주고 어때?
음....
카톡아뒤뭐야? 애기랑 오래 연락하고 싶은데
안해여..
음 그럼 애기 알바같은거 할래?
무슨 알바여??
음 오빠 애인대행 알바?
하루 그냥 오빠랑
데이트하면서 연인처럼 노는거야
오빠 몇살인데여?
24살이징
여튼 강요하는건 아니구
애기 하고싶은거도 좋고
영화보고 밥먹고 카페가고
뭐 시간 남으면 모텔도 가고
저 16인데 괜찮아여..?

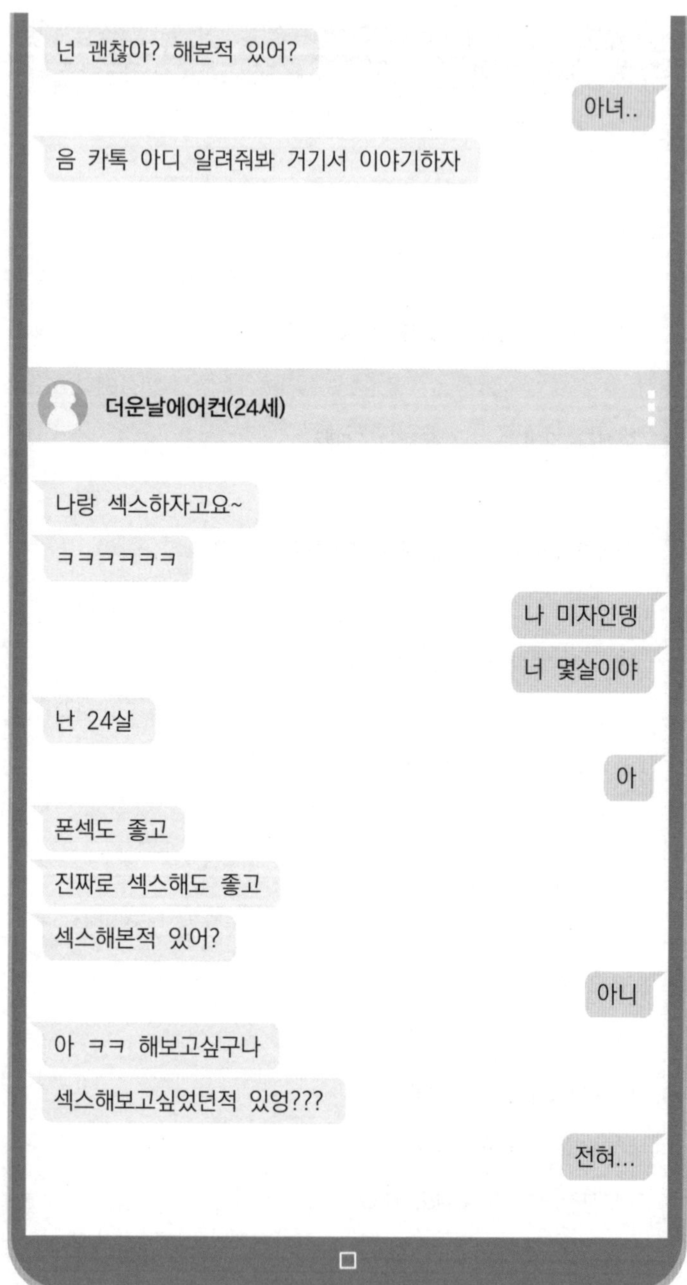
넌 괜찮아? 해본적 있어?
아녀..
음 카톡 아디 알려줘봐 거기서 이야기하자
더운날에어컨(24세)
나랑 섹스하자고요~
ㅋㅋㅋㅋㅋㅋ
나 미자인뎅
너 몇살이야
난 24살
아
폰섹도 좋고
진짜로 섹스해도 좋고
섹스해본적 있어?
아니
아 ㅋㅋ 해보고싶구나
섹스해보고싶었던적 있엉???
전혀...

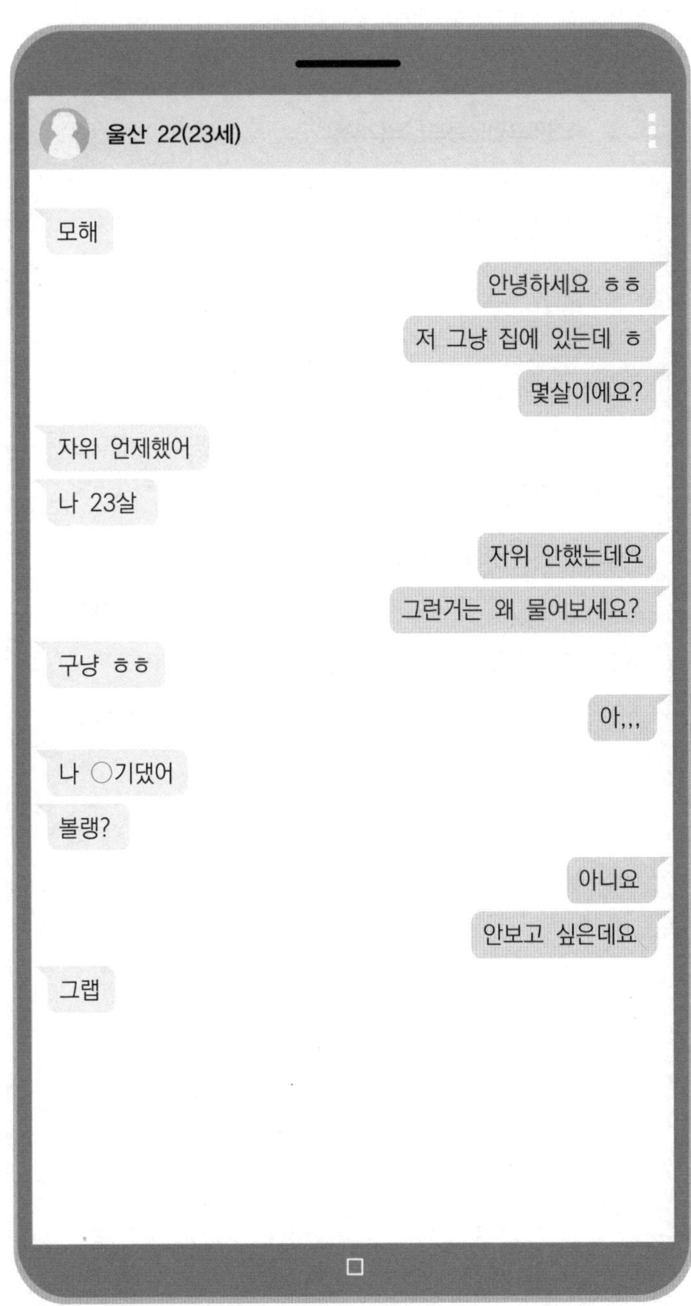
울산 22(23세)
모해
안녕하세요 ㅎㅎ
저 그냥 집에 있는데 ㅎ
몇살이에요?
자위 언제했어
나 23살
자위 안했는데요
그런거는 왜 물어보세요?
구냥 ㅎㅎ
아,,,
나 ○기댔어
볼랭?
아니요
안보고 싶은데요
그랩

사진찍으면용돈드려요(23세)
사진찍음 문상, 용돈드려요
무슨 사진이요?
그냥 라인에서 시키는 사진
찍어주시면되요 다리같은거
저 중학생인데 괜찮아요?
네 상관없으세용
라인만 깔아주세용 ㅎㅎ
몇살인데요?
저는 19살이에요
안할래요..

수원183(22세)

어디살아?

몇살? 저 노원구요.

왜물어봐요?

전22살이요

오늘모해요? 만나서 놀게

저 미성년자인뎅?

중3인데요? 만나서 뭐하고노시게요?

술마셔? 그냥 노는게 똑같지 ㅋㅋ

드라이브하고 영화보고 드라이브하그

어때? 용돈도 주고..

응큼곰○○(22세)

라인으로 야친하자

야친이 뭐에요?

야한친구

헐 몇살인데요?

22살

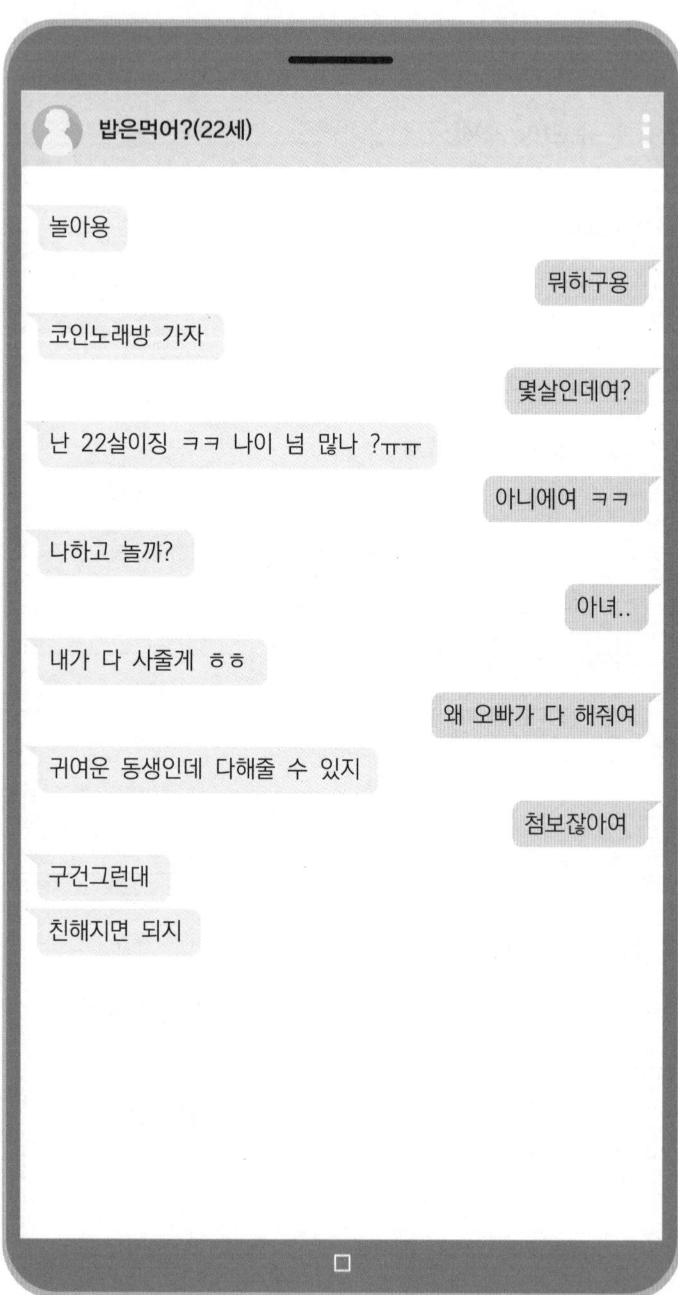
밥은먹어?(22세)
놀아용
뭐하구용
코인노래방 가자
몇살인데여?
난 22살이징 ㅋㅋ 나이 넘 많나 ?ㅠㅠ
아니에여 ㅋㅋ
나하고 놀까?
아녀..
내가 다 사줄게 ㅎㅎ
왜 오빠가 다 해줘여
귀여운 동생인데 다해줄 수 있지
첨보잖아여
구건그런대
친해지면 되지

몸왜(22세)
난 군인이다 ㅜ
우와 ㅎ 군인 몇살이세요
난 스물둘!
밖에 나가고싶다
군인 신기하다 ㅎㅎ
으아아악
힘들고 외롭다
힘든가보네요 ㅋㅋ
근데 핸드폰 막쓸수있어요?
요즘 가능해!
된지 얼마 안됐지
아하
그나저나 왜이리 외롭지..
넌 괜찮니
ㅎ ㅎ 부모님이 바빠서
에고 외롭긴 하겠다
내가 시간날 때 놀아줄겡
머하고 놀려구 ㅎㅎ
너 하고싶은거 다 괜찮어
전 뭐 없어요 ㅋㅋ

군대오니까

욕구 참는게 진짜 힘들더라

하

아.. 그럼 어케요;;

참고 있지..

가끔 화장실에서 푸는 정도..?

아..

오늘 못참겠다 진짜 ㅋㅋㅋㅋㅋㅋ

어뜩하지

후꾸루(22세)

내꺼 물건사진 보고 평가가능?

? 무슨물건?

몇살이세여?

슴둘이얌..

순수한 아이였둔 미안행

22살? 오빠다 ㅎㅎ

본적있어?

남자 아래 물건

아;; 저 미성년자인데여

아니요

한번 봐볼래?

아니요,,

어차피 익명인데

괜찮지 않아?

중3이면 이제 ○도 나올텐데

잘 모르겠는데요...

그냥 보기만 해주는건데

어때?

...

그냥 내꺼 사진만 보고

어떤지만 얘기해죠

상상만 해보는거야

봐줄거지?

…

(성기 사진)

내 자○ 어떤것 같아?

나중에 몇년후에

니남친이 저런 자○로

니 남친이 저런 자○로

니 다리 ○리고 ○○주면

어떨것 같아?

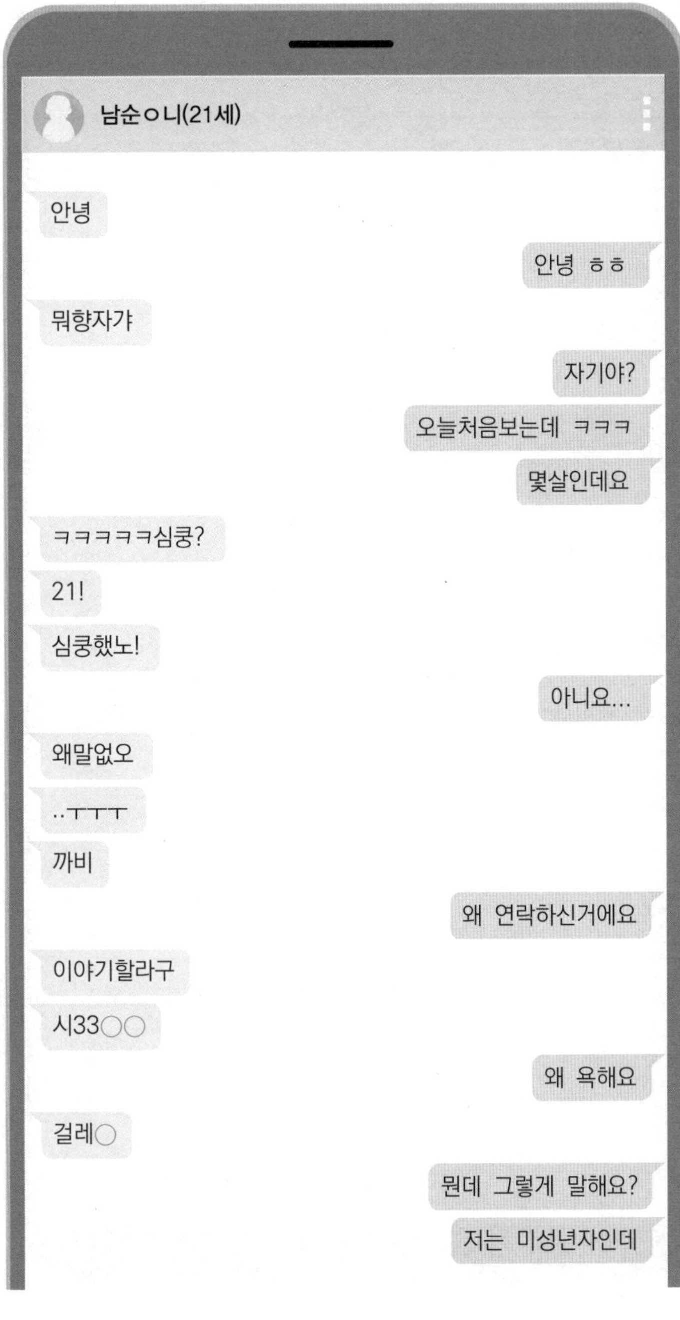
남순ㅇ니(21세)
안녕
안녕 ㅎㅎ
뭐향자갸
자기야?
오늘처음보는데 ㅋㅋㅋ
몇살인데요
ㅋㅋㅋㅋㅋ심쿵?
21!
심쿵했노!
아니요...
왜말없오
..ㅜㅜㅜ
까비
왜 연락하신거에요
이야기할라구
시33○○
왜 욕해요
걸레○
뭔데 그렇게 말해요?
저는 미성년자인데

그렇게 말하시는거 기분나쁘시네요
어쩔○발아
답도없고

야야(20세)

저.. 공주님 혹시 야한거좋아하시나요..?

저 미성년자인데...

아.. 미성년자라.. 안괜찮으신가요..?

그쪽은 갠찬타는 건가요

네..

크게 문제될게 없다고 생각해서..

몇 살이세요?

20살이요

라인영통으로 자위하는거 한번만 봐주실수있나요..
ㅠㅠ

서울자취(20세)
놀래요?
뭐하구요?
만나서 하루 놀아요
저 자취하는데
자췻방에서 같이 에어컨키고 놀래요?
어디서요?
화곡이요
뭐하고 놀아요?
에어컨 빵빵하게 해놓고 놋북으로 영화도보고 대화도하고 맛있는것도 먹고?
안할래여 ㅋㅋ
용돈도 필요하면... 크흠..
용돈이요?
많이줄수있는데 참고로 ㅋㅋㅋ
괜찮아요 ㅎ
최대 50까지 줄수있는데 3시간이면

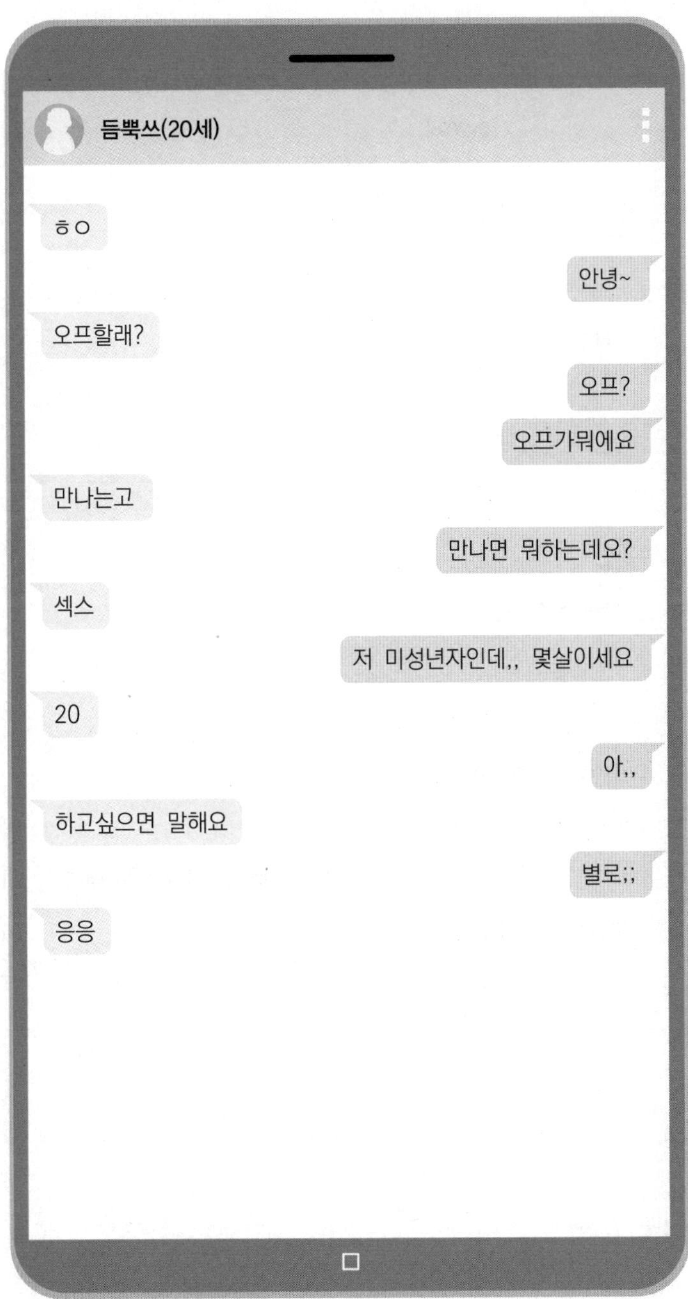
듬뿍쓰(20세)
ㅎㅇ
안녕~
오프할래?
오프?
오프가뭐에요
만나는고
만나면 뭐하는데요?
섹스
저 미성년자인데,, 몇살이세요
20
아,,
하고싶으면 말해요
별로;;
응응

○○○710(20세)
같이 놀자 ㅎㅎ
안녕 ㅎㅎ
지금 뭐해?
누워있는뎅 ㅋㅋ
야한거 좋아해?
아니.. 너 몇살이야?
20
자위해봤어?
아니.. 나 중3인데
가슴 커??
자위는 왜 안해봤때? ㅎㅎ
얼마나 좋은데 ㅎㅎ
아니 별로 말 안하고싶은대여..
걍 말해 뭐 어때
가슴커? ㅎㅎㅎㅎ

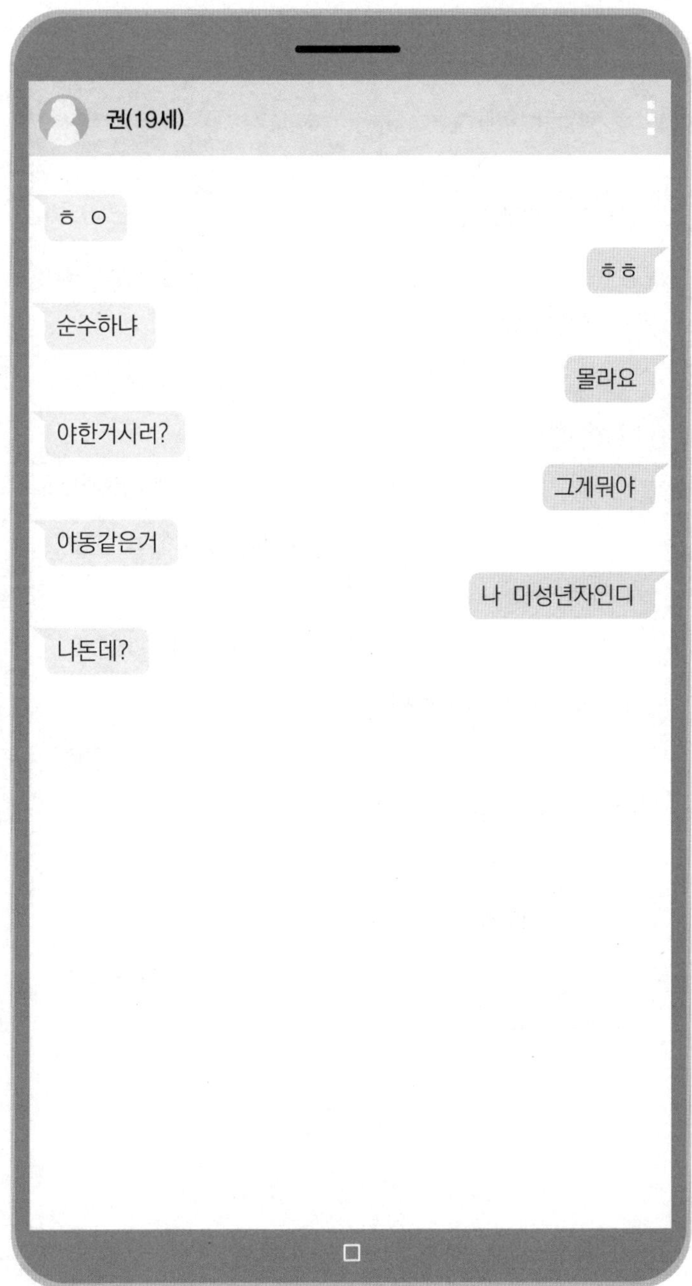
권(19세)
ㅎ ㅇ
ㅎㅎ
순수하냐
몰라요
야한거시러?
그게뭐야
야동같은거
나 미성년자인디
나돈데?

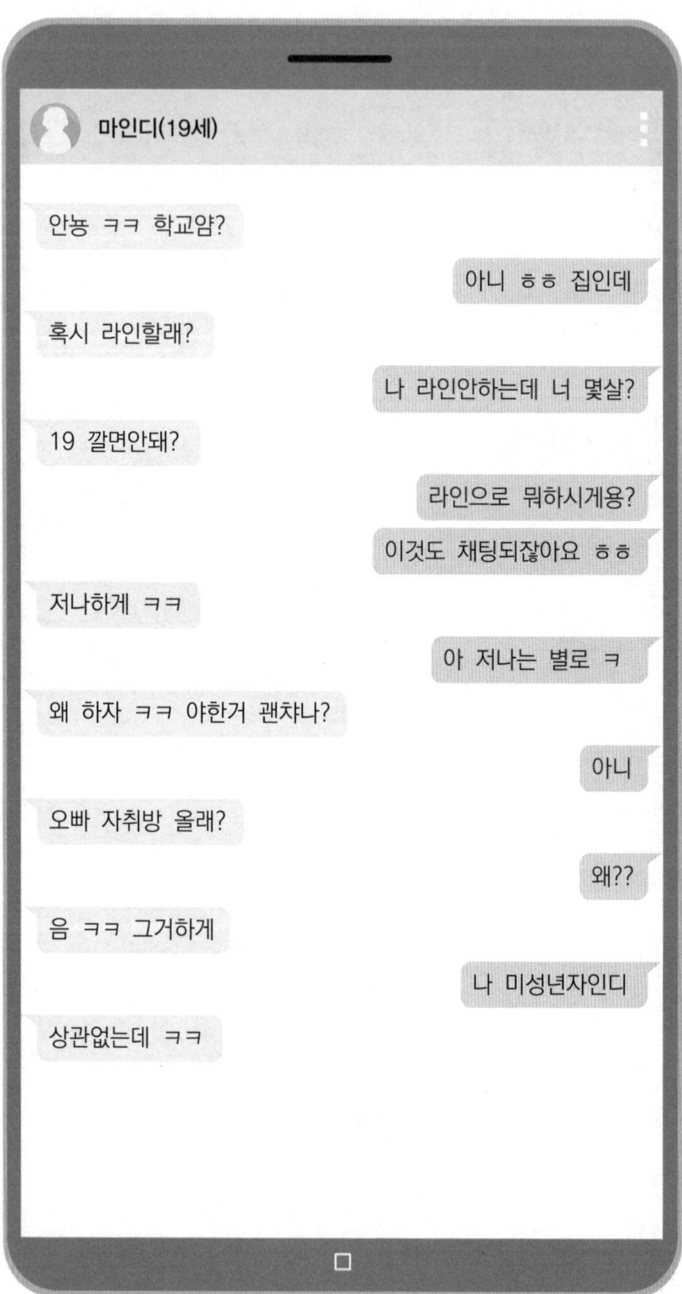
마인디(19세)
안뇽 ㅋㅋ 학교얌?
아니 ㅎㅎ 집인데
혹시 라인할래?
나 라인안하는데 너 몇살?
19 깔면안돼?
라인으로 뭐하시게용?
이것도 채팅되잖아요 ㅎㅎ
저나하게 ㅋㅋ
아 저나는 별로 ㅋ
왜 하자 ㅋㅋ 야한거 괜챠나?
아니
오빠 자취방 올래?
왜??
음 ㅋㅋ 그거하게
나 미성년자인디
상관없는데 ㅋㅋ

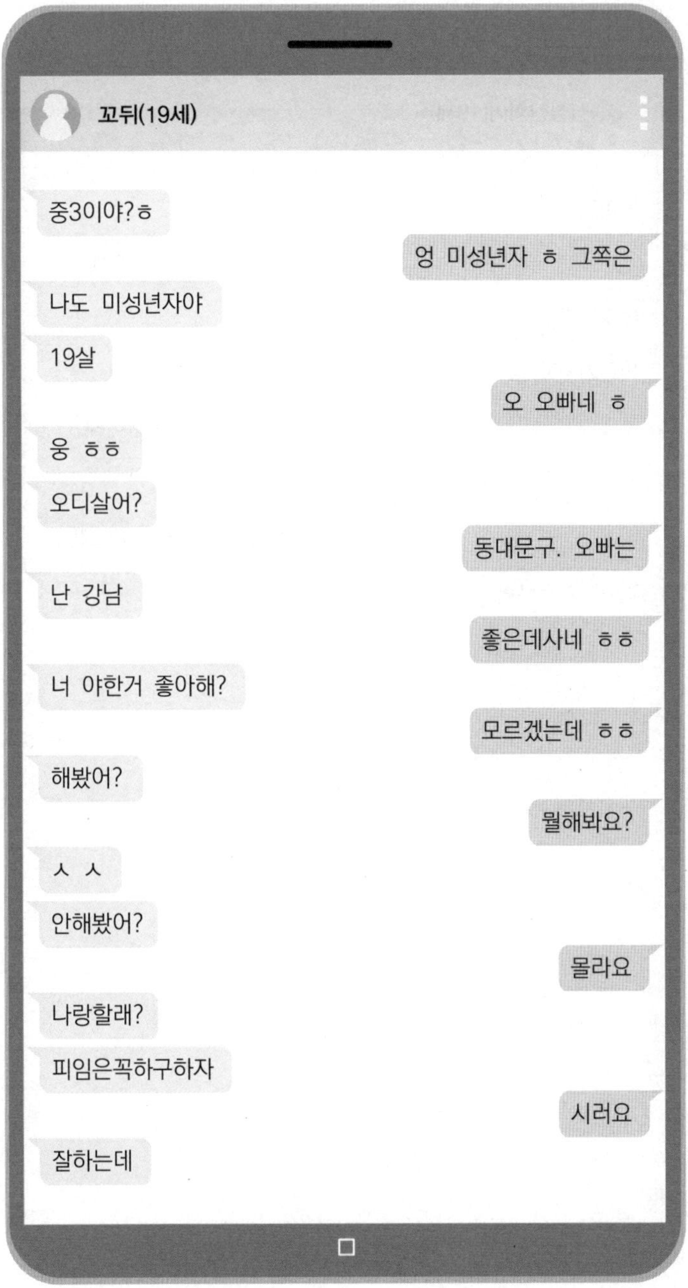

꼬뒤(19세)

중3이야?ㅎ

엉 미성년자 ㅎ 그쪽은

나도 미성년자야

19살

오 오빠네 ㅎ

웅 ㅎㅎ

오디살어?

동대문구. 오빠는

난 강남

좋은데사네 ㅎㅎ

너 야한거 좋아해?

모르겠는데 ㅎㅎ

해봤어?

뭘해봐요?

ㅅㅅ

안해봤어?

몰라요

나랑할래?

피임은꼭하구하자

시러요

잘하는데

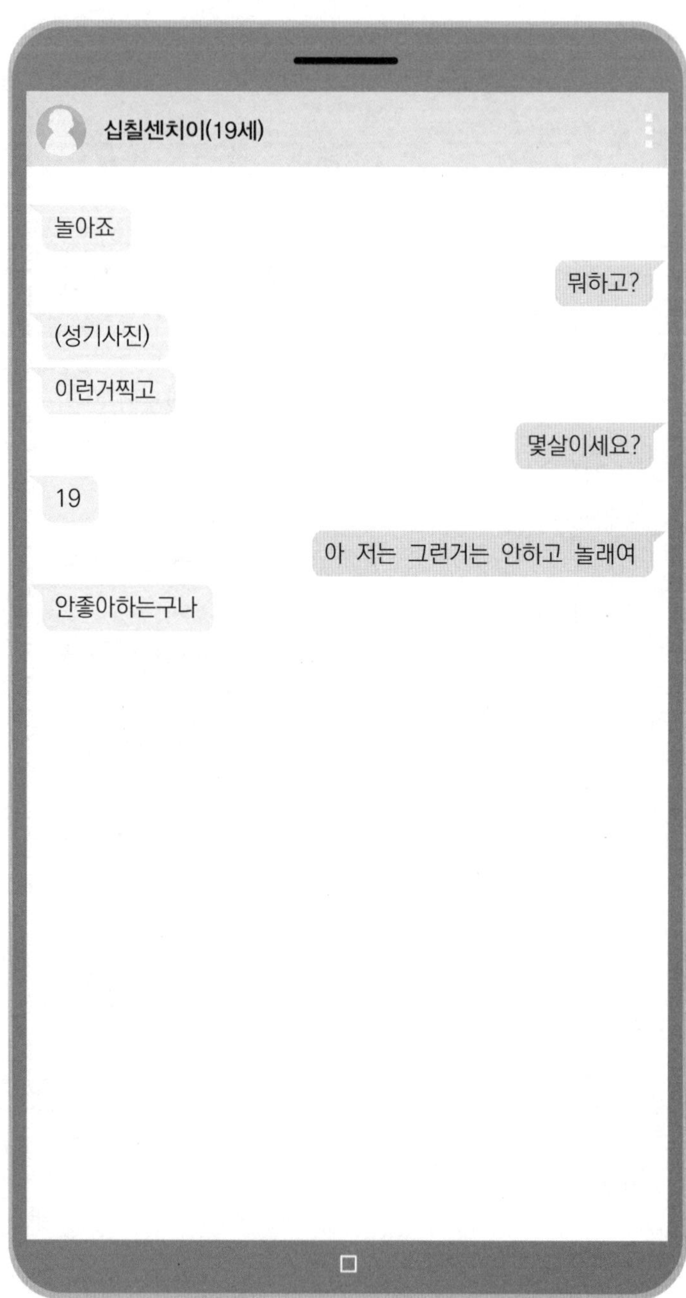
십칠센치이(19세)
놀아죠
뭐하고?
(성기사진)
이런거찍고
몇살이세요?
19
아 저는 그런거는 안하고 놀래여
안좋아하는구나

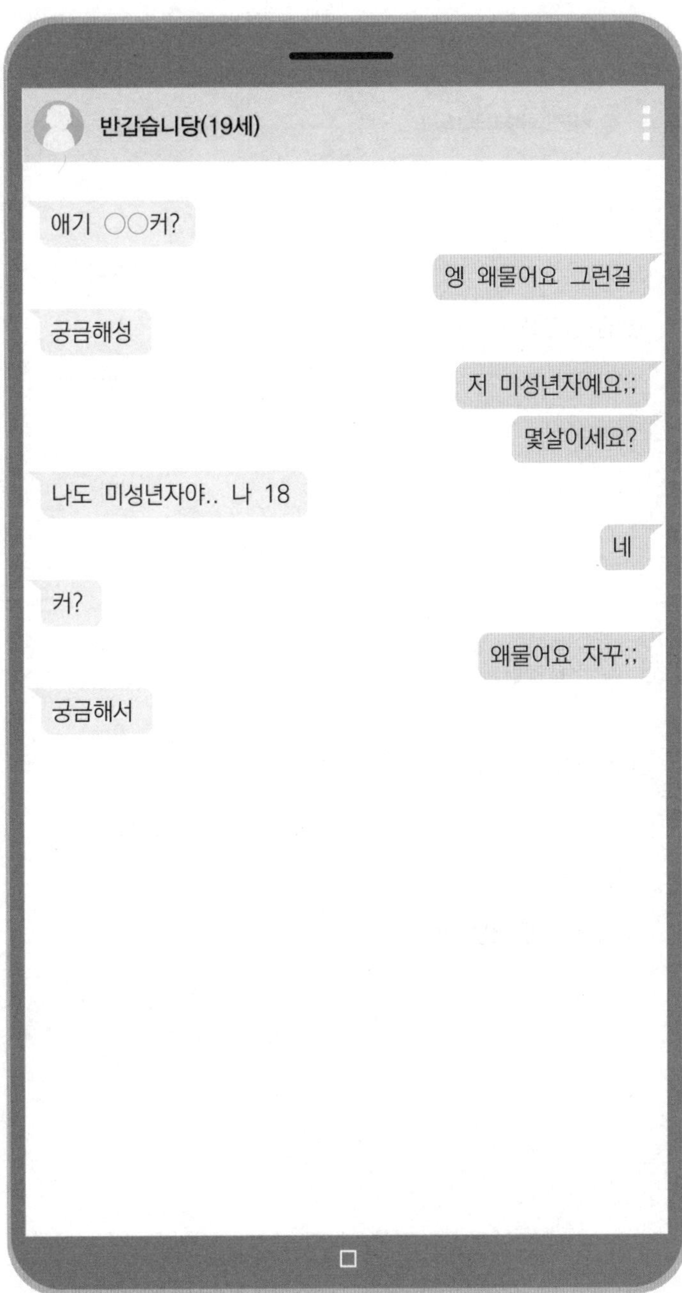
반갑습니당(19세)
애기 ○○커?
엥 왜물어요 그런걸
궁금해성
저 미성년자예요;;
몇살이세요?
나도 미성년자야.. 나 18
네
커?
왜물어요 자꾸;;
궁금해서

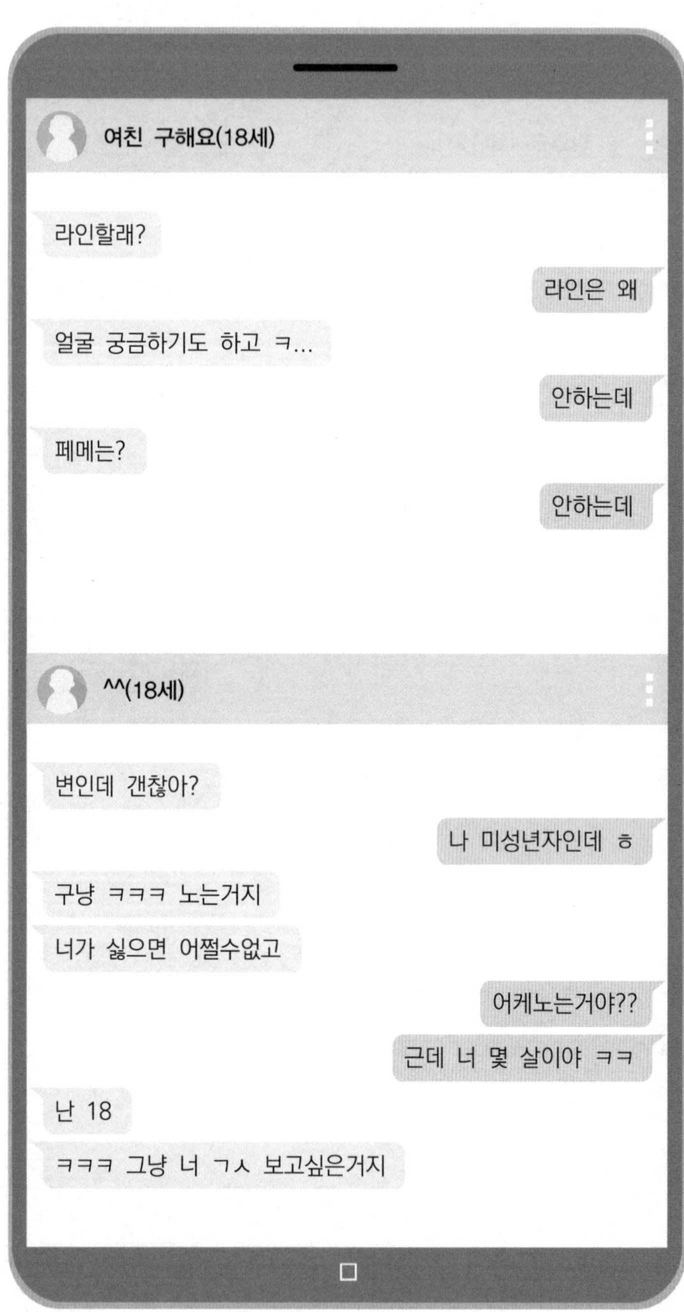
여친 구해요(18세)
라인할래?
라인은 왜
얼굴 궁금하기도 하고 ㅋ...
안하는데
페메는?
안하는데
^^(18세)
변인데 갠찮아?
나 미성년자인데 ㅎ
구냥 ㅋㅋㅋ 노는거지
너가 싫으면 어쩔수없고
어케노는거야??
근데 너 몇 살이야 ㅋㅋ
난 18
ㅋㅋㅋ 그냥 너 ㄱㅅ 보고싶은거지

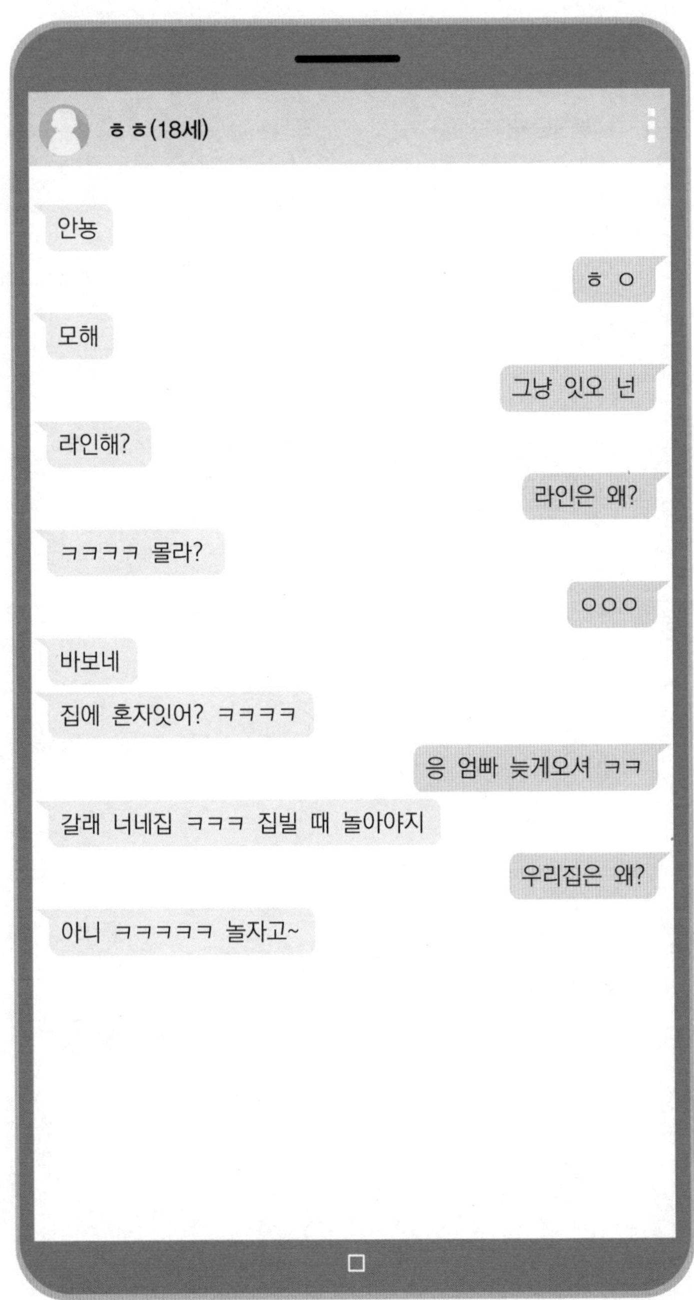
ㅎㅎ(18세)
안뇽
ㅎㅇ
모해
그냥 잇오 넌
라인해?
라인은 왜?
ㅋㅋㅋㅋ 몰라?
ㅇㅇㅇ
바보네
집에 혼자잇어? ㅋㅋㅋㅋ
응 엄빠 늦게오셔 ㅋㅋ
갈래 너네집 ㅋㅋㅋ 집빌 때 놀아야지
우리집은 왜?
아니 ㅋㅋㅋㅋㅋ 놀자고~

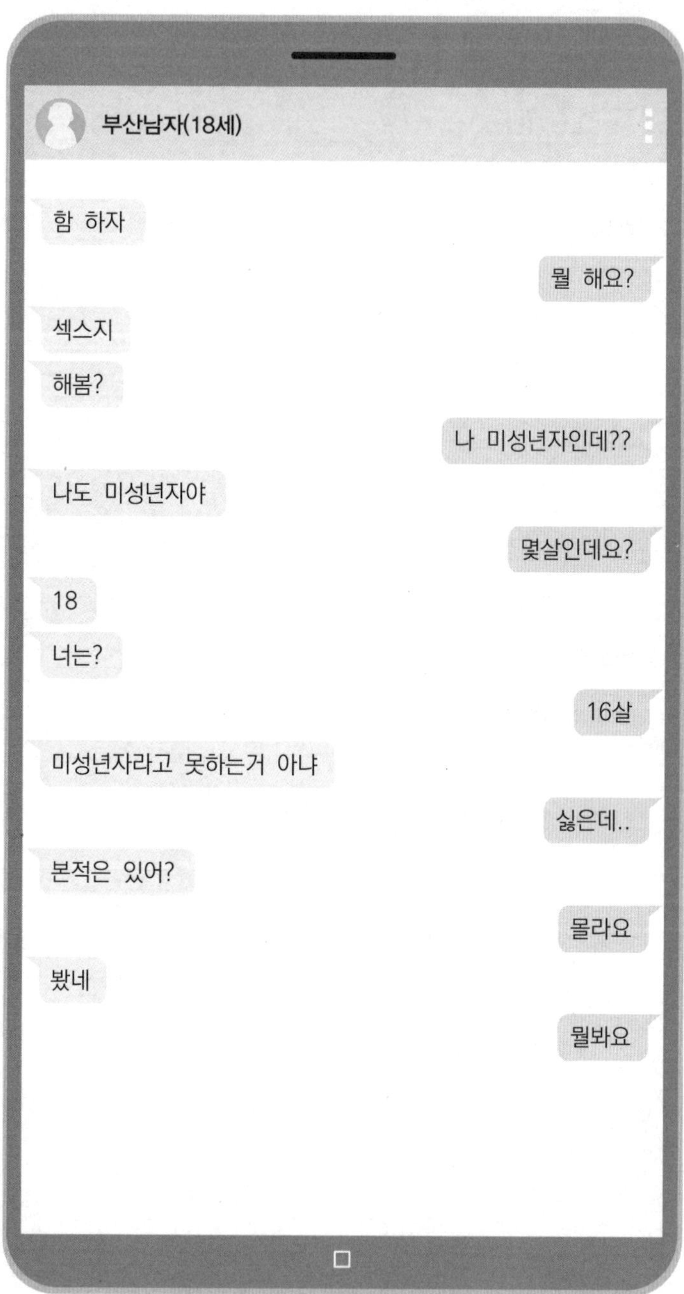
부산남자(18세)
함 하자
뭘 해요?
섹스지
해봄?
나 미성년자인데??
나도 미성년자야
몇살인데요?
18
너는?
16살
미성년자라고 못하는거 아냐
싫은데..
본적은 있어?
몰라요
봤네
뭘봐요

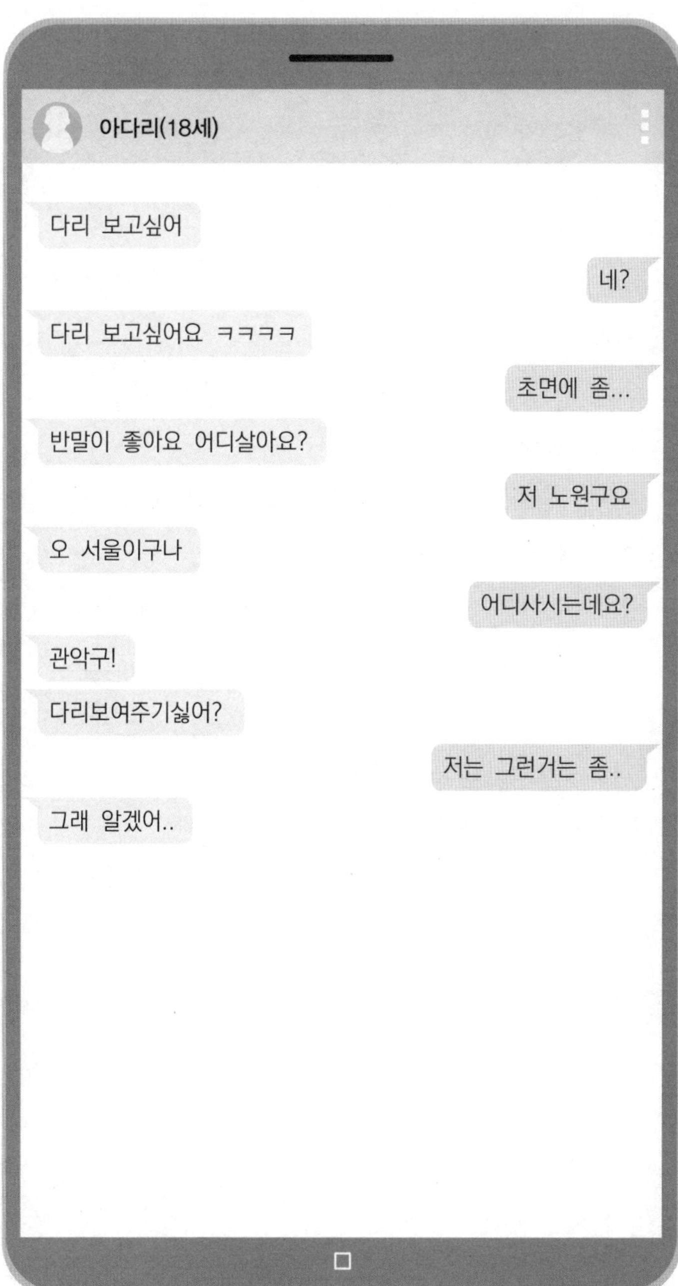
아다리(18세)
다리 보고싶어
네?
다리 보고싶어요 ㅋㅋㅋㅋ
초면에 좀...
반말이 좋아요 어디살아요?
저 노원구요
오 서울이구나
어디사시는데요?
관악구!
다리보여주기싫어?
저는 그런거는 좀..
그래 알겠어..

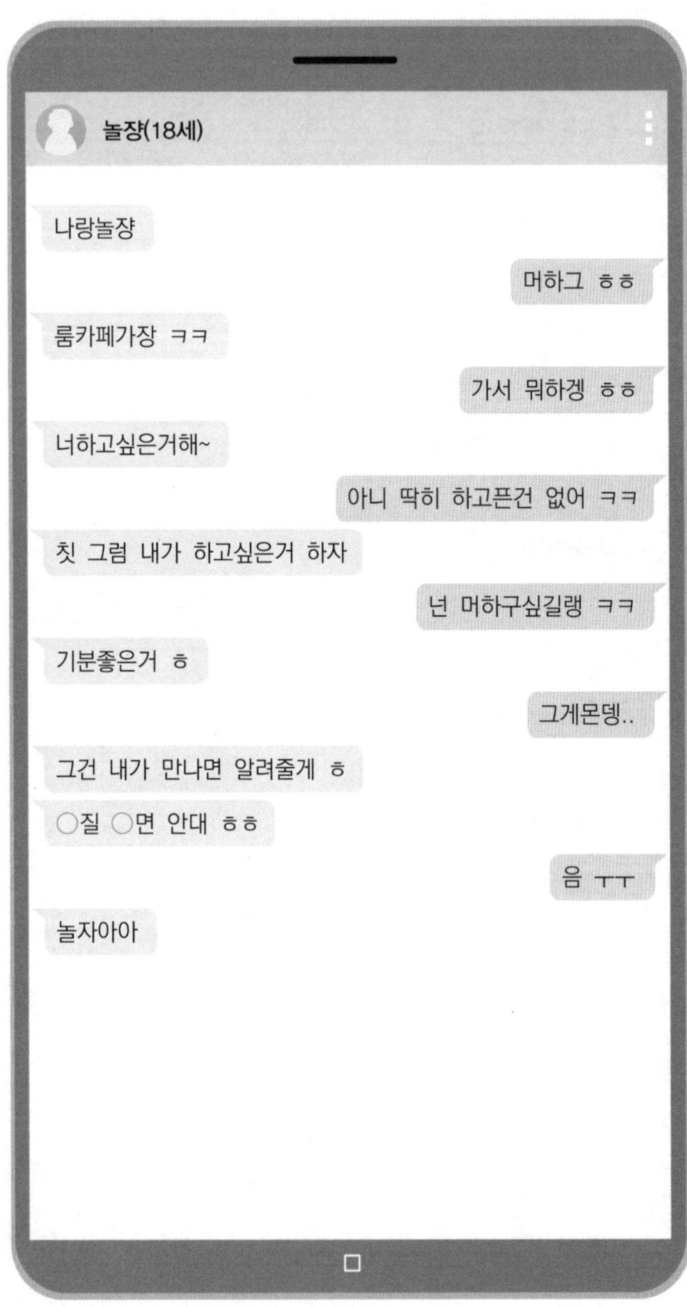

놀쟝(18세)
나랑놀쟝
머하그 ㅎㅎ
룸카페가장 ㅋㅋ
가서 뭐하겡 ㅎㅎ
너하고싶은거해~
아니 딱히 하고픈건 없어 ㅋㅋ
칫 그럼 내가 하고싶은거 하자
넌 머하구싶길랭 ㅋㅋ
기분좋은거 ㅎ
그게몬뎅..
그건 내가 만나면 알려줄게 ㅎ
○질 ○면 안대 ㅎㅎ
음 ㅜㅜ
놀자아아

치 ㅏ 나(17세)
나 17인데. 만날래?
만나는건 싫어요
그래그래
그럼 전화해
그냥 이렇게 문자하면 되잖아요 ㅎㅎ
아아
그럼 영통
영통이나 통화나...
둘다 별로..
아
그럼 사진
어떄
모르겠어요
그럼사진해
좋지?
잘 모르겠어요
그럼하자
모르겠으면
해야지
그냥 별로일거같은데

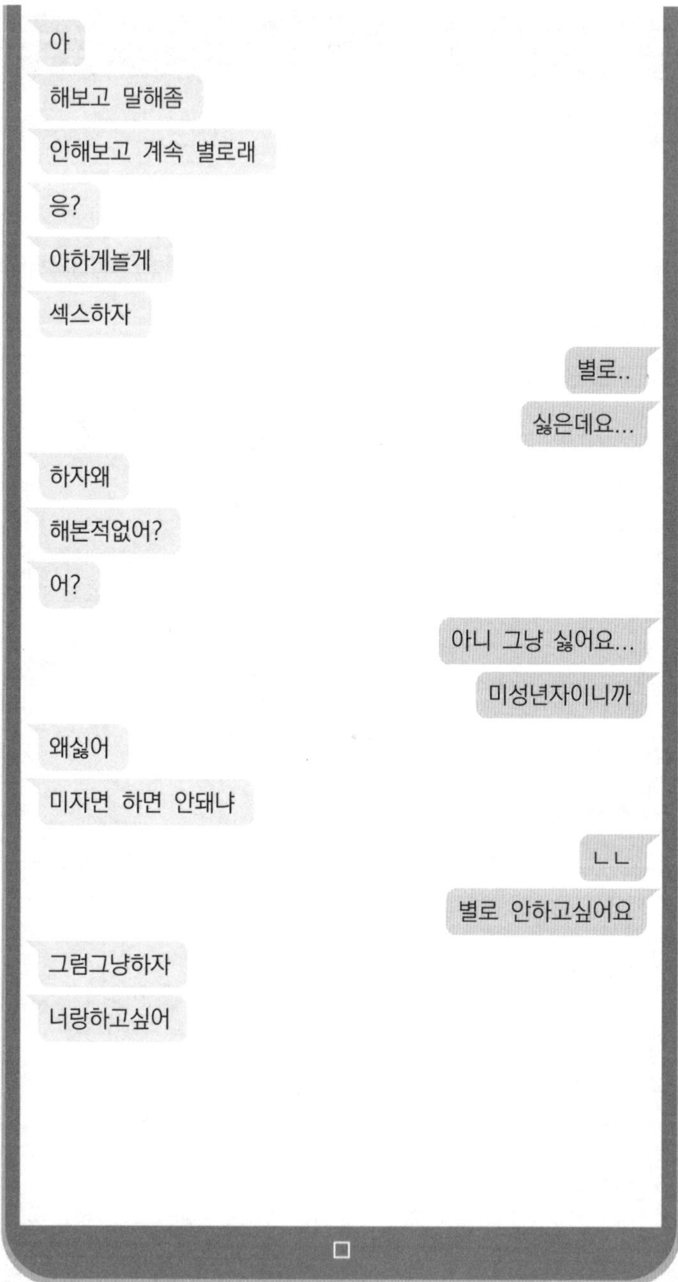
아
해보고 말해좀
안해보고 계속 별로래
응?
야하게놀게
섹스하자
별로..
싫은데요...
하자왜
해본적없어?
어?
아니 그냥 싫어요...
미성년자이니까
왜싫어
미자면 하면 안돼냐
ㄴㄴ
별로 안하고싶어요
그럼그냥하자
너랑하고싶어

17(17세)
중삼 맛있지
.... 저 미성년자인데
나도 미성년자인데... 고1
너 한번도 안해봤어?
몰라요.. 별로 안좋아해서
해봐 좋은데

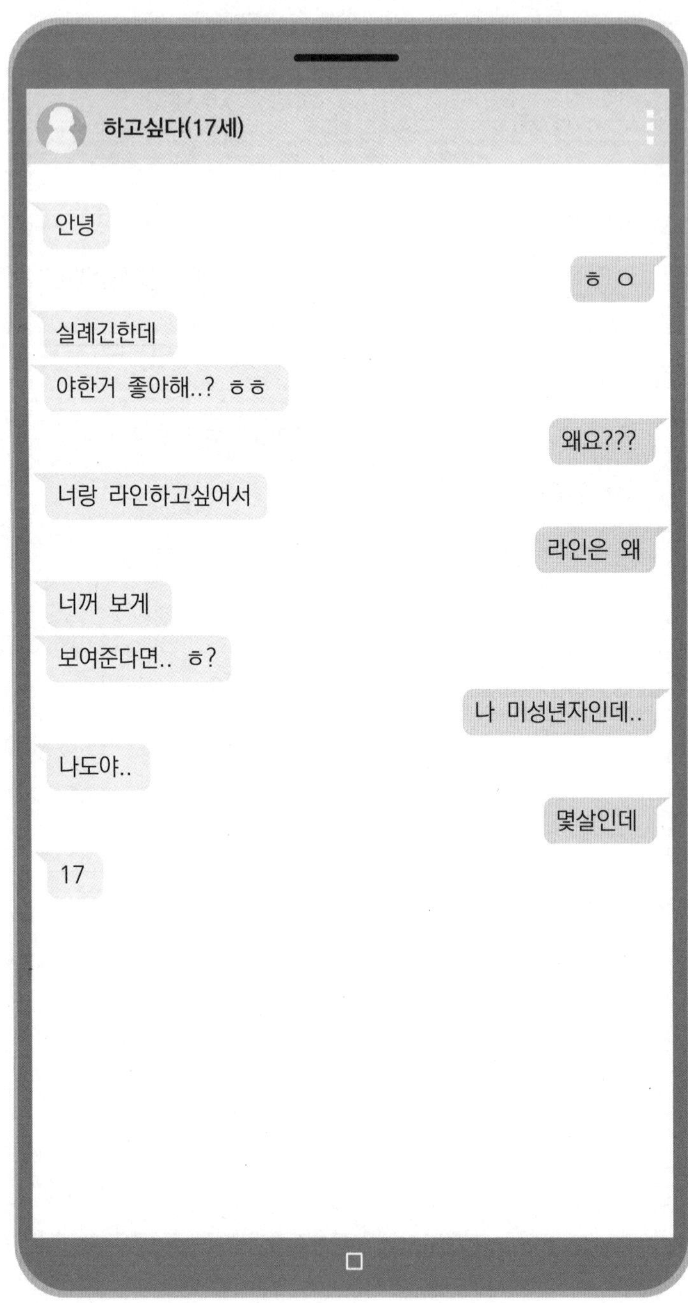
하고싶다(17세)
안녕
ㅎㅇ
실례긴한데
야한거 좋아해..? ㅎㅎ
왜요???
너랑 라인하고싶어서
라인은 왜
너꺼 보게
보여준다면.. ㅎ?
나 미성년자인데..
나도야..
몇살인데
17

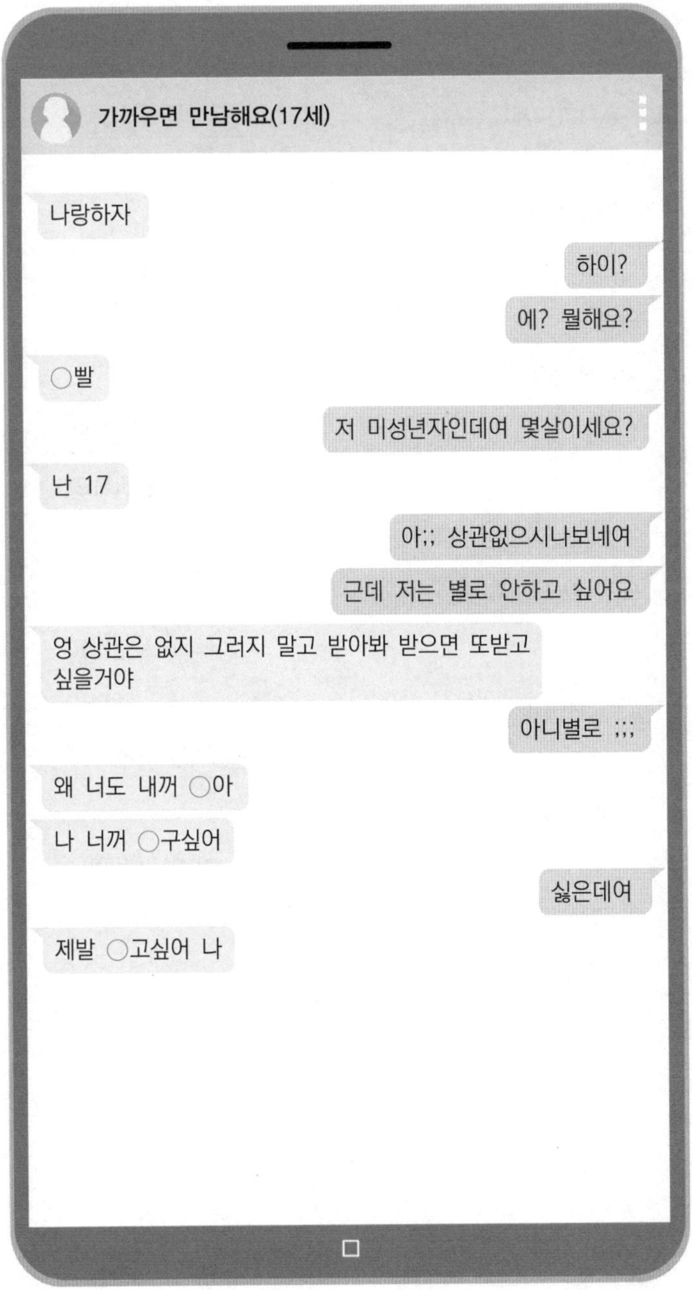

가까우면 만남해요(17세)

나랑하자

하이?

에? 뭘해요?

○빨

저 미성년자인데여 몇살이세요?

난 17

아;; 상관없으시나보네여

근데 저는 별로 안하고 싶어요

엉 상관은 없지 그러지 말고 받아봐 받으면 또받고 싶을거야

아니별로 ;;;

왜 너도 내꺼 ○아

나 너꺼 ○구싶어

싫은데여

제발 ○고싶어 나

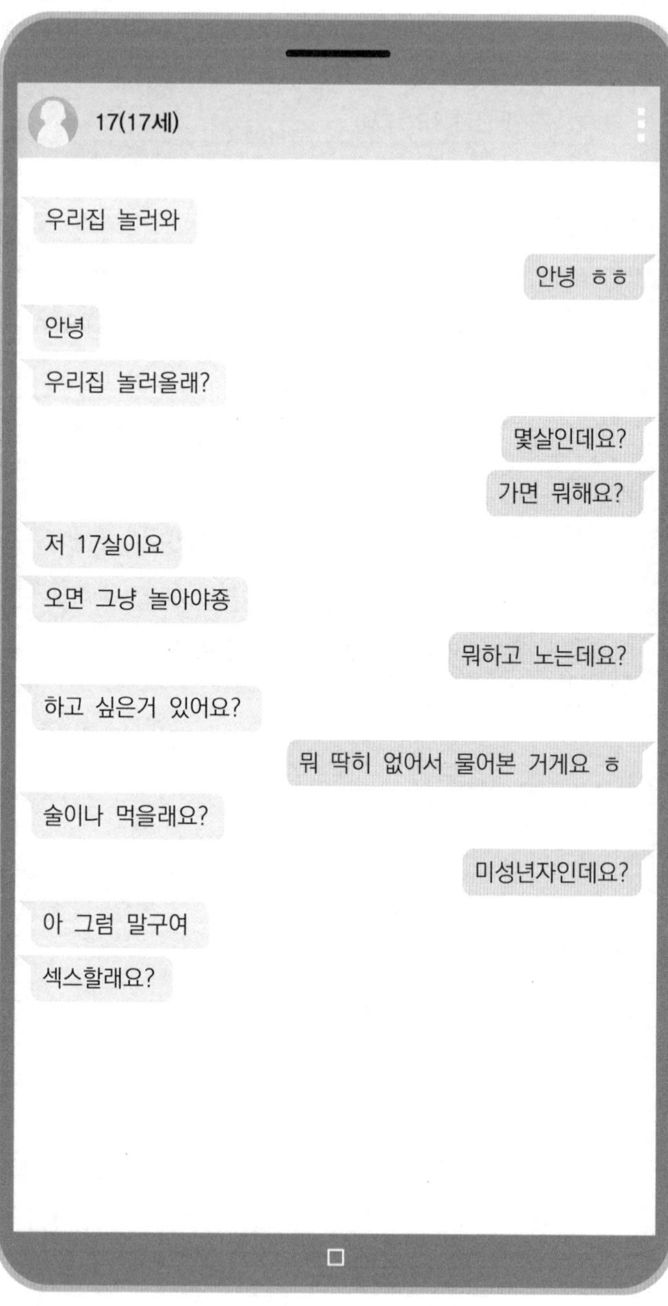

17(17세)
우리집 놀러와
안녕 ㅎㅎ
안녕
우리집 놀러올래?
몇살인데요?
가면 뭐해요?
저 17살이요
오면 그냥 놀아야죵
뭐하고 노는데요?
하고 싶은거 있어요?
뭐 딱히 없어서 물어본 거게요 ㅎ
술이나 먹을래요?
미성년자인데요?
아 그럼 말구여
섹스할래요?

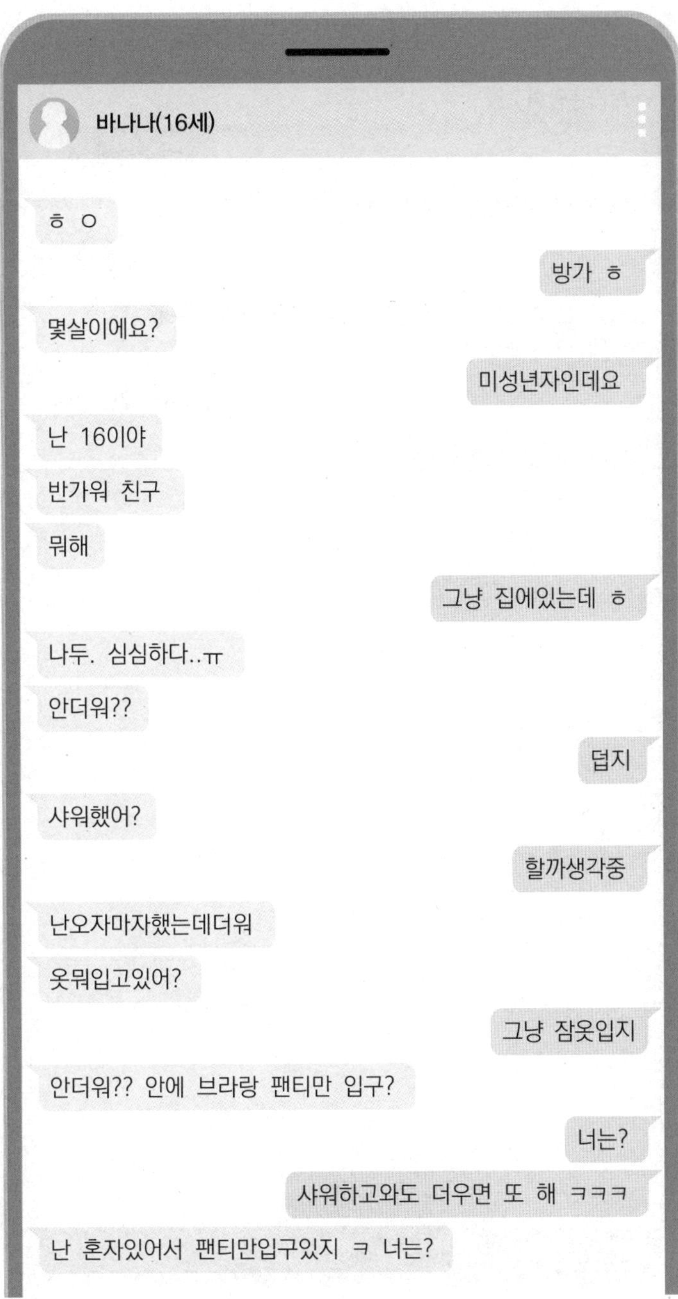
바나나(16세)
ㅎㅇ
방가 ㅎ
몇살이에요?
미성년자인데요
난 16이야
반가워 친구
뭐해
그냥 집에있는데 ㅎ
나두. 심심하다..ㅠ
안더워??
덥지
샤워했어?
할까생각중
난오자마자했는데더워
옷뭐입고있어?
그냥 잠옷입지
안더워?? 안에 브라랑 팬티만 입구?
너는?
샤워하고와도 더우면 또 해 ㅋㅋㅋ
난 혼자있어서 팬티만입구있지 ㅋ 너는?

나는 위에 옷입지

브라는안하구?

모르겠는데 ㅎㅎ

왜?? 너 수줍음많나보네.. ㅋㅋ

그냥 별로 ㅎㅎ

놀기싫으면 갈게 난 심심해서 서로 재밌게놀려구했는데 넌 재미없나보네

맘대로 해요 ㅋㅋ

니가 대답을 안해주니까

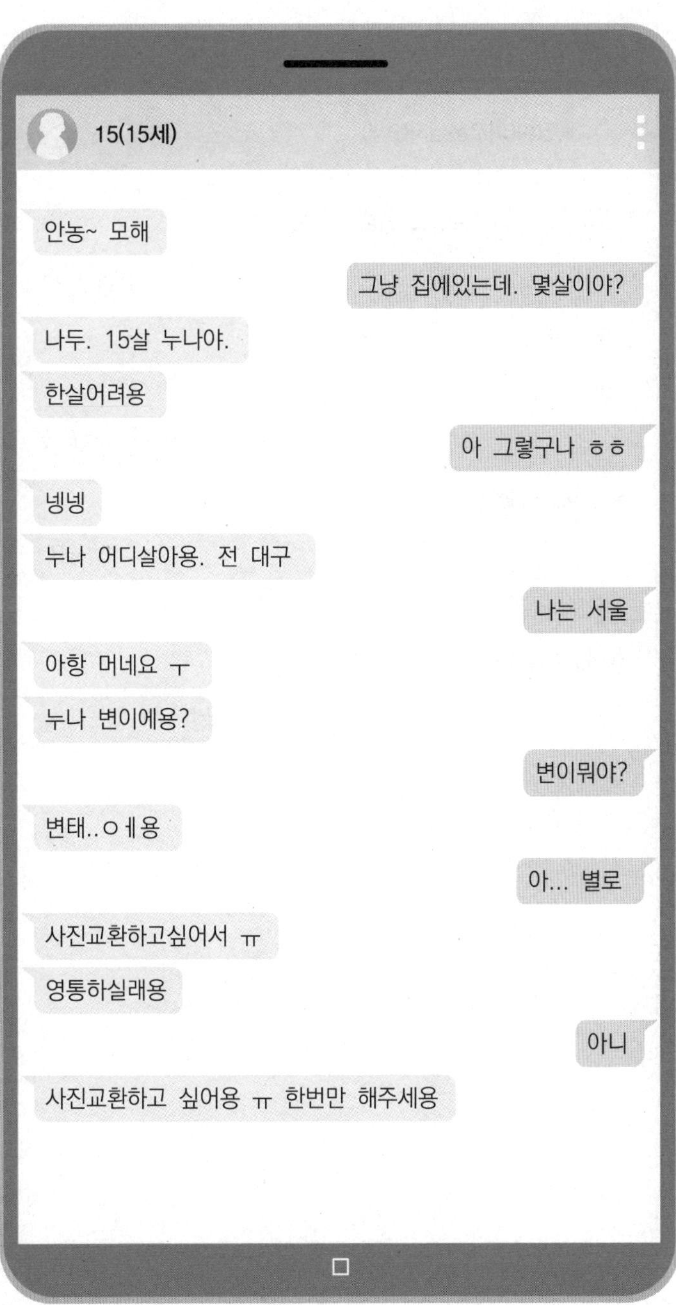
15(15세)
안농~ 모해
그냥 집에있는데. 몇살이야?
나두. 15살 누나야.
한살어려용
아 그렇구나 ㅎㅎ
넹넹
누나 어디살아용. 전 대구
나는 서울
아항 머네요 ㅜ
누나 변이에용?
변이뭐야?
변태..ㅇㅔ용
아... 별로
사진교환하고싶어서 ㅠ
영통하실래용
아니
사진교환하고 싶어용 ㅠ 한번만 해주세용

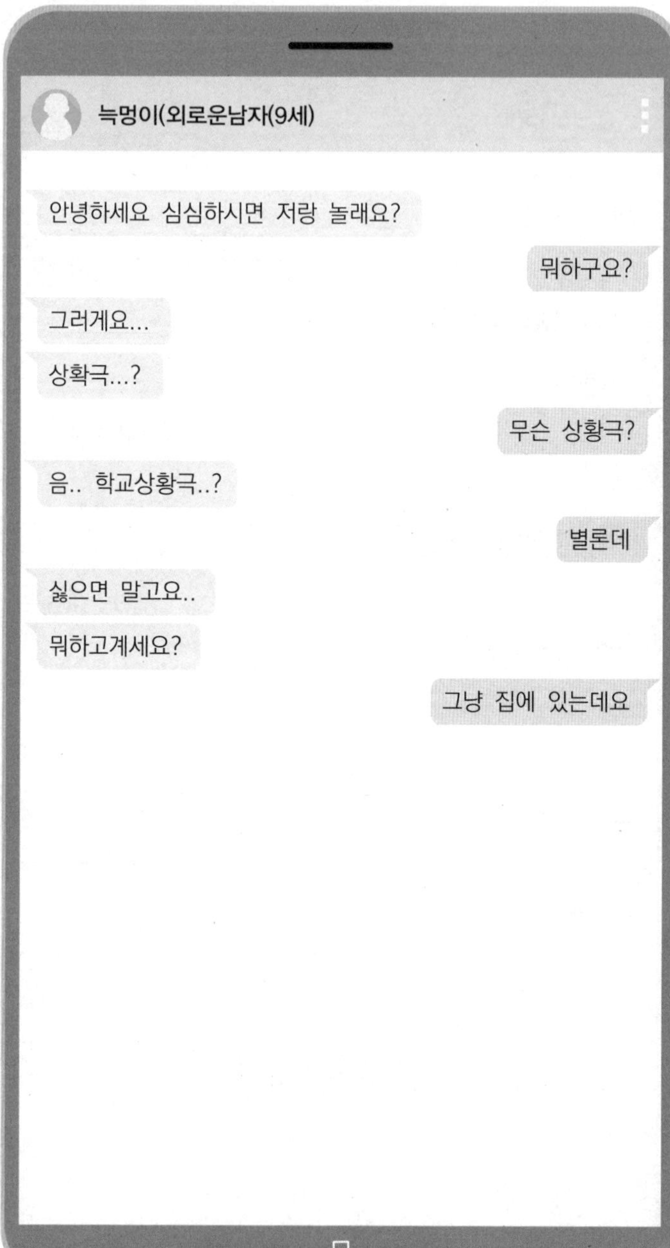
늑멍이(외로운남자(9세)
안녕하세요 심심하시면 저랑 놀래요?
뭐하구요?
그러게요...
상확극...?
무슨 상황극?
음.. 학교상황극..?
별론데
싫으면 말고요..
뭐하고계세요?
그냥 집에 있는데요

고수얌(미정)

오늘도덥다우ㅜ

밖에 놀러 나온거니?

저요?

집인데

놀러 안가?

엄빠 회사 다니셔서,,,

헐 또 혼자?

그렇죠

ㅎㅎㅎㅎ

편하겠당

머 입구 있어?

편한옷?

그냥 반팔반바지 입고 있죠

옷은 왜요?

ㅎㅎㅎ 편할거 같아성

아 뭐 ㅋㅋㅋ 편하죠

ㅋㅋㅋㅋ궁금ㅋㅋㅋ

그냥 반팔반바지인데 왜 궁금해요 ㅋㅋ

웅

집에서 어떻게 입고있나 궁금

ㅋㅋㅋ

아 그러시구나 ㅋㅋㅋ

응 궁금해

나도 오늘휴가라 집에서 달랑 한장 걸치구 ㅋ

ㅋㅋㅋ

아 네

혹시 노란 반바지?

핑크색인데

핑크색이라 ㅎㅎㅎ

위에 반팔도 핑크?

위에는 그냥 흰티인데

ㅎㅎㅎ 다 틀렸넹 ㅜㅜㅜㅜ

이쁘겠당

흰티에 핑크 반바지

그냥 그런데 ㅋ

ㅋㅋㅋㅋ

이뻐 이뻐 ㅋㅋㅋ

아 네 뭐 감사합니다 ㅋㅋ

ㅎㅎㅎㅎ

암튼 시원하다

혼자 집에 잇으니깐

그러시구나 ㅎㅎ

반바지 함 보구 싶어져

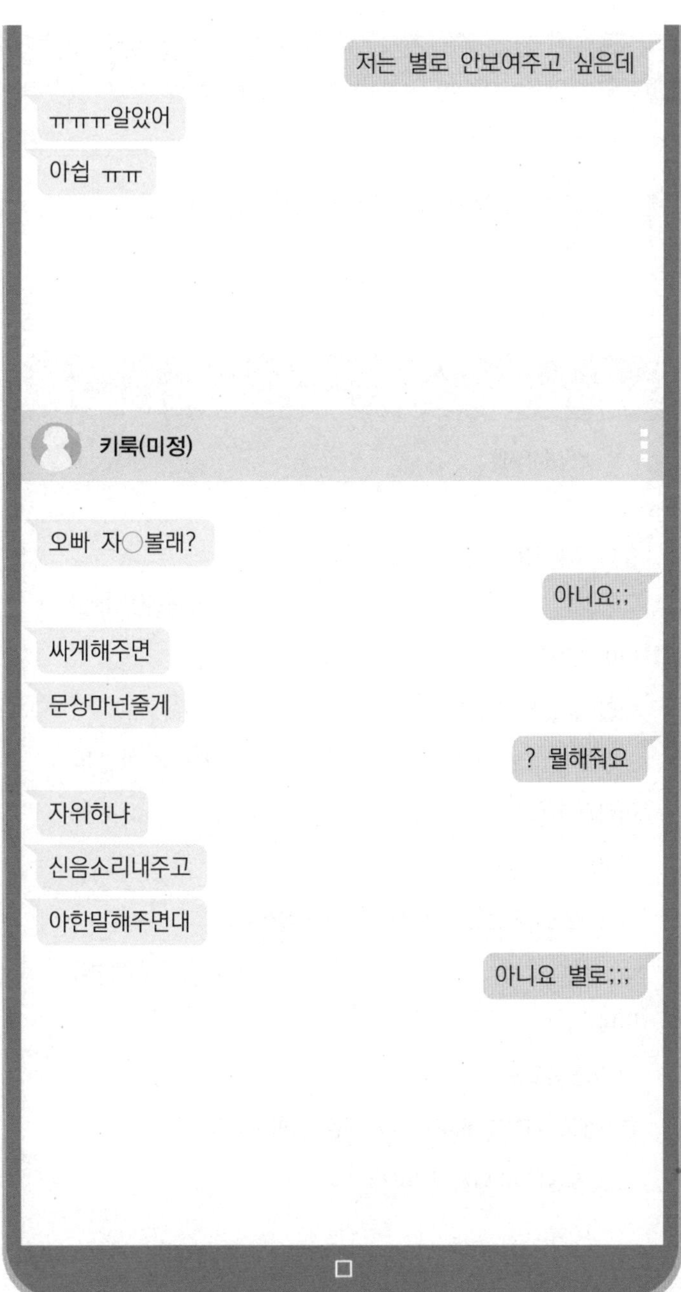
저는 별로 안보여주고 싶은데
ㅠㅠㅠ알았어
아쉽 ㅠㅠ
키룩(미정)
오빠 자○볼래?
아니요;;
싸게해주면
문상마넌줄게
? 뭘해줘요
자위하냐
신음소리내주고
야한말해주면대
아니요 별로;;;

가출상태에서 채팅하는 16세

좋은 오빠 찾아요

중삼 여 (16세)

K.W(48세)

같이 있을래용?

저미성년잔데요

나이가요?

님만 좋으면 되는거죠~

16이요 ㅋㅋ ㅈ ㄱ인가요

어리긴하네요

아니요

그냥 같이있자는건데요 지낼곳 필요하잔아요

아저씨 결혼햇어요?

아니요

저 미혼이고요

혼자살고 키181 몸무게 77 서울 송파구에요

그럼 지금은 어디서 지내요?

아칸(43세)

널린게 좋은 오빠일텐데....

그쪽은 좋은오빠 아니에요?

널린게 좋은오빠라는 소리를 왜 하시는건지

좋은 오빠라는걸 확인할 방법이 없잖아요

그리고 전.. 오빠 소리 듣긴 나이차가 너무 나죠

몇살이신데여

43이랑께요

중3이면 이른시기에 가출했네요

힘들겠어요

아 네..

좋은 오빠라는게 어떤 의미에요???

어떤 조건을 바라시는지???

그냥 별 생각없는데여

연락 많이 오나요??

많이 오긴해요

ㅇㅇ 잘 고르세요 ㅎㅎ

저기 인싸가 뭐에요???

생각있으시면 연락주세여

생각 없겠죠??? ㅎ

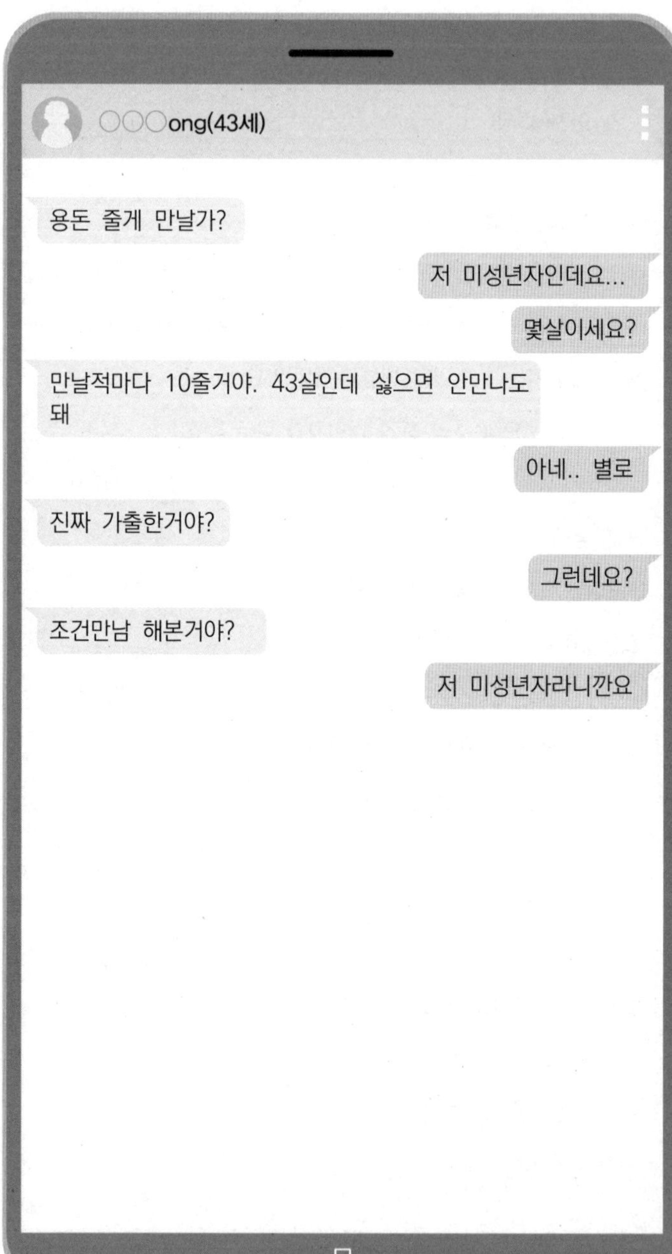
○○○ong(43세)
용돈 줄게 만날가?
저 미성년자인데요...
몇살이세요?
만날적마다 10줄거야. 43살인데 싫으면 안만나도 돼
아네.. 별로
진짜 가출한거야?
그런데요?
조건만남 해본거야?
저 미성년자라니깐요

난나(42세)
돈받고 관계
안되면 미안요
저 미성년자인데
중3?
네
중3이면 가슴두 나와구 밑에 ○도 잉지 않나?
??
브라해요?
○에 ○ 났나요?
왜물어봄
그정도면 관계해두 데는데
남자경험 없어요?
ㅇㅇ 없어
자위해요?
아니
돈줄께요 관계해볼래요?
콘돔할께요
내가 그쪽으로 가서 내 차에서 하죠
내 차 카니발이니깐 차안에서
썬팅해서 안보임

young(42세)
ㅎ ㅇ 용돈만남 15 어때요?
나 미성년자인데요??
네..

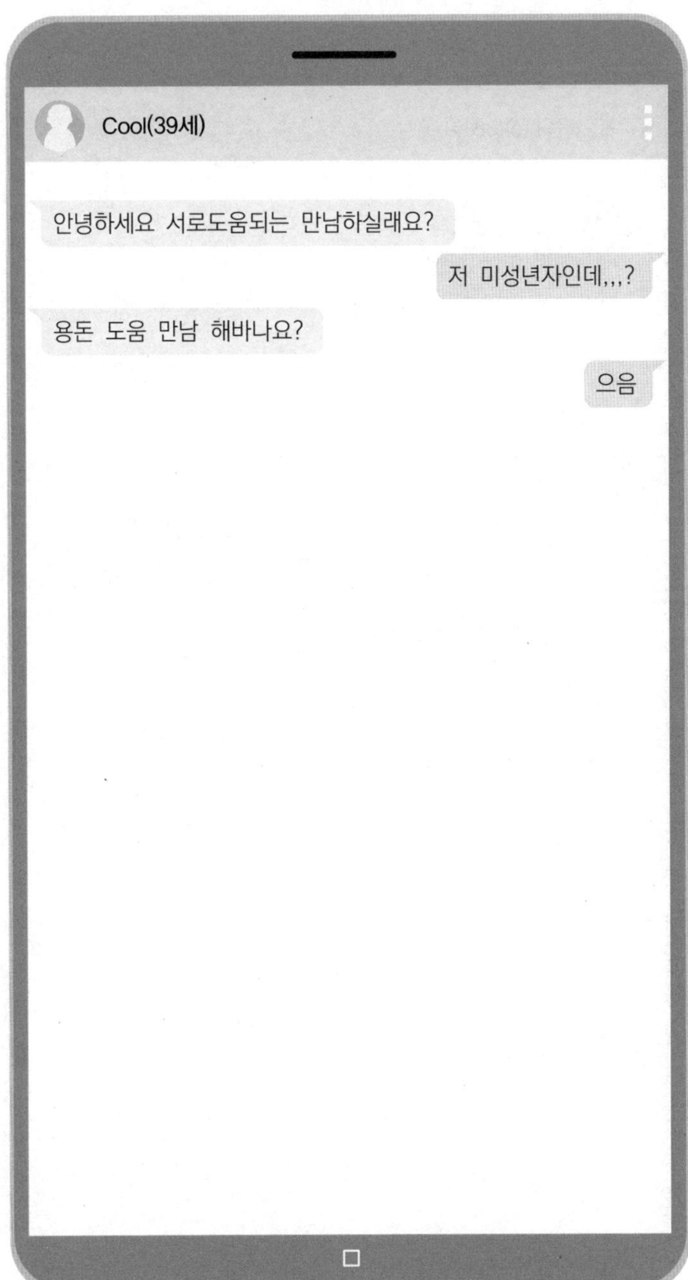
Cool(39세)
안녕하세요 서로도움되는 만남하실래요?
저 미성년자인데,,,?
용돈 도움 만남 해바나요?
으음

흑풍검신(38세)

안녕하세요~ 용돈도움 가능한데 가끔 만남어때요?
생각있으면 연락주세요~^^

저 미성년자인데요

몇살이신데요?

38살이요

생각있나요?

상관없으시나보네요

저는 생각없는데요

아네 생각없음 어쩔수없고요

수고하세욤~^^

딕쇼(37세)

님아 혹시 간단이나 마사지 모델알바 안할래요?

간단알바는 난 님 터치같은거 안하구요

저 미성년자인데..

아 그럼 힘들겠네요? 그냥 만나서 내꺼 한시간 만져만주면 3만원 드리구요 두시간 만져주면 6만원 드리는데 난 님 터치같은거 안하구요 장소는 우리 집이구요 이쪽으로 올수있음 차비 만원 추가로 드리구요

미성년자라 마사지모델 알바는 안되구여

안만나고 하는 구경알바도 있구여 라인영통으로 내꺼 40분 구경해주면서 통화하면 문상으로 오천원 드리구요 님 얼굴 보이게 하고 통화하면 문상 5천원 더 드려요 친구랑 같이 구경해도 오천원 더 드리구요 이건 매주 한번씩 고정으로 해도 되구요

아무거나 가능한거 있음 답장주세요?

몇살이세요?!

아 나는 37살 독신주의자 아저씨에여 ㅜㅜ 독신주의자라 여자랑 관계하거나 연애는 안해서 안심해도 되어

할 생각 있나요?

그리고 원하면 먹을꺼는 그냥 드려여

주말이든 평일이든 생각있음 답장주세요

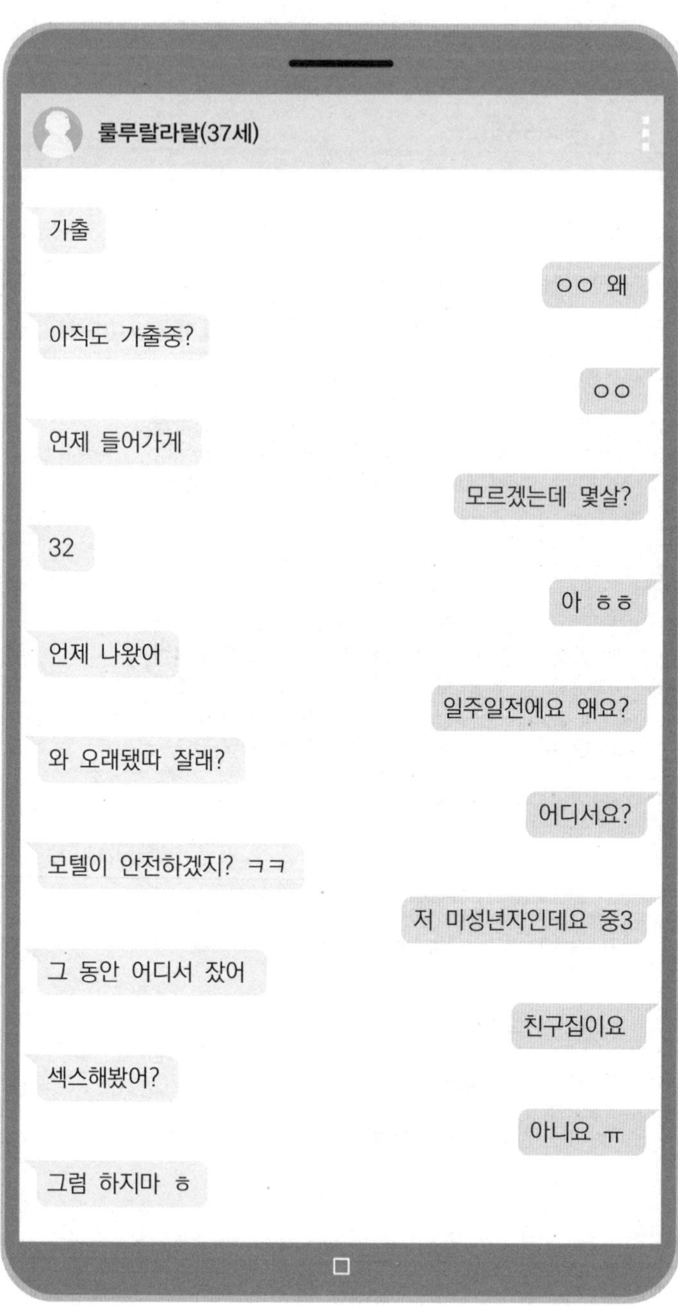
룰루랄라랄(37세)
가출
ㅇㅇ 왜
아직도 가출중?
ㅇㅇ
언제 들어가게
모르겠는데 몇살?
32
아 ㅎㅎ
언제 나왔어
일주일전에요 왜요?
와 오래됐따 잘래?
어디서요?
모텔이 안전하겠지? ㅋㅋ
저 미성년자인데요 중3
그 동안 어디서 잤어
친구집이요
섹스해봤어?
아니요 ㅠ
그럼 하지마 ㅎ

여동생찾아요(35세)

어떤 오빠 찾는거야?

그냥 심심해서

가출한거아니야?

웅 맞아

돈 궁하진 않나보네

용돈 구하는줄 알았어

? 그게 뭔데여

ㅈㄱ 구하는줄 알았다고

아;; 저 미성년자인데

돈 안필요하면 됐어 강요 안해

돈 필요한 얘들은 하더라고

혹시나해서 물어본거야 미안

몇살이에영 근뎅

35살

가출 언제 한건데? 잘데는 있고?

지금은 친구집에서 자죠

친구집에 있구나 지낼데 있어서 다행이네

고냥이(34세)
더운데 공부하기 힘드시겠어요? ㅎㅎ
네 뭐 그냥 ㅎㅎ
이럴 때 시원한것도 마시고
몸 잘챙기셔야 되는데 ㅎㅎ
음.. 중삼이면 16?인가요? ㅋㅋㅋ
아~ 엄청 귀엽겠다 ㅋㅋㅋㅋㅋ
그냥 난 삼촌이라고 해요 ㅋㅋㅋㅋㅋ
삼촌? 몇 살인데요 ㅎㅎ
34살 ㅋㅋㅋ
혹시 조건 그런건가?
아니요. 그런거 아닌데
그래여? 미안해여
나이 어려서 오해했네여

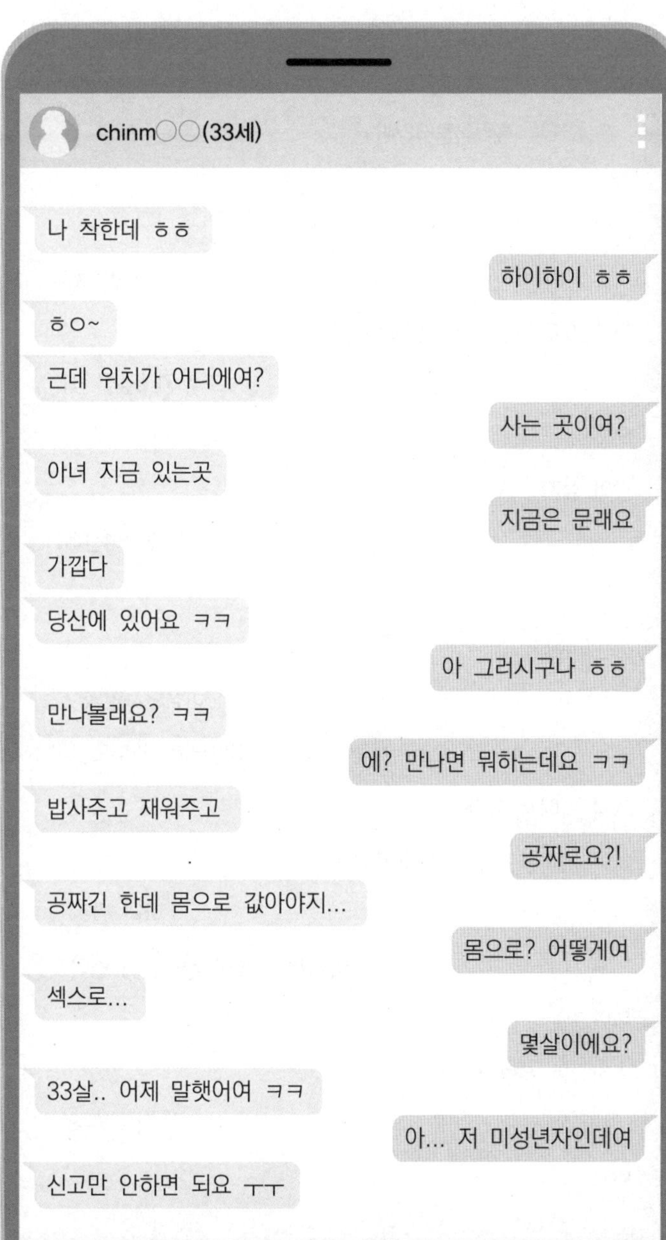
chinm○○(33세)
나 착한데 ㅎㅎ
하이하이 ㅎㅎ
ㅎㅇ~
근데 위치가 어디에여?
사는 곳이여?
아녀 지금 있는곳
지금은 문래요
가깝다
당산에 있어요 ㅋㅋ
아 그러시구나 ㅎㅎ
만나볼래요? ㅋㅋ
에? 만나면 뭐하는데요 ㅋㅋ
밥사주고 재워주고
공짜로요?!
공짜긴 한데 몸으로 갚아야지...
몸으로? 어떻게여
섹스로...
몇살이에요?
33살.. 어제 말했어여 ㅋㅋ
아... 저 미성년자인데여
신고만 안하면 되요 ㅜㅜ

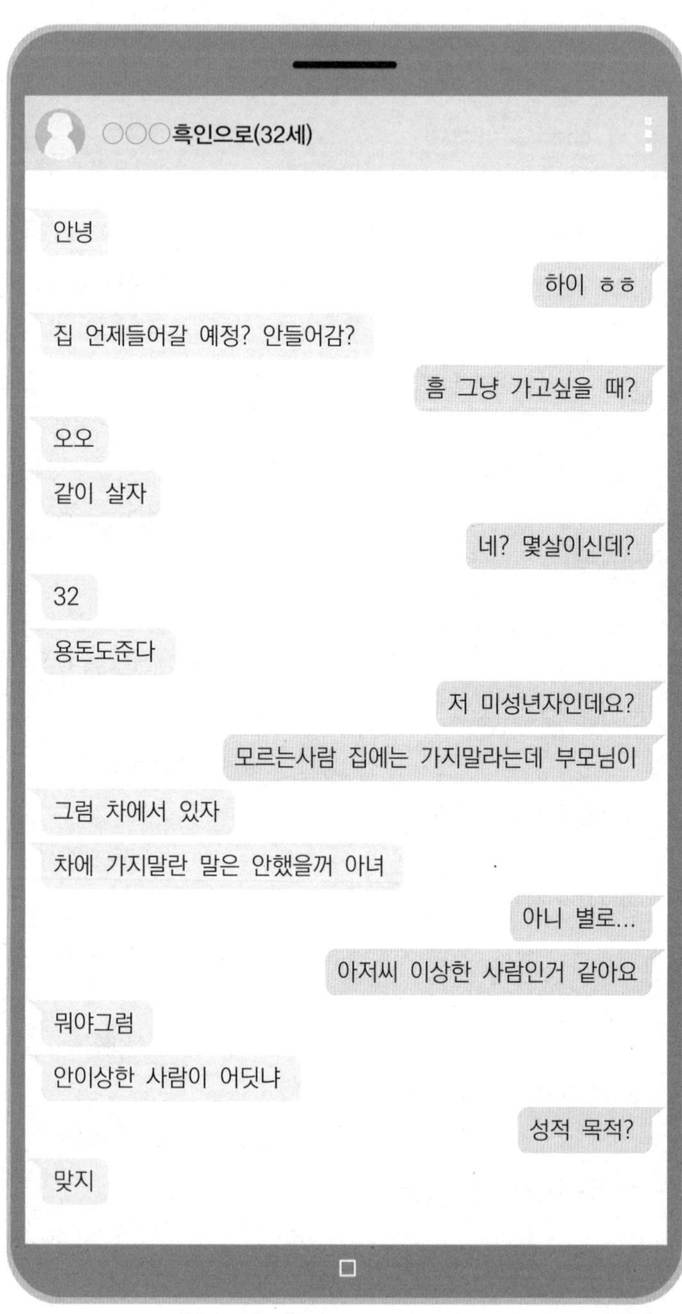
○○○흑인으로(32세)
안녕
하이 ㅎㅎ
집 언제들어갈 예정? 안들어감?
흠 그냥 가고싶을 때?
오오
같이 살자
네? 몇살이신데?
32
용돈도준다
저 미성년자인데요?
모르는사람 집에는 가지말라는데 부모님이
그럼 차에서 있자
차에 가지말란 말은 안했을꺼 아녀
아니 별로...
아저씨 이상한 사람인거 같아요
뭐야그럼
안이상한 사람이 어딧냐
성적 목적?
맞지

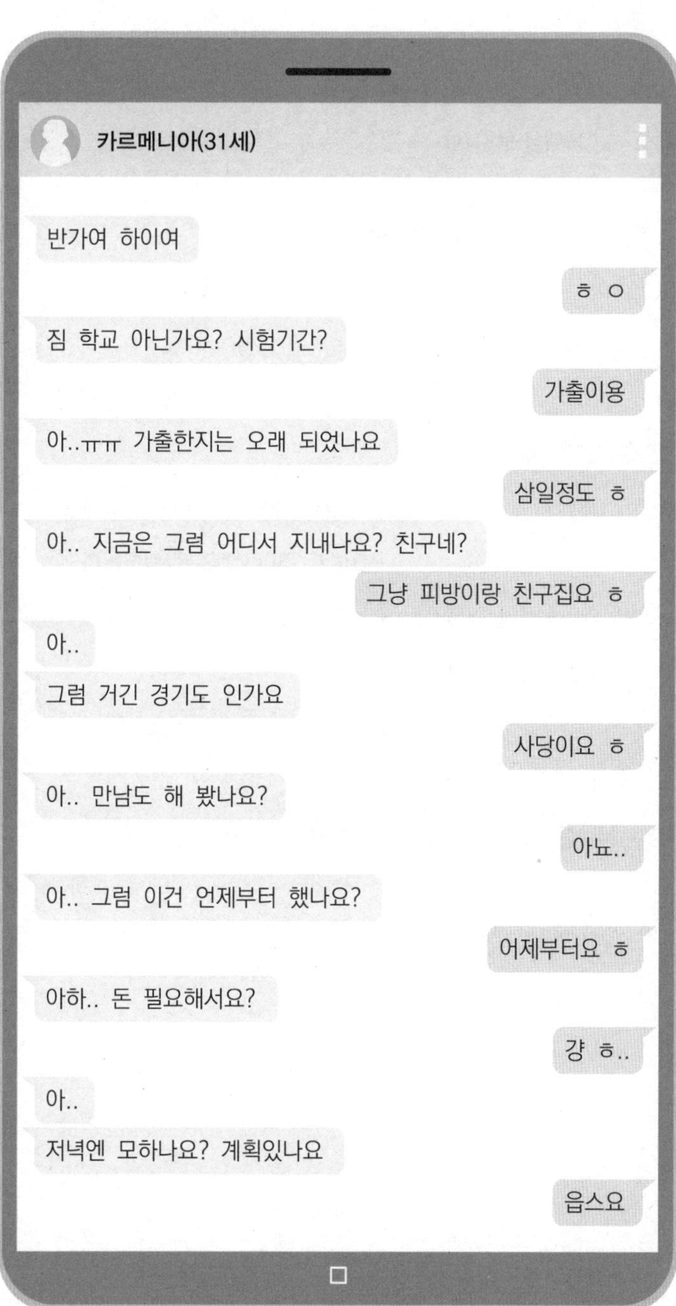
카르메니아(31세)
반가여 하이여
ㅎ ㅇ
짐 학교 아닌가요? 시험기간?
가출이용
아..ㅠㅠ 가출한지는 오래 되었나요
삼일정도 ㅎ
아.. 지금은 그럼 어디서 지내나요? 친구네?
그냥 피방이랑 친구집요 ㅎ
아..
그럼 거긴 경기도 인가요
사당이요 ㅎ
아.. 만남도 해 봤나요?
아뇨..
아.. 그럼 이건 언제부터 했나요?
어제부터요 ㅎ
아하.. 돈 필요해서요?
걍 ㅎ..
아..
저녁엔 모하나요? 계획있나요
읍스요

동네청년(31세)

쓰담쓰담 받을 멍뭉이를 찾아여 ;)

저는 사람인데...?

이쁨 받는 거 좋아하고 잘 따라주면 멍뭉이져 뭐

몇살이신데여

31세인데여

그럼 아저씨가 주인노릇하시는거에요?

그렇게 강아지되면은 뭐하는데요?

뭐 주인노릇이 어떤건진 모르겠지만 :)

이뻐해주려고 하겠지여

저는 미성년자인데...

히익...

제가 철컹철컹 당하기 좋은 나이시군여 :0

하하

왠지 미안해지는데여...

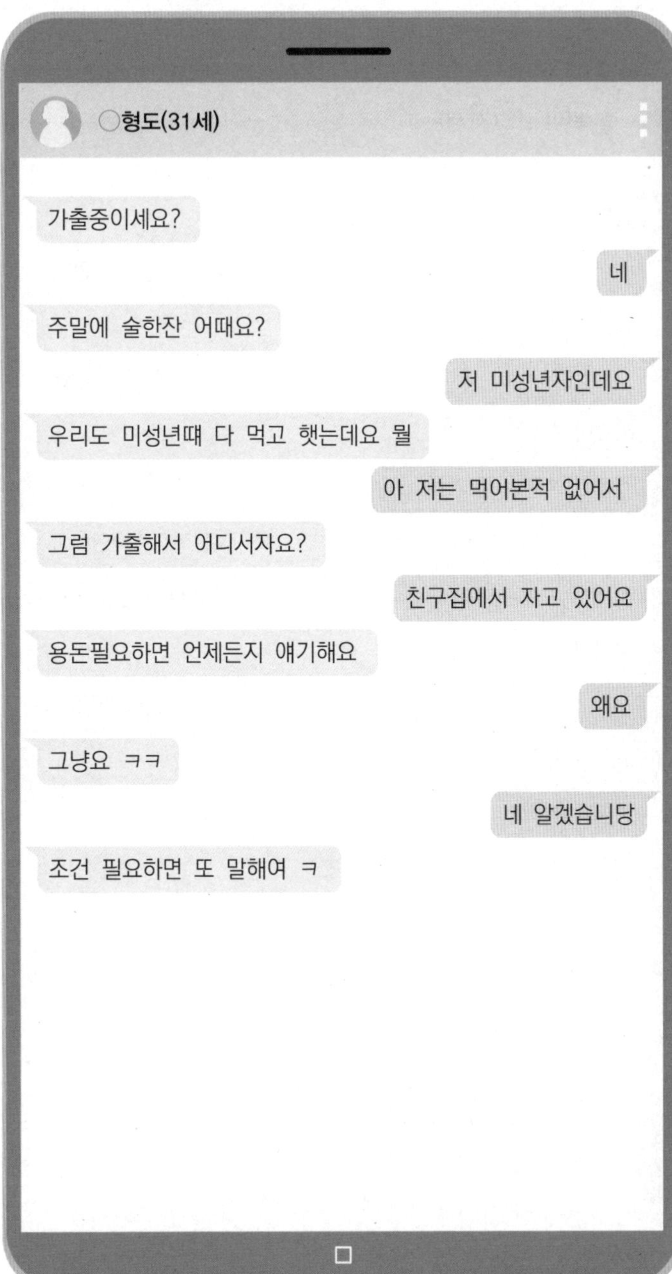
○형도(31세)
가출중이세요?
네
주말에 술한잔 어때요?
저 미성년자인데요
우리도 미성년때 다 먹고 햇는데요 뭘
아 저는 먹어본적 없어서
그럼 가출해서 어디서자요?
친구집에서 자고 있어요
용돈필요하면 언제든지 얘기해요
왜요
그냥요 ㅋㅋ
네 알겠습니당
조건 필요하면 또 말해여 ㅋ

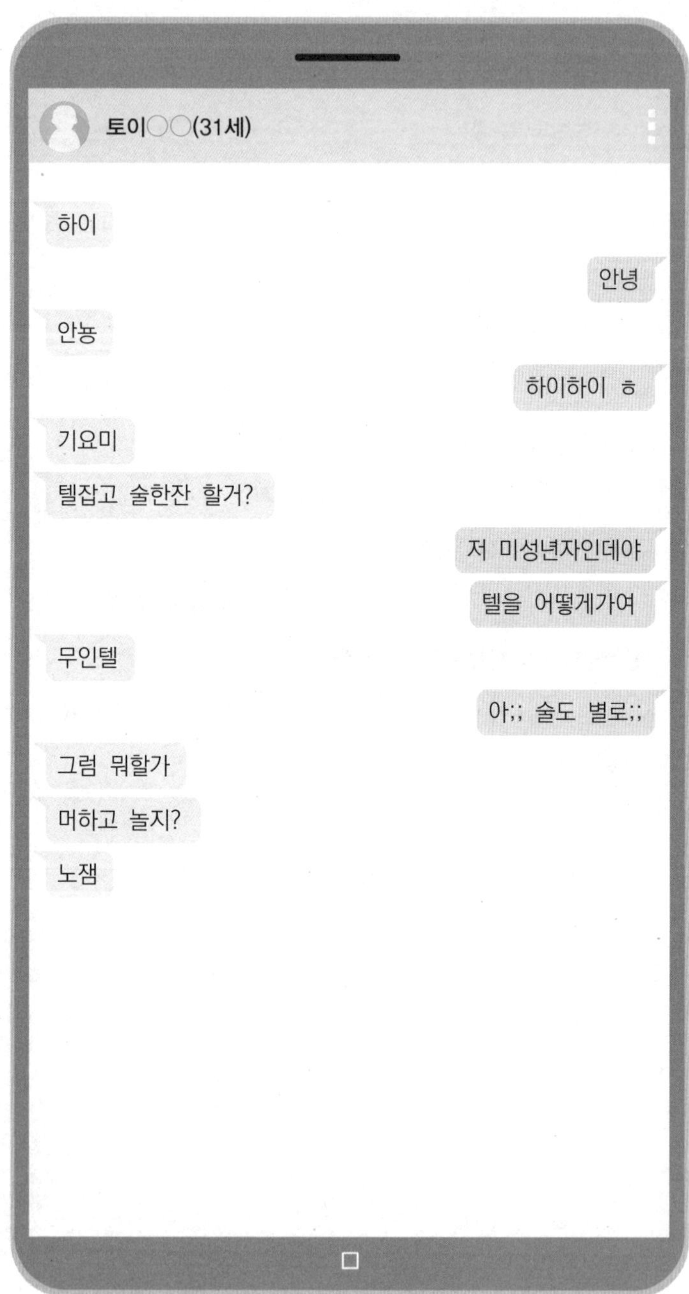
토이○○(31세)
하이
안녕
안뇽
하이하이 ㅎ
기요미
텔잡고 술한잔 할거?
저 미성년자인데야
텔을 어떻게가여
무인텔
아;; 술도 별로;;
그럼 뭐할가
머하고 놀지?
노잼

젠털매니아(30세)

사진있어요?^^

아니요

나중에 시간되면 드라이브 어때여?

드라이브요? 저는 미성년자인데

드라이브라도 안되나여 ㅎㅎ

잘모르겠어요 ㅎㅎ

사진보고싶어요 ㅎㅎ

사진없는데요

궁금한디, ㅜㅜ

저한테 모 궁금헌거 없나여 ㅋ

뭐 딱히 ㅎㅎ

어디가고싶은데는 없나요?

카톡아이디 있어요?

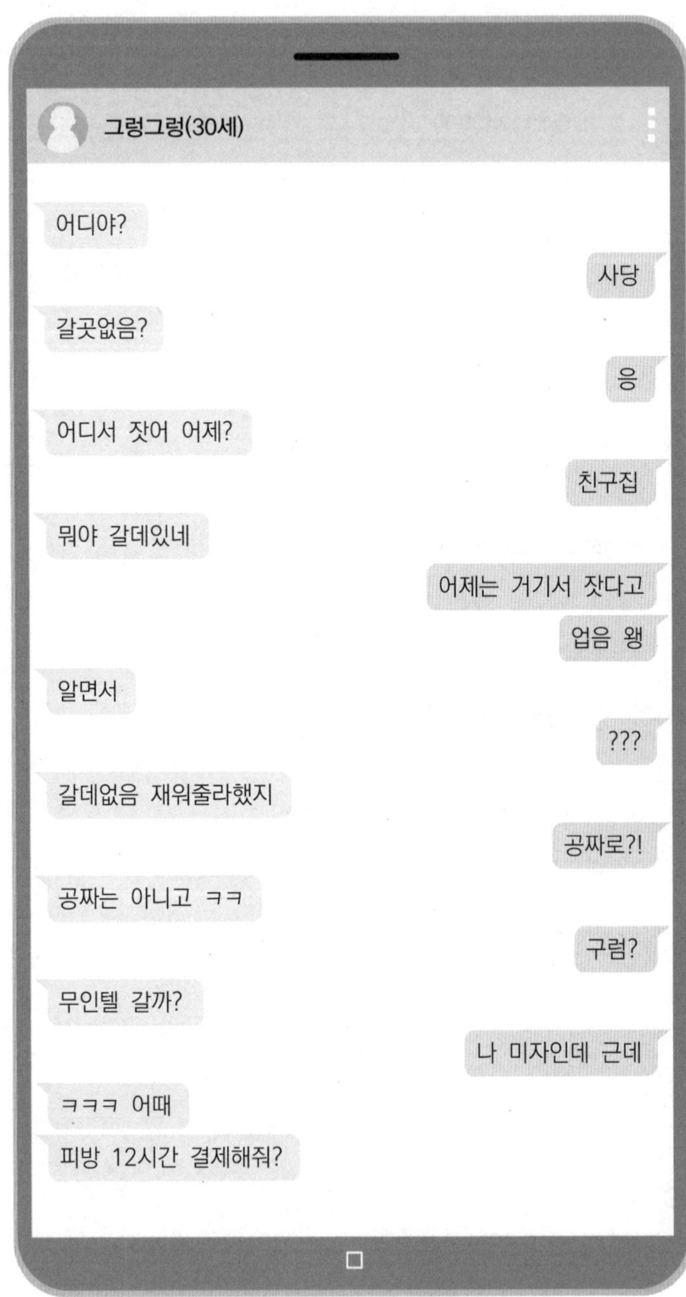
그렁그렁(30세)
어디야?
사당
갈곳없음?
응
어디서 잣어 어제?
친구집
뭐야 갈데있네
어제는 거기서 잣다고
업음 왱
알면서
???
갈데없음 재워줄라했지
공짜로?!
공짜는 아니고 ㅋㅋ
구럼?
무인텔 갈까?
나 미자인데 근데
ㅋㅋㅋ 어때
피방 12시간 결제해줘?

우주정복(30세)
잘곳?
안녕 ㅎㅎ 몇살?
만 29 ㅋㅋㅋ
혼자 가출?
가출을 혼자하죠 그러면 ㅋㅋ
ㅎㅎ 언제했음? 얼마나 할꺼임?
무인모텔 잡아주면 되낭?
아 재워주실라고요?
잠 잘곳 필요한거 아님?
밥도 필요하나 -_-?
오늘까지만 친구집이고 그 다음은 모르겠네요
집은 안들어갈 생각인데
그래 필요하면 말해~ 잘곳 마련해줄께~ 밥은 하루 한끼 정도 맛나는거 사줄게 ㅎㅎ
아하 순수하 도움인가요?
순수 ㅎㅎ ;;
음흉한 도움이야 ^^;;;;
하루 10만원 용돈 + 숙소 + 한끼 맛저녁 어때?
일단 너 와꾸 보고 ㅋㅋ

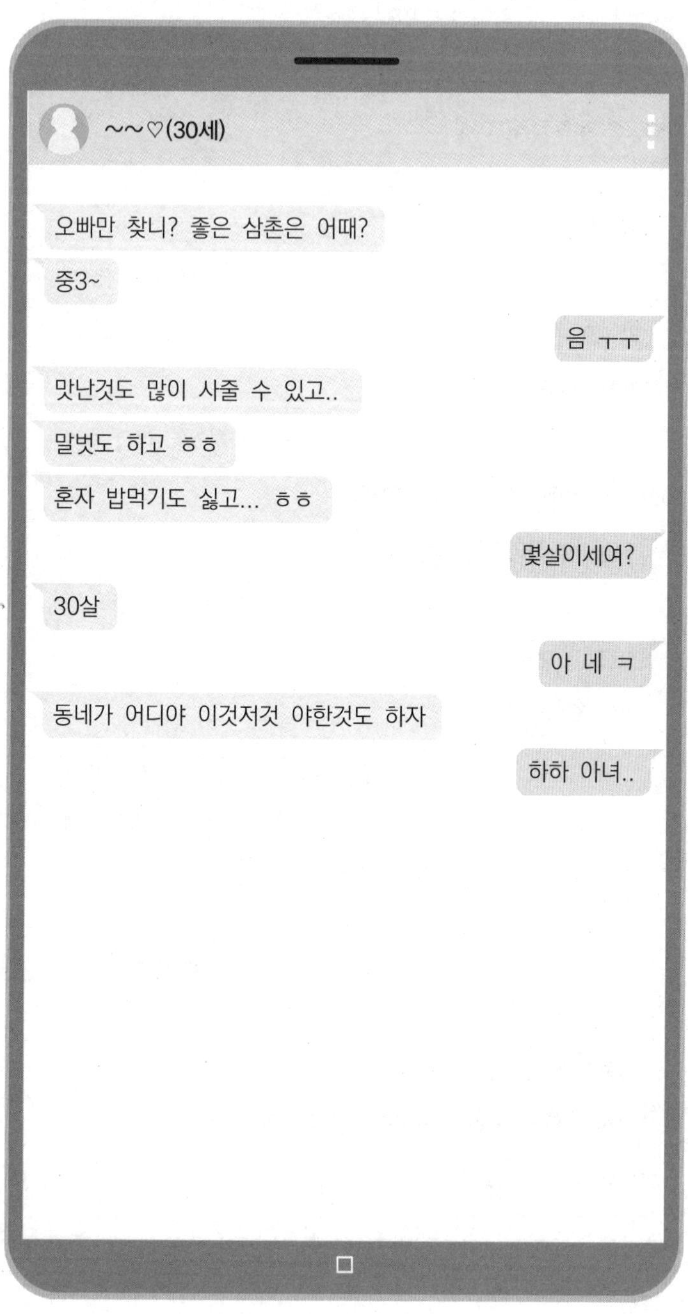
~~♡(30세)
오빠만 찾니? 좋은 삼촌은 어때?
중3~
음 ㅜㅜ
맛난것도 많이 사줄 수 있고..
말벗도 하고 ㅎㅎ
혼자 밥먹기도 싫고... ㅎㅎ
몇살이세여?
30살
아 네 ㅋ
동네가 어디야 이것저것 야한것도 하자
하하 아녀..

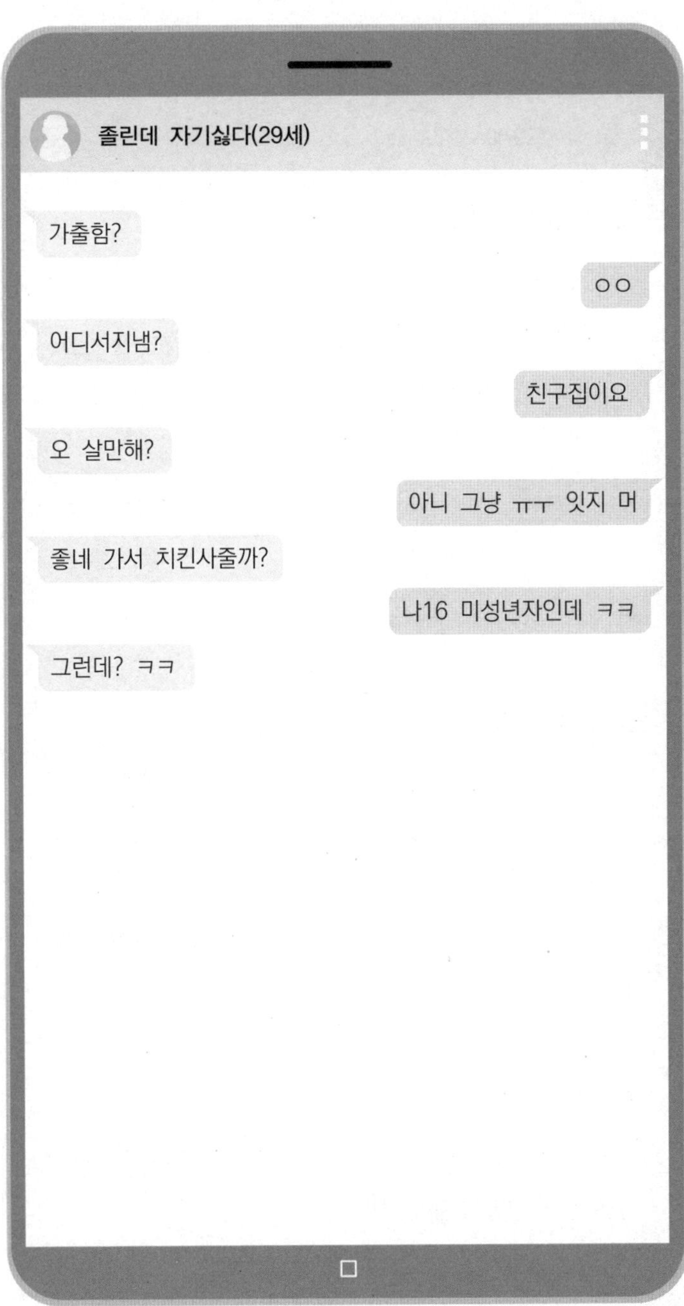
졸린데 자기싫다(29세)
가출함?
ㅇㅇ
어디서지냄?
친구집이요
오 살만해?
아니 그냥 ㅠㅜ 잇지 머
좋네 가서 치킨사줄까?
나16 미성년자인데 ㅋㅋ
그런데? ㅋㅋ

함께(29세)
지금 서울 어디쪽?
지금 어디?
지금 친구집 ㅋㅋ
친구집은 어디 쪽이야?
친구집도 서울 ㅋㅋ
서울 어디야?
영등포ㅋㅋ
아 ㅎㅎ 오늘 잘곳 찾아?
있으면 좋죠
알거는 다 알고?
그게 뭔데요?
전 몰라여
스킨쉽 같은거 경험 있어?
아뇽 없죠
아 허락은 가능해?
몰라요
집 언제 나왔어?
일주일 됐어요
아 오늘 저녁에. 데릴러 갈까?
왜여

내가 재워줄게

자취해요?

몇살인데여

웅 29

넘 많아?

아니 그건 아닌데 그냥 공짜로 재워준다니까.. 이상해서 ㅎ

ㅎㅎ 약간 스킨쉽 같은거는 허락 가능해?

스킨쉽? 어느정도를 말하는거에요

어디까지 허락 가능해?

잘 모르겠는데

경험은 어디까지 있어요?

정태(29세)
지낼곳필요하면 연락주세요
몇살이세요?
방가! 29
어디야?
지금요? 신도림쪽인데
정말 가깝넵
그럼 나한테 부탁할것 없어?
들어줄께
음.. 딱히 없는데
너 몇살인데?
저 중3이용 ㅎㅎ
너 술 잘먹어?
저 미자인데요?
그래도 술 먹을 수 있지않나
부탁이나 하고 싶은 것 있으면 답장줘
좋은 오라버니임
짐 볼래?
지금은 괜찮은데 뭐 필요한 것도 없고..
음..

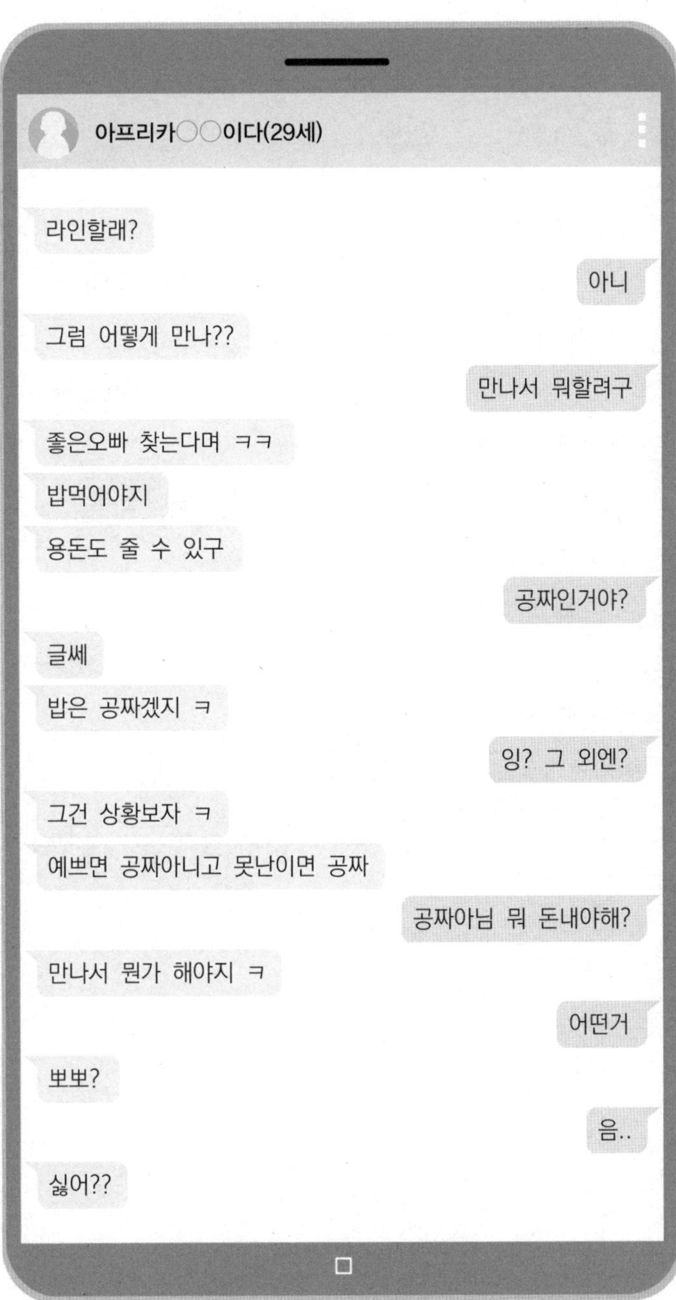
아프리카○○이다(29세)
라인할래?
아니
그럼 어떻게 만나??
만나서 뭐할려구
좋은오빠 찾는다며 ㅋㅋ
밥먹어야지
용돈도 줄 수 있구
공짜인거야?
글쎄
밥은 공짜겠지 ㅋ
잉? 그 외엔?
그건 상황보자 ㅋ
예쁘면 공짜아니고 못난이면 공짜
공짜아님 뭐 돈내야해?
만나서 뭔가 해야지 ㅋ
어떤거
뽀뽀?
음..
싫어??

Raven ○○○(29세)
좋은 아저씨는 안 찾니
찾음 왜여 ㅋ
편하게 등 대고 자라고 ㅎㅎ
아하 ㅋㅋ
생각있음 말해ㅋㅋ
음??? 공짜로 재워주는거에요?
그럼 너 돈 내고 자라하겠니
애가 뭔 돈이 있다고
아하
대신 예뻐야됨
예쁘면 맛있는거 먹고 목욕하고 에어컨 틀고 편하게 잘 수 있어
아저씨 집에 오란거에여?
그렇지 ㅋㅋ

아니아니(29세)

이뻐??

웅?

몰라 ㅎ

어디서 지내?

친구집

넌 어디살아?.?

원래 사는 곳은 영등포

나랑 가까이 사네

너 날씬해?.?

날씬한가

모르겠는데 ㅋㅋ

그럼 너 알바해?.?

알바?

미성년자인데 어떻게 해요..

알바 미성년자도 할 수 있는이데

중 3인데 써줄려나,,

ㅋㅋㅋㅋ 가출 언제했어?

3일정도 됐어요

그럼 어떻게 해 돈도 없자나

만나장

몇살이신데영

근데?

(자기얼굴사진)

비밀

ㅋㅋㅋㅋㅋ

님이에여?

웅

아

싫으면 어쩔수없고

만나면 뭐하는데요 근데?

안건드릴테니 놀자 심심해

넌 게임같은거 안해?

게임 별로 잘하는게 없어서,,ㅎ

방학 언제까지야?

싫어?.?

방학 8월말이요

잘 모르겠어요 ㅎ

방학동안은 맨날 놀러와두돼

맛있는거 사주께

주노(29세)

필요하면 줄테니 할래? 키알로 봐두되구

키알? 그게 뭐에여

돈 필요하면 보쟈구 20만원 생각하는데

키알로 봐두 되구

이상한 놈아니라는 것두 보여줄수잇구

키알은

ㅅㅅ말구 손이나 입으로만하는거 이건 20까진 못 주구

저 미성년자인데여,,,

몇살이세여

29

(대화 사진)

이 애 18살인데 본지 1년은 넘엇다 이상한놈아냐 잘 챙겨준다 요즘 대화두 보여줄수있구

생각있어?

하늘..(28세)

서울 어디살아?

영등포쪽

만나면 뭐하고싶어?

만나면은? 누굴 만나요?

응 나하고

왜요? 몇살이신데여?

28살이긴해

싫어??

아니 만나본적 없어서

뭐하나해서요 만나면

만나서 놀래?

일단 물어볼께 너는 19금 경험 있거나 관심있어?

저 미성년자인데요..

그렇긴한데 영화나 룸카페에서 놀까하는데 혹시 스킨십해도 상관없나해서

스킨십이 어디까지를 말하시는데요

너는 어디까지 가능할 것 같아 솔직히?

몰라요

일단 만날래?

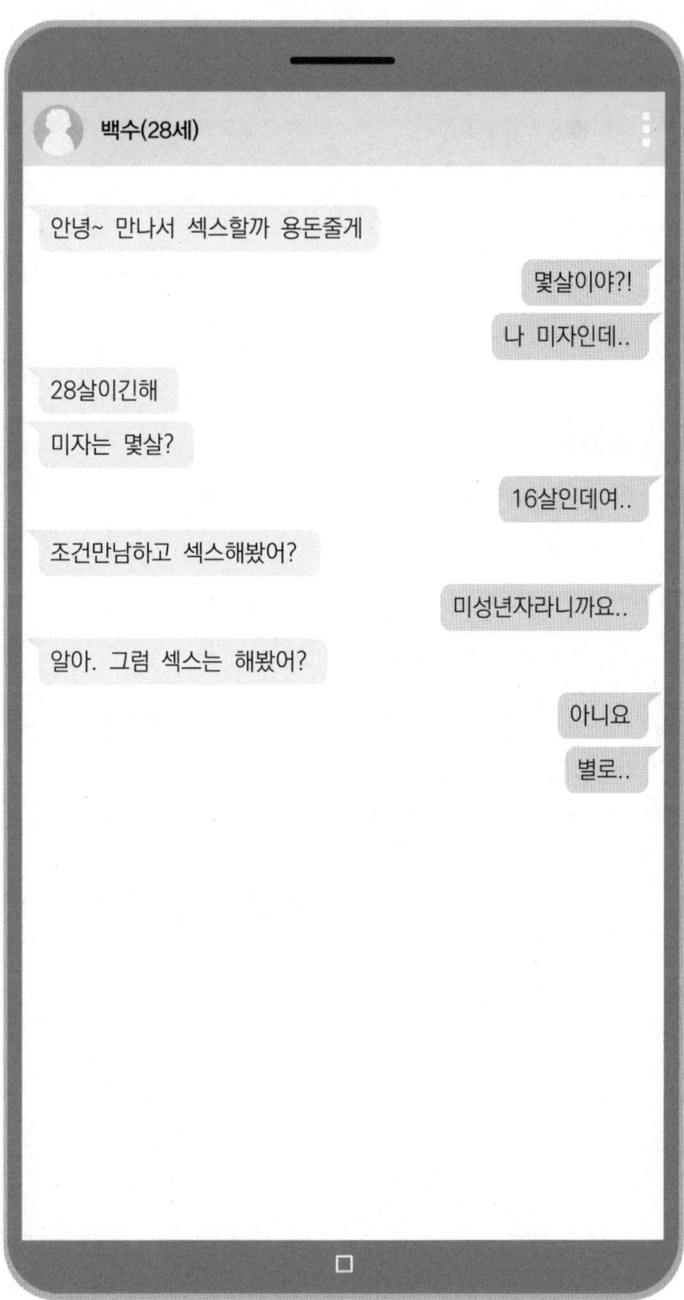
백수(28세)
안녕~ 만나서 섹스할까 용돈줄게
몇살이야?!
나 미자인데..
28살이긴해
미자는 몇살?
16살인데여..
조건만남하고 섹스해봤어?
미성년자라니까요..
알아. 그럼 섹스는 해봤어?
아니요
별로..

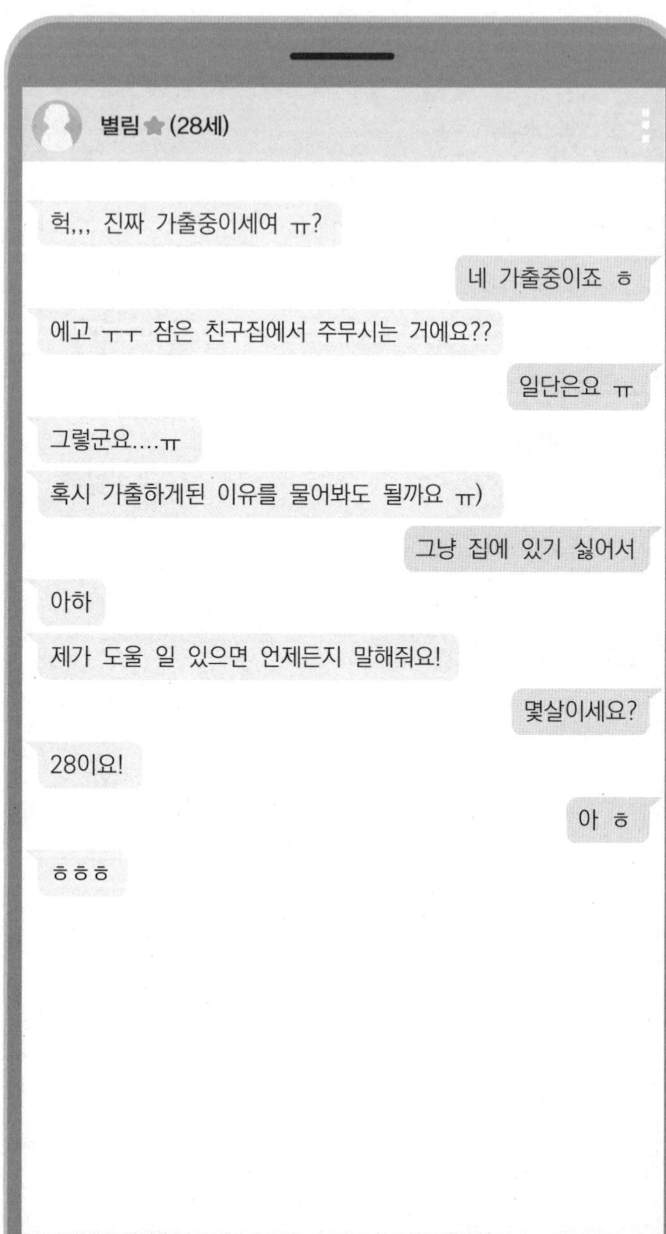

별림 (28세)
헉,,, 진짜 가출중이세여 ㅠ?
네 가출중이죠 ㅎ
에고 ㅜㅜ 잠은 친구집에서 주무시는 거에요??
일단은요 ㅠ
그렇군요....ㅠ
혹시 가출하게된 이유를 물어봐도 될까요 ㅠ)
그냥 집에 있기 싫어서
아하
제가 도울 일 있으면 언제든지 말해줘요!
몇살이세요?
28이요!
아 ㅎ
ㅎㅎㅎ

훈훈해(27세)

안녕하세여 ㅎㅎ

안녕하세요

중3에 가출중이에여?

27이에요

잘곳은 구햇나용

네 그렇습니다

몇살이세요?

어디신데용? 가출하신지는 얼마나

일단은 친구집에서 잘 생각인데 잘 모르겠어요

음 재워드릴순잇어서요 울집에서

저 영등포쪽

가출한지는 3일정도 됐죠

왜요

그쪽이 원하시면!

공짜이긴한데

그냥 공짜로요?

관계는 하시나요?

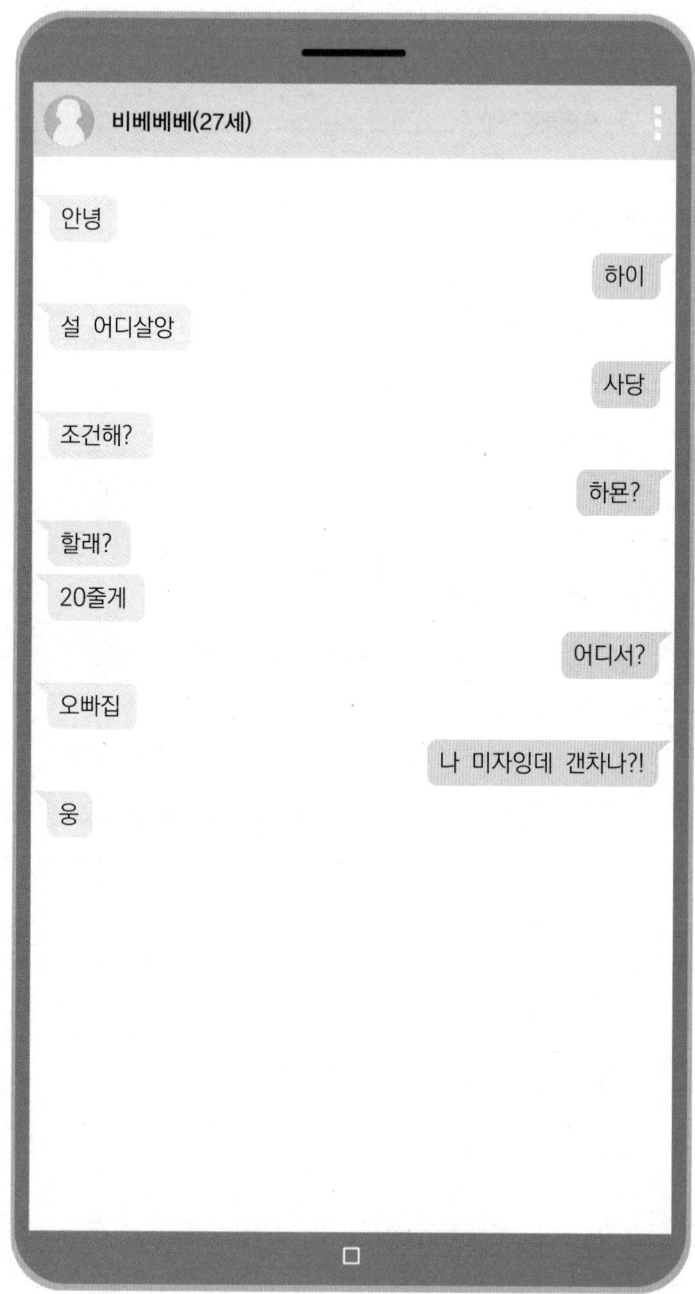
비베베베(27세)
안녕
하이
설 어디살앙
사당
조건해?
하묜?
할래?
20줄게
어디서?
오빠집
나 미자잉데 갠차나?!
웅

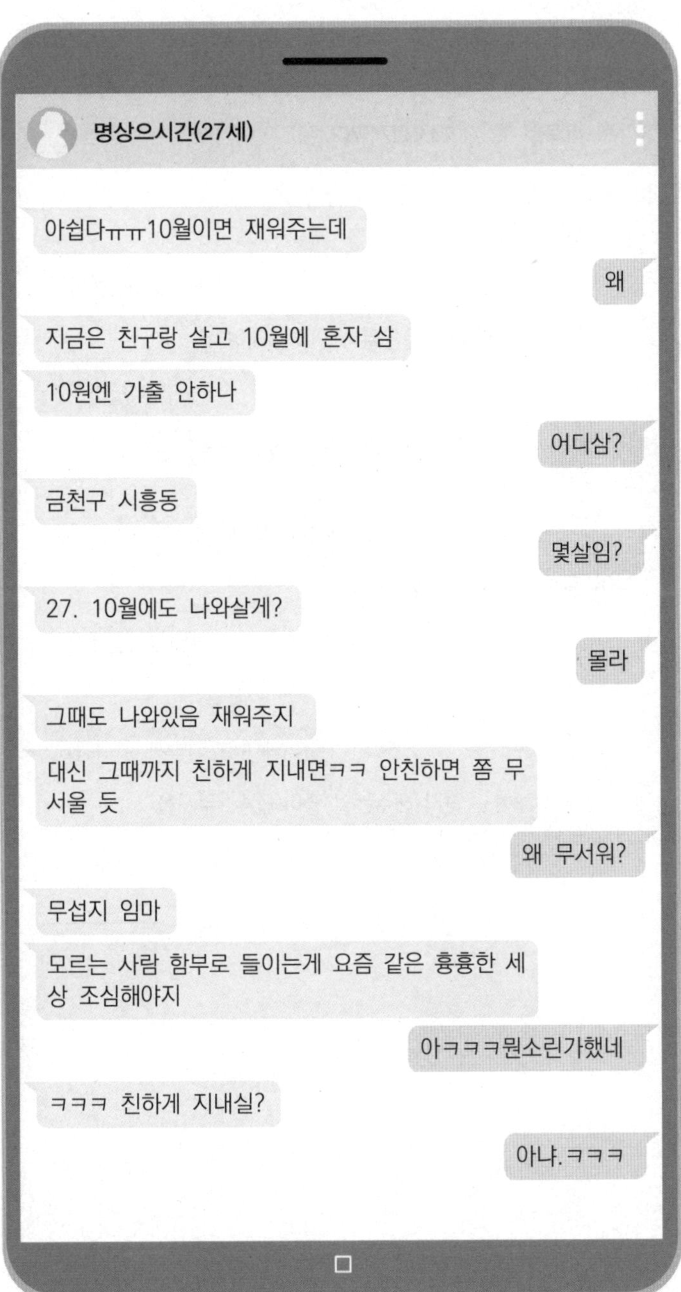
명상으시간(27세)
아쉽다ㅠㅠ10월이면 재워주는데
왜
지금은 친구랑 살고 10월에 혼자 삼
10원엔 가출 안하나
어디삼?
금천구 시흥동
몇살임?
27. 10월에도 나와살게?
몰라
그때도 나와있음 재워주지
대신 그때까지 친하게 지내면ㅋㅋ 안친하면 쫌 무서울 듯
왜 무서워?
무섭지 임마
모르는 사람 함부로 들이는게 요즘 같은 흉흉한 세상 조심해야지
아ㅋㅋㅋ뭔소린가했네
ㅋㅋㅋ 친하게 지내실?
아냐.ㅋㅋㅋ

바르○○○○깨끗한채팅(27세)

안냐세여..어디사시나여?ㅎ

사는건 신림이여

아.. 혹시 간단알바나 용돈알바 안하실래여?ㅎ

무슨 알바여?

음.. 차에서 30분당 5만원받구 편하게 애무받으시는거에여

저 미성년자에여 안되는거 아니에요?

님이 괜찮타하시믄 괜찮겠져.ㅎ

몇살이신데요?

27이에영ㅎ

아니에여 안해봐서 무서워요

저 디게 착해여ㅜ 단지 해주는걸 좋아해성.. 무서울껀 없는뎅

○○○업구해요(27세)
주인 구하나요??
그게 뭐에요?
제가 노예 구ㅏ고 있어서요
그런거 잘 몰라서ㅋㅋ
처음이면 가르쳐주면서 할순있어요
뭐를요?
어떻게 하는건데요?
그냥 라인이나 카톡 가서 제가 시키는대로 사진 영상하면 되요
그런거 하면 뭐줘요?
이뻐해줘요
저 미성년잔데 괜찮아요?
복종만 잘하면 상관없어요
저 미성년잔데 괜찮은거에요?
네 저는 나이 신경 안써요
몇살이신데여?
27살이요

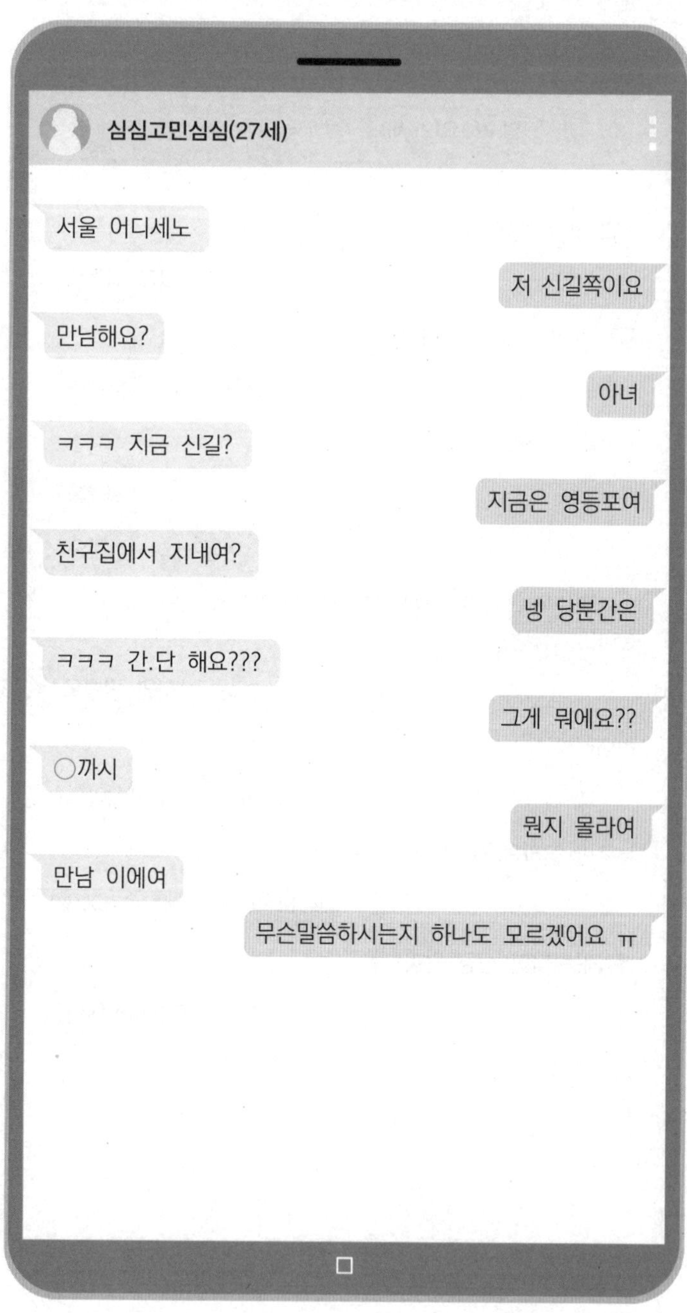
심심고민심심(27세)
서울 어디세노
저 신길쪽이요
만남해요?
아녀
ㅋㅋㅋ 지금 신길?
지금은 영등포여
친구집에서 지내여?
넹 당분간은
ㅋㅋㅋ 간.단 해요???
그게 뭐에요??
○까시
뭔지 몰라여
만남 이에여
무슨말씀하시는지 하나도 모르겠어요 ㅠ

바쁘(27세)
부산올수있나??
부산이요?! 너무 먼데...
몇살이에요?
27살
중3이야?
네 ㅎ
사진있어??
사진은 없는데
재워줄수있는데 ㅋㅋㅋ
근데 부산은 너무 먼데요;;
오면 밥까지 제공해줄수있어
니가 원할때까지 ㅋㅋ
잘 모르겠는데,,,
나 원룸살거든
내가 맛있는거 많이 삿고 재워줄게 ㅋㅋ
그래도 부산은 좀,,,,
ㅋㅋ 다시 집들어갈거가??
그건 모르죠
내려오기만해 ㅋㅋ 갈때되면 차비 줄게
너 가슴커?

왜요

궁금해서 ㅋㅋ

몰라요

사이즈뭔데??

몰라요

키는??

158정도

통통한편?

그렇게 통통하지는 않은데

섹스해봤고??

저 미성년자인데요,,,

해봤을수도있지 ㅋㅋ

안해봤어??

모르겠는데

죠니죠니~(27세)
안녕하세요~ 같이 커피 한잔하실까요~?
저 커피 못마시는데...ㅎ
몇살이세용
27살이에요~
올해 대학교 졸업했네영
같이 빙수나 한그릇 하실까요? ㅎㅎ
빙수 맛있긴 하죠 ㅎㅎ
만나서 빙수만 먹으시려고요?
그럼 더 원하시는게 있으세요~? ㅎㅎ
아니 그냥 빙수만 먹는건가
궁금해서요
다른거 하고싶음 해도되요
빙수먹고 놀아도 되구 아니면 같이좀 쉬어두되구
어디쪽에 계세용? 제가 갈게요!

훈남오빠(27세)
나랑 같이 살자 용돈주께 ㅋㅋ
몇살이신데여
27 ㅋㅋ
혼자살고 일하니깐 돈걱정말고 편히지내셔
그래도 아무것도 안하고 신세지면서까지...
아무것도 안하지는 않지
연애하는거지 ㅎㅎ
에?
동거신혼생활
저 미성년자인데여,,, 중3인데

결혼이라니요;;
아니
그냥 같이 사는거
가출이라며
어떻게 결혼해 ㅋㅋ
신혼이라고 하시길래;;
가출 많이 안해봤나보네
이번이 처음인데여
몇일째인데?

남의집에 가서 안잤었나보네

3일째

잠은?

친구집

거기서도 이제 나와야 되나보네

울집으로 와 ㅎㅎ

안내키나보네 ㅜ

울집에서 지낼생각 없어?

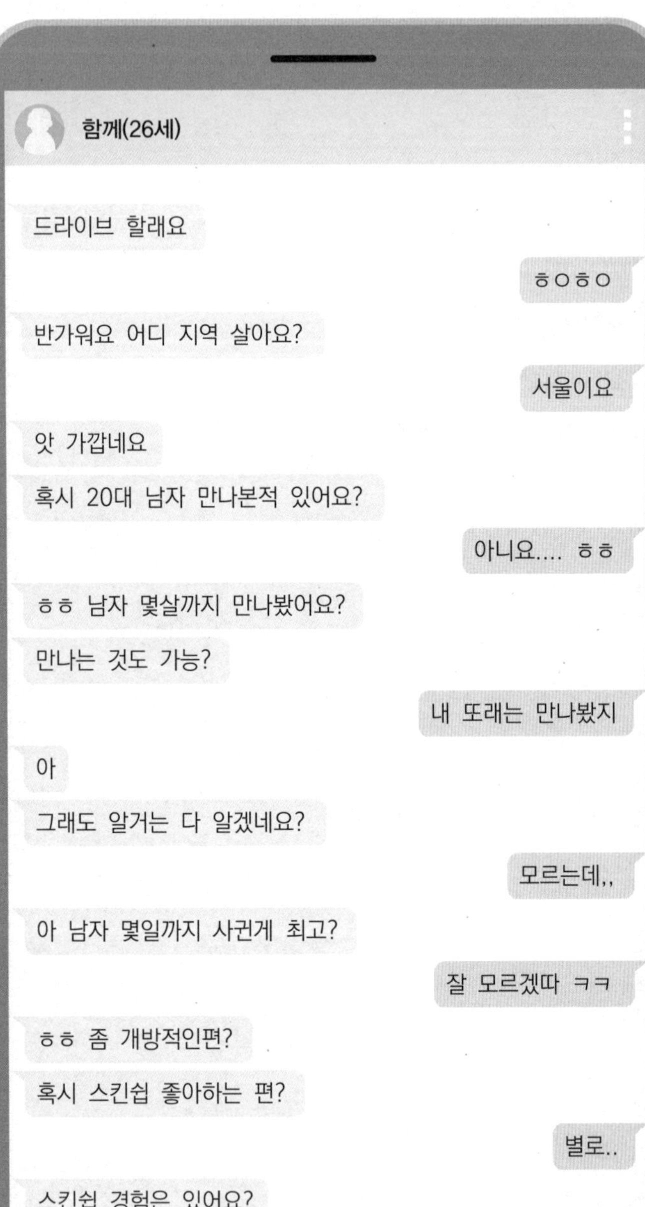
함께(26세)
드라이브 할래요
ㅎㅇㅎㅇ
반가워요 어디 지역 살아요?
서울이요
앗 가깝네요
혹시 20대 남자 만나본적 있어요?
아니요.... ㅎㅎ
ㅎㅎ 남자 몇살까지 만나봤어요?
만나는 것도 가능?
내 또래는 만나봤지
아
그래도 알거는 다 알겠네요?
모르는데,,
아 남자 몇일까지 사귄게 최고?
잘 모르겠따 ㅋㅋ
ㅎㅎ 좀 개방적인편?
혹시 스킨쉽 좋아하는 편?
별로..
스킨쉽 경험은 있어요?
별로 안좋아해서

아

약간도 안되?

아~ 만날 수는 있을까?

심심한데...ㅜ(26세)

대전 올래? ㅎㅎ

대전? 너무 먼뎅

자취방에서 지내다가가 ㅎㅎㅎ

몇살?

26인뎅 ㅎㅎ 잠깐 진짜 중 3이야?

웅! ㅎ

오옹... 난 괜찮은데 너가 부담스럽겠따 ㅎㅎㅎ

자취방 근데 공짜로 자도 되나요...ㅎ

모어때 ㅎㅎㅎ 혼자 있는게 시러서 ㅎㅎㅎ

저는 뭐 돈주거나 일하거나 그러는 줄 알고...

웅? ㅎㅎ 돈받고 싶은거야? ㅎㅎ

? 저 미성년자인데여,,,

그니까! ㅎㅎㅎ 난 그런거 아니니까 걱정말오!

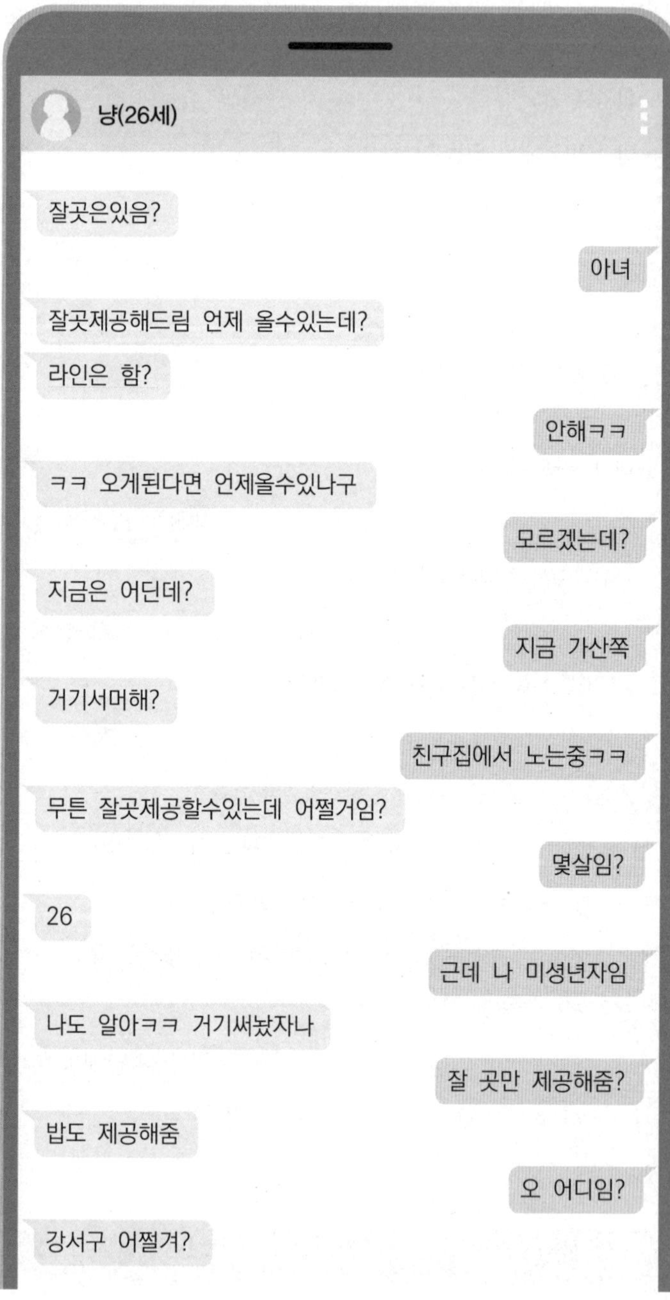
냥(26세)
잘곳은있음?
아녀
잘곳제공해드림 언제 올수있는데?
라인은 함?
안해ㅋㅋ
ㅋㅋ 오게된다면 언제올수있나구
모르겠는데?
지금은 어딘데?
지금 가산쪽
거기서머해?
친구집에서 노는중ㅋㅋ
무튼 잘곳제공할수있는데 어쩔거임?
몇살임?
26
근데 나 미셩년자임
나도 알아ㅋㅋ 거기써놨자나
잘 곳만 제공해줌?
밥도 제공해줌
오 어디임?
강서구 어쩔겨?

다른 조건은 없는거?

다른 조건?

응

내가 원할때 ○으로만해주면돼

사○○ㅋㅋㅋ 그정도는 괜춘?

안할래

야?

ㅃㅇ

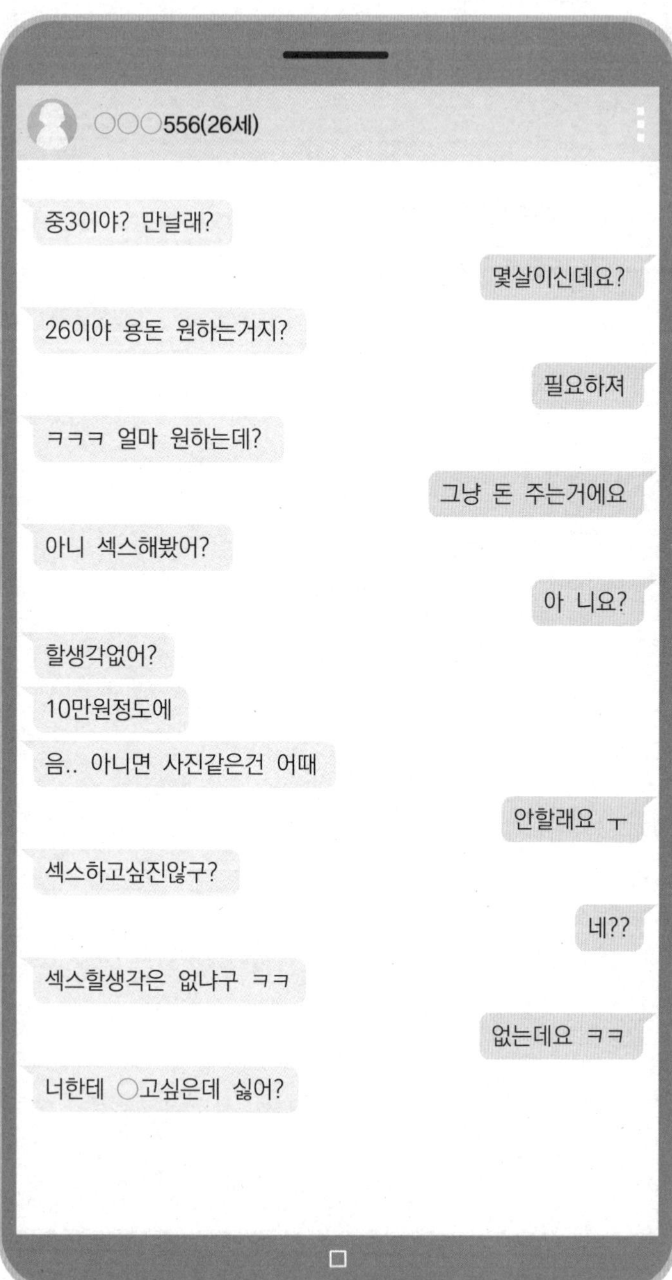
○○○556(26세)
중3이야? 만날래?
몇살이신데요?
26이야 용돈 원하는거지?
필요하져
ㅋㅋㅋ 얼마 원하는데?
그냥 돈 주는거에요
아니 섹스해봤어?
아 니요?
할생각없어?
10만원정도에
음.. 아니면 사진같은건 어때
안할래요 ㅜ
섹스하고싶진않구?
네??
섹스할생각은 없냐구 ㅋㅋ
없는데요 ㅋㅋ
너한테 ○고싶은데 싫어?

바르고○○○깨끗한채팅(26세)

키큰 댕댕이 이쁘게 키워주실 주인님 찾아요~~

?

뭔소리에여

성노예 댕댕이에여...

몇살이세요?

저 미성년자인데여..

26이여....

나이는 님이 괜찮으시면 저는 괜찮은뎅...

Holic(25세)

ㅎㅇㅎㅇ

안녕하세요 ㅎㅎ

학교겠다? 가출했어도?

오늘 시험 끝나서 ㅎㅎ 몇살이세요?

25. 서울어딘데 꼬맹인

저 영등포쪽인데

난 사당쪽

알려나..ㅋㅋㅋ

나중에 시간되면 집에 놀러와라고 장난치기엔

나이차이나서 싫을거같은데 ㅋㅋㅋㅋ

놀러가면 뭐하시게요 ㅎㅎ

음...

안돼 둘만있으면 잡아먹을거같은데

나 술먹는거 같이 얘기나 하든가 ㅋㅋㅋ

ㅋㅋㅋㅋㅋㅋㅋㅋㅋㅋ

잡아먹는거 싫으면 안하지

싫다는거 억지로하면 강간이잖아....

○○장인(25세)

오디야

저 지금 친구집

어느쪽역 오빠집 놀러왕 ㅎㅎ

오빠? 몇살이신데요

25

울집 올래용?

집이요? 저 미성년자여서..

뭐 어때요. 나 자취하는뎁.

와 ㅎㅎ

아..

너 근데 ㅈ ㄱ 도해?

ㅈ ㄱ 가 뭐에요?

조건!

조건만남?? 저 미성년자인데 16살

섹스 안해봤엉?

안해봤는데

3에 가능해? 4?

아니요.. 별로

아 그런거는 안해?

그냥 순수하게 가출한거구나

○입은 안하고 손으로 ○쳐주는거만 이라도 가능해?

아니요 저 미성년자여서

미성년자도 많이 하던데

나이 상관없어 ㅎㅎㅎ

곰시○(25세)
먼일있오요?
무슨일이요?
가출했다구하기래요
무슨일있나해서요
그냥 뭐 집에 있기 싫으니까 ㅋㅋ
잘곳은 구했어요?
내가 오지랖인것 같긴한데
먼가 맘에 걱정이되서요
일단은 친구집에서 몇일 묵고있죠 ㅠ
다행이네여. 나쁜일이나 구런 생각하지말구요
네 뭐 ㅋㅋ 감사합니다
친구집 안돼면 거리야좀 되겠지만 괜찮으면
우리집에서 몇일 있오요
방하나 내줄게요
말이 이상하겠지만
나도 이상한 사람으로 볼수있다구
생각 드는말이지만
좀 걱정이 되서요
자취하시는거세요?
몇살이신데여?
난25이구요. 천안이구 아파트에서 혼자살아요

아 네....

부담되죠 역시

미안해요 좀 도와주고 싶은 맘인데

아네 마음만이라도 감사합니다

네 ㅜ

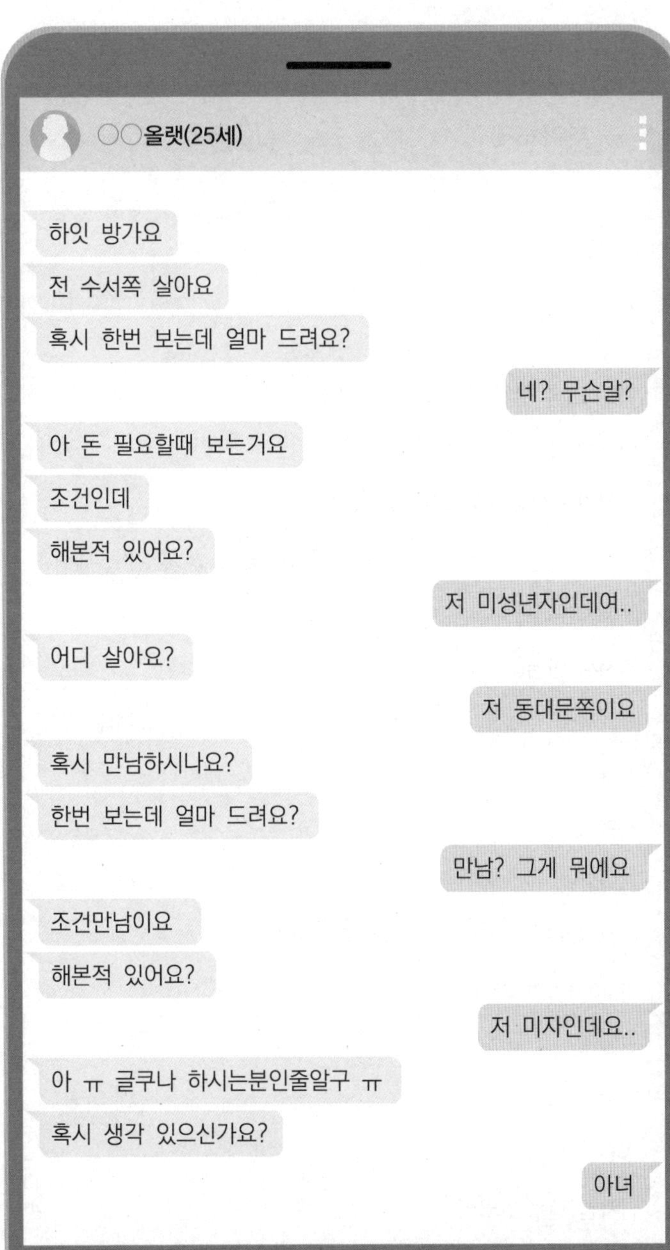
○○올랫(25세)
하잇 방가요
전 수서쪽 살아요
혹시 한번 보는데 얼마 드려요?
네? 무슨말?
아 돈 필요할때 보는거요
조건인데
해본적 있어요?
저 미성년자인데여..
어디 살아요?
저 동대문쪽이요
혹시 만남하시나요?
한번 보는데 얼마 드려요?
만남? 그게 뭐에요
조건만남이요
해본적 있어요?
저 미자인데요..
아 ㅠ 글쿠나 하시는분인줄알구 ㅠ
혹시 생각 있으신가요?
아녀

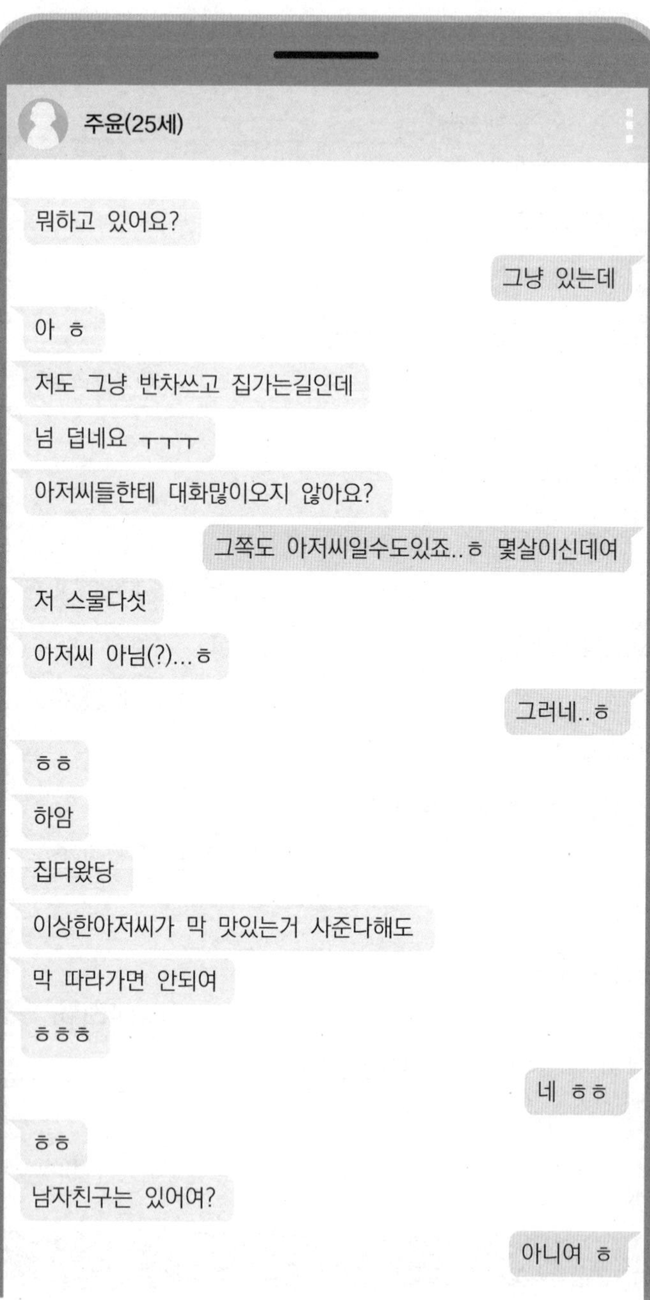
주윤(25세)
뭐하고 있어요?
그냥 있는데
아 ㅎ
저도 그냥 반차쓰고 집가는길인데
넘 덥네요 ㅜㅜㅜ
아저씨들한테 대화많이오지 않아요?
그쪽도 아저씨일수도있죠..ㅎ 몇살이신데여
저 스물다섯
아저씨 아님(?)...ㅎ
그러네..ㅎ
ㅎㅎ
하암
집다왔당
이상한아저씨가 막 맛있는거 사준다해도
막 따라가면 안되여
ㅎㅎㅎ
네 ㅎㅎ
ㅎㅎ
남자친구는 있어여?
아니여 ㅎ

아 ㅎ

나도있다 없어져서 놀러왔어여

아ㅎㅎ 그러시구나

ㅎ

저기혹시...

라인이나 톡 되여? 물어볼게 있어성

저 이상한 아저씨 아니에요

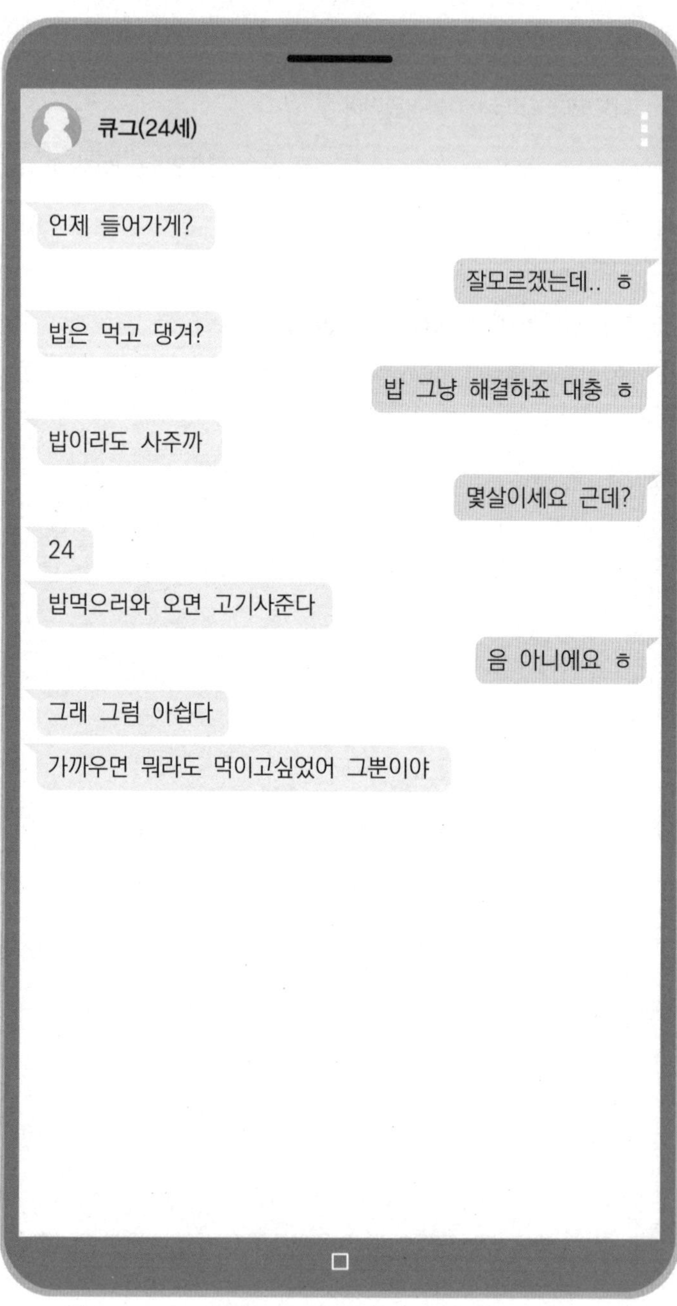
큐그(24세)
언제 들어가게?
잘모르겠는데.. ㅎ
밥은 먹고 댕겨?
밥 그냥 해결하죠 대충 ㅎ
밥이라도 사주까
몇살이세요 근데?
24
밥먹으러와 오면 고기사준다
음 아니에요 ㅎ
그래 그럼 아쉽다
가까우면 뭐라도 먹이고싶었어 그뿐이야

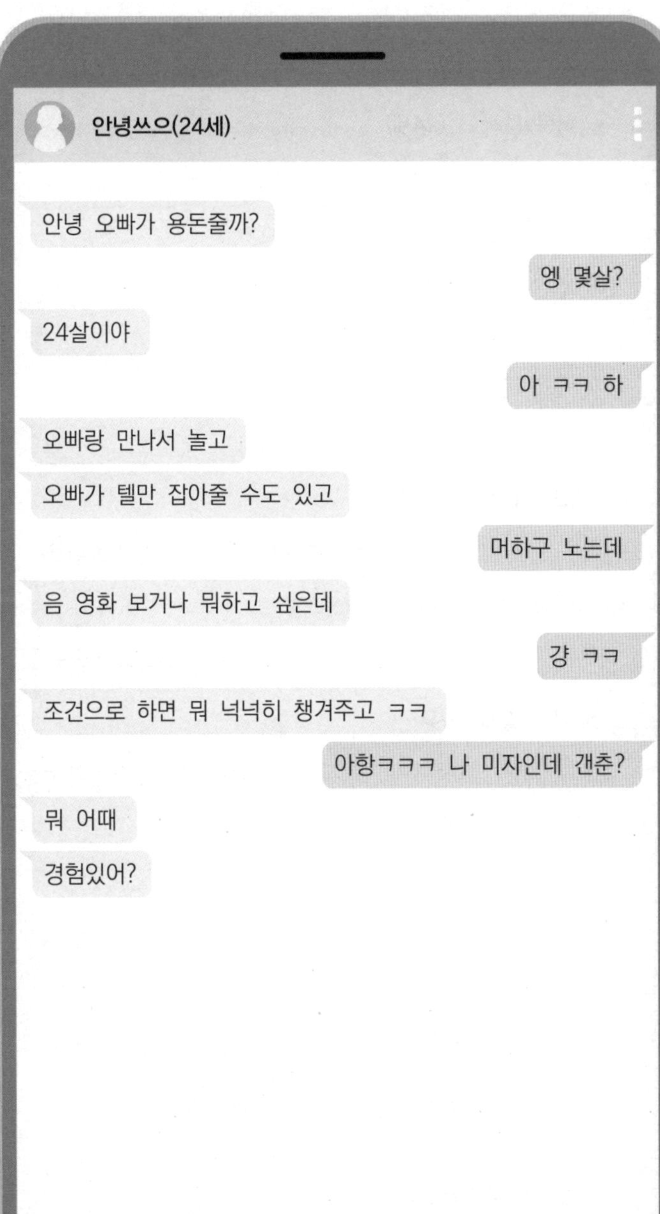
안녕쓰으(24세)
안녕 오빠가 용돈줄까?
엥 몇살?
24살이야
아 ㅋㅋ 하
오빠랑 만나서 놀고
오빠가 텔만 잡아줄 수도 있고
머하구 노는데
음 영화 보거나 뭐하고 싶은데
걍 ㅋㅋ
조건으로 하면 뭐 넉넉히 챙겨주고 ㅋㅋ
아항ㅋㅋㅋ 나 미자인데 괜춘?
뭐 어때
경험있어?

더운날○○○(24세)

방학중 가출중~!!

좋은 오빠 좀 찾았어?

아녀

이제 찾겠구먼

??

요기 있자나 집나온거야?

친구집에서 존버타는 중이에여.ㅎ

앗ㅋㅋ 잘했다 우리집도 있는데

ㅋㅋㅋㅋㅋㅋ근데여?

오면 뭐... 좋게다구우~

치킨사주니까 좋은건가.ㅋ

치킨이야 바로 사주지

여기서 만나본적 있어?

노노 처음인데여

아하 남친있어?

없져

오~ 나도 만나본적은 없는데 괜찮은 사람 있음 만나보고 싶긴해

너 나랑 그거 해볼래?

그게 뭐에여?

그게... 너가 봐서 맘에들면

스섹이라고ㅋㅋㅋㅋㅋㅋㅋㅋ

저 미성년자인데 괜찮아여?

중삼이면 괜찮지

몇살이신데여?

난 24살이욤..ㅜㅜ 넘 많지?ㅜㅜ

키는 180 78키로 몸짱이얌

집이 어딘에요?

구로쪽 넌?

할꺼면 텔잡고 하면 되고 수위는 너한테 마추고

매너는 있게ㅎㅎ 라인하나?

아니여

잇...ㅎㅎ 그래 해본적없어?

해본적 없어여

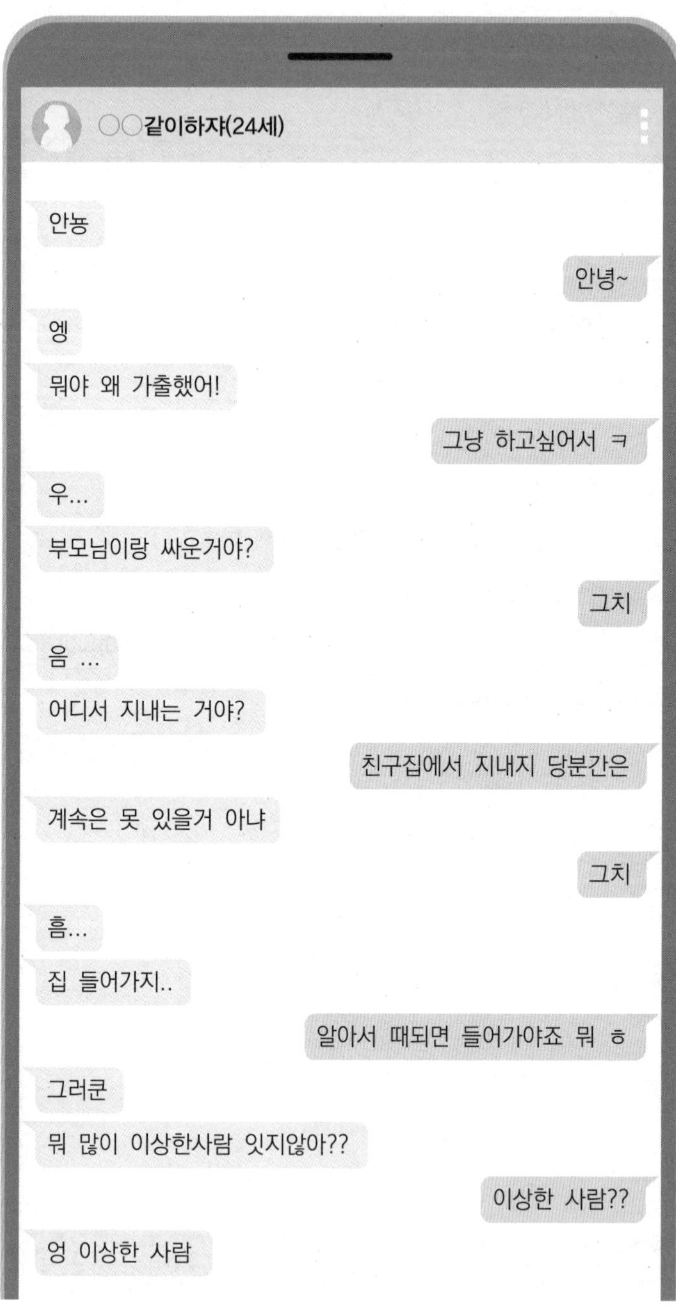
○○같이하쟈(24세)
안뇽
안녕~
엥
뭐야 왜 가출했어!
그냥 하고싶어서 ㅋ
우...
부모님이랑 싸운거야?
그치
음 ...
어디서 지내는 거야?
친구집에서 지내지 당분간은
계속은 못 있을거 아냐
그치
흠...
집 들어가지..
알아서 때되면 들어가야죠 뭐 ㅎ
그러쿤
뭐 많이 이상한사람 잇지않아??
이상한 사람??
엉 이상한 사람

여기에!

어떤 사람?

음~ 변태라던가~

모르겠어

음 상관없어?

잘 모르겠네

오늘 뭐해

야아

오늘은 딱히 없는데

그럼 만날래?

만나자고?

너 근데 몇살?

24야~

음... 싫어?

아니 그건 아닌데

만나면 뭐하는데?

음~ 뭐할까?

만나본적이 없어서 뭐하는지 몰라서,,

음... 친구하는거?

친구들이랑 하는거?

음.. 잘 모르겠넹

음~

어디살엉

저 당산이여

음 ㅎ

만나서 스킨십 되?

저 미성년자인데여..

미성년자는 안되나...

움...

남치니라고 생각하고?

남자친구가 없어서 ㅋㅋㅋ

남친이랑 뭐하지 그러면

아?? 안해봤어 한번두???

뭐를요?

스퀸쉽 같은거

가출하셨나봐요 ㅠㅠ

넵 ㅋㅋ

서울어디신데여?

사당이요 ㅋㅋ

그럼 친구네 집에서 주무시는거에요?

아뇨 피방이나 뭐 ㅋㅋ

저도 심심해서 ㅠㅠ ㅋㅋ

아 넵 ㅋㅋ

저랑 놀래요?

머하구요?

할래???

나 민짜인데 ㅋㅋ

근데 왜 ㅋㅋ 무인텔있어?

몰라

화장실 어때

cold○○○(22세)
어떤 오빠가 좋은 오빠야? 재워주는 오빠?
뭐 가출햇으니까 ㅋㅋ
ㅋㅋㅋㅋ 낼 데리러 가야겠다
서울 어디에 있는데?
왜 데릴러 와
나 사당
내가 지금 춘천이거든
내일 동네로 갈꺼야 ㅜㅜ
울집에서 며칠데리고 있어줄게!
순수한거야?
당연하디...
널 데려가서 뭐 잡아먹을까봐? ㅋㅋㅋ
변같은데
에이.. 그래도 중딩은 안건들지
넵 ㅋㅋ
여자를 좋아하긴해도
중딩은 여자 아니야... 애기지!
너 몇살인데
22
울 학원애들도 중딩이야!

왠 학원?

학원 알바하거든 ㅋㅋ

근데 왜 집에 오래?

가출 힘든거 아니까 ㅋㅋ

나도 가출해봤거든 ㅜㅜ

아하..

사실 숨키다가 따먹을라고 했는데..

날 따먹는다고? 표현이 저급하네 ㅋ

ㅋㅋㅋ 그러면? 뭐라고해?

걍 딴 사람 찾아

ㅋㅋㅋ 대놓고하면

도망가더라구

장소도 있구 어때

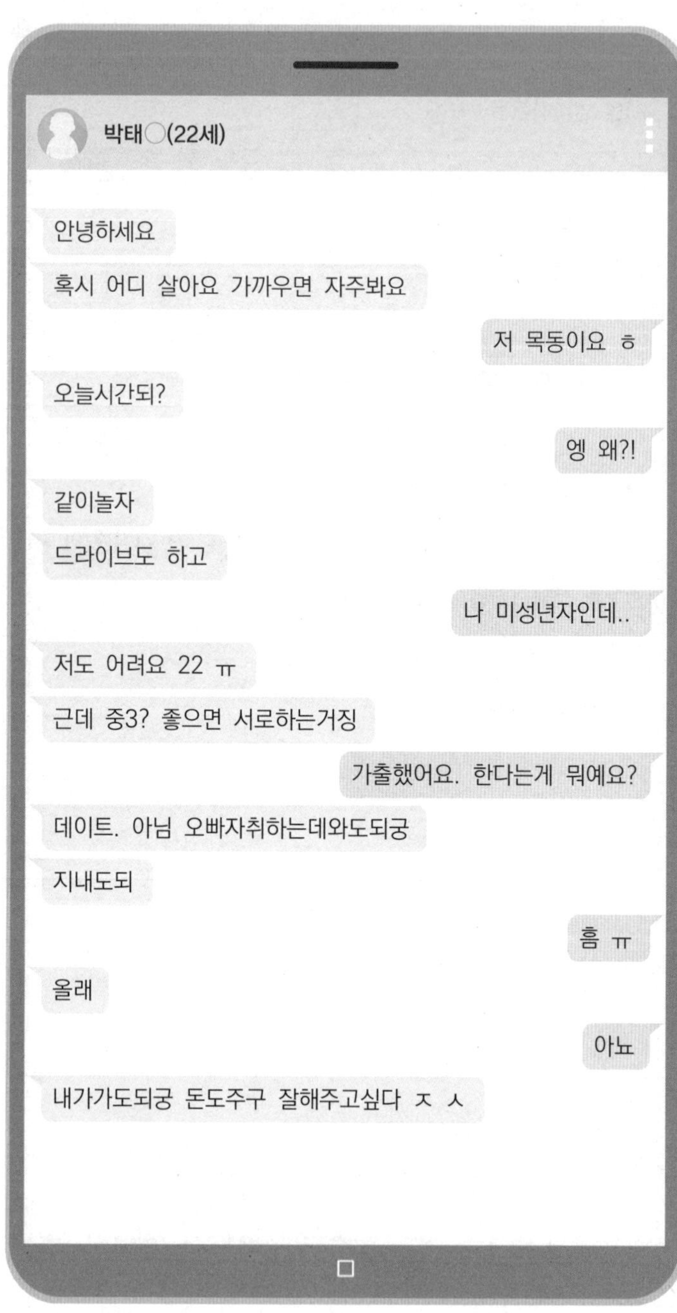
박태○(22세)
안녕하세요
혹시 어디 살아요 가까우면 자주봐요
저 목동이요 ㅎ
오늘시간되?
엥 왜?!
같이놀자
드라이브도 하고
나 미성년자인데..
저도 어려요 22 ㅠ
근데 중3? 좋으면 서로하는거징
가출했어요. 한다는게 뭐예요?
데이트. 아님 오빠자취하는데와도되궁
지내도되
흠 ㅠ
올래
아뇨
내가가도되궁 돈도주구 잘해주고싶다 ㅈ ㅅ

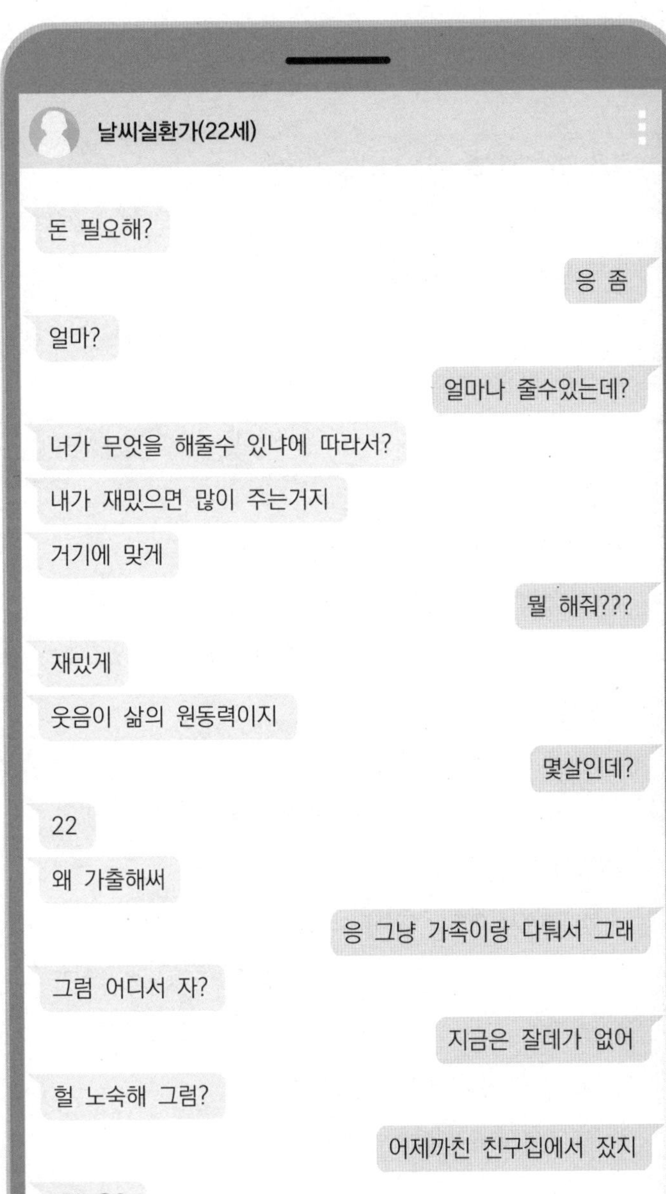
날씨실환가(22세)
돈 필요해?
응 좀
얼마?
얼마나 줄수있는데?
너가 무엇을 해줄수 있냐에 따라서?
내가 재밌으면 많이 주는거지
거기에 맞게
뭘 해줘???
재밌게
웃음이 삶의 원동력이지
몇살인데?
22
왜 가출해써
응 그냥 가족이랑 다퉈서 그래
그럼 어디서 자?
지금은 잘데가 없어
헐 노숙해 그럼?
어제까친 친구집에서 잤지
오늘은?
없어

서울 어딘데

신림

흐음 안양이랑 좀 머나 나안양 자췬데

에 가깝지

와서 잘래? 칫솔만 가져와

그래도 돼요?

뭐 잘곳 없다매

뭐해줘야 하는거 아니에요?

뭐 해줄수있는데

너가 아무것도 없으면서

그래서 올거야? 오면 청소좀 해두게

아니 뭐 그런거 있던데..

뭐 섹스?

중학생 몸이면 ○지도 않겠다 얼라라서

다른사람들은 그런거 얘기해서..

나꼬실만큼 이뻐?

나 얼굴따져서 아무랑 안해

집에는 가도되는거에요?

올거면 와

뭐 섹스안해주면 못오게 할까봐?

뭐 해달라면 해줄거니?ㅋㅋㅋㅋㅋㅋㅋ

친구 (22세)
나는 어때
하이~
안녕~~
근데 오빠에요?
몇살이신데요?
나 22살
가출해서 어디서 지내?
지금은 친구집에서 지내져
왜 가출했어??
엄마랑 싸워서 ㅋ
가출한지얼마나 됫는데?
한 3일정도
별로 안됫네? 옷은?
옷?
옷은 왜요?
갈아입어야 될거아냐?
그렇긴하죠
갈곳없으면 우리집에서 자라할라햇응데
재워줄려고요? 그냥 공짜로?
그치?? 공짜보단 몸으로 일하겠지?

저 미성년자인데여,,

그래도 괜찮은데?

몸으로 일하는거는 무슨일인데여

서로 욕구를 채우지?

아,,

왜?

그런거 별로여서요

그래? 음 안해봤구나

아무나드루와(21세)
안녕!!
안녕하세요 ㅎㅎ
왜 가출했어요???
그냥 부모님이 별로여서? ㅋㅋ
지금은 어디서 지내요? ㅋㅋㅋㅋㅋ
그냥 친구집에서 ㅋㅋ
ㅋㅋㅋㅋㅋㅋㅋㅋㅋ 대단해
네 ㅋㅋㅋㅋ 나중에 갈곳없으면 우리집와요
집에요? 몇살이신대 혼자사세요?
21살이요
나 미성년자인데...
헐. 중3은 에바인데... ㅜㅜ
넌 ㅅㅅ눈 해봄?
뭐여
나 야한거 좋아함
그래 그럼 난 나간다~
왜 나가지마..
나랑놀자
지금 존나 ○림. 나랑할래?
멀라..

모텔이든 우리집이든 뭐든

카톡줘봐

만나서 안하고 그냥 카톡으로 서로 ㅈㅇ만해도 좋고

지금 ○나 꼴리니까 아무거나 빨리하고싶음

정류장(21세)
안녕!
안녕
어 가출중이야?
엉 가출중
어제 보낼 때만 하더라도 가출중이라고 안 써져있었는데
굳이 말할 필요 없다 생각했으니까?
ㅋㅋㅋㅋㅋㅋㅋ
며칠 째 가출중이야
8일ㅋ 근데 몇살?
오래 됐네
21살
아ㅋㅋ
ㅋㅋㅋㅋㅋㅋㅋ
어떻게 지내고 있어
궁금하네
그냥 친구집에서 잉여
8일동안 그러고 있었던거야?
근데 가출한 이유가 뭐야
엄마랑 싸워서ㅋㅋ

ㅋㅋㅋㅋㅋㅋㅋ

나 자취중인데 조금만 있다 가

어딘데

나 안산에서 자취해

먹여주고 재워주는거야?

그렇게 해줄 수 있지

조건없이?

그건 아니지 ㅋㅋㅋㅋㅋ

뭔대?

음 그냥 내가 원할 때 마다 해주는거?

뭘 원한다는거야

섹스

○○○○29(21세)

안녕

안녕

응 가출중이야??

잘곳없음 오빠 자취하는데서 재워주까?

가출중

몇살인데요?

21살

지역은

서울

경기도, 서울이면 대리러 가줄께

서울어디

용산

자취하는 곳이 용산?

거기로가면 재워주나

응 용산오면 재워주고 먹여줌

바라는거 없이?

너도 알자낭 ㅎㅎ

뭐? 말로해 몰라

혹시 남들집에서 자는거 첨이야?

친구집에서만 자봤지

아 내가 원하는거 해주면 돼

공짜는 없자나

뭔데

섹이지

다들 재워줄 때 다 똑같을껄

싫음 말구

근데 나 16살인데 괜찮음?

응 상관없는데

그래서 용산 올꺼야?

30분까지 정해서 말없음 다른애 온다니깐

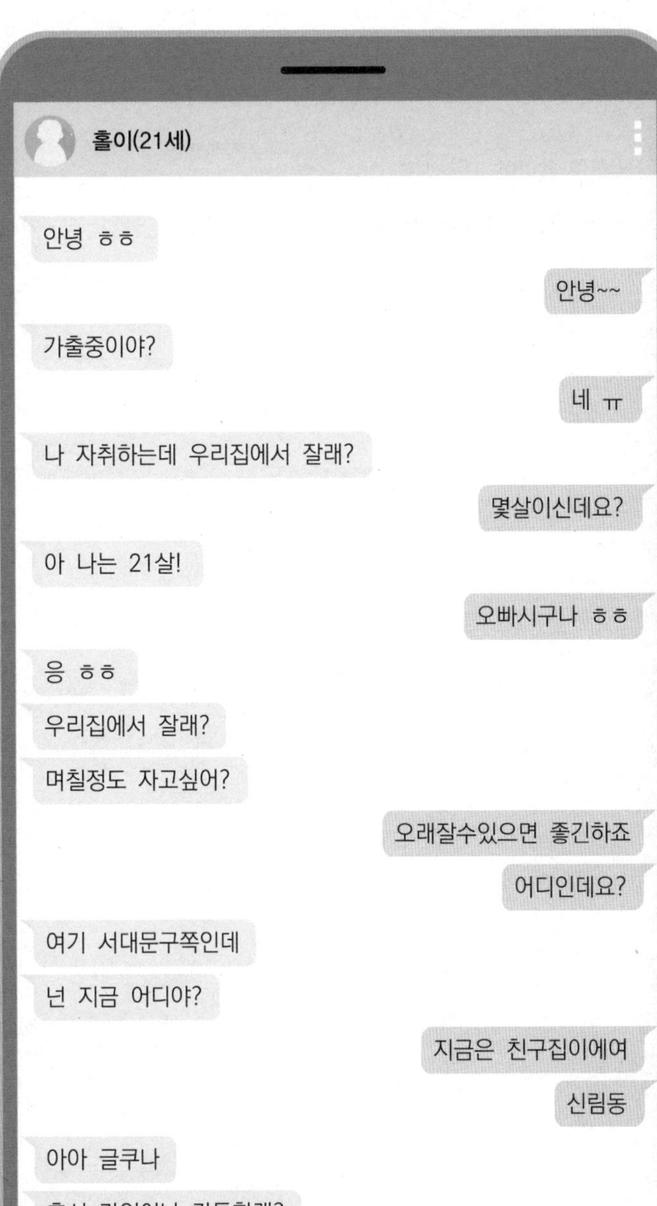
홀이(21세)
안녕 ㅎㅎ
안녕~~
가출중이야?
네 ㅠ
나 자취하는데 우리집에서 잘래?
몇살이신데요?
아 나는 21살!
오빠시구나 ㅎㅎ
응 ㅎㅎ
우리집에서 잘래?
며칠정도 자고싶어?
오래잘수있으면 좋긴하죠
어디인데요?
여기 서대문구쪽인데
넌 지금 어디야?
지금은 친구집이에여
신림동
아아 글쿠나
혹시 라인이나 카톡할래?
라인안하는데

톡도 잘안보고 거의 문자해서' ㅎ

흠

얼굴은 알아야

데리고 오든 할거같아서 ㅎㅎ

서로맘에들면 키알해요. 10분당 22만원 드리거든요~!! 그것도 먼저드림!! 몇살이에요?

저 미성년자인데요

중3

아하

난 20 키가

왜요

키보거든요

아 별로 말 안하고싶어서..

난 수원오피에서

자취중인데 올거?

ㅇㅅㅇ?

서울자취(20세)
하이
하이
아직도 구해요?
ㅇㅇ
서울어디신데요??
신림이요
화곡인데 편하게지내실수있어용 오실래요?
아 몇살이세요
20대요.. 근데 어차피 연애할것도 아니고 재워줄거라 나이 중요한가요..?
음.. 조건잇는건가요
음 집안일 잘해주시고 말잘들어주시고 물건에 왠만하면 손대지말아주시고 시키는것만 잘해주시면 되용!!
시키는건 어떤건가요?
청소같은거? 뭐 더 궁금한거 있으신가요?
솔직한게 좋아서요ㅋㅋ 성적인거 잇나해서
아 ㅅㅅ는 안할거에요 절대
오실거면 지금 연락바로주세요~
저기서 더 좋은조건이있나..?
ㄴㄴ

네?

아니에요

제가 신림으로 데리러갈까요? 님?

뉴별(20세)
조건만남할래?
에 그게 뭐에요
내가 돈주고 한번하는거양
뭘해여?
헐..중3이면 모르구나ㅠ
만약할라면할래?
뭔지 모르고 어떻게 해여.ㅋㅋㅋ
성관계.ㅎㅎ 할래?
몇살인데여?
20살이야!
돈 얼마나 주시는데여?
얼마필요해요?
저 미성년잔데 괜찮은거에요?
본인괜찮으면 전괜찮아요
어디서 하는건데요...?
룸카페나 모텔가요!
아니에여 괜찮아요
안할껀가요? 알앗어용ㅠㅅㅠ

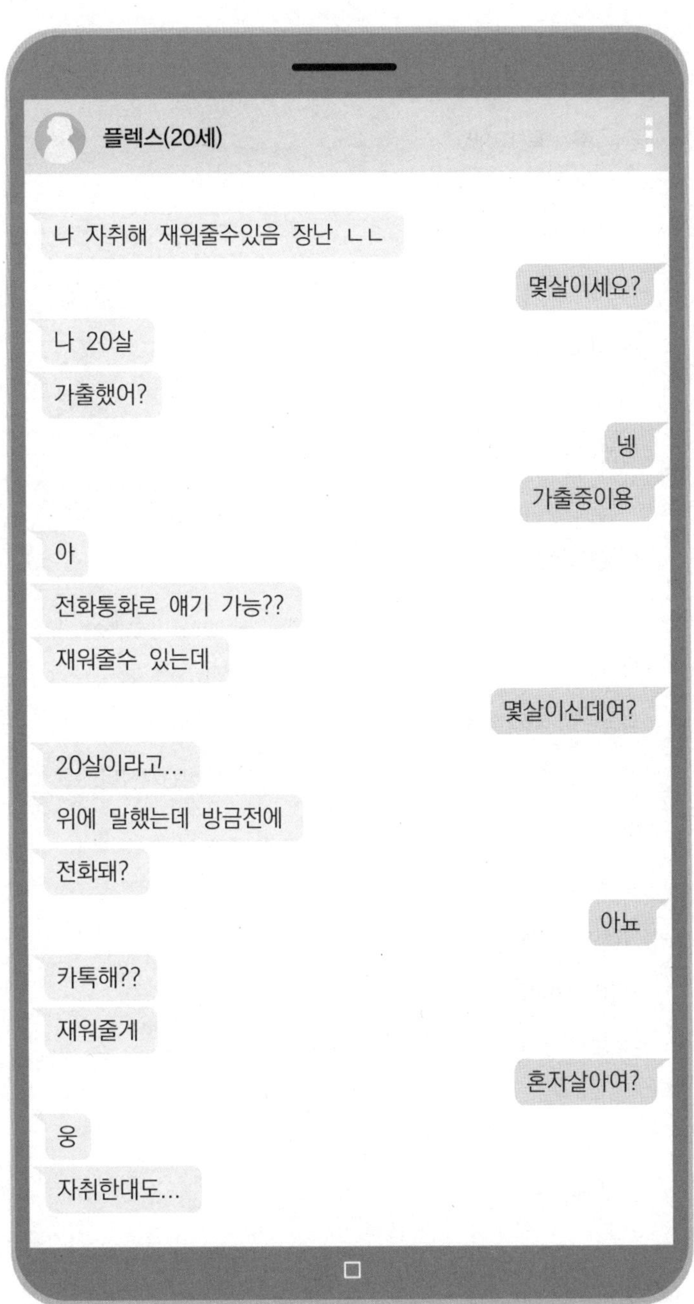
플렉스(20세)
나 자취해 재워줄수있음 장난 ㄴㄴ
몇살이세요?
나 20살
가출했어?
넹
가출중이용
아
전화통화로 얘기 가능??
재워줄수 있는데
몇살이신데여?
20살이라고...
위에 말했는데 방금전에
전화돼?
아뇨
카톡해??
재워줄게
혼자살아여?
웅
자취한대도...

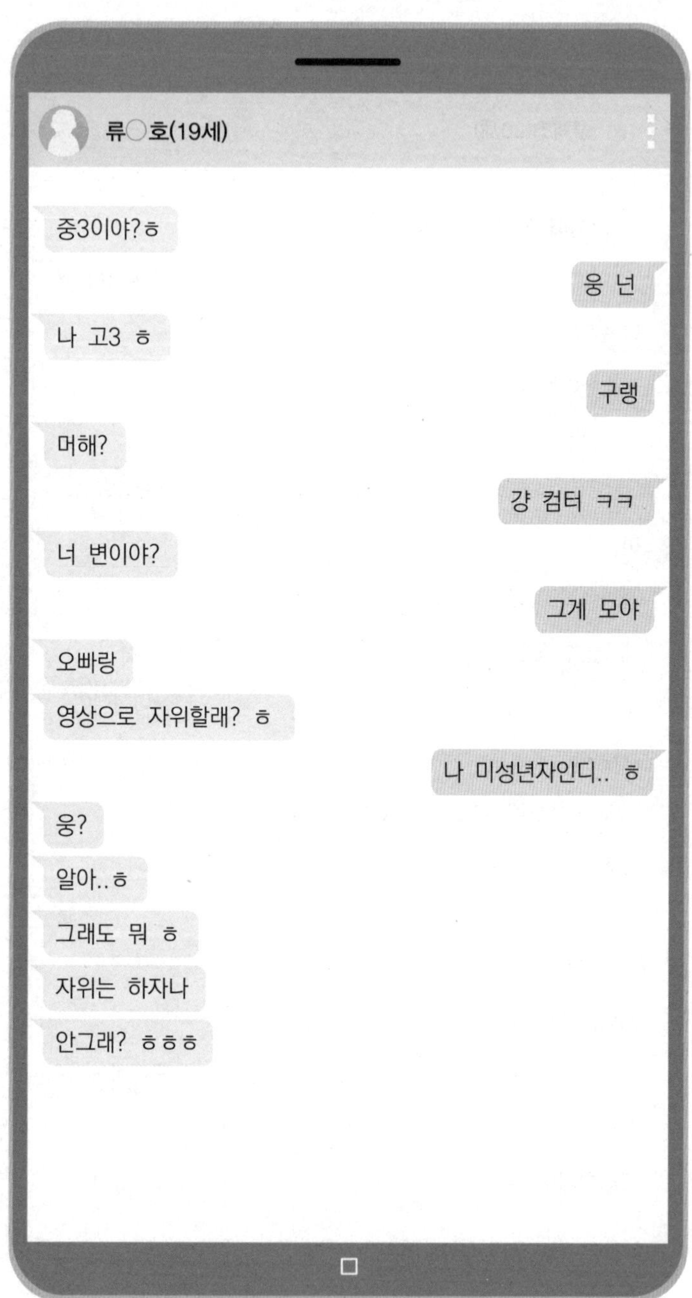
류○호(19세)
중3이야?ㅎ
웅 넌
나 고3 ㅎ
구랭
머해?
걍 컴터 ㅋㅋ
너 변이야?
그게 모야
오빠랑
영상으로 자위할래? ㅎ
나 미성년자인디.. ㅎ
웅?
알아..ㅎ
그래도 뭐 ㅎ
자위는 하자나
안그래? ㅎㅎㅎ

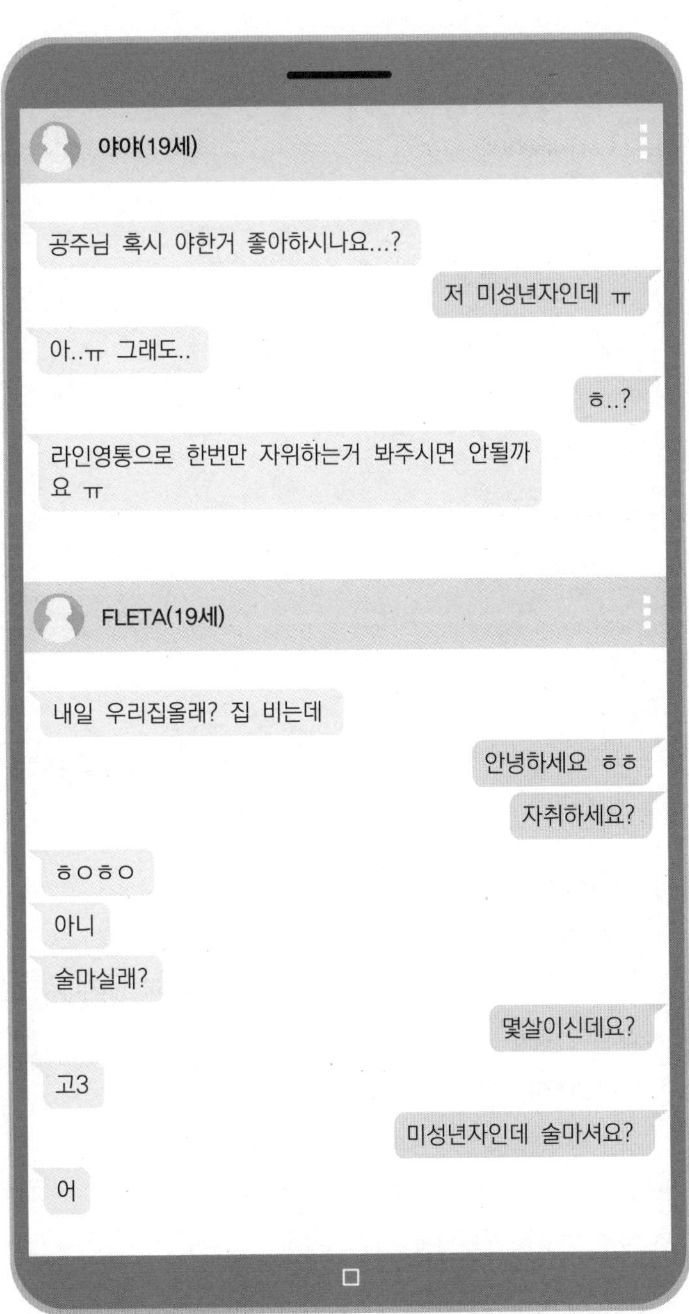

야야(19세)
공주님 혹시 야한거 좋아하시나요...?
저 미성년자인데 ㅠ
아..ㅠ 그래도..
ㅎ..?
라인영통으로 한번만 자위하는거 봐주시면 안될까요 ㅠ
FLETA(19세)
내일 우리집올래? 집 비는데
안녕하세요 ㅎㅎ
자취하세요?
ㅎㅇㅎㅇ
아니
술마실래?
몇살이신데요?
고3
미성년자인데 술마셔요?
어

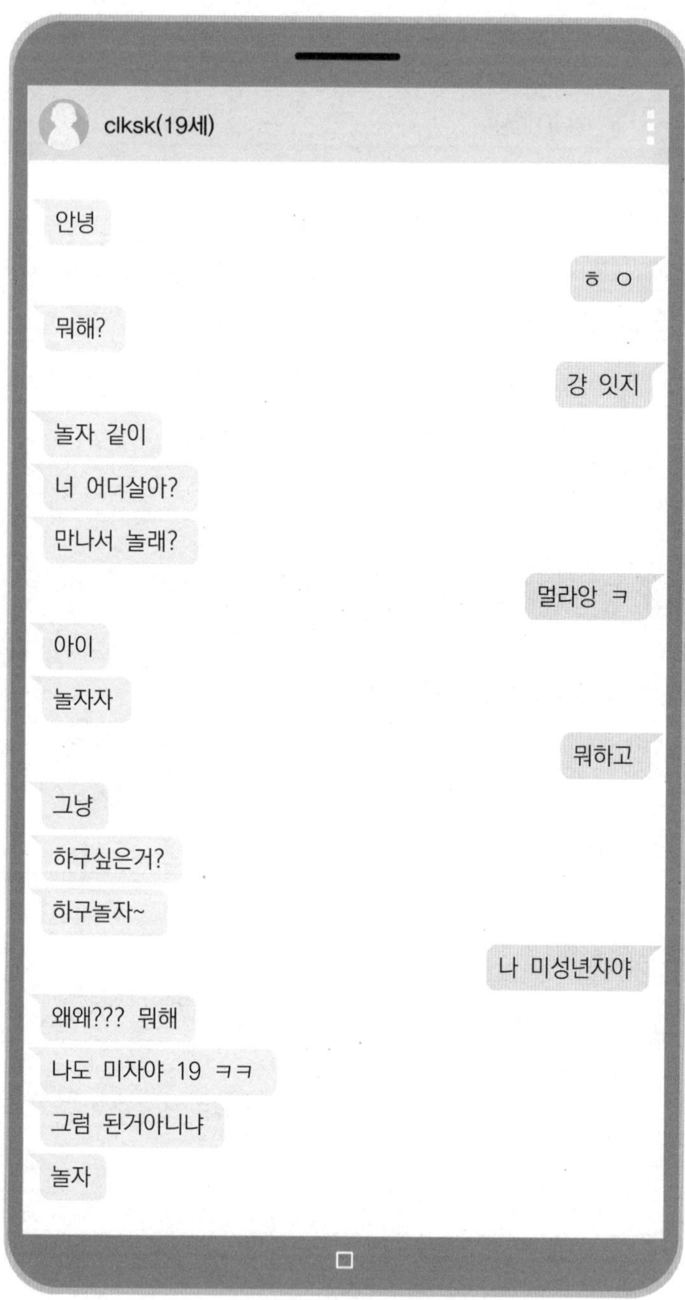
clksk(19세)
안녕
ㅎ ㅇ
뭐해?
걍 잇지
놀자 같이
너 어디살아?
만나서 놀래?
멀라앙 ㅋ
아이
놀자자
뭐하고
그냥
하구싶은거?
하구놀자~
나 미성년자야
왜왜??? 뭐해
나도 미자야 19 ㅋㅋ
그럼 된거아니냐
놀자

심심(19세)

경기도로와 재워줄게

하이~~

ㅎㅇㅎㅇ

경기도 어딩

몇살인데여

부천

19

19살인데 혼자살아요?

얍

부잔가보네

그건 아니고

올꺼야?

잘 모르겠는데

그냥 공짜로 가도돼요?

올꺼면 라인아이디 줘

라인 안하는데

그럼 뭐 카톡?

톡도 거의 안하는데

문자해요 거의 오늘도 이거 처음깔아서 ㅎ

공짜긴해

잘 모르겠는데..ㅎ

돈은 안들지

대신 딴걸 써야지

딴거?

딴거는 뭐?

뭐겠니

잘 모르니까 물어보죠

아다니?

아다?

그건 또 뭐에여

와

우

나랑 둘이 살면 난 매일 두번은 해야해

아니 그러니까 뭘 하냐고

뭐긴 섹스지

......

저 미성년자인데여

저도 미자에요

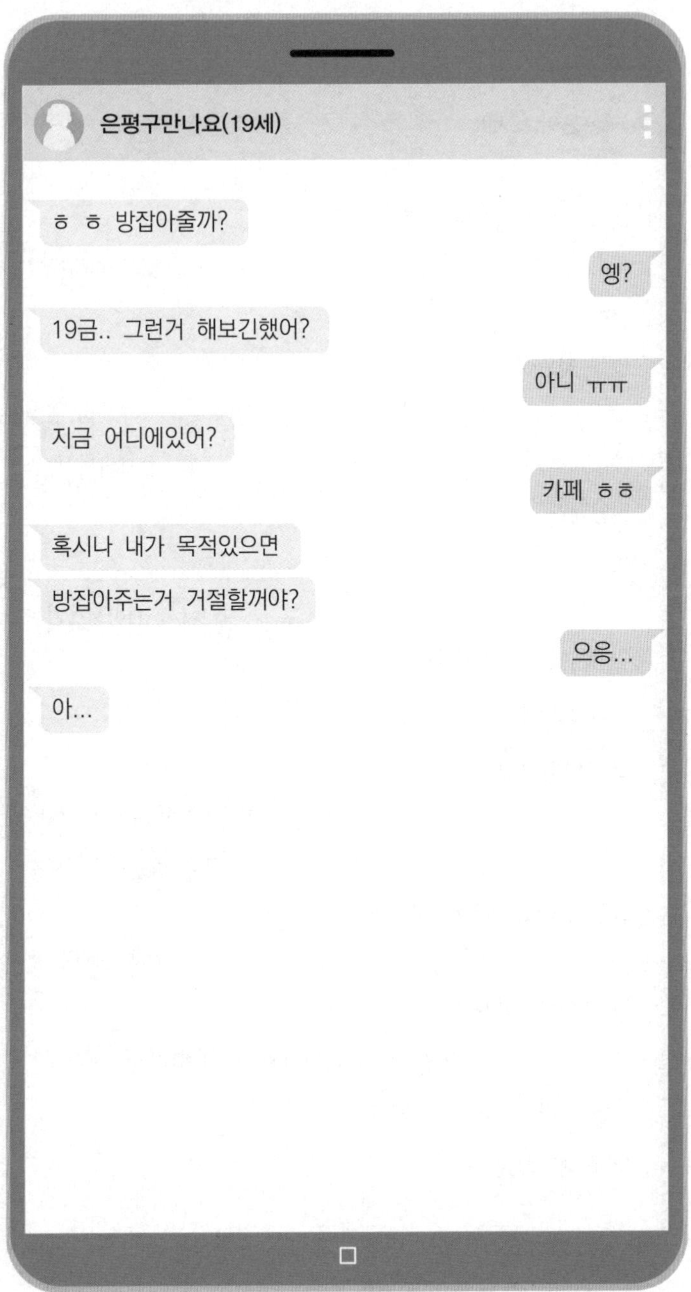
은평구만나요(19세)
ㅎ ㅎ 방잡아줄까?
엥?
19금.. 그런거 해보긴했어?
아니 ㅠㅠ
지금 어디에있어?
카페 ㅎㅎ
혹시나 내가 목적있으면
방잡아주는거 거절할꺼야?
으응...
아...

웅이(19세)
내 집 와라 공짜야 ㅎㅎ
몇살인데여?
고3
인데 자퇴했엉
아....
자취해여?
만날래?
엉
만나서 뭐하시게영
만나서 놀고 재워줄게
편하게 대해
만날거야 애걔?
다 공짜로 해주신다니까... ㅎ
조금 죄송스러워서
그럼 뭐라도 할래?
뭐하는데여?
넌 뭐하구 시퍼?
이런적이 처음이여서 뭘 해야되는지 몰라서
그냥 내가 시키면 다하면돼
어때 생각해봤니?

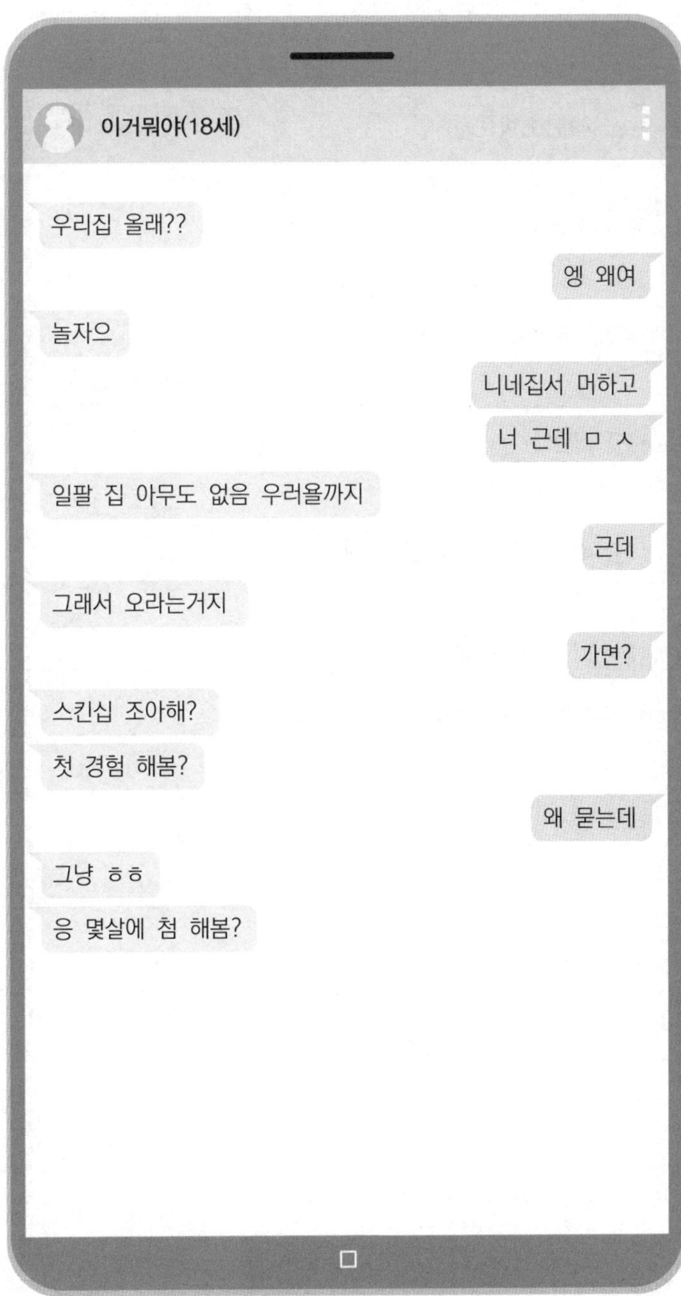
이거뭐야(18세)
우리집 올래??
엥 왜여
놀자으
니네집서 머하고
너 근데 ㅁ ㅅ
일팔 집 아무도 없음 우러욜까지
근데
그래서 오라는거지
가면?
스킨십 조아해?
첫 경험 해봄?
왜 묻는데
그냥 ㅎㅎ
응 몇살에 첨 해봄?

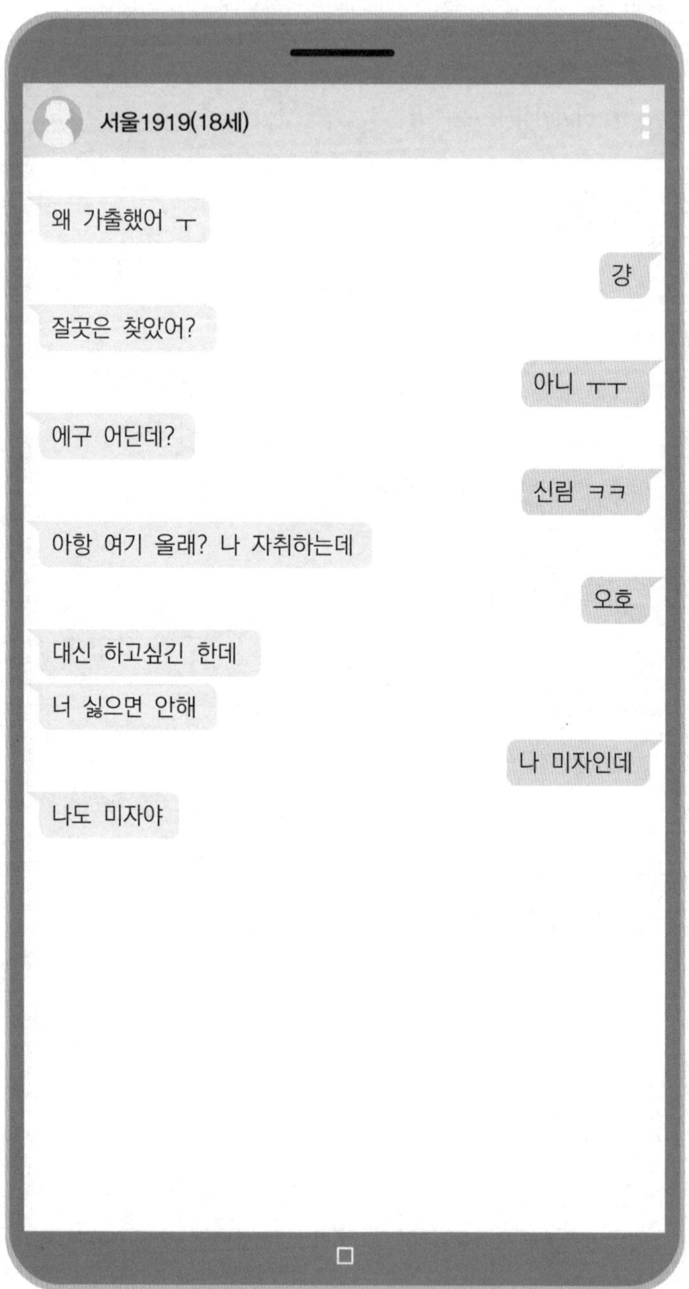
서울1919(18세)
왜 가출했어 ㅜ
걍
잘곳은 찾았어?
아니 ㅜㅜ
에구 어딘데?
신림 ㅋㅋ
아항 여기 올래? 나 자취하는데
오호
대신 하고싶긴 한데
너 싫으면 안해
나 미자인데
나도 미자야

핵뜡(18세)
가출햇는데 개호구남자구함
ㅋㅋㅋㅋㅋㅋㅋㅋㅋㅋ돈줄
ㅋㅋㅋ어디서지내
텔에서지냉 곧만나기로함
우옥ㅋㅋ
교복치마쭈린거랑 스타킹보여줬다고
60마넌받아 개호구지
와대박 몇살이야ㅋㅋ좋다ㅜㅜ
18살이구 남자는 28살잉데
돈존니많아진짜잘살아
오남자젊구갠찬네ㅜㅜㅋㅋ 난 할배들만..
언니랑같이뜯자
ㅋㅋㅋ언니가출한지 얼마나댓엉
언니일주일 같이놀고 쇼핑하고하자
오래됏넹ㅋㅋ 근데 언니 텔뚫여? 그사람이 잡아주는건가
웅웅맞앙
교복치마쭈린거없엉?
응ㅜㅜㅋㅋ 일단 친구집이야 난
언니가라인아이디알려줄겡

라인영통으로 스타킹찢고그러면 돈더줘 75마넌 받아

우왕..ㅋㅋ난아직 그런건아니라서ㅋㅋ

같이돈뜰장

아냐언니ㅜㅜㅋㅋㅋ

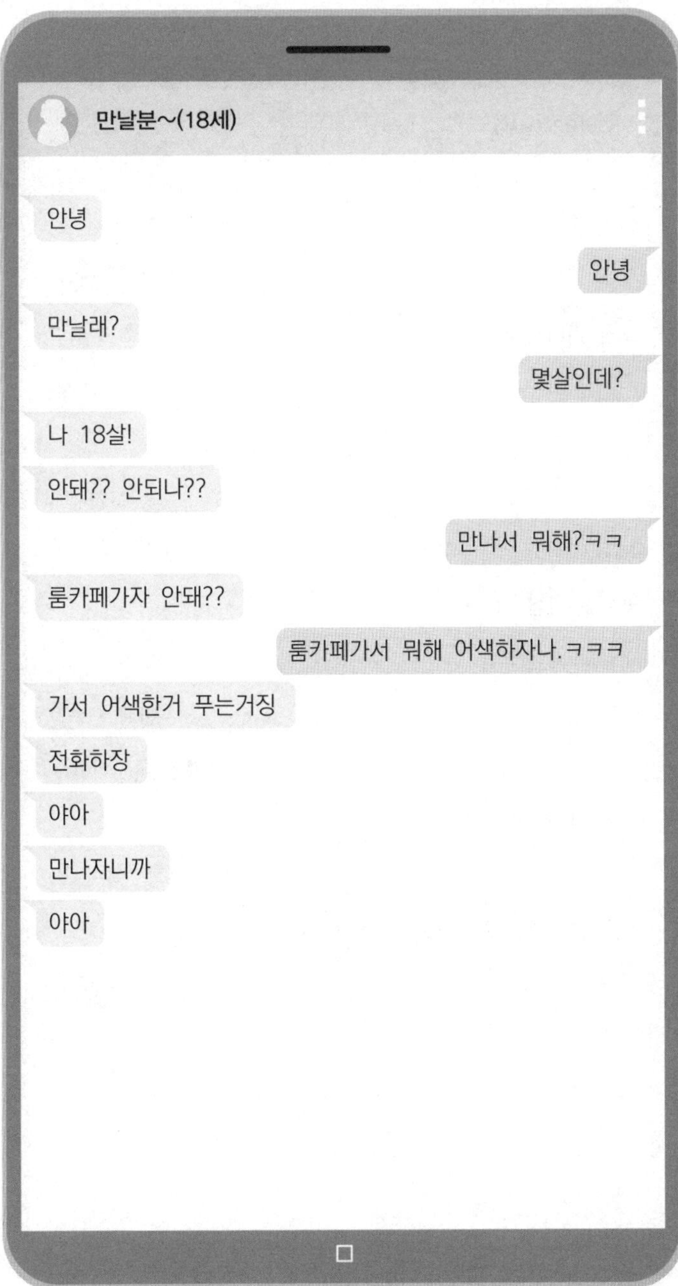
만날분~(18세)
안녕
안녕
만날래?
몇살인데?
나 18살!
안돼?? 안되나??
만나서 뭐해?ㅋㅋ
룸카페가자 안돼??
룸카페가서 뭐해 어색하자나.ㅋㅋㅋ
가서 어색한거 푸는거징
전화하장
야아
만나자니까
야아

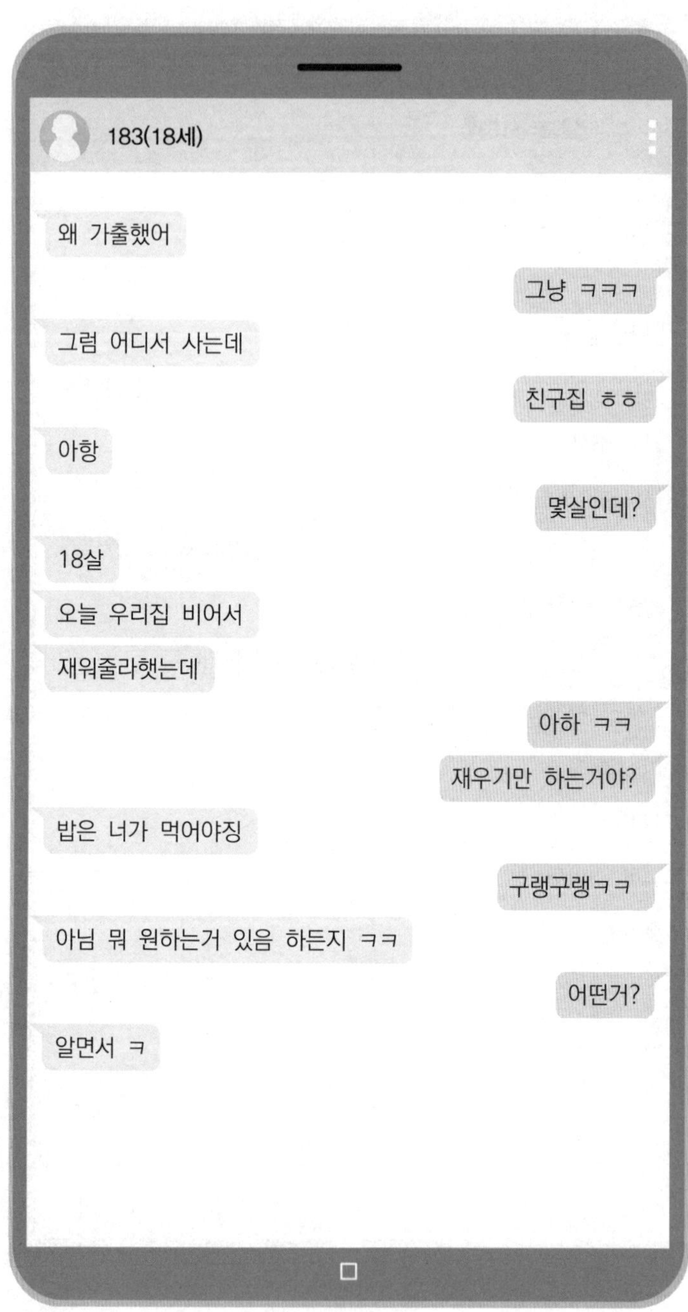
183(18세)
왜 가출했어
그냥 ㅋㅋㅋ
그럼 어디서 사는데
친구집 ㅎㅎ
아항
몇살인데?
18살
오늘 우리집 비어서
재워줄라햇는데
아하 ㅋㅋ
재우기만 하는거야?
밥은 너가 먹어야징
구랭구랭ㅋㅋ
아님 뭐 원하는거 있음 하든지 ㅋㅋ
어떤거?
알면서 ㅋ

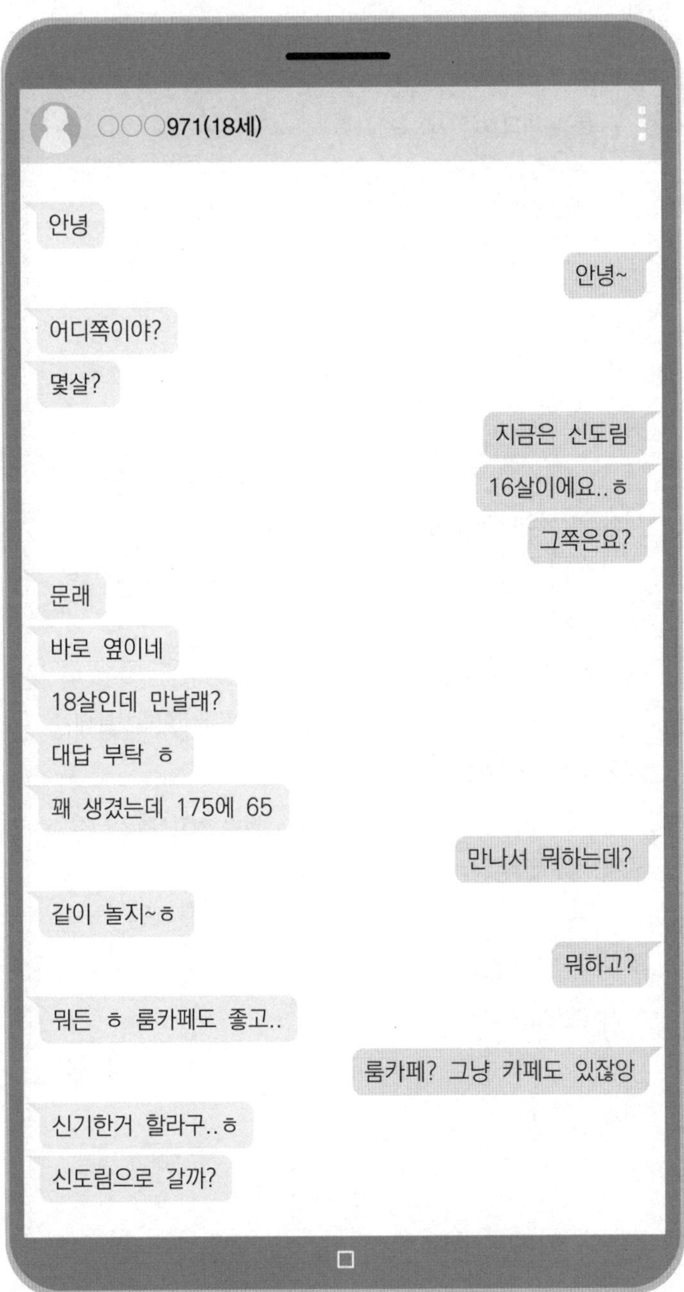
○○○971(18세)
안녕
안녕~
어디쪽이야?
몇살?
지금은 신도림
16살이에요..ㅎ
그쪽은요?
문래
바로 옆이네
18살인데 만날래?
대답 부탁 ㅎ
꽤 생겼는데 175에 65
만나서 뭐하는데?
같이 놀지~ㅎ
뭐하고?
뭐든 ㅎ 룸카페도 좋고..
룸카페? 그냥 카페도 있잖앙
신기한거 할라구..ㅎ
신도림으로 갈까?

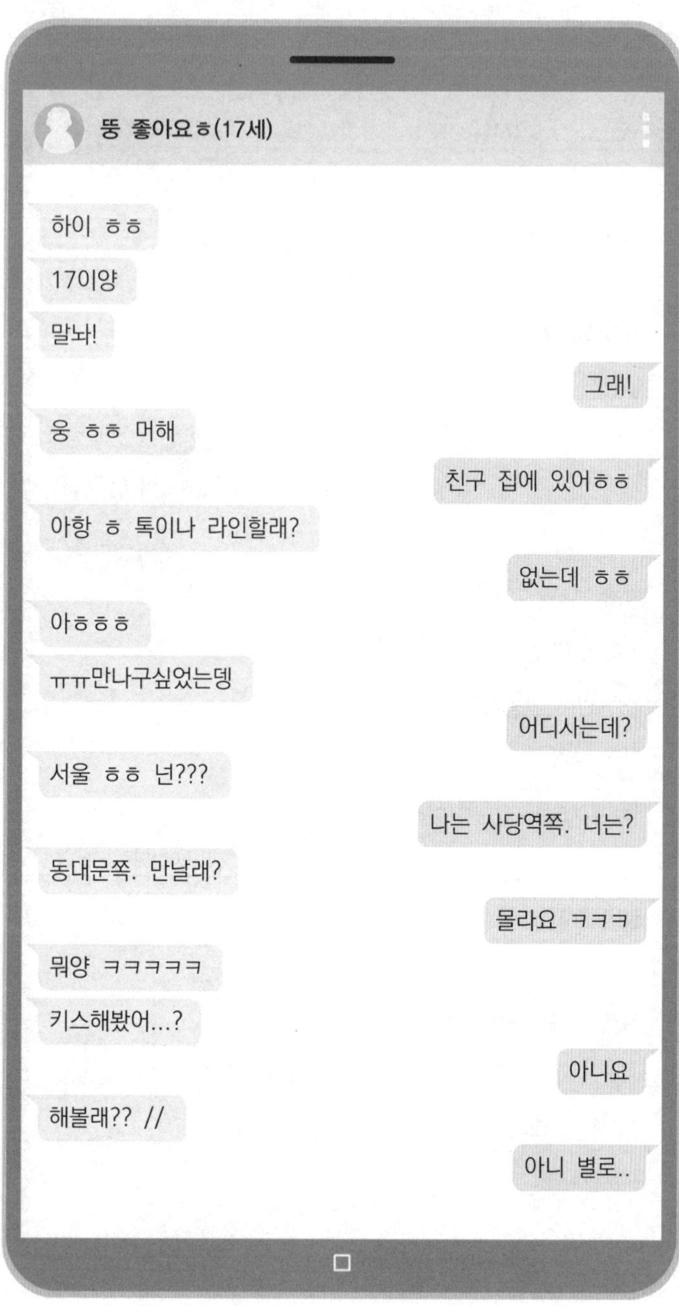
뚱 좋아요ㅎ(17세)
하이 ㅎㅎ
17이양
말놔!
그래!
웅 ㅎㅎ 머해
친구 집에 있어ㅎㅎ
아항 ㅎ 톡이나 라인할래?
없는데 ㅎㅎ
아ㅎㅎㅎ
ㅠㅠ만나구싶었는뎅
어디사는데?
서울 ㅎㅎ 넌???
나는 사당역쪽. 너는?
동대문쪽. 만날래?
몰라요 ㅋㅋㅋ
뭐양 ㅋㅋㅋㅋㅋ
키스해봤어...?
아니요
해볼래?? //
아니 별로..

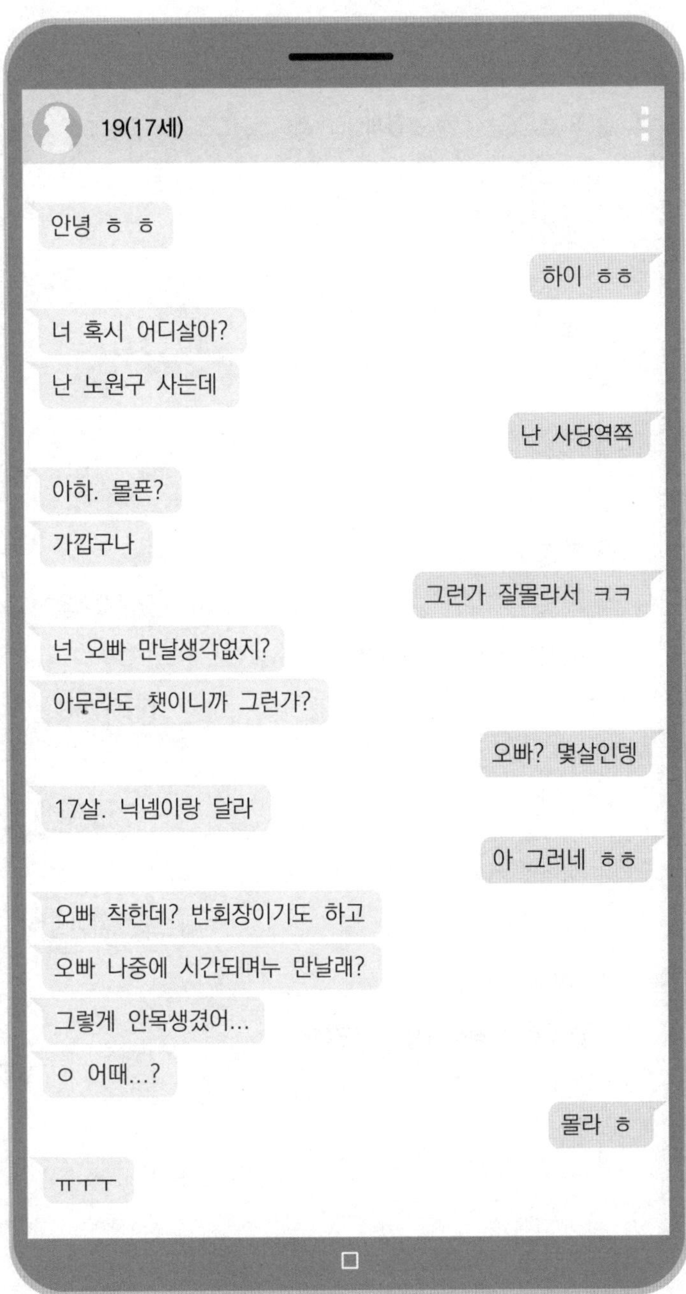
19(17세)
안녕 ㅎ ㅎ
하이 ㅎㅎ
너 혹시 어디살아?
난 노원구 사는데
난 사당역쪽
아하. 몰폰?
가깝구나
그런가 잘몰라서 ㅋㅋ
넌 오빠 만날생각없지?
아무라도 챗이니까 그런가?
오빠? 몇살인뎅
17살. 닉넴이랑 달라
아 그러네 ㅎㅎ
오빠 착한데? 반회장이기도 하고
오빠 나중에 시간되며누 만날래?
그렇게 안목생겼어...
ㅇ 어때...?
몰라 ㅎ
ㅠㅜㅜ

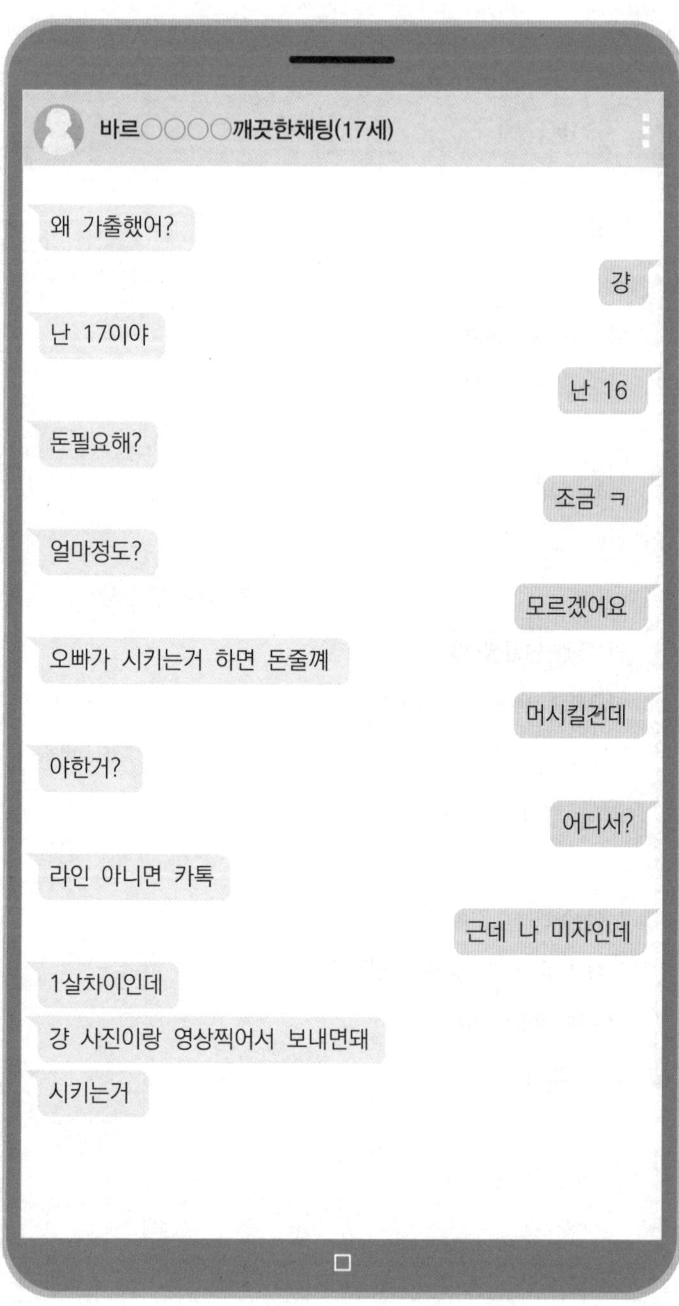
바르○○○○깨끗한채팅(17세)
왜 가출했어?
걍
난 17이야
난 16
돈필요해?
조금 ㅋ
얼마정도?
모르겠어요
오빠가 시키는거 하면 돈줄꼐
머시킬건데
야한거?
어디서?
라인 아니면 카톡
근데 나 미자인데
1살차이인데
걍 사진이랑 영상찍어서 보내면돼
시키는거

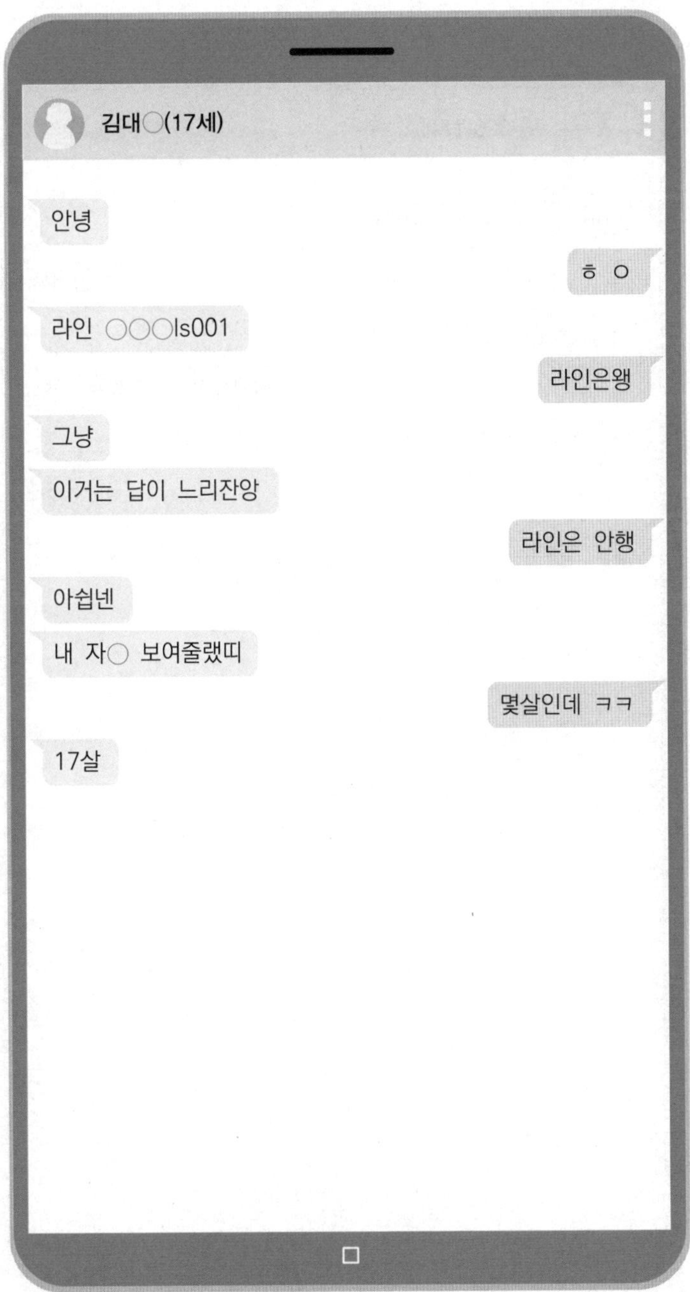
김대○(17세)
안녕
ㅎㅇ
라인 ○○○ls001
라인은왱
그냥
이거는 답이 느리잔앙
라인은 안행
아쉽넨
내 자○ 보여줄랬띠
몇살인데 ㅋㅋ
17살

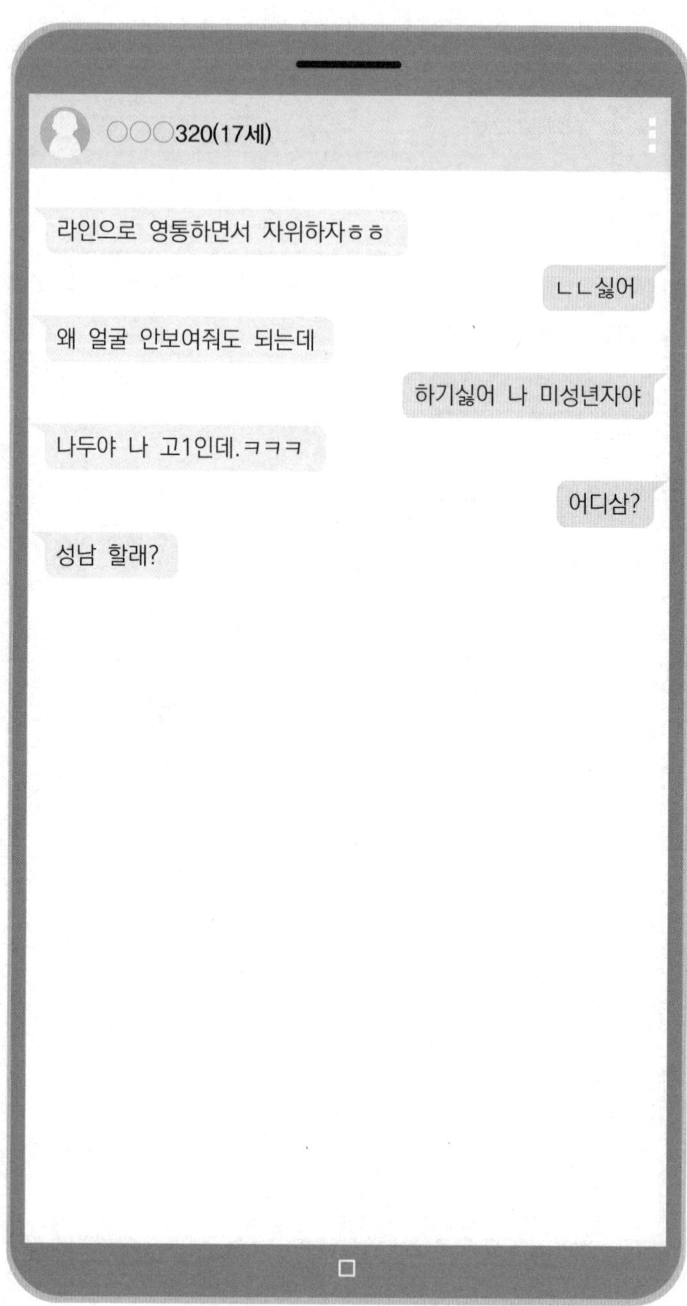
○○○320(17세)
라인으로 영통하면서 자위하자ㅎㅎ
ㄴㄴ싫어
왜 얼굴 안보여줘도 되는데
하기싫어 나 미성년자야
나두야 나 고1인데.ㅋㅋㅋ
어디삼?
성남 할래?

16(16세)
안녕
응
진짜가출?
그럼ㅋㅋ 가짜가출이야?
왜했어?
엄마랑 자주 다퉈서 자주나와
아항 너변이지?
그게 뭔데?
ㅅㅅ한적있어?
아니
ㅋㅋㅋㅋ전화하실?
왜?
구냥 심심해서
싫은데ㅋㅋ
아앙 하장
전화해서 뭐해
이런저런얘기
전화하자
? ?

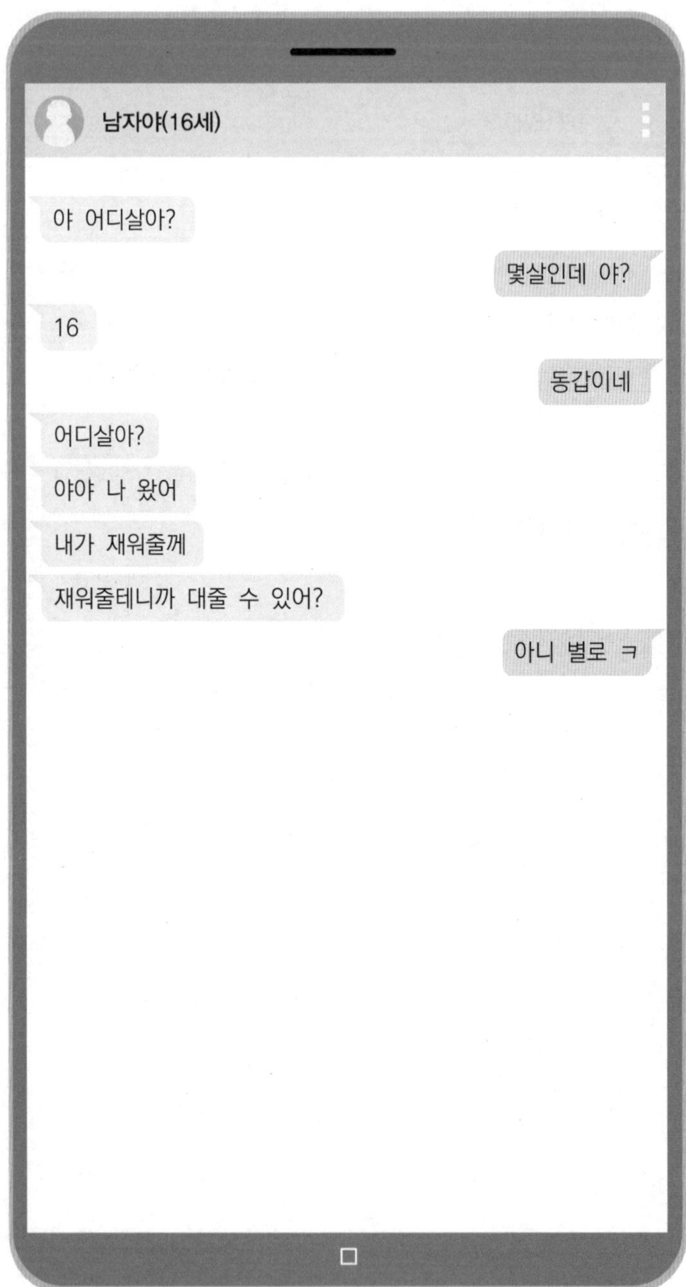
남자야(16세)
야 어디살아?
몇살인데 야?
16
동갑이네
어디살아?
야야 나 왔어
내가 재워줄께
재워줄테니까 대줄 수 있어?
아니 별로 ㅋ

자취하는분(16세)
ㅎㅇ 나도 중삼이야
안녕하세여 ㅎㅎ
안녕
16살이에여?
가출했어?
엉 16
엉
너 어디있어
저나할래?
술마실줄알아?
아니 술 별로..
질문 넘 많나?
술시러해?
별로 안좋아하는데
그리고 미성년자잖아
내 아는 오빠가
영등포사는데
자취하거든
그오빠친구도 같이 있는데
2대2로 술마시구 싶다해서,,,

재워줄수도 있어

너 여자야?

웅 여자징

아 그러넹

우와

ㅋㅋㅋㅋㅋㅋ

여자 여기서 처음 봐

저나할래?

나두 심심해...서...

이거 공기계 ㅠ

아...

혹시 어디있어 지금?

지금 나 문래쪽

서울역쪽이야?

그쪽은 아닌데,,

아...

영등포 같이 가려했찌

나두 가출해서 ㅠㅠ

글로가거등

거기 아는 오빠는 몇살인데?

몇살이냐구!

미성년자인데 술을 어떻게 마셔?

22살

너 가출첨해봐?

혹시 혼자다녀?

지금은 그냥 친구랑 있어 오늘은 이친구집에서 잘 거같은데

아,, 혹시 괜찮으면

나랑 같이 다닐까하구,,

나는 혼자 나왔거든

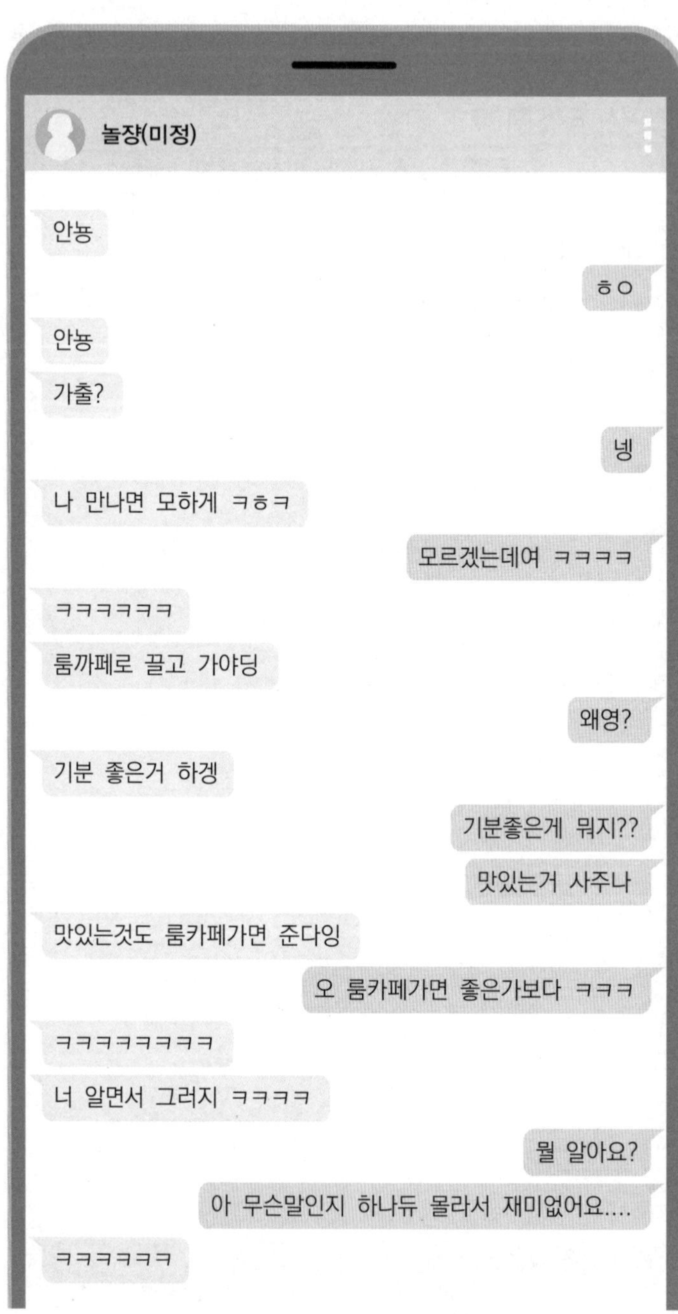

놀쟝(미정)
안뇽
ㅎㅇ
안뇽
가출?
넹
나 만나면 모하게 ㅋㅎㅋ
모르겠는데여 ㅋㅋㅋㅋ
ㅋㅋㅋㅋㅋㅋㅋ
룸까페로 끌고 가야딩
왜영?
기분 좋은거 하겡
기분좋은게 뭐지??
맛있는거 사주나
맛있는것도 룸카페가면 준다잉
오 룸카페가면 좋은가보다 ㅋㅋㅋ
ㅋㅋㅋㅋㅋㅋㅋㅋㅋㅋ
너 알면서 그러지 ㅋㅋㅋㅋ
뭘 알아요?
아 무슨말인지 하나듀 몰라서 재미없어요....
ㅋㅋㅋㅋㅋㅋㅋ

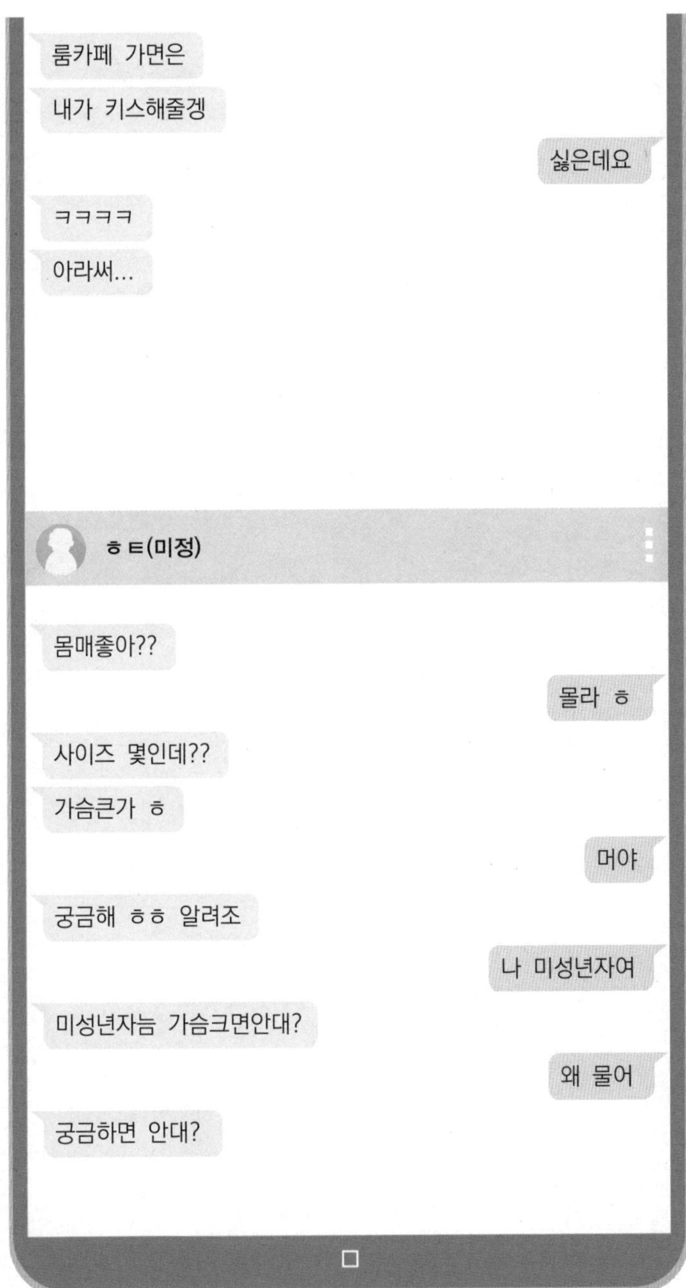

룸카페 가면은
내가 키스해줄겡
싫은데요
ㅋㅋㅋㅋ
아라써...
ㅎㅌ(미정)
몸매좋아??
몰라 ㅎ
사이즈 몇인데??
가슴큰가 ㅎ
머야
궁금해 ㅎㅎ 알려조
나 미성년자여
미성년자늠 가슴크면안대?
왜 물어
궁금하면 안대?

PART

III

채팅과 범죄

채팅은 범죄가 아닌가?

1

조건만남(성매매)

성매매는 범죄

채팅에서 상대방은 금전적 대가를 약속하고 성관계를 목적으로 만남을 제안하고 있다. 이미 랜덤채팅에서 청소년들의 조건만남이라 불리는 성매매가 사회적 문제가 되고 있다. 이런 조건만남을 제안하는 상대방은 자신의 성관계를 목적으로 하지만, 일부는 성매매알선업자들이 여성으로 가장하여 조건만남을 제시하거나, 일부는 성매매알선을 위해 성을 파는 행위를 할 사람을 모집하거나 성을 파는 행위를 하도록 소개·알선하기도 한다.

성매매는 법으로 금지하는 범죄행위이다. 1961년 11월 9일 제정된 「윤락행위등 방지법」은 윤락행위와 그 매개 행위를 처벌하였다. 2000년 2월 3일 「아동·청소년의 성보호에 관한 법률」이 제정되어 아동·청소년을 대상으로 성매매에 대한 정책의 변화가 나타났다. 2004년 3월 22일 「성매매알선 등 행위의 처벌에 관한 법률」이 제정되어 2004년 9월 23일 시행되어 성매매에 대한 일반적 규제가 이뤄졌다. 「성매매알선 등 행위의 처벌에 관한 법률」은 성매매, 성매매알선 등 행위 및 성매매 목적의 인신매매를 근절하고, 성매매피해자의 인권을 보호함을 목적으로 한다.

「성매매알선 등 행위의 처벌에 관한 법률」 제4조 금지행위

1. 성매매
2. 성매매알선 등 행위
3. 성매매 목적의 인신매매
4. 성을 파는 행위를 하게 할 목적으로 다른 사람을 고용·모집하거나 성매매가 행하여진다는 사실을 알고 직업을 소개·알선하는 행위
5. 제1호, 제2호 및 제4호의 행위 및 그 행위가 행하여지는 업소에 대한 광고행위

성매매(제2조)

불특정인을 상대로 금품이나 그 밖의 재산상의 이익을 수수(收受)하거나 수수하기로 약속하고

가. 성교행위

나. 구강, 항문 등 신체의 일부 또는 도구를 이용한 유사 성교행위

어느 하나에 해당하는 행위를 하거나 그 상대방이 되는 것을 말한다.

성매매알선(제2조)

가. 성매매를 알선, 권유, 유인 또는 강요하는 행위

나. 성매매의 장소를 제공하는 행위

다. 성매매에 제공되는 사실을 알면서 자금, 토지 또는 건물을 제공하는 행위

성매매 목적의 인신매매(제2조)

가. 성을 파는 행위 또는 「형법」 제245조에 따른 음란행위를 하게 하거나, 성교행위 등 음란한 내용을 표현하는 사진·영상물 등의 촬영 대상으로 삼을 목적으로 위계(僞計), 위력(威力), 그 밖에 이에 준하는 방법으로 대상자를 지배·관리하면서 제3자에게 인계하는 행위

나. 가목과 같은 목적으로 「청소년 보호법」 제2조제1호에 따른 청소년(이하 "청소년"이라 한다), 사물을 변별하거나 의사를 결정할 능력이 없거나 미약한 사람 또는 대통령령으로 정하는 중대한 장애가 있는 사람이나 그를 보호·감독하는 사람에게 선불금 등 금품이나 그 밖의 재산상의 이익을 제공하거나 제공하기로 약속하고 대상자를 지배·관리하면서 제3자에게 인계하는 행위

다. 가목 및 나목의 행위가 행하여지는 것을 알면서 가목과 같은 목적이나 전매를 위하여 대상자를 인계받는 행위

라. 가목부터 다목까지의 행위를 위하여 대상자를 모집·이동·은닉하는 행위

「성매매알선 등 행위의 처벌에 관한 법률」에서 성매매를 한 사람은 1년 이하의 징역이나 300만원 이하의 벌금·구류 또는 과료(科料)에 처한다. 성매매알선 등 행위를 한 사람, 성을 파는 행위를 할 사람을 모집한 사람, 성을 파는 행위를 하도록 직업을 소개·알선한 사람 등에 해당하는 사람은 3년 이하의 징역 또는 3천만원 이하의 벌금에 처한다. 영업으로 성매매알선 등 행위를 한 사람, 성을 파는 행위를 할 사람을 모집하고 그 대가를 지급받은 사람, 성을 파는 행위를 하도록 직업을 소개·알선하고 그 대가를 지급받은 사람 등에 해당하는 사람은 7년 이하의 징역 또는 7천만원 이하의 벌금에 처한다. 우리나라 「형법」 제242조(음행매개)는 영리의 목적으로 사람을 매개하여 간음하게 한자는 3년

이하의 징역 또는 1,500만원 이하의 벌금에 처한다. 간음은 피해자에 대하여 위법한 성행위를 하는 가해자의 행위로서, 추행행위의 넓은 개념에 속한다.

아동·청소년의 성을 사는 행위

이번 채팅에서 우리는 13세와 16세 여학생으로 가장하였다. 흔히 아동, 청소년이라고 불리는 초등학교 6학년과 중학교 3학년이다. 우리 법에서 아동과 청소년은 법률에 따라 다르게 규정된다. 「청소년 보호법」에서 "청소년"과, 「아동 · 청소년의 성보호에 관한 법률」에서 "아동 · 청소년"은 만 19세 미만의 자로 규정하고 있다. 「아동복지법」에서 "아동"은 만 18세 미만인 사람을 말한다. 일반적으로 우리 법에서는 아동과 청소년을 구분하지 않는다. 「민법」에서 성년의 나이는 만 19세이므로 미성년자는 만 19세 미만인 사람을 말한다. 즉 법에서 아동 · 청소년은 미성년자에 해당한다.

「아동 · 청소년의 성보호에 관한 법률」은 아동 · 청소년대상 성범죄의 처벌과 절차에 관한 특례를 규정하고 피해아동 · 청소년을 위한 구제 및 지원 절차를 마련하며 아동 · 청소년대상 성범죄자를 체계적으로 관리함으로써 아동 · 청소년을 성범죄로부터 보호하고 아동 · 청소년이 건강한 사회구성원으로 성장할 수 있도록 함을 목적으로 한다.

16세 이상 아동·청소년의 성을 사는 행위

채팅 조사에서 16세 중학교 3학년 여학생으로 가장하여 참여하였다. 실제 중학교 3학년은 만 15세이므로 법적으로 16세 미만이지만, 채팅에서 설정한 16세로 전제하였다. 채팅에서 우리나라 나이로 16세 여자 청소년에게 금전적 대가를 약속하고 성관계를 목적으로 만남을 제안하고 있다. 「아동 · 청소년 성보호에 관한 법률」 제2조 제4호에는 아동 · 청소년의 성을 사는 행위를 규정하고 있다.

아동·청소년의 성을 사는 행위
(「아동·청소년의 성보호에 관한 법률」 제2조 제4호)

아동·청소년, 아동·청소년의 성(性)을 사는 행위를 알선한 자 또는 아동·청소년을 실질적으로 보호·감독하는 자 등에게 금품이나 그 밖의 재산상 이익, 직무·편의제공 등 대가를 제공하거나 약속하고

가. 성교 행위,

나. 구강·항문 등 신체의 일부나 도구를 이용한 유사 성교 행위,

다. 신체의 전부 또는 일부를 접촉·노출하는 행위로서 일반인의 성적 수치심이나 혐오감을 일으키는 행위,

라. 자위 행위

어느 하나에 해당하는 행위를 아동·청소년을 대상으로 하거나 아동·청소년으로 하여금 하게 하는 것을 말한다.

13세 이상 16세 미만 아동·청소년 궁박상태 이용 성행위

채팅 조사는 가출한 13세 초등학교 6학년과 16세 중학교 3학년 여학생으로 가장하여 참여하였다. 가출한 상태의 13세와 16세 여학생에게 숙식을 제공해주겠다며 성행위를 제안하였다. 이런 행위는 「아동·청소년 성보호에 관한 법률」 제8조의2에서 궁박(궁핍)한 상태를 이용한 13세 이상 16세 미만 아동·청소년에 대한 간음 등에 해당한다.

13세 이상 16세 미만 아동·청소년에 대한 간음 등
(「아동·청소년의 성보호에 관한 법률」 제8조의2)

① 19세 이상의 사람이 13세 이상 16세 미만인 아동·청소년의 궁박(窮迫)한 상태를 이용하여 해당 아동·청소년을 간음하거나 해당 아동·청소년으로 하여금 다른 사람을 간음하게 하는 경우에는 3년 이상의 유기징역에 처한다.

② 19세 이상의 사람이 13세 이상 16세 미만인 아동·청소년의 궁박한 상태를 이용하여 해당 아동·청소년을 추행한 경우 또는 해당 아동·청소년으로 하여금 다른 사람을 추행하게 하는 경우에는 10년 이하의 징역 또는 1,500만원 이하의 벌금에 처한다.

13세 미만 아동·청소년에 대한 강간

채팅에서 13세 여학생에게도 성관계를 목적으로 만남을 제안하고 있다. 실제 초등학교 6학년은 만 12세이므로 법적으로 13세 미만이다. 「형법」 제305조에서 13세 미만자를 대상으로 14세 이상인 사람(형사책임능력자)이 간음행위를 하면 폭행이나 협박이 없더라도 강간으로 의제하게 된다. 의제란 실체를 달리하는 것을 법률적으로 동일하게 취급하고 동일한 법률 효과를 부여하는 것을 일컫는다. 예를 들면, 강간은 강제로 동의없이 간음하는 것이다. 13세 미만자를 대상으로 하는 경우는 동의가 있어도 강간으로 본다(의제)는 의미이다.

「형법」 제305조(미성년자에 대한 간음, 추행)
13세 미만의 사람에 대하여 간음 또는 추행을 한 자는 제297조, 제297조의2, 제298조, 제301조 또는 제301조의2의 예에 의한다.

- 제297조(강간) 폭행 또는 협박으로 사람을 강간한 자는 3년 이상의 유기징역에 처한다.
- 제297조의2(유사강간) 폭행 또는 협박으로 사람에 대하여 구강, 항문 등 신체(성기는 제외한다)의 내부에 성기를 넣거나 성기, 항문에 손가락 등 신체(성기는 제외한다)의 일부 또는 도구를 넣는 행위를 한 사람은 2년 이상의 유기징역에 처한다.
- 제298조(강제추행) 폭행 또는 협박으로 사람에 대하여 추행을 한 자는 10년 이하의 징역 또는 1천500만원 이하의 벌금에 처한다.
- 제301조(강간 등 상해·치상) 제297조, 제297조의2 및 제298조부터 제300조까지의 죄를 범한 자가 사람을 상해하거나 상해에 이르게 한 때에는 무기 또는 5년 이상의 징역에 처한다.

- 제301조의2(강간등 살인·치사) 제297조, 제297조의2 및 제298조부터 제300조까지의 죄를 범한 자가 사람을 살해한 때에는 사형 또는 무기징역에 처한다. 사망에 이르게 한 때에는 무기 또는 10년 이상의 징역에 처한다.

아동·청소년과 아동·청소년의 성행위

채팅에서 만 19세 미만 아동·청소년들이 13세와 16세 여학생에게 성을 사거나 궁박상태 이용 성행위, 성행위 등을 제안하였다. 아동·청소년들 사이에서도 채팅을 통해 소위 조건만남이나 성을 사는 행위가 발생한다. 아동·청소년이 아동·청소년의 성을 사는 행위에 대한 사회적 논의가 필요하다.

성매매에 대한 연령기준

앞에서 언급한 성매매에서 만 13세 미만, 14세 미만, 16세 미만, 19세 미만 나이는 법적 기준이 된다. 만 13세 미만은 형법상 동의여부와 관계없이 강간을 의제하는 기준, 만 14세 미만은 형사미성년자 기준, 만 16세 미만은 궁박상태 기준, 만 19세는 「아동·청소년의 성보호에 관한 법률」 아동·청소년과 「소년법」 소년의 기준이 된다.

스마트폰 사용이 저연령화·과의존되고 있는 상황에서 다음 그림의 ①②③④ 영역에 대한 추가적인 논의가 필요하다.

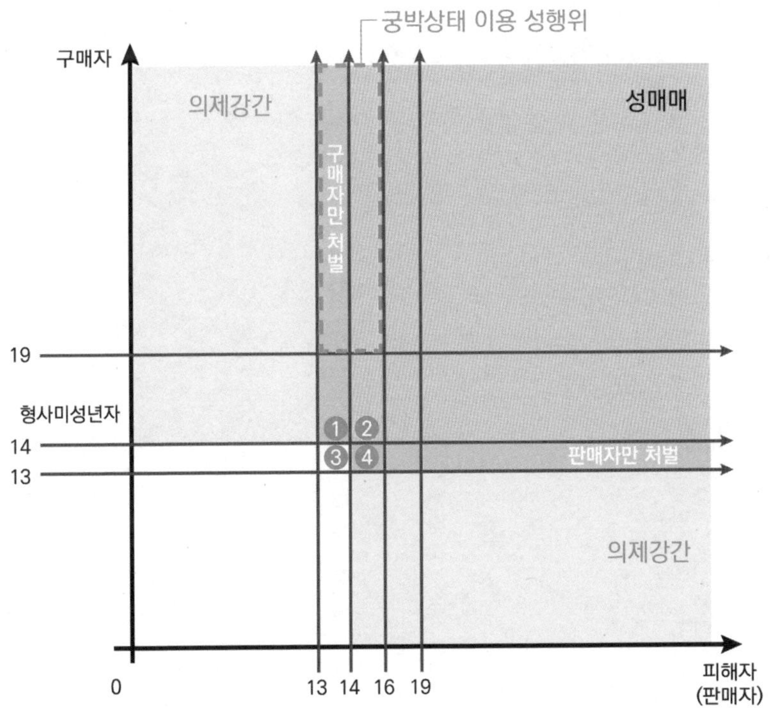

[그림 3-1] **성매매에 대한 연령 기준**

2

음란한 영상이나 사진 요구

아동·청소년이용음란물

채팅 조사에서 랜덤채팅앱에서 현금으로 전환이 가능한 마일리지, 문화상품권(문상), 금전 등을 약속하고 13세와 16세 여학생에게 자위 영상, 나체 사진 등 음란한 영상이나 사진을 요구하고 있다. 또는 섹스팅, 음란채팅, 야톡(야한 톡), 변팅(변태 채팅) 등을 위해 네이버 라인이나 다음 카카오톡으로 이동하자는 제안을 하고 있다. 라인이나 카카오톡으로 이동하는 이유는 음란한 영상 통화 및 영상과 사진 등을 주고 받기 편리하기 때문이다.

채팅에서 아동·청소년에게 음란한 영상이나 사진은 「아동·청소년 성보호에 관한 법률」에서 아동·청소년이용음란물에 해당한다. 아동·청소년이용음란물을 제작, 수입, 수출, 판매, 대여, 배포, 제공, 소지, 운반, 전시, 알선한 자는 처벌한다. 아동·청소년이용음란물 제작, 수입, 수출 등은 미수범도 처벌한다.

아동·청소년이용음란물
(「아동·청소년의 성보호에 관한 법률」 제2조 제5호)

아동·청소년 또는 아동·청소년으로 명백하게 인식될 수 있는 사람이나 표현물이 등장하여

가. 성교 행위

나. 구강·항문 등 신체의 일부나 도구를 이용한 유사 성교 행위

다. 신체의 전부 또는 일부를 접촉·노출하는 행위로서 일반인의 성적 수치심이나 혐오감을 일으키는 행위

라. 자위 행위

등의 어느 하나에 해당하는 행위를 하거나 그 밖의 성적 행위를 하는 내용을 표현하는 것으로서 필름·비디오물·게임물 또는 컴퓨터나 그 밖의 통신매체를 통한 화상·영상 등의 형태로 된 것을 말한다.

제11조(아동·청소년이용음란물의 제작·배포 등)

① 아동·청소년이용음란물을 제작·수입 또는 수출한 자는 무기징역 또는 5년 이상의 유기징역에 처한다.

② 영리를 목적으로 아동·청소년이용음란물을 판매·대여·배포·제공하거나 이를 목적으로 소지·운반하거나 공연히 전시 또는 상영한 자는 10년 이하의 징역에 처한다.

③ 아동·청소년이용음란물을 배포·제공하거나 공연히 전시 또는 상영한 자는 7년 이하의 징역 또는 5천만원 이하의 벌금에 처한다.

④ 아동·청소년이용음란물을 제작할 것이라는 정황을 알면서 아동·청소년을 아동·청소년이용음란물의 제작자에게 알선한 자는 3년 이상의 징역에 처한다.

⑤ 아동·청소년이용음란물임을 알면서 이를 소지한 자는 1년 이하의 징역 또는 2천만원 이하의 벌금에 처한다.

⑥ 제1항의 미수범은 처벌한다.

아동·청소년의 성을 사는 행위

채팅에서 아동·청소년에게 금전적 대가를 약속하고 자위 행위를 시키거나, 이를 영상이나 사진으로 요구하는 행위는 「아동·청소년 성보호에 관한 법률」에서 "아동·청소년의 성을 사는 행위"에도 해당한다.

아동·청소년의 성을 사는 행위
(「아동·청소년의 성보호에 관한 법률」 제2조 제4호)

아동·청소년, 아동·청소년의 성(性)을 사는 행위를 알선한 자 또는 아동·청소년을 실질적으로 보호·감독하는 자 등에게 금품이나 그 밖의 재산상 이익, 직무·편의제공 등 대가를 제공하거나 약속하고

가. 성교 행위,

나. 구강·항문 등 신체의 일부나 도구를 이용한 유사 성교 행위,

다. 신체의 전부 또는 일부를 접촉·노출하는 행위로서 일반인의 성적 수치심이나 혐오감을 일으키는 행위,

라. 자위 행위

어느 하나에 해당하는 행위를 아동·청소년을 대상으로 하거나 아동·청소년으로 하여금 하게 하는 것을 말한다.

아동·청소년대상 성범죄와 아동 성적 학대

채팅에서 아동·청소년에게 음란한 영상이나 사진을 요구하는 행위는 「아동·청소년 성보호에 관한 법률」에서 "아동·청소년대상 성범죄"에도 해당한다. "아동·청소년대상 성범죄"는 「아동·청소년 성보호에 관한 법률」를 포함하여 「형법」, 「성폭력범죄의 처벌 등에 관한 특례법」, 「아동복지법」 등에 해당하는 죄를 말한다.

아동·청소년대상 성범죄
(「아동·청소년의 성보호에 관한 법률」 제2조 제2호)

2. "아동·청소년대상 성범죄"란 다음 각 목의 어느 하나에 해당하는 죄를 말한다.
   가. 아동·청소년 성보호에 관한 법률」 제7조부터 제15조까지의 죄
   나. 아동·청소년에 대한 「성폭력범죄의 처벌 등에 관한 특례법」 제3조부터 제15조까지의 죄
   다. 아동·청소년에 대한 「형법」 제297조, 제297조의2 및 제298조부터 제301조까지, 제301조의2, 제302조, 제303조, 제305조, 제339조 및 제342조(제339조의 미수범에 한정한다)의 죄
   라. 아동·청소년에 대한 「아동복지법」 제17조제2호의 죄

「아동복지법」 제17조는 아동을 대상으로 금지행위를 규정하고 있다. 여기에서 「아동복지법」은 아동이 건강하게 출생하여 행복하고 안전하게 자랄 수 있도록 아동의 복지를 보장하는 것을 목적으로 한다.

「아동복지법」 제17조(금지행위)

누구든지 다음 각 호의 어느 하나에 해당하는 행위를 하여서는 아니 된다.

1. 아동을 매매하는 행위
2. 아동에게 음란한 행위를 시키거나 이를 매개하는 행위 또는 아동에게 성적 수치심을 주는 성희롱 등의 성적 학대행위
3. 아동의 신체에 손상을 주거나 신체의 건강 및 발달을 해치는 신체적 학대행위
4. 삭제
5. 아동의 정신건강 및 발달에 해를 끼치는 정서적 학대행위
6. 자신의 보호·감독을 받는 아동을 유기하거나 의식주를 포함한 기본적 보호·양육·치료 및 교육을 소홀히 하는 방임행위
7. 장애를 가진 아동을 공중에 관람시키는 행위
8. 아동에게 구걸을 시키거나 아동을 이용하여 구걸하는 행위
9. 공중의 오락 또는 흥행을 목적으로 아동의 건강 또는 안전에 유해한 곡예를 시키는 행위 또는 이를 위하여 아동을 제3자에게 인도하는 행위
10. 정당한 권한을 가진 알선기관 외의 자가 아동의 양육을 알선하고 금품을 취득하거나 금품을 요구 또는 약속하는 행위
11. 아동을 위하여 증여 또는 급여된 금품을 그 목적 외의 용도로 사용하는 행위

「아동·청소년 성보호에 관한 법률」 제2조 제2호는 아동·청소년대상 성범죄를 규정하고 있으며, 「아동복지법」 제17조(금지행위) 제2호에 규정한 아동 성적 학대행위가 포함된다. 아동 성적 학대행위는 아동에게 음란한 행위를 시키거나 이를 매개하는 행위 또는 아동에게 성적 수치심을 주는 성희롱 등을 말한다.

「아동복지법」 제17조(금지행위) 제2호

- 아동에게 음란한 행위를 시키거나 이를 매개하는 행위 또는 아동에게 성적 수치심을 주는 성희롱 등의 성적 학대행위
- 이에 해당하는 행위를 한 자는 10년 이하의 징역 또는 1억원 이하의 벌금에 처한다.

불법정보의 유통

채팅에서 유통되는 아동·청소년대상음란물은 「정보통신망 이용촉진 및 정보보호 등에 관한 법률」의 불법정보에 해당한다. 정보통신망 이용촉진 및 정보보호 등에 관한 법률」은 정보통신망의 이용을 촉진하고 정보통신서비스를 이용하는 자의 개인정보를 보호함과 아울러 정보통신망을 건전하고 안전하게 이용할 수 있는 환경을 조성하여 국민생활의 향상과 공공복리의 증진에 이바지함을 목적으로 한다. 음란한 부호·문언·음향·화상 또는 영상을 배포·판매·임대하거나 공공연하게 전시한 사람은 1년 이하의 징역 또는 1천만원 이하의 벌금에 처한다.

불법정보의 유통금지 등
(「정보통신망 이용촉진 및 정보보호 등에 관한 법률」 제44조의7)

① 누구든지 정보통신망을 통하여 다음 각 호의 어느 하나에 해당하는 정보를 유통하여서는 아니 된다.

1. 음란한 부호·문언·음향·화상 또는 영상을 배포·판매·임대하거나 공공연하게 전시하는 내용의 정보
2. 사람을 비방할 목적으로 공공연하게 사실이나 거짓의 사실을 드러내어 타인의 명예를 훼손하는 내용의 정보
3. 공포심이나 불안감을 유발하는 부호·문언·음향·화상 또는 영상을 반복적으로 상대방에게 도달하도록 하는 내용의 정보

3

성적 역할극(노예팅) 요구

아동·청소년 대상 성범죄와 통신매체를 이용한 음란행위

13세 초등학교 6학년과 16세 중학교 3학년 여학생으로 가장하여 참여한 채팅에서 상대방은 소위 "노예팅"이라고 불리는 성적 역할극을 요구하고 있다. 채팅에서 자신의 성적 욕망을 유발하거나 만족시킬 목적으로 아동·청소년에게 성적 수치심이나 혐오감을 일으키는 말, 음향, 글, 그림, 영상 또는 물건을 상대방에게 도달하게 하는 행위는 "아동·청소년 대상 성범죄"에 해당한다. 아동·청소년대상 성범죄에는 「성폭력범죄의 처벌 등에 관한 특례법」 제12조 "통신매체를 이용한 음란행위"가 포함된다. 「성폭력범죄의 처벌 등에 관한 특례법」은 성폭력범죄의 처벌 및 그 절차에 관한 특례를 규정함으로써 성폭력범죄 피해자의 생명과 신체의 안전을 보장하고 건강한 사회질서의 확립에 이바지함을 목적으로 한다.

「성폭력범죄의 처벌 등에 관한 특례법」 제12조
(통신매체를 이용한 음란행위)

- 자기 또는 다른 사람의 성적 욕망을 유발하거나 만족시킬 목적으로 전화, 우편, 컴퓨터, 그 밖의 통신매체를 통하여 성적 수치심이나 혐오감을 일으키는 말, 음향, 글, 그림, 영상 또는 물건을 상대방에게 도달하게 한 사람은 2년 이하의 징역 또는 500만원 이하의 벌금에 처한다.

아동·청소년 대상 성범죄와 아동 성적 학대

13세와 16세 여학생으로 가장하여 참여한 채팅에서 상대방은 음란한 행위를 시키거나, 자신의 성기나 나체 사진을 전송하여 성적 수치심을 야기하고 있다. 아동에게 음란한 행위를 시키거나 아동에게 성적 수치심을 주는 성희롱 등의 성적 학대행위는 「아동 · 청소년 성보호에 관한 법률」 "아동 · 청소년대상 성범죄"와 「아동복지법」 "아동 성적 학대행위"에 해당한다.

「아동복지법」 제17조(금지행위) 제2호

- 아동에게 음란한 행위를 시키거나 이를 매개하는 행위 또는 아동에게 성적 수치심을 주는 성희롱 등의 성적 학대행위
- 이에 해당하는 행위를 한 자는 10년 이하의 징역 또는 1억원 이하의 벌금에 처한다.

더 늦기 전에

아이들이 안전한 사이버공간을 만들어야 합니다.

송봉규

저/자/소/개

소속(경력)

- 한세대학교 산업보안학과 교수
- 한세대학교 학생지원처장 및 산업보안연구소장
- 사이버범죄정보센터장(www.kc3.or.kr)
- 여성가족부 여성폭력방지위원회 전문위원회 위원
- 통계청 범죄분류자문위원회 위원 등

저서(역서)

- 범죄자의 뇌(박영사, 2020)
- 중국 산업스파이(박영사, 2019)
- 산업보안학(박영사. 2019)
- 연구보안론(박영사. 2016) 등

관련 연구보고서

- 여성가족부(2019), 2019 성매매실태조사
- 한국여성인권진흥원(2018), 성매매 수요차단을 위한 한국의 성구매 분석
- 한국형사정책연구원(2018), 공익재단을 이용한 탈법 · 불법 유형 및 형사정책적 대응방안
- 여성가족부(2016), 2016 성매매실태조사
- 한국형사정책연구원(2015), 조직범죄단체의 불법적 지하경제 운영실태와 정책대안 연구(Ⅱ)
- 경찰청(2012), 디지털 포렌식 역량강화방안
- 한국형사정책연구원(2008), 조직폭력범죄의 대책에 관한 연구, 등

관련 논문

- 성매매알선웹사이트 트위터의 연결 실태와 대책, 「한국범죄심리연구」, 16(1), 2020.
- 불법 · 유해 웹사이트 연결 실태와 대응방안, 「한국경찰학회보」, 22, 2020.
- A Study on Youth Prostitution using Mobile Application, 「International Journal of Cyber Criminology」, 13(2), 2019.
- 성매매알선 애플리케이션의 실태와 대책, 「한국중독범죄학회보」, 9(4), 2019.
- 제4차 산업혁명기술과 범죄에 대한 탐색적 연구, 「한국테러학회보」, 12(2), 2019.
- 성매매규제와 연령기준, 「한국형사정책학회」, 31(3), 2019.
- 강간에 대한 신임경찰관의 인식에 관한 연구, 「한국경찰학회보」, 20(1), 2018., 등

아동 · 청소년 대상 랜덤채팅

초판발행 2020년 5월 5일

지은이 송봉규
펴낸이 안종만 · 안상준

편 집 장유나
기획/마케팅 김한유
표지디자인 박현정
제 작 우인도 · 고철민

펴낸곳 (주) 박영사
서울특별시 종로구 새문안로3길 36, 1601
등록 1959. 3. 11. 제300-1959-1호(倫)
전 화 02)733-6771
f a x 02)736-4818
e-mail pys@pybook.co.kr
homepage www.pybook.co.kr
ISBN 979-11-303-1002-2 03330

정 가 23,000원